# 子どもの手相
# 1《ワン》2《ツー》3《スリー》

鈴木サトル

# はじめに

みなさんこんにちは、鈴木サトルです。私は手相家として活動し、日々皆様方よりいただく質問や相談に対して手相から得られた情報やインスピレーションを元に様々な回答やアドバイスをさせていただいております。

手相占いとは手のひらの中にある線やシワ、マークや紋、あるいは手の大きさや形、指の形状などからその人の性格を言い当てたり、才能を見出したり、運命、未来にどういうことが起きるか、また気をつけたほうが良い病気やトラブルというものなどがわかる占術です。

手相に精通してくると、恋愛相談、仕事運、金運、健康運、結婚や引っ越し、転職のタイミングなど、様々なことにアドバイスができるようになりますが、今回は未来のある子どもの手相を見て、個性の伸ばし方や育て方での注意点、才能を開花させていく上でのヒントをアドバイスさせていただきます。

子育てというものを考えていく上で大切なのはいかにその子に合った接し方ができるかということではないかと考えます。世間一般ではそれが良いというものであってもお子さんによっては逆効果の場合もあるし、同じ兄弟であってもその育て方が合う子、合わない子があるわけですが、もとにあるのはそれぞれの個性や才能、感受性の違いです。

「なんだ、そういうことなら最初からそうしてあげたのに」と親御さんならそう感じることがあると思い、手相を子育てに大いに活用していただくべく企画されたのが本書です。

ぜひお子さんの手相を見て該当する相のページを参考に、あるいは親御さんから見てこの子はこんな性格なんじゃないかなと思うようなページから見ていただければと思います。

本書に掲載されている手相図は解説書という性質上、簡素化された部分があり、またお子さんの発育上、まだまだ図のようなしっかりしたものになっていない可能性も大いにありますが、基本的な見方としてそれらしい線や相であれば該当するとみなしてください。

お子さんの手相は日に日に成長していく部分も大きく、何かきっかけとなるような大きな出来事などがあるとそこから急に変化しだすということもあります。お子さんに何か変化を感じたようなときや、一年に一度は改めて本書を見返すことで何か参考になるキーワードやアドバイスが得られるでしょう。

手相占いを通してお子様、そして親御さんたちの未来に良き変化が起きますように！

鈴木サトル

手相の基本的な見方……8
主要線①生命線……10
主要線②知能線……12
主要線③運命線……14
主要線④感情線……16
覚えておきたい よく出る特長的な線や相……18

## 第1章 ポジティブに成長できる手相

第1章 ポジティブに成長できる手相……22
1 人気者・スター性・華がある……24
2 勝負運が強い・持っている……25
3 友だちが多い・社交性・人付き合いが良い……26
4 思いやりがある・優しい……27
5 好奇心旺盛・興味・行動力……28
6 勉強がよくできる・勤勉……29
7 自立心・自主性がある……30
8 おしゃれ・スタイリッシュ・感性・ハイセンス……31
9 才能・資格……32
10 健康的・健全……33
11 リーダーシップ・中心人物・導き・カリスマ性……34
12 チャレンジ精神・フロンティアスピリッツ……35
13 理想・希望・野心・ドリーム・向上心……36
14 雄弁・説明・説得・ＰＲ・話が上手い……37
15 明るい・明朗・さっぱり……38
16 器用・要領が良い・筋が良い……39
17 クリエイティブ・創造・イマジネーション……40
18 商才・経営・敏腕・抜け目ない……41
19 アーティスト・表現力……42
20 ポジティブ・楽天的……43
21 ラッキーマン・ツイている人……44
22 寛容・寛大・おおらか・包容力……45
23 知恵がある・聡明・賢人……46
24 受賞・栄誉……47
25 出世・抜擢……48

# CONTENTS

## 第2章 理想の将来を占う手相


理想の将来を占う手相……52

26 忠実・従順・分をわきまえる……54
27 親孝行・家族愛……55
28 まじめ・正直……56
29 親切・気配り・気遣い・思慮……57
30 集中力・注意力がある……58
31 個性的・独自性が強い……59
32 物知り・博識・多聞……60
33 文才がある・文章の表現能力……61
34 志・意思・意欲……62
35 努力・尽力……63
36 先生・指導・アドバイザー……64
37 読書家・哲学的・思惟的……65
38 謙虚・謙遜・礼儀正しい……66
39 無欲・無私・公平……67
40 計画性・管理能力……68
41 理性的・論理的……69
42 慈悲深い・利他……70
43 感謝する・恩返し……71
44 良妻賢母・献身的・自己犠牲・尽くす……72
45 サポート・補佐的・お手伝い・アシスト……73
46 熱中・興奮・夢中・ファン・推し……74
47 愛嬌・愛想・かわいげ……75
48 アイデア・発想・工夫がある……76
49 分析・考察・アナライズ……77
50 誠実・信頼……78
51 冷静・落ち着き・クール……79
52 感受性が強い・センシティブ・デリケート……80
53 ひらめき・直感力……81
54 義理人情・情け深い・義理堅い……82
55 家庭的・家族愛・愛妻家……83
56 面倒見が良い・甲斐性（頼もしい）……84
57 責任感・正義感・義憤……85
58 流行・先取り・流行りもの……86
59 サービス精神・おもてなし……87
60 大器晩成・遅咲き・苦労人……88
61 頭の回転が速い・行動が早い……89

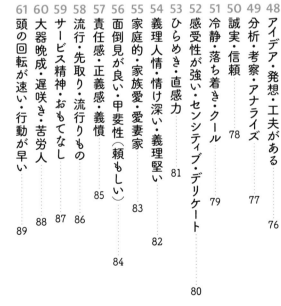

## 第2章 理想の将来を占う手相

62 大恋愛・良縁……90
63 忍耐・我慢強い・逆境に強い・ド根性……91
64 乙女チック・メルヘン……92
65 子宝・大家族……93
66 へっちゃら・平気・タフ……94
67 涙もろい・情に厚い……95
68 金持ち・貯金……96
69 超能力・念力……97
70 使命・宿命……98
71 豪快・奔放……99
72 独立・オーナー……100
73 名人・達人……101
74 盟友・相棒……102
75 偉人・大物……103

## 第3章 ちょっと気をつけたい手相……106

76 目立ちたがり屋・承認欲求（SNS／いいね）・顕示……108
77 自信・プライド・自負がある……109
78 のんびり屋・マイペース……110
79 空想的・夢見がち・非現実的……111
80 保守的・無難……112
81 迷い・ためらい・優柔不断……113
82 無欲・虚心・達観……114
83 潔癖症・強迫観念（緊張）……115
84 ノーテンキ・パリピ……116
85 気が強い・向こう意気の強い・負けず嫌い……117
86 やんちゃ・抑制が効かない……118
87 成り上がり・のし上がる……119
88 寂しがり屋・孤独・やせ我慢……120
89 甘えん坊・依存心が強い・かまってちゃん……121
90 奇才・異才……122
91 スピリチュアル・不思議……123
92 早熟・おませ……124
93 恋愛・ラブロマンス……125
94 モテない・ウケない……126
95 恋愛問題・異性トラブル……127

# CONTENTS


第4章 心配しちゃう手相 ……130

96 引っ込み思案・慎重・内弁慶 ……132
97 悲観的・ネガティブ・疑心暗鬼 ……133
98 自己主張が強い・強引・攻撃的 ……134
99 排他的・閉鎖的・独善的 ……135
100 反抗的・いじっぱり ……136
101 気分屋・飽きっぽい ……137
102 短気・激情・カッとなる・キレやすい ……138
103 ずるい・あざとい ……139
104 欲張り・貪欲・強欲・金銭欲 ……140
105 有頂天・得意げ・どや顔 ……141
106 開き直る・ふてぶてしい・逆ギレ ……142
107 無気力・無感動・倦怠 ……143
108 こざかしい・生意気 ……144
109 ひきこもり・悩み込む ……145
110 破天荒・刹那的 ……146
111 とばっちり・災難に遭いやすい ……147
112 病弱・虚弱 ……148
113 遊び好き・ギャンブル好き ……149
114 やきもちやき・嫉妬・ジェラシー ……150
115 要領が悪い・非能率・無駄が多い・空回り ……151
116 被害妄想・幻想・幻聴 ……152
117 けち・シブチン ……153
118 見栄っ張り・八方美人 ……154
119 奇人・変人・キャラが濃い ……155
120 多忙・おでかけ ……156
121 しぶとい・疑い深い ……157
122 おっちょこちょい・ドジ ……158
123 マイナス思考・薄幸 ……159

COLUMN① 相が2つないとそれに当てはまらないのか？ ……49
COLUMN② 「ほくろ」は諸刃の剣!? ……50
COLUMN③ 幸運の爪の白点 ……51
COLUMN④ 手相は変わるの!? ……104
COLUMN⑤ 手相に出る病気のサイン ……105
COLUMN⑥ 指の長さや形でも性格がわかる！ ……128
COLUMN⑦ 良くない手相だとしても…… ……129

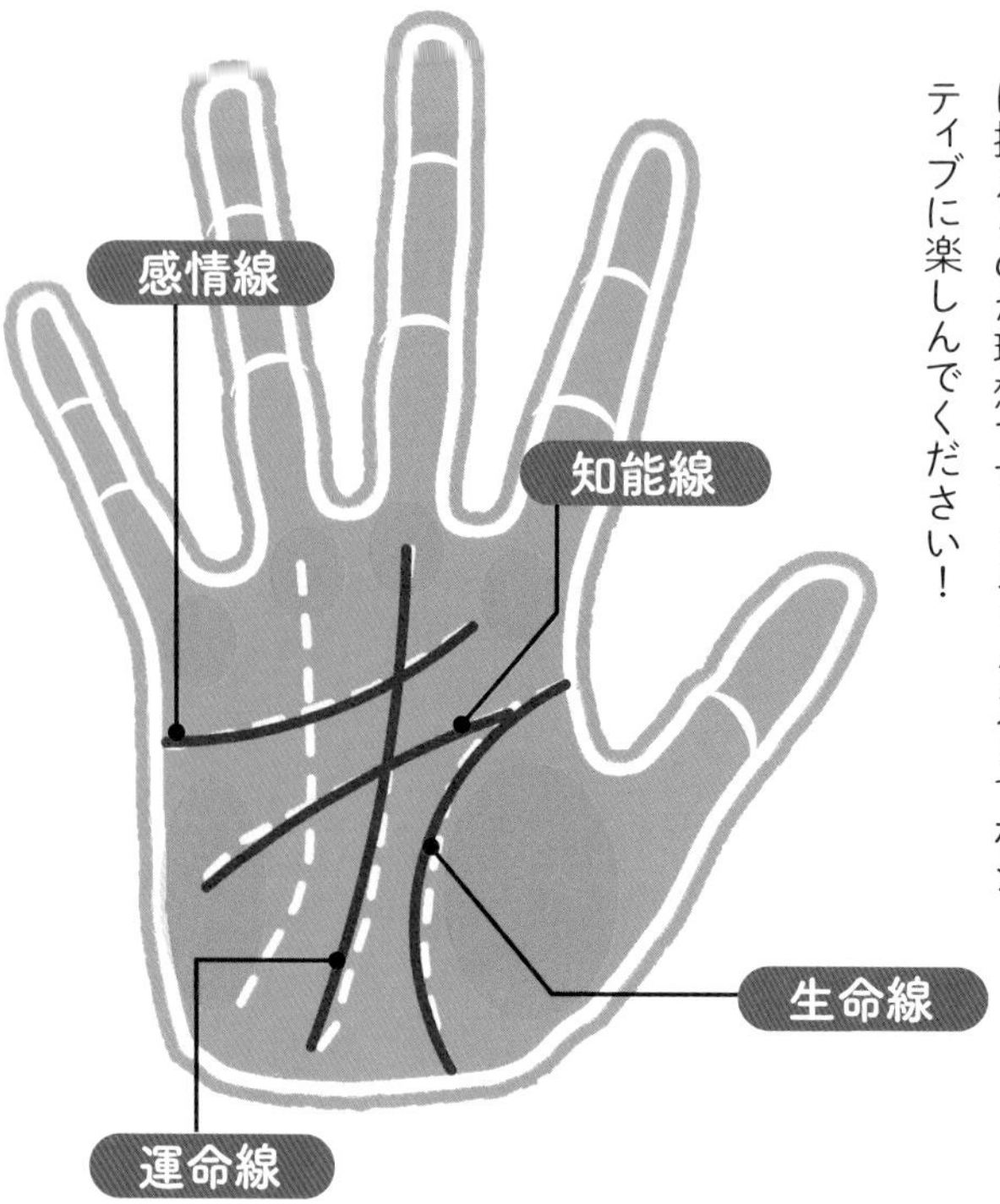


# 手相の基本的な見方

手相を見ていくうえで気を付けていただきたいのは先入観に囚われないことと緊張しすぎないこと。手相というのは統計学の一種なので「こうなりやすいですよ」というアドバイス的に捉えるのが理想です。リラックスしてポジティブに楽しんでください！

## 手相の見方3つの基本

### 1 パッと見た印象を大切にする!

手相はあくまでも相であり「そう見える」というところに意味があります。細かなことは気にせずにそこから響いてくる印象を大切にしましょう。

### 2 中立的に「へぇー」と見る!

この子はこうだからという先入観は置いて、あくまでも手相を見てそこを素直に受け入れていくようにします。気づかなかった潜在的なものも見えてきます。

### 3 大まかなところから見る!

「木を見て森を見ず」状態になると大事なところを見落とします。当たり前すぎていちいち言わなくてもいいかなと思うようなことが案外大事だったりします。

### 誰でも手相は見ることができるの?

はい、基本的に誰でも見ることができます。ただあまり先入観を強く持ちすぎたり、気になった線や相ばかりを追いかけて無理やり答えを出そうとすると、なかなかうまく見ることはできません。頭で考え込むよりも客観視して素直に解説書通りに読んでいくほうが良い見方ができます。

### 子どもと大人で違いはあるの?

違いはあります。手相は自分の考え方、物事の受け止め方や感じ方、また経験などで変化が出やすいものであり、そうなればやはり長く生きている大人のほうが線はしっかりしています。子どもの手相はおおよその相があってもまだ未熟、未開発という印象が強いです。

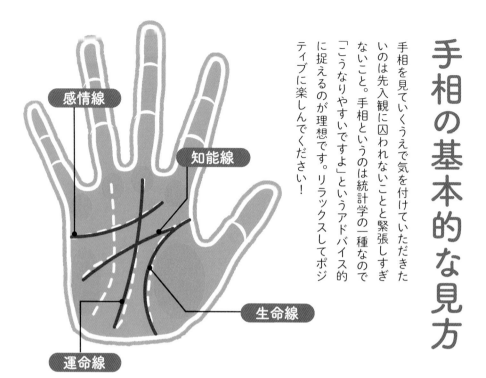

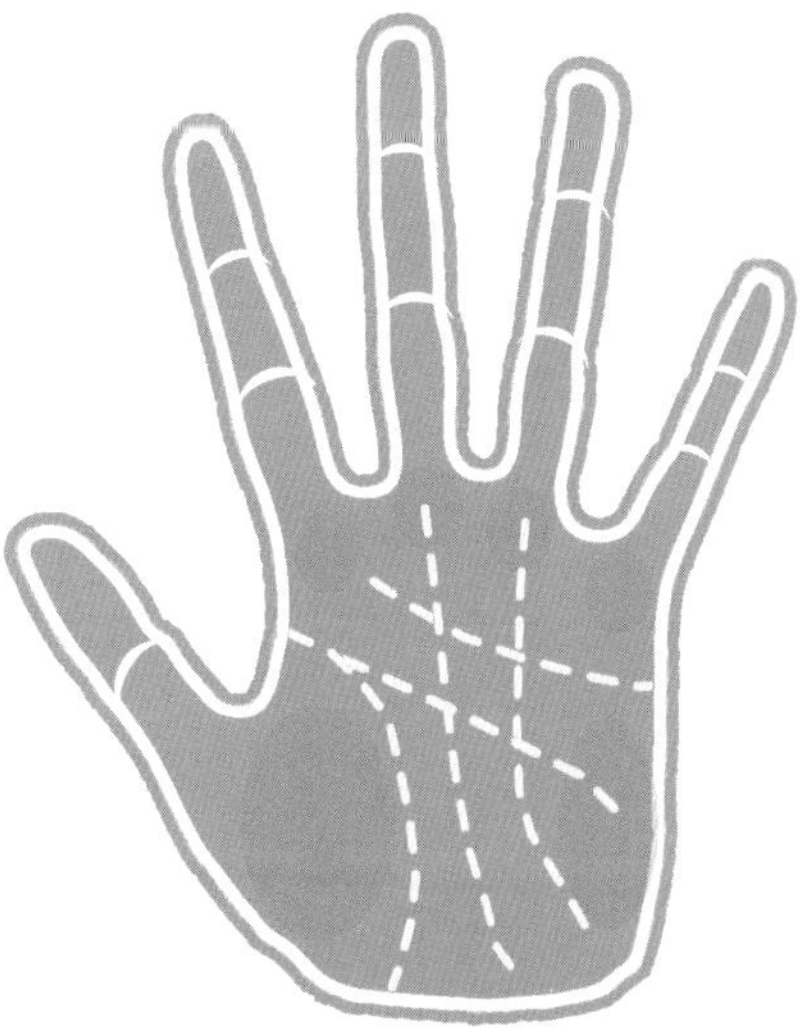

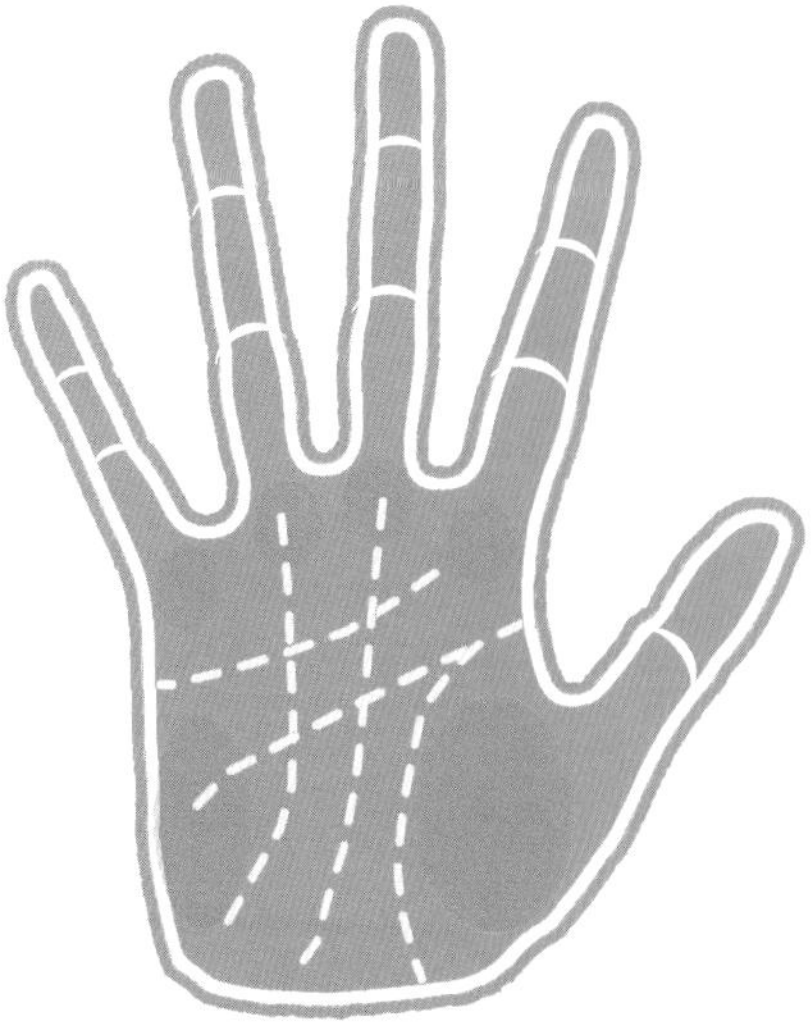

**左手**

### 左手は先天的なものがよく出る

先天的なもの（生まれ持った才能や個性、家系から引き継いだものなど最初から有している）、宿命的なものがよく出るのが左手。その人の中身、精神的なもの、自分の感じている自分というものがよく出ています。

**右手**

### 右手は後天的なものがよく出る

自分の人生で経験したり、強く思うところがあったりして形成されてきた人格や未来などが出やすいのが右手です。また外面（外から見える自分や客観的な自分への評価）が出やすい傾向にあります。

## 左右ともこれに限ったことではないので、固執せずにバランスよく見ていくことが大切です。

### 子どもの将来が決まってしまうの？

そういうことではありません。手相はあくまでも今の自分だとどうなっていくか、という目安のようなものですし、才能があっても、そこを磨いていく人とそうでない人とでは結果に差が出ます。「将来」はやはり本人の努力や周りのサポートなどで決まっていくところが強いです。

### 手相は何歳から鑑定できるの？

これはそのお子さんにもよるところが大きいです。またどういうところまで見ていくかという点においてもその対象年齢は変わっていくものですが、0歳児でも主要な線に特長があればざっくりと個性や才能などもみていけます。一般的には心が成長しだす4～5歳ぐらいですね。

主要線❶

# 生命線

生命力（生命エネルギー・生きる力）、健康・体力、意思・気力などを見ます。

生命線と言えば誰でも知っている有名な線。イメージとしては「生命線＝寿命」と捉えがちですがそればかりではなく、その人の基本的な人格も見えてきます。いつ何が起きるかなど人生において重要なことも生命線には記されています。

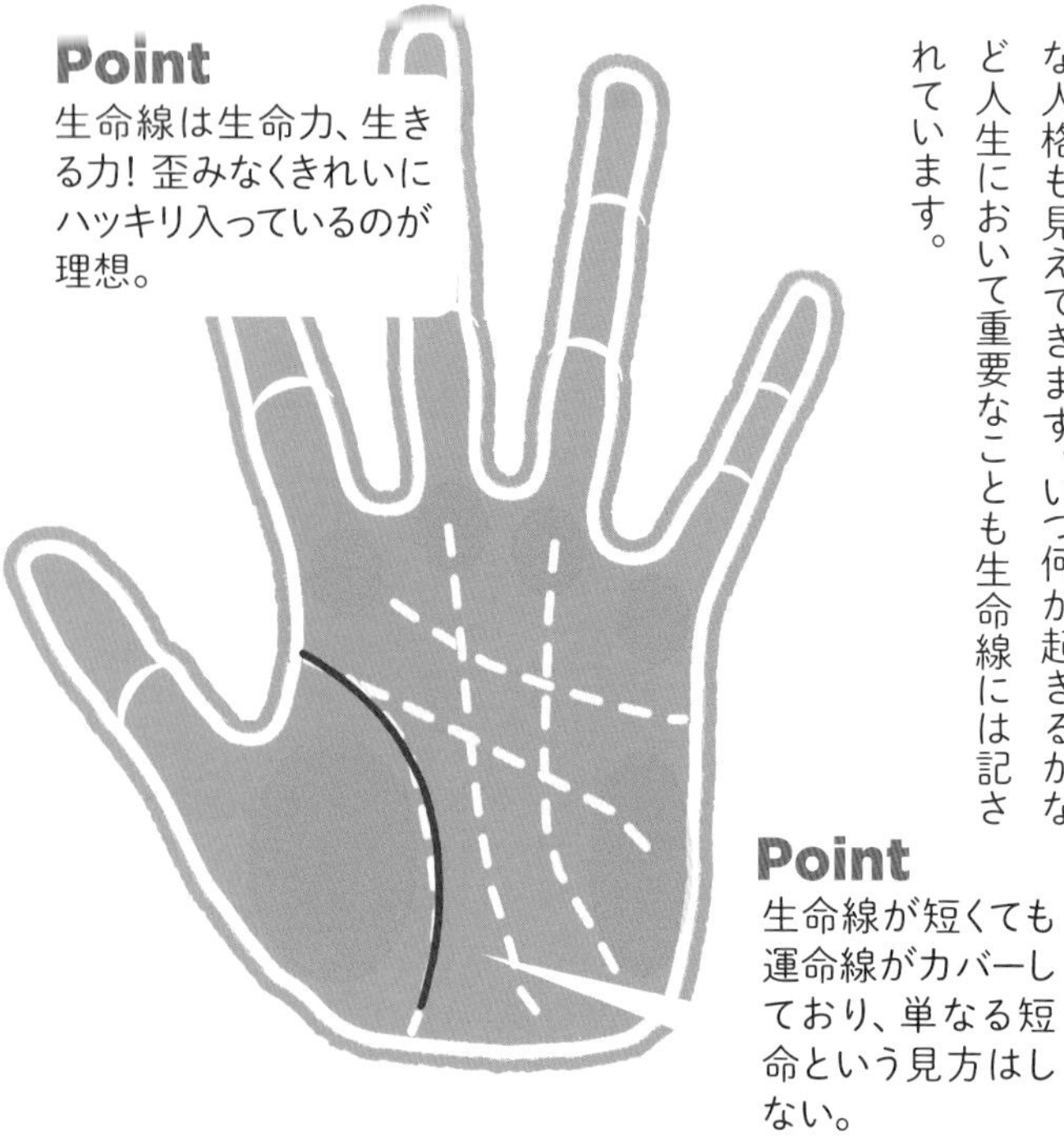

Point
生命線は生命力、生きる力！ 歪みなくきれいにハッキリ入っているのが理想。
Point
生命線が短くても運命線がカバーしており、単なる短命という見方はしない。


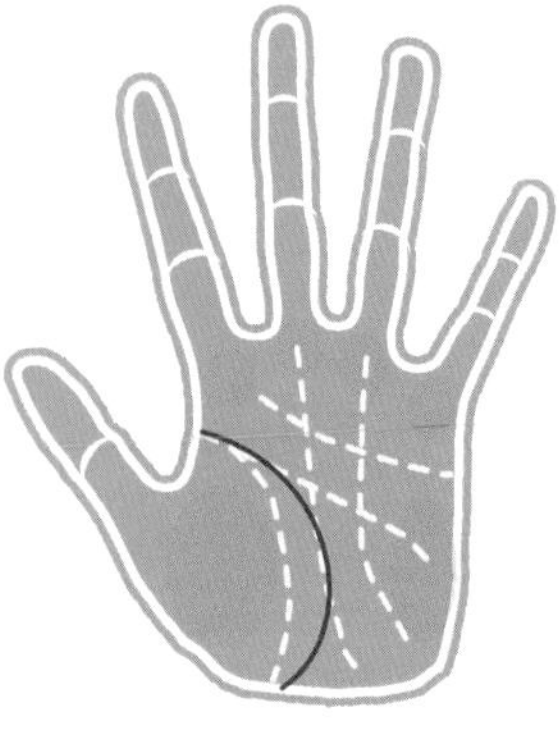

## 生命線が大きく張り出している

元気でタフ。面白いことや興味のあることには夢中になり、時間を忘れてのめり込みます。体力があるので暴飲暴食、徹夜続きなどもしやすい傾向にありますが、あまり調子に乗ると突然日頃の不摂生がたたみかけてくることも。

P45・P94・P99

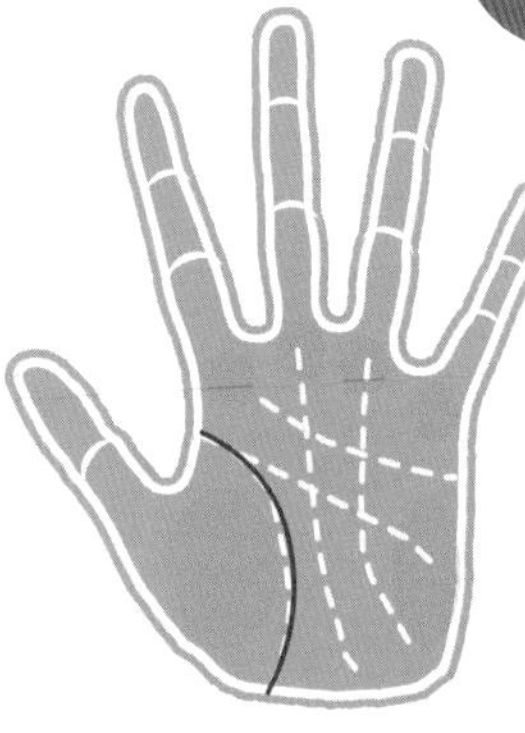

## 生命線が長い

体力やバイタリティがあります。自然と日常から不摂生をしない生活習慣が備わっているので健康的です。体調を崩したとしても回復が早いのが特長。長寿家系。意思、やる気、気力充実。心身のバランスも良い人です。

P33・P78

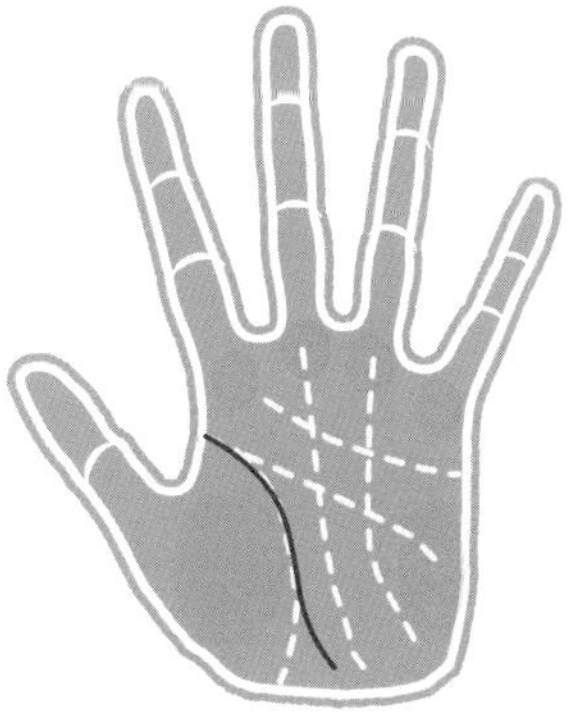

## 生命線が外に流れる

家を離れて生活する（出張や単身赴任）ことが多くなります。引っ越しや転校などの移動が多かったり、故郷を離れて成功します。海外運もあります。じっとしているのが苦手で、外を動き回っているほうが調子は上がります。

P89・P156

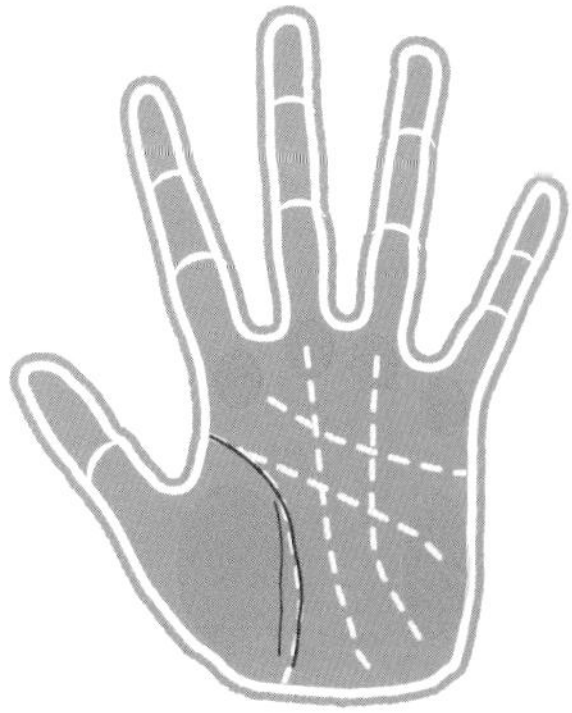

## 生命線が薄い・貧弱

元々体が強いほうではなく、すぐに病気になりがちな傾向が見られます。精神も不安定なところがあり、周囲に甘えがちなところもありますが、性格は意外にしぶとく、用心深く頑固。頭が良く知識や情報も豊富な人が多いです。

P113・P143

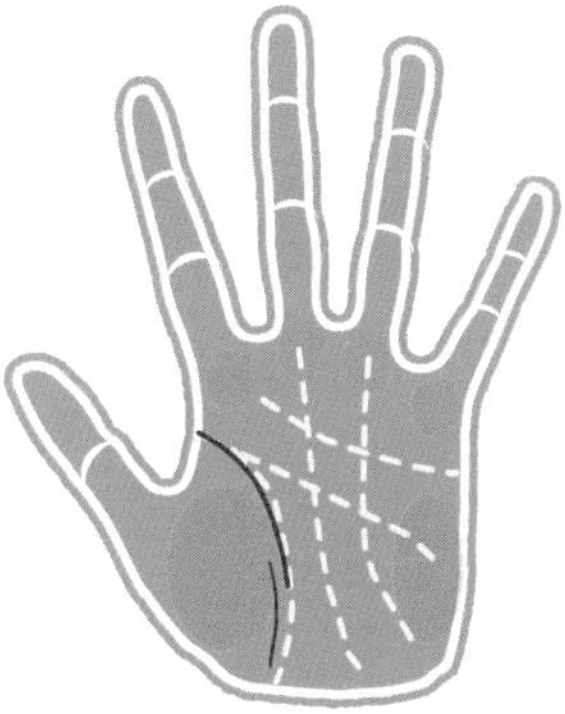

## 生命線が短い（内側カバータイプ）

まじめで責任感があり、一生懸命に頑張るタイプですが、それまで元気だったのに突発的な事故やアクシデント、病気やケガで大きなダメージを受けることを暗示。過信せずに、家族や友人の言葉、アドバイス、社会のルールを守るように。

P147

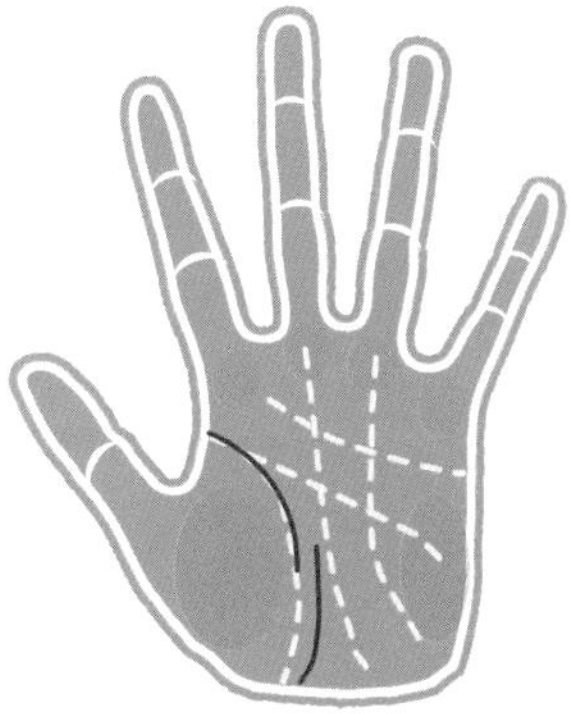

## 生命線が短い（外側カバータイプ）

刹那的な生き方を求める傾向が強いです。ただし人生の節目や転機を迎えたあたりで健康に目覚め、別の人生が始まり逆に長寿傾向にも。たいていは運命線がカバーし、その状態も含めて生命線と見るので単なる短命という見方はしません。

P146

主要線❷

# 知能線

物事の考え方や捉え方、集中力、頭の回転の速さ、才能・能力などを見ます。

知能線はその人の物事の捉え方、考え方などがよくわかる線。どんな仕事が向いているか、秘めている才能などもわかります。頭を意味する線ですので首から上の病気やケガ、悩みなどもこの線に警告として出ます。

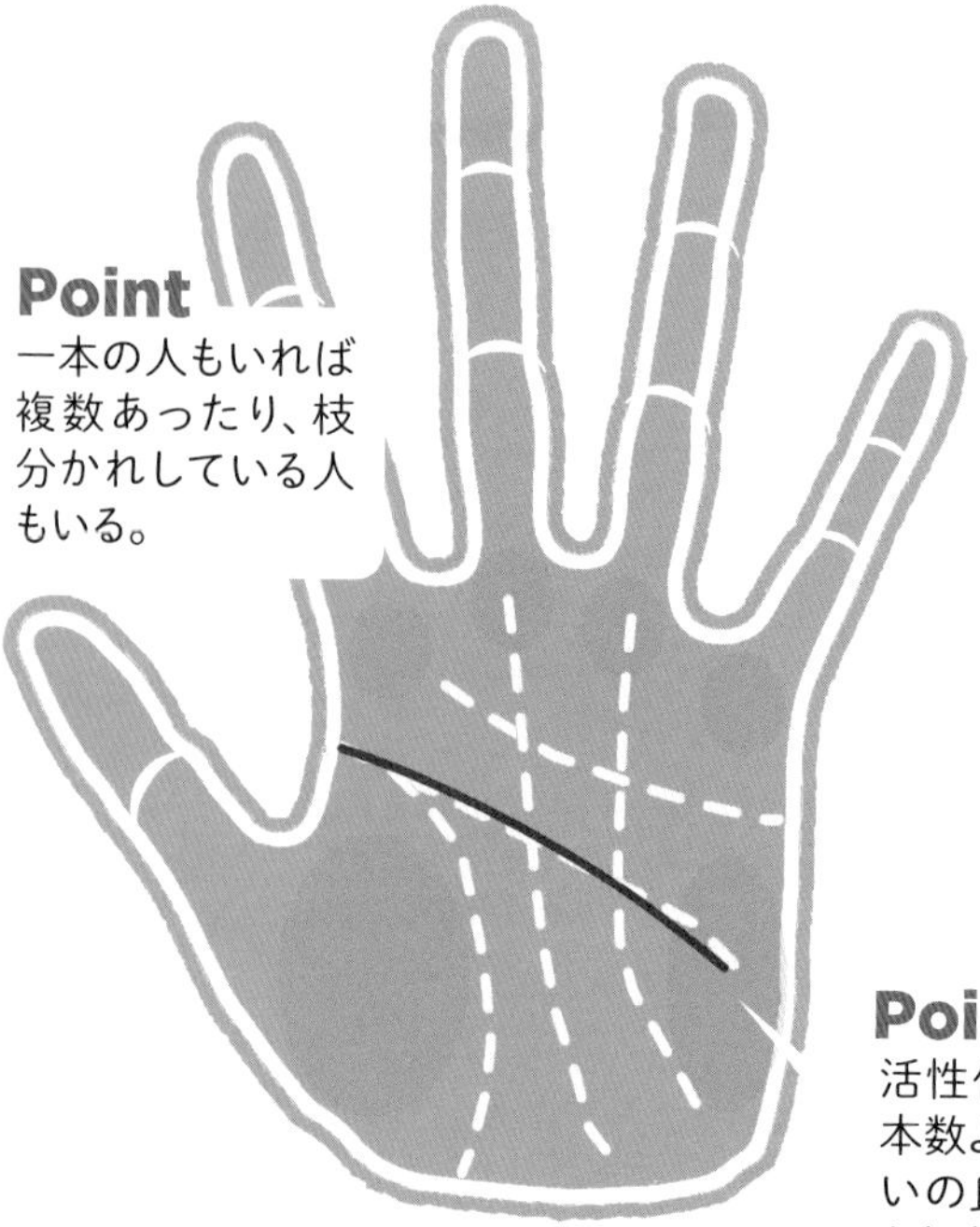

**Point**
一本の人もいれば複数あったり、枝分かれしている人もいる。

**Point**
活性化重視！ 長さや本数よりもきれいで勢いの良いもが理想的な知能線！

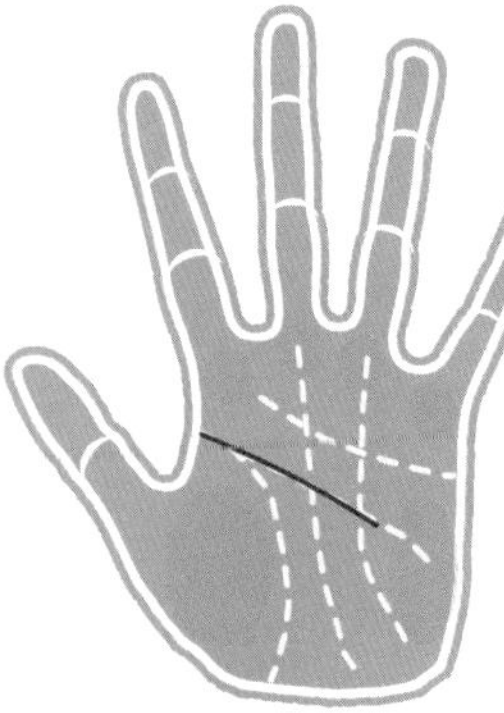

### 知能線が短い

頭の回転が速く、即断即決。長い会議や回りくどいやり方、時間の無駄を嫌い、効率の良さを求めます。フットワークが軽くテンポは良いのですが、長く腰を据えてじっくり構えるようなものは苦手。

P89・P149

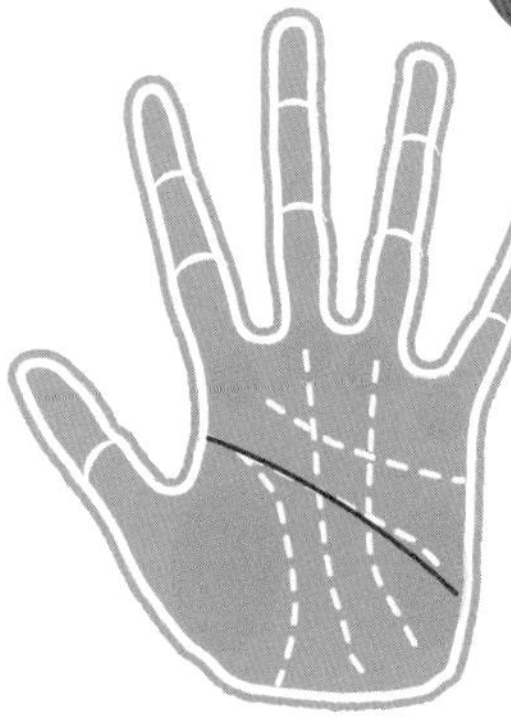

### 知能線が長い

じっくり物事を考え、判断、決断をします。冒険はせず、より無難で確率の高いほうを選ぶ傾向があります。集中力が持続する一方、決断に時間がかかり、なかなか決めきれないという難点も。

P58・P65・P68

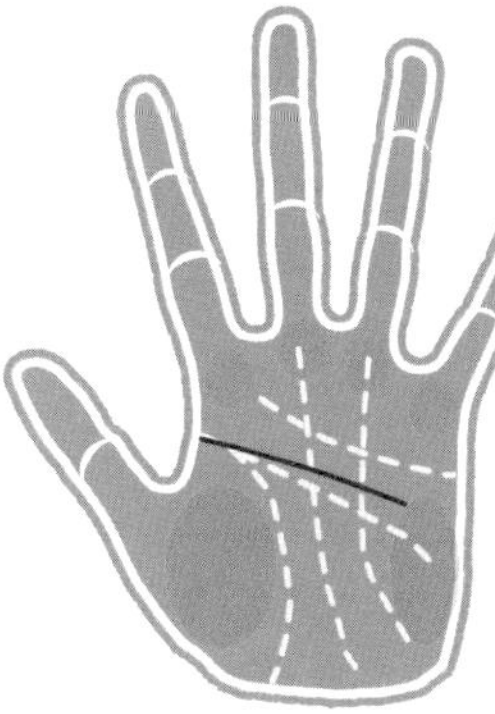

## 知能線が横に走る

現実的な物事の考え方をする人で分析型だと言えます。感情に流されたり、イメージや状況に惑わされず、シビアに物事を判断することができる力を持っています。文字や数字だらけの法律やデータ、契約書などにもうんざりせずに向きあえるタイプです。

P56・P77・P79・P139

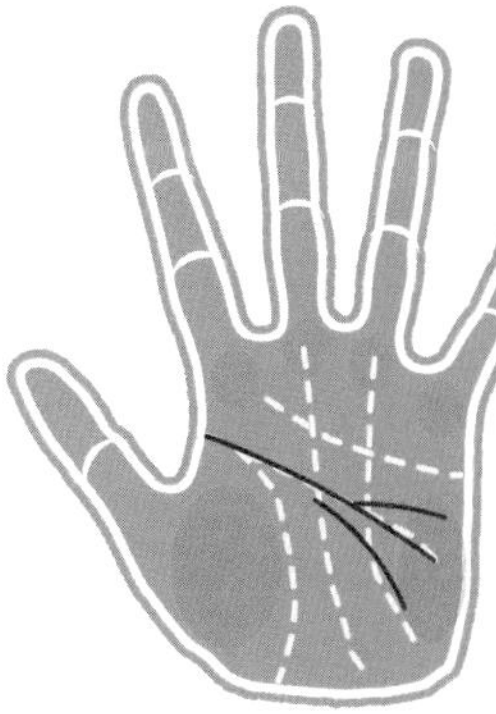

## 知能線が複数（枝分かれしている）

才能豊かでいろんなことを器用にこなすことができたり、同時に別々のことを考えながら、両方に取り組むことができます。語学習得や資格習得も得意としています。むずかしい勉強や英語などの語学習得すると枝分かれしてきます。

P29・P32・P42・P60・P76

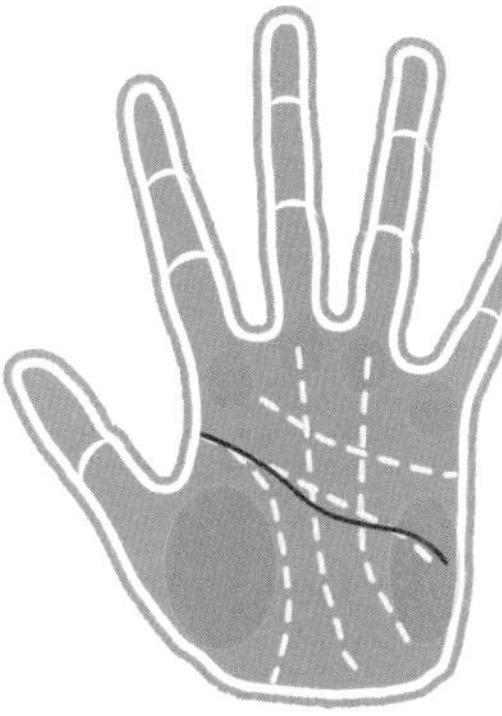

## 知能線が蛇行している（とぎれとぎれ）

考え方に一貫したものがなく、目先の良いほうへなびきます。時代や流行に乗るのは上手いのですが、その反面あおりを食らうことも。考え方がコロコロ変わったり、物事の変なところが気になりすぎます。

P137・P151・P154

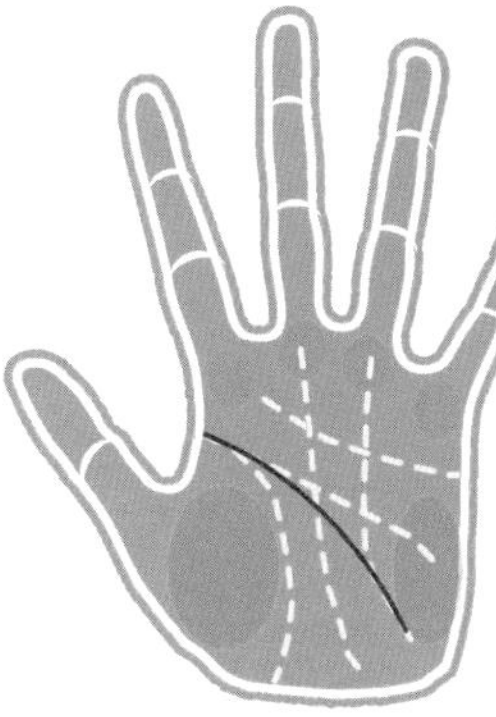

## 知能線が下がる

イメージ優先型タイプの人で、想像力豊かな持ち主です。そして夢見がちなところを持ち合わせています。クリエイティブな才能があるので、芸術家タイプの人に多く見られる線です。

P40・P111・P123・P152

主要線③

# 運命線

自己満足度、充実度。運勢の強弱(バイオリズム)。人生の転機や成功運などを見ます。

運命線は自己満足、自己肯定力の現れなのでハッキリ入っている人もいれば薄くてよく見えない人もいます。お子さんの場合はまだ成長過程ですので形として表れていないこともありますが、自己形成に伴いしっかりしたものになっていきます。

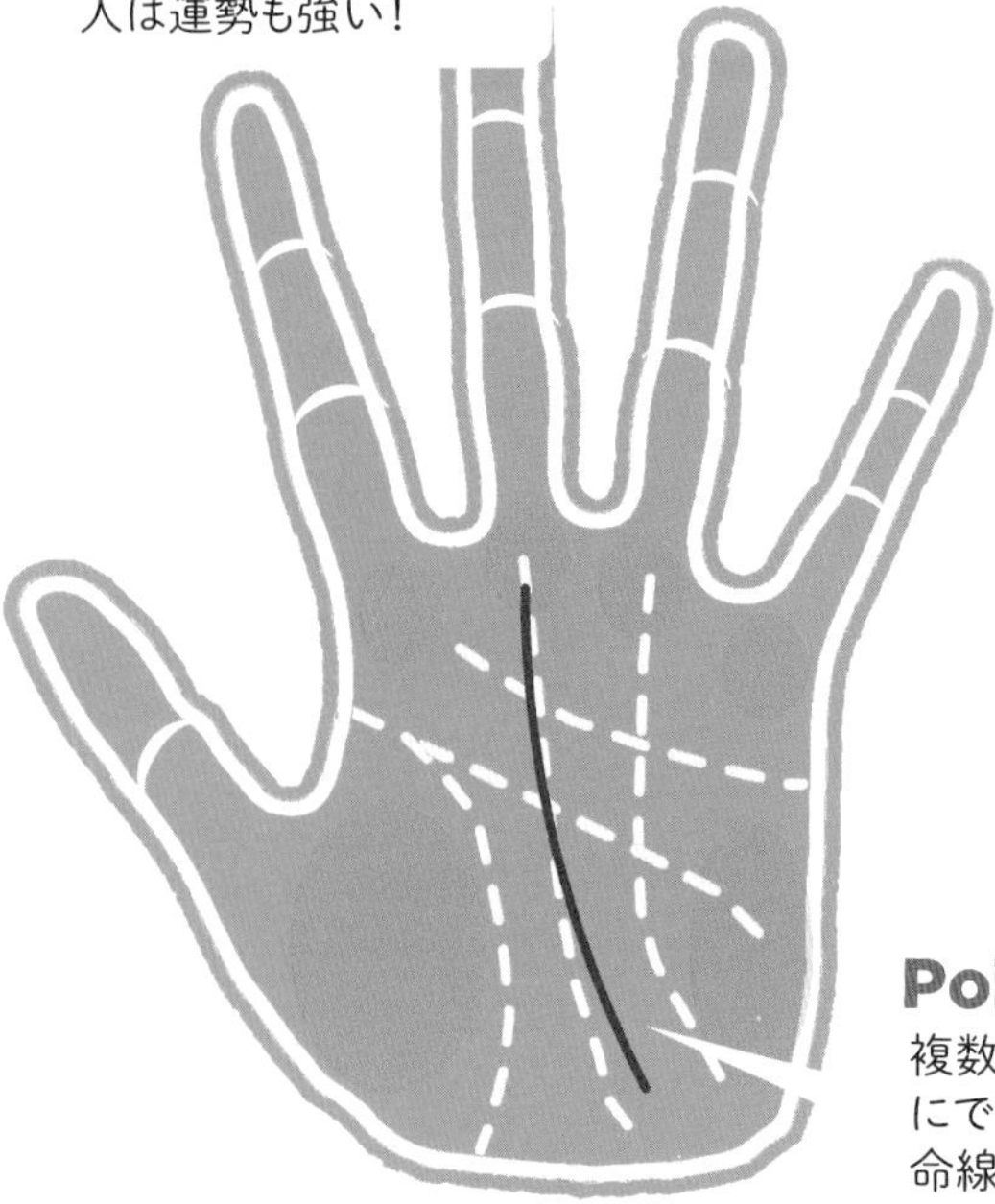

Point
濃くハッキリ入っている人は運勢も強い！
Point
複数で組み重なるようにできあがっている運命線もある。


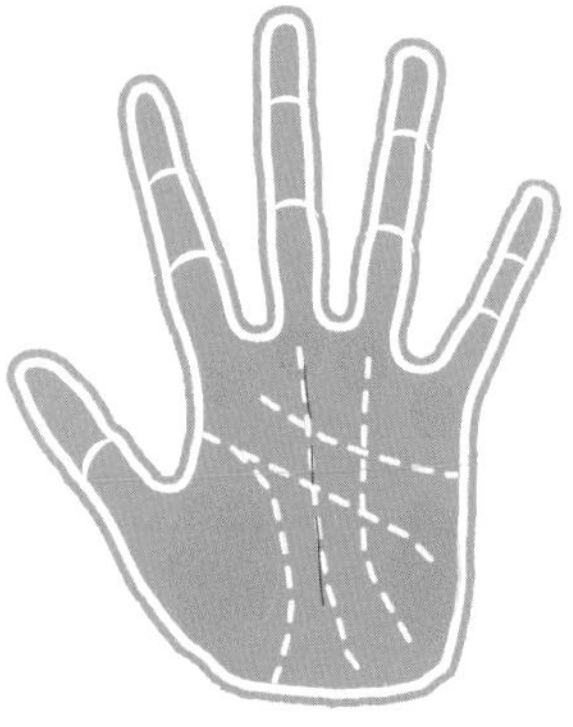

### 運命線が薄い・貧弱・ほとんど見えない

自信がなく、やりたいことも見つからないまま流されて生きたり、不本意な環境に甘んじながら生きていくことになりやすいです。ソフトな印象、従順という面を活かせれば生き様は変えていけます。

P54・P73・P92・P113・P120・P132
P133・P145・P151

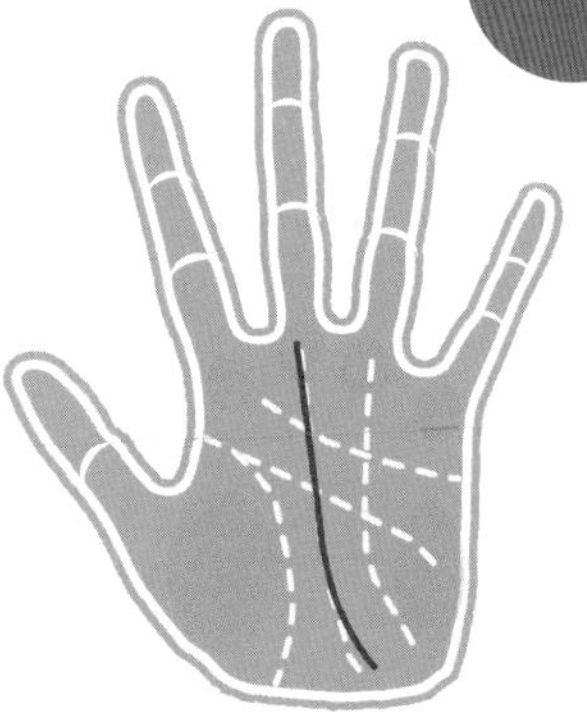

### 運命線が濃い・ハッキリ・勢いが良い

強い運気、運勢の持ち主です。自分に自信を持っているのが特長。充実、納得した人生を送ることができるでしょう。ただし、エゴが強く、自信過剰になりすぎると痛い目にあうこともあります。

P25・P43・P63・P78・P101・P103
P109・P134・P144

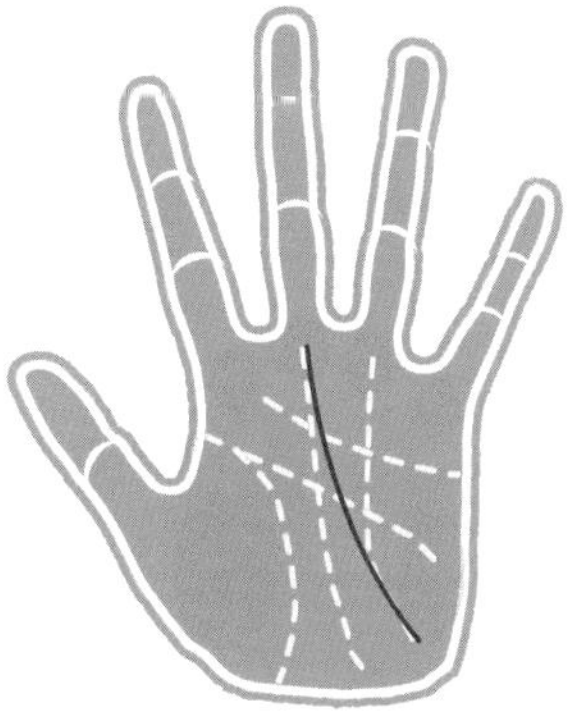

## 運命線が斜め下から伸びる

周囲から可愛がられる人。人気運、華があります。有力者の寵愛を受けたり、突然大きなチャンスが巡ってきます。自分で何かを切り開くよりも、他から任されたことや与えられたことを成し遂げて成功を収めます。

P25・P48・P71

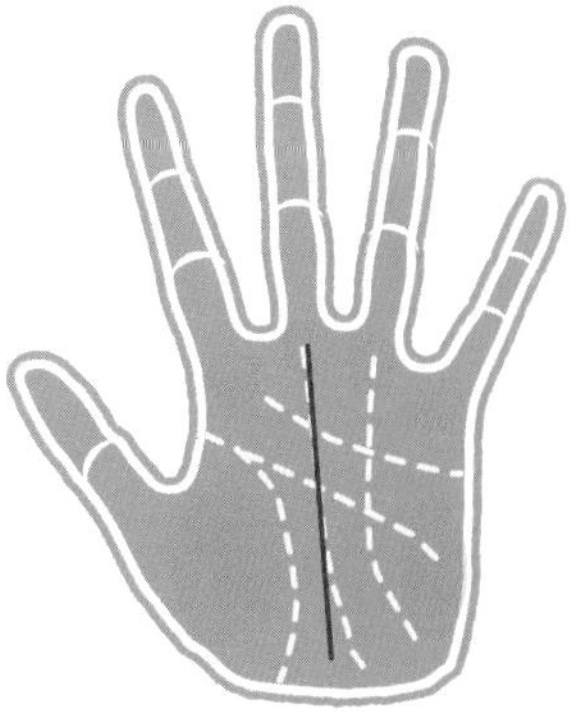

## 運命線が真っすぐ伸びる

自立した人です。人に甘えたり、頼って生きるようなことはしたくないのが基本となっています。反対に頼られたり、周囲を自分から引っ張っていくような生き方を好む傾向にあると言えます。

P84・P124・P138・P141

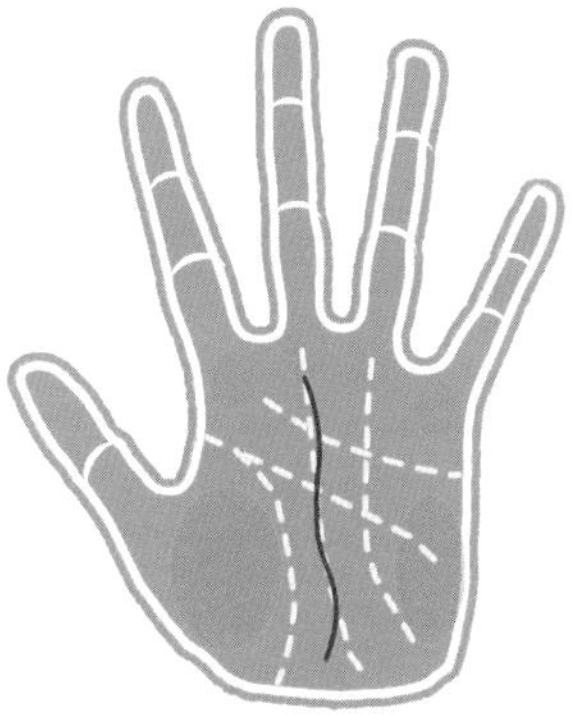

## 運命線が蛇行している

困難が続いたり、並々ならぬ大変な思いや経験を積みながらその間を過ごすことになる人です。そんな時期を後になって修業の期間だ、と思えるような大飛躍を迎えるタイプの人も多いです。

P88・P151

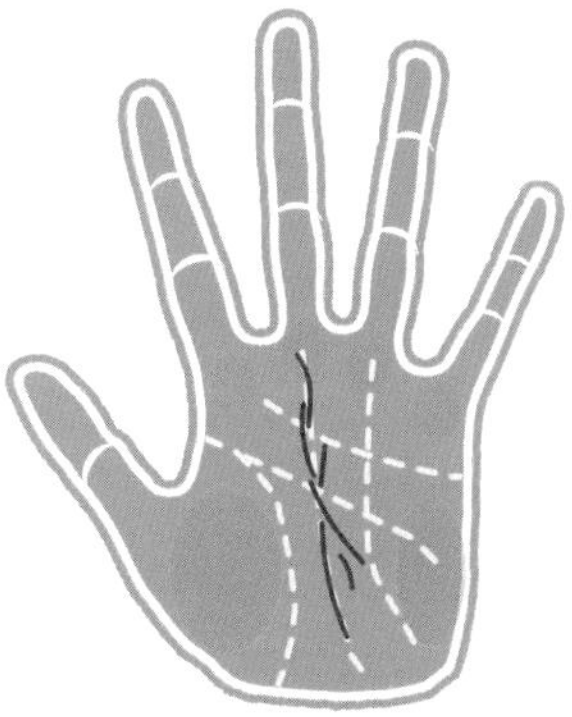

## 運命線が複雑

複雑な人間関係や家庭環境などで好不調の波が激しい人生になりやすい傾向にあります。転職を繰り返したり付き合いのある人も変動が激しい人生。人生に大きなテーマがあればドラマチックな展開ともいえます。

P92・P113・P136

主要線④

# 感情線

**感情の持ち方・特長。熱意や情熱。性格的なものや向き不向きなどを見ます。**

感情線はハート（心・感情）を表す線。情熱的でハートフルな人はこの線がよく発達して元気いっぱいです。逆にどこか冷めてる人やクールな人は素気ない線となっています。カッとなる人やしつこい人などもこの線でよくわかります。

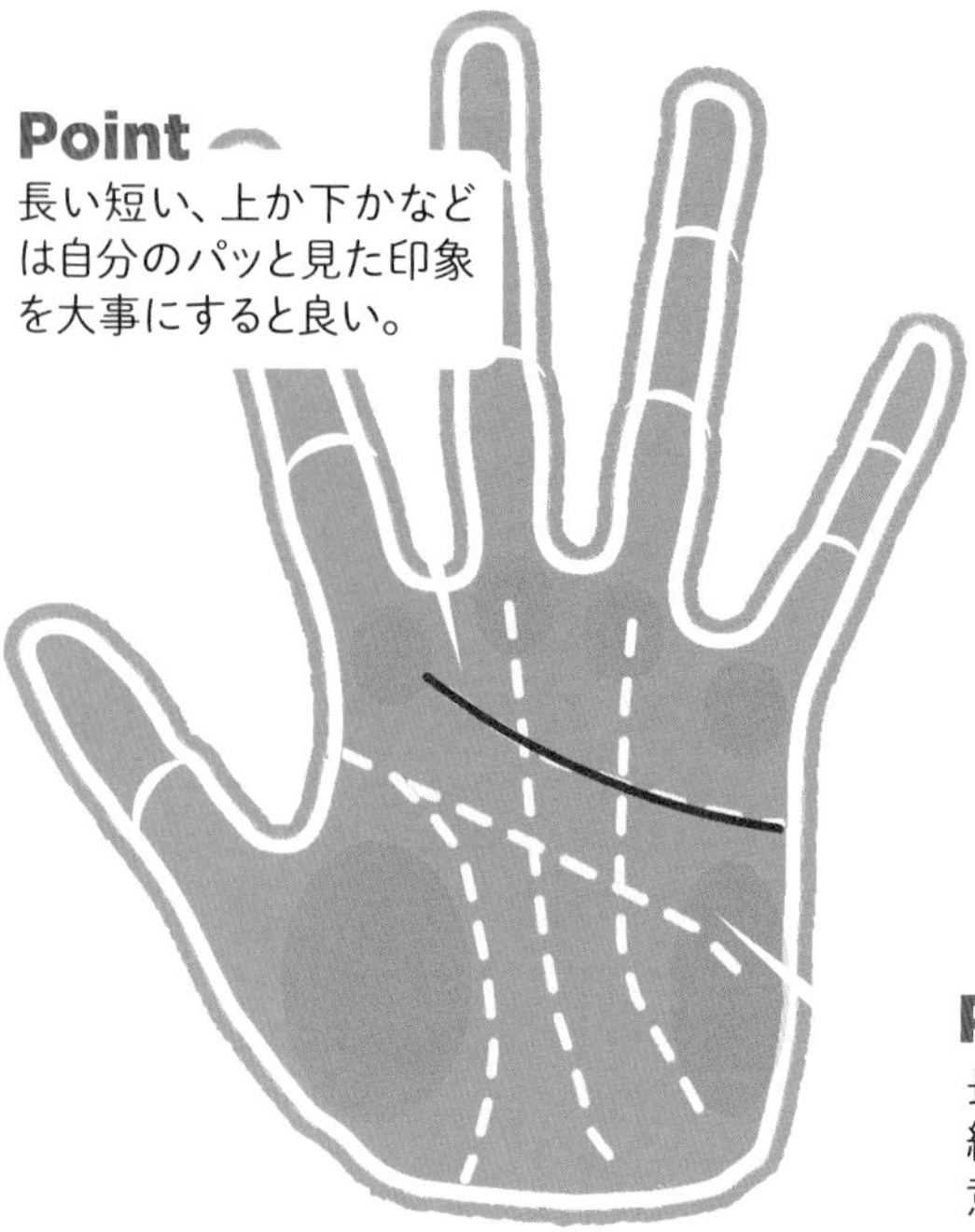

**Point**
長い短い、上か下かなどは自分のパッと見た印象を大事にすると良い。

**Point**
長い感情線はマスカケ線と混同しないように注意する。

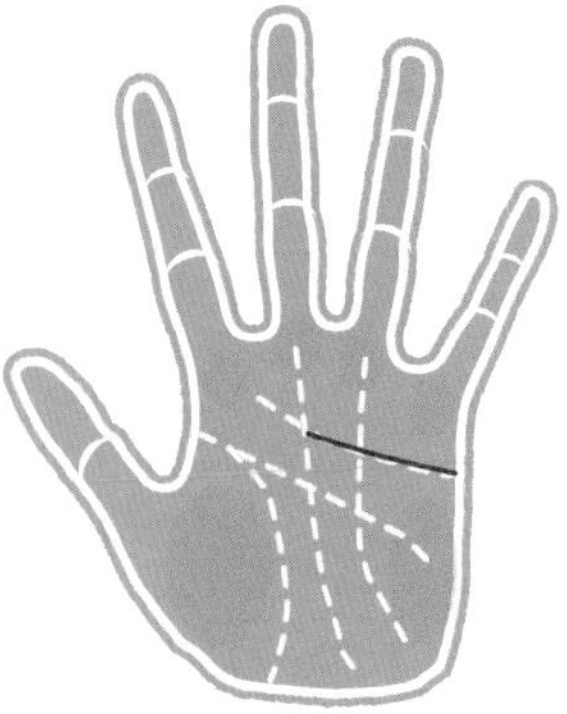

## 感情線が短い

基本的に強い感情的なものはないタイプです。自分がないというか、何かを受け止めてもどう感情表現をしてよいのかわからないタイプの人もいます。ただそういう性格のほうが向いている仕事や立場というものがあります。

P27・P66・P79・P126

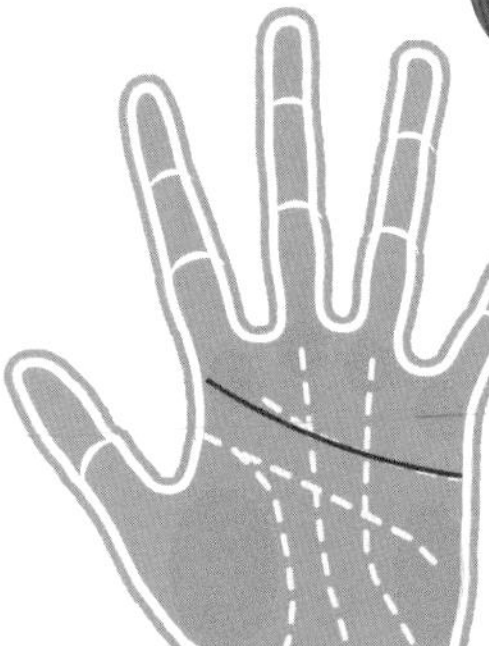

## 感情線が長い

好きなことや気になること、あるいは人物などに情熱や気持ちを強く注ぎます。熱烈なファンになって応援したりサポートできるタイプの人ですが、エスカレートすると執着が強くなったり、嫉妬深くなったりしてトラブルになりやすい面もあるのでご注意を。

P74・P140・P146・P150

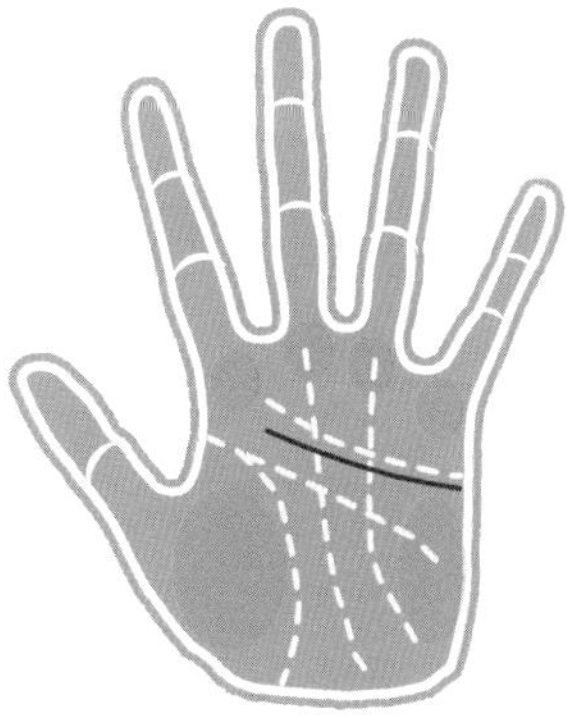

## 感情線が下（下部）を走る

感情をコントロールすることができます。温和で協力的ですが、常に自分を抑え気味なので周囲からは何を考えているか、本音や本性がわからずに誤解されることもあります。たまには自分の感情を開放する時間を持ちましょう。

P54・P69・P126

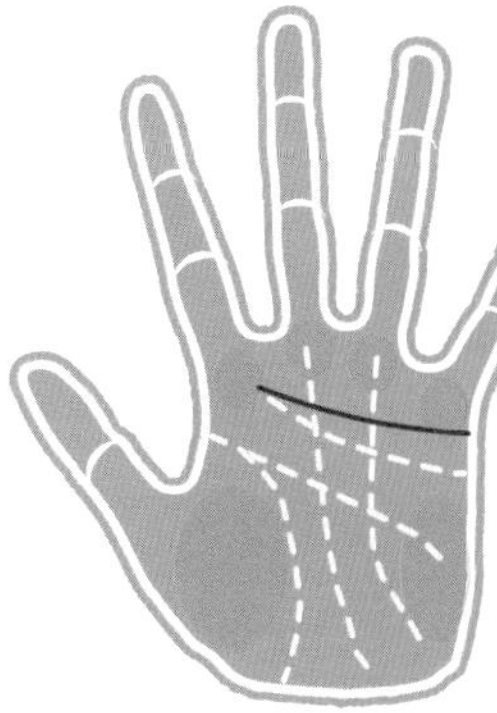

## 感情線が上（上部）を走る

感情が抑えられずダメだとわかっていてもすぐに言動に出てしまうタイプ。あとになって後悔したり、無理に突っぱね続けたりして運勢を悪くすることがあるので注意しましょう。良くも悪くも喜怒哀楽がわかりやすい人です。

P118・P138

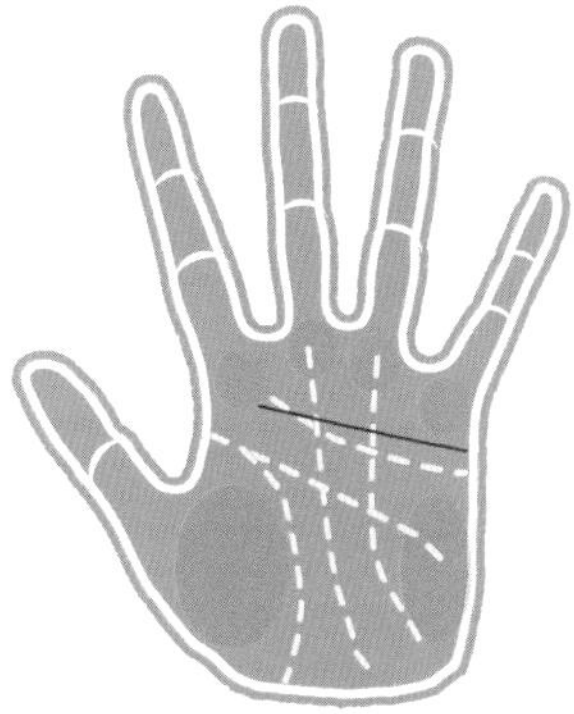

## 感情線が質素に伸びている

感情の起伏が平たんな人。何があってもどこか冷めた感じで受けとめます。よく言えばクールですが、悪く言えば無表情で不愛想です。映画やドラマ、芸術に触れることなどを通して感情表現のひな型を覚えていくと良いでしょう。

P56・P79

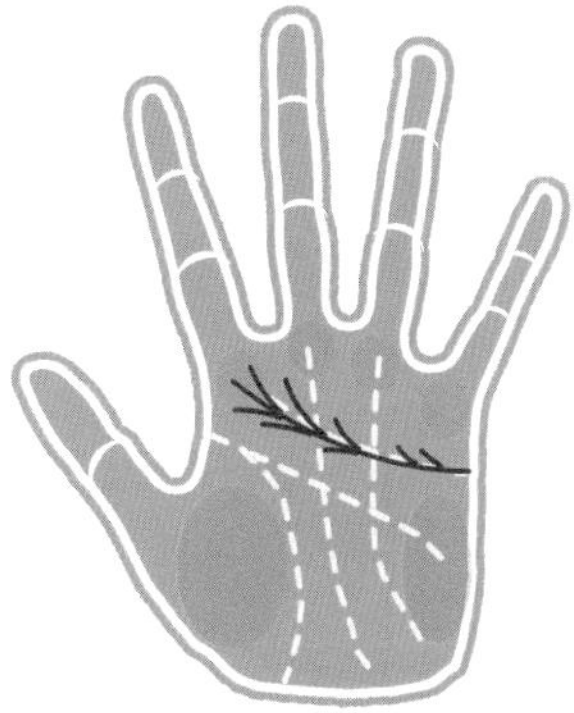

## 感情線が複雑に乱れている

感情表現が豊かで人間的。さらには恋愛、ロマンスに憧れを求める人です。誰かを愛し、誰かに愛されているという実感を常に求めます。さらにはドキドキハラハラする傾向があるので心臓や血圧などの疾患には注意が必要です。

P26・P125・P137・P155・P158

手相では一つ一つの線を細かく見ていくこともできますが、それとは別に代表的な相というものもあり、それを覚えていくだけでも、かなりその人の本質を見ていくことが可能です。ここにピックアップしたものはぜひ覚えておいてください！

# 覚えておきたい よく出る特長的な線や相

### 大雑把な手相

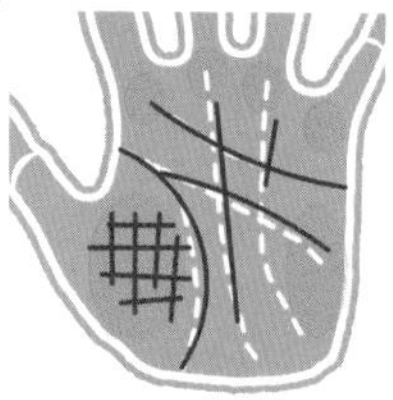

P38・P43・P110・P149

細かなことは気にしない。悩みごとや失敗は寝たり、食べたりすれば忘れます。謝っても悪いとは思っていない。ノリの良さが身上の体育会系。へっちゃらな人。

### 手が小さい

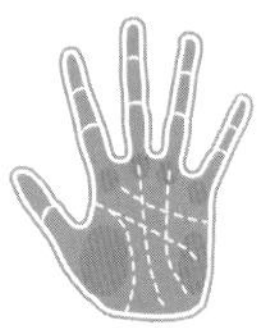

P30・P35・P134

対人関係に強く、積極的に前に出てチャンスをつかむ人。誰かの下につくよりも自分がトップになりリーダーとなる方が向いています。経営者、社長向き。

### 手が大きい

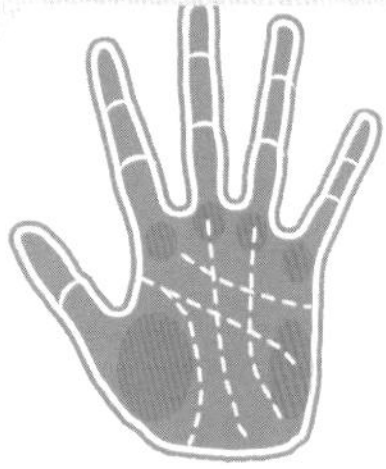

P73

性格は温和で補佐的だと言えます。アドバイザーや指導、裏方が向いています。何かを作ったり細かな作業をするのが得意な人に多く見られます。

### 手相が薄い

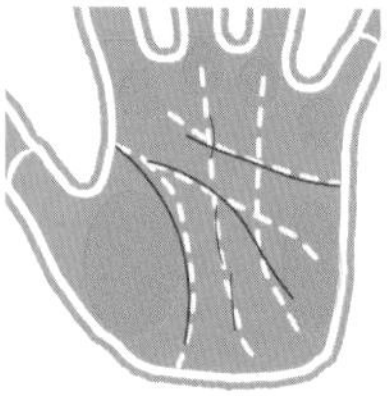

P113・P133・P143・P145

心身のアンバランス状態を表します。悩みなどがあり本来の元気さがなかなか出ない状態。人には言えない隠しごとや秘密ごとがあるときも手相が薄くなる場合があります。

### 手相が濃い

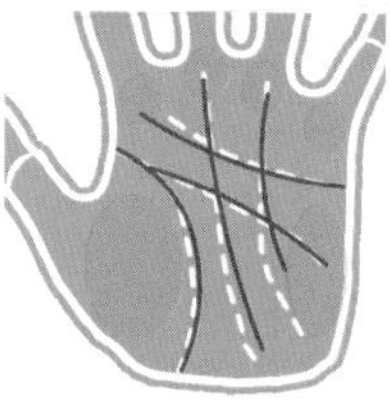

P71・P78・P103・P109

エネルギーが活性化した状態。良い運命の変化を迎えている時や、充実した日々を送っています。調子に乗りすぎて羽目を外したり無理を続けると痛い目にあいます。

### 細かい手相

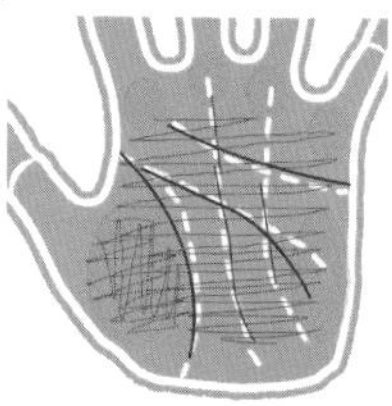

P80・P115・P133・P150

神経質でデリケート。細かなことに気がつき、ガサツなことには嫌悪感を示します。きめ細やかな優しさを持つ半面、ヒステリーになりやすい一面も。

### 金星帯（きんせいたい）

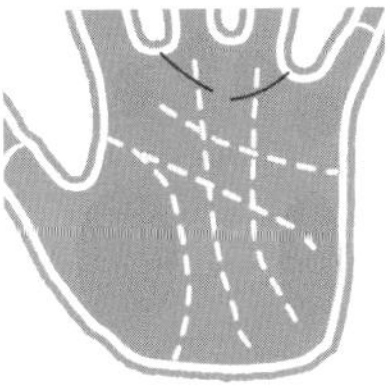

P31・P38・P59・P61・P65
P69・P77・P86・P114
P121・P125・P140・P154

金星は愛と美の星。感性の高さを表します。美的センス、バランスに優れていたり、哲学観や生き様にも美しさを求めるところが強い。理想が高く研究熱心。

### 仏眼（ぶつがん）

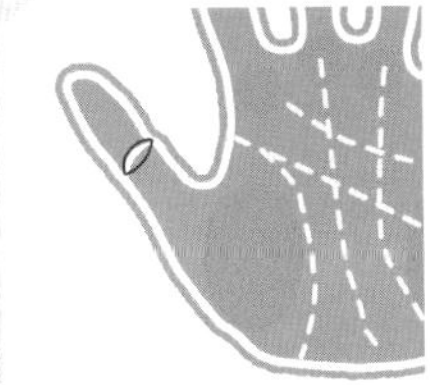

P58・P70・P76・P81・P97

願ったことやこうなると良いなとイメージしたことが実現する念力、超能力的な才能があります。直感力やインスピレーションでひらめくことが多いです。

### 神秘十字形

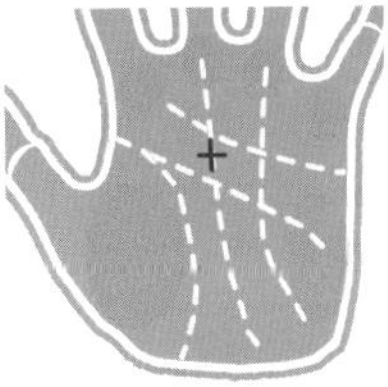

P27・P44・P67・P70
P72・P98・P123

利他の精神の持ち主。世の中の人や誰かのためという気持ちで頑張る人。信仰心が厚く、徳のある人。九死に一生を得る体験をする人も多いです。

### 変形マスカケ線

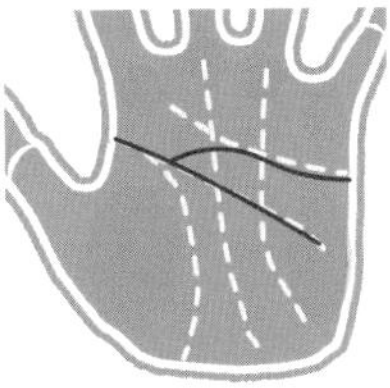

P39・P109・P139・P141

興味のあることにのめり込める人なのですが、マスカケ線よりもう少し器用な感じでこだわり強く頑張りぬきます。ありきたりを嫌い、自分にしかできないことを模索していきます。

### マスカケ線

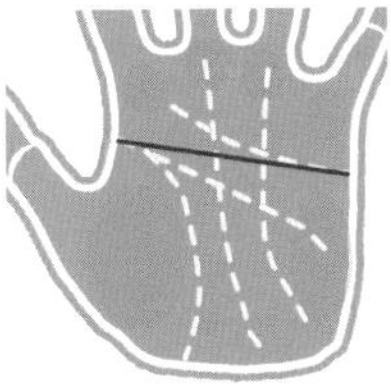

P25・P59・P97・P122

好きなことや興味のあることだけに意識が向く人。本来は強運の持ち主です。一か八かの賭けに出る勝負強さも。ただし、目標が不明確な時は変人扱いをされることもあります。

### 生命線と知能線の起点が離れている

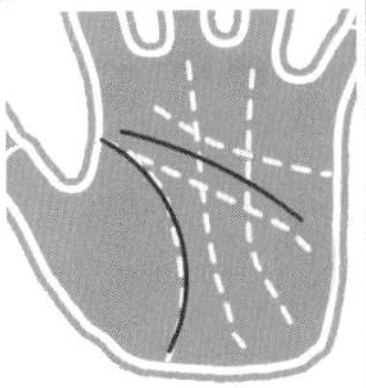

P28・P34・P35・P108
P116・P118・P122
P124

大胆で度胸があり、人が驚くことを平気でやってのけます。失敗は気にせずに前だけ見て積極性でチャンスをつかみます。面倒見がよくリーダータイプ。

## 子どものやる気を出させる

やる気を出させる上で外せないのは「人参効果」。「これを頑張ったらああなれる」など夢を持たせることです。手相から才能や個性を見出し、その方向性の先にある具体的な良いイメージを持たせ「そうなれるんだ」とやる気を出させると良いでしょう。

## 開運線

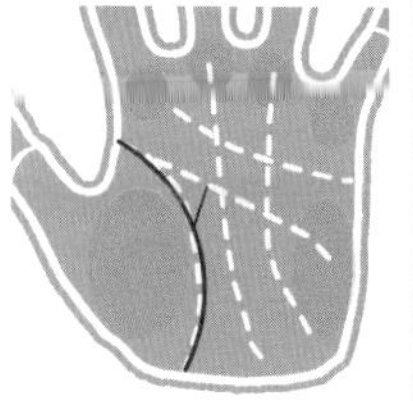

P48・P93

主要線から枝分かれして中指に向かう線。数ミリの短いものから数センチの長いものまであります。この線が伸びていると自分にとっての開運ごとが起きます。

## 二重感情線

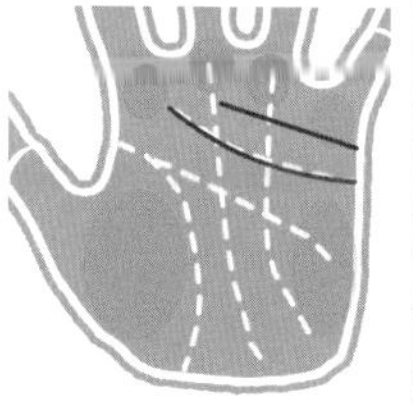

P63・P74・P91・P101
P108・P117・P122・P127

夢中になって取り組んでいると出てくるもう一本の感情線。納得するまで自分を追い込む人。困難になるほど燃えてきて実力以上のものも出すことができます。

## 太陽線

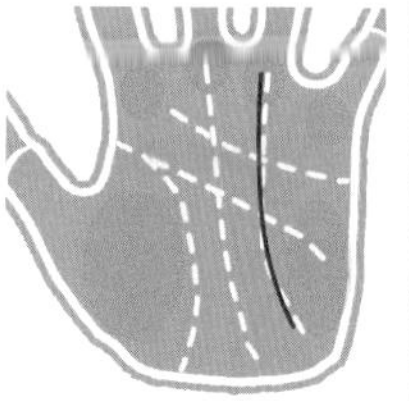

P24・P36・P38・P41・P44
P47・P75・P96・P112

成功運や人気運、財運、富、名声を意味する薬指に伸びる線です。この線が長く、勢いがあれば、人がうらやむようなラッキーな人生となっていきます。

## 文才線

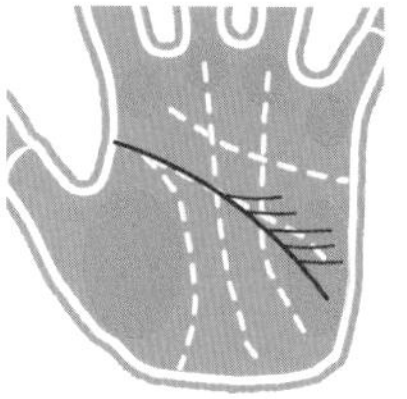

P61

文章を書くのが上手い人。話すよりも文章で伝えると、より真意が伝わりやすいでしょう。普段から本をよく読み言葉や表現の引き出しを多く持つ人です。

## 商売線

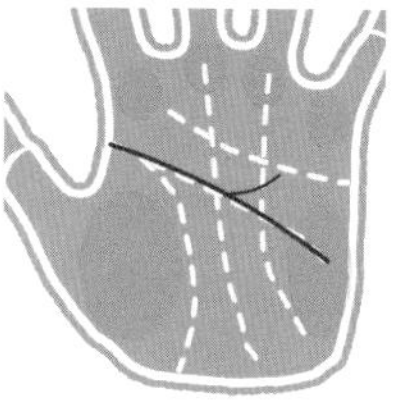

P41・P100・P153

商売センスに長け、お金の流れが良くわかり、管理する能力も高い人。何が売れ筋でどう売ればよいかのアイデアも浮かびます。ニーズ、時代の流行りを読むのもうまい。

## 向上線

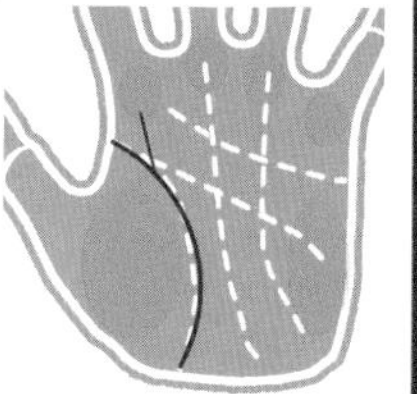

P29・P36・P62・P85

向上意欲の強い人に出る線。一度決心したことは何が何でもやりぬく。約束は果たす。常に高い目標と計画性を持ち頑張れる人。この線が立派な人は大成します。

## 良妻賢母の相

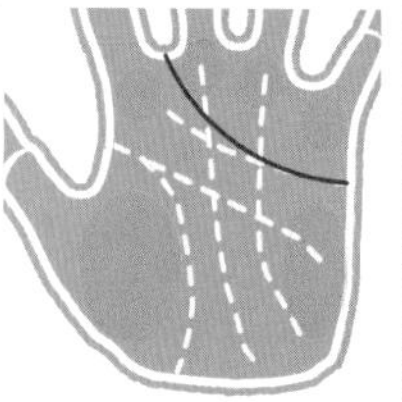

P72

感情線の先が人差し指と中指の間に向かって伸びます。献身的でよく気が利く人。好きな人、大切だと思う人やものには誠実に一生懸命になって尽くすことができます。

## スター

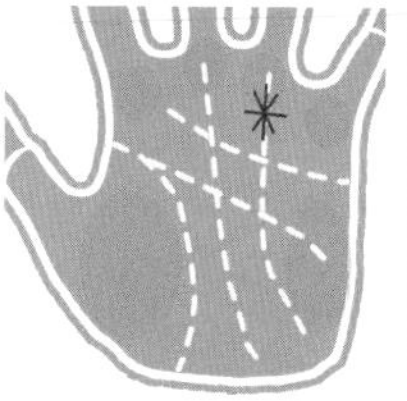

P30

出ている場所によりその意味合いは異なりますが強運の持ち主。運勢が激変するような奇跡が起こります。薬指の下あたりに出ていると宝くじで高額が当たるとも。

## 人気線

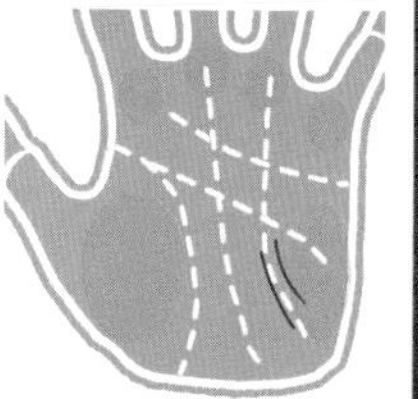

P24

月丘（手のひらの小指側の厚い部分）の下の方に出る線。愛嬌があり、どこか憎めないかわいらしさを持ちます。華があり周囲から可愛がられる人気者。よくモテる人です。

### 島（しま）

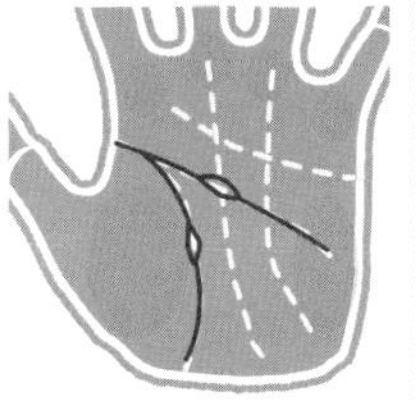

P98・P145・P148

主要各線にできる島は困難や大変な時期を過ごすことを意味します。トラブルや不調を意味したり、修業や勉強の大切な期間であるという意味の場合も。

### 環

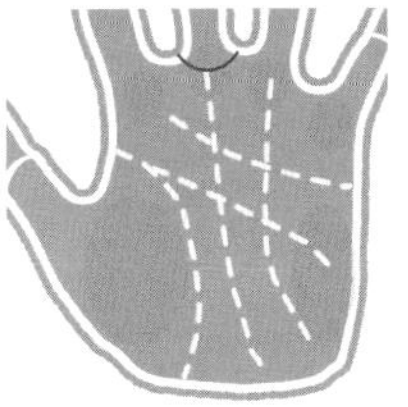

P46

親指（家庭運）、人差し指（野心・リーダーシップ）、中指（努力・継続）、薬指（人気・成功・名声）、小指（社交性）など。各指のエネルギーが活性化した人に出る半円状の線。

### ユーモア線

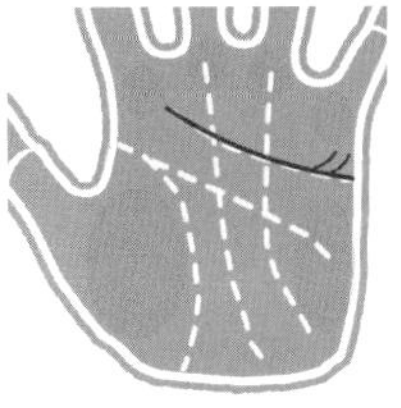

P46

独特の視点で物事を見つめ、人々が考えもつかないようなことをポンと言って驚かせたり、笑わせたりする頭の良い人。発想や想像力が独特で知恵のある人です。

### 障害線

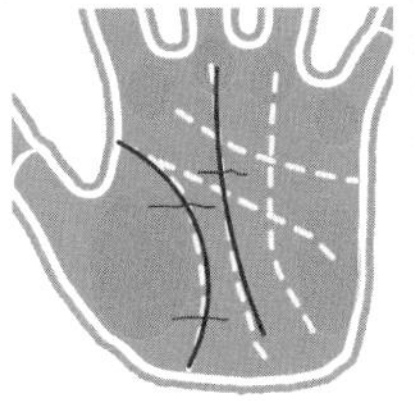

P147

主要線にストップをかけるような歪んだ線や、何かで押したような深い傷や跡のような線。ダメージを受けたりトラブルに見舞われたりすることを意味します。

### 恋愛線

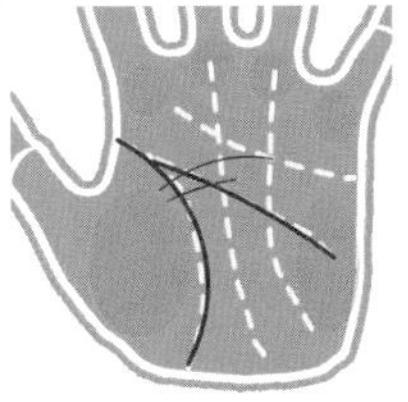

P90・P93

生命線や運命線に流れ込んでくる軽いアーチを描いた線。恋愛ごとや何か夢中になれることが出てくることを意味し、結婚する・子どもができる時期がわかることも。

### 数珠繋ぎ

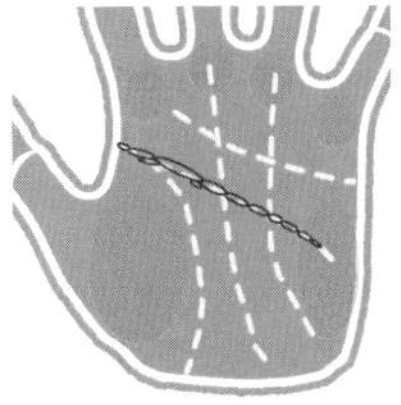

P80・P111・P120・P159

その線のエネルギーに相当負荷がかかってよじれていると読みます。知能線ならずっと何かを考え続け、感情線ならずっと何かを受け止めながら過ごしていることに。

## 手相は子育てのヒントになる

子育てを考える上でも手相からは有益な情報を得られます。まずは才能。当然のように伸びるものを持っている部分を開花させる方向が良いです。また向き不向きもあるので、それぞれに合った接し方がわかります。ウサギはウサギ、亀は亀、蝶は蝶です。

第1章

# 「ポジティブに成長できる手相」

ポジティブとは前向き、積極的という意味。

この章では、そういうエネルギーが本人の根底にあり、明るく前向きに育ち、周囲を華やかにしたり、リードしたり、安心させ、中心人物となって活躍できるタイプの手相をまとめてあります。

手相 1

# 人気者・スター性・華がある

向いている仕事

スタイリスト、ファッションモデル、レポーター
アナウンサー、イベントコンパニオン、秘書、タレント
歌手、ミュージシャン、俳優、有名人、著名人、受付
その他人気商売全般

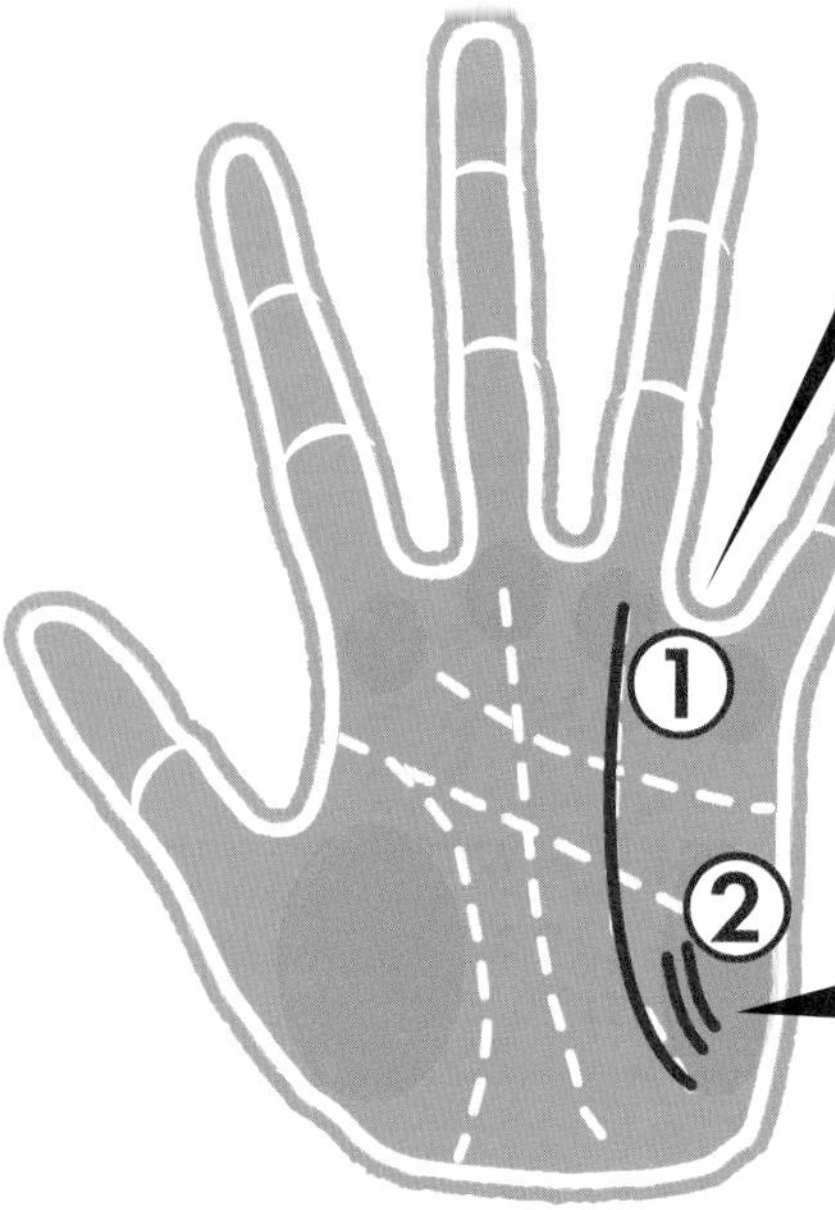


**見方のポイント①**

薬指に向かって伸びるのが太陽線。一本の人もいれば複数ある人もいる。まったくないという人もいる。

**見方のポイント②**

月丘の下のほうで斜めに上方に伸びる線。1.5～2cm前後の短いもので、持っている人のほうが少ない。

### ① 長い太陽線

太陽線は人気運、富、名声などを表す線。長くハッキリ伸びるこの線を持つ人は大変人気者であり、どこにいても注目される素質、華やかな雰囲気を持っています。運の良さもあるので幸運なめぐりあわせでチャンスを掴みます。

### ② 人気線

人気線がある人はどこかチャーミングで愛嬌のある人。愛されキャラ、癒されキャラなど何かと周囲から可愛がられたり、ちやほやされる素質を持っています。1本でもあればその要素が強いのですが、中には複数本持つ人もいます。

**長所の伸ばし方**

人気者、スター性のある人はとにかく目立つものや注目される資質があります。それを活かすには何か特技や「私にはこれがある」というものを持つと良く、あとは自信を持つことでその才能はより輝いていきます。

**短所の活かし方**

人気者、スター性、華があるということはそれだけ周囲からうらやましがられたり、嫉妬の対象となることも多いです。ねたまれたり、誤解されないような言動、また普段から周囲には感謝で接することを心掛けましょう。

手相 2

# 勝負運が強い・持っている

向いている仕事

予備校・学習塾講師、バイヤー、プロモーター、放送プロデューサー、レスキュー隊員、ユーチューバー、タレント、プロスポーツ選手、実業家、起業家、棋士、プロゲーマー、トレーダー、政治家

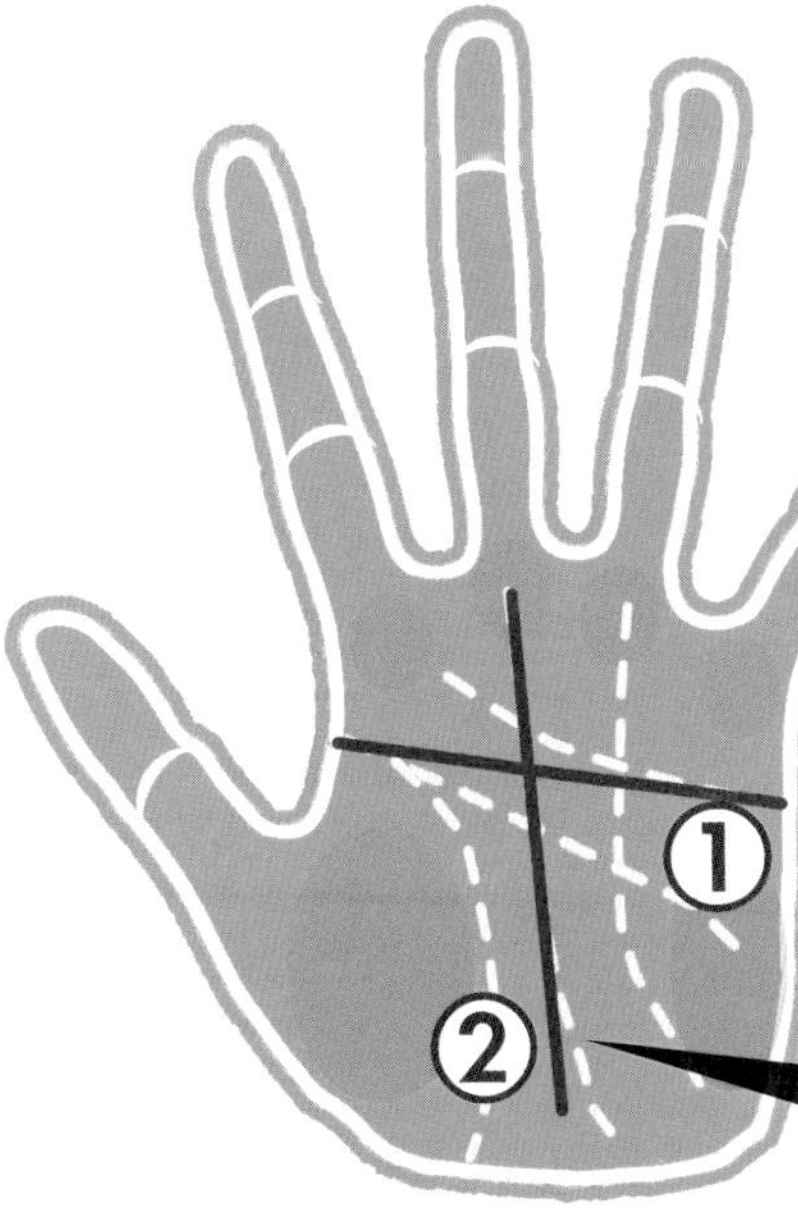


**見方のポイント①**

手を横切るような真っすぐに一本伸びるのがマスカケ線。手相における特殊相の代表の一つ。

**見方のポイント②**

中指に伸びるのが運命線。この線がハッキリ勢いよく伸びている人は自信家。運勢も強い。

### ① マスカケ線

マスカケ線は「百握り」とも言われ、かの徳川家康やナポレオンなどがこの相だったと言われています。いわゆる天下取り、組織の上に立つ人間になる資質の持ち主。元々強運で、ここ一番に勝負強い人が多いです。

### ② 濃くハッキリ伸びる運命線

運命線は自分に自信のある人にハッキリ入ります。運勢を表す線でもあり、運命線が濃く勢い良く入っている人は運勢も強く盛運、ツキもあります。自己肯定力、自尊心が強く自分はこうなるんだという明確なビジョンを持ちます。

**長所の伸ばし方**

元々運気も強く、勝負強さ、いわゆる「持ってる人」です。その強みを世の中のためや、誰かのため、何かのためという思いで責任感を持ち合わせていくと、より大きな仕事、成果を形として残していくことができるでしょう。

**短所の活かし方**

個性が強い分、周囲との対立、衝突を生みやすいという面があります。そういう意味では敵対、対峙という場面に慣れているので、競争社会、対立社会の組織のトップ、代表となり、何かを守る、勝ち取るなど先導するのが向いています。

手相 3

# 友だちが多い・社交性 人付き合いが良い

**向いている仕事**

小学校教諭、保育士、各種インストラクター
広報担当、美容師、ネイリスト、ネイチャーガイド
飲食店経営、営業、サービス業、接客業

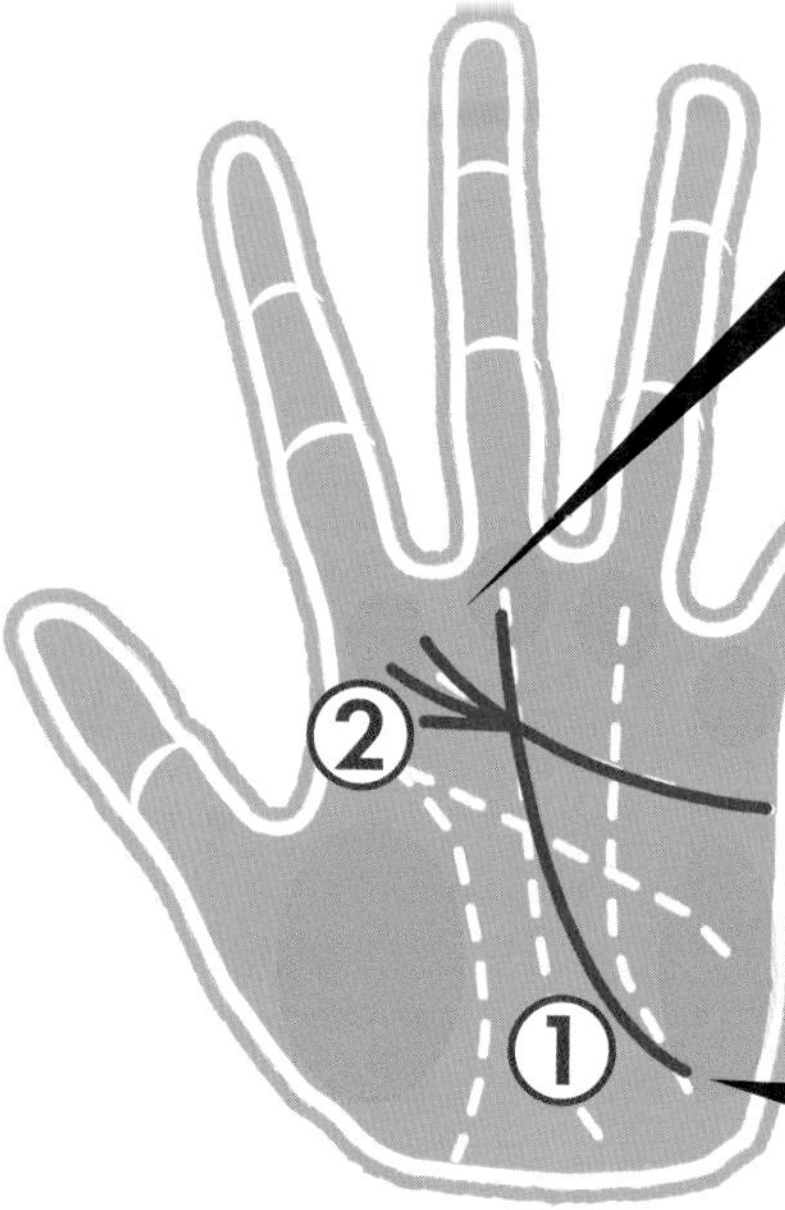


**見方のポイント②**
感情線が枝分かれするなど適度に乱れ、勢い良く入っている人は感情表現が豊か。

**見方のポイント①**
中指に伸びる運命線が小指側から上るのを人気運命線と言う。社交的で人気運もあり、友だちも多い。

## ① 人気運命線

小指側の手のひらのふくらみ、厚みのあるところを月丘と言い、世間や周囲、他人を意味するゾーン。ここから運命線が伸びるということは、社交運や人気運があり、そこから運命が切り開かれていくことを意味します。

## ② 元気な感情線

感情線は自分の感情表現の具合がよくわかる線。ここが元気よく適度に乱れているということは嬉しいことや悲しいことなどその場、その時の感情を素直に表現できます。その分、人の気持ちもよくわかる思いやりのある人です。

### 長所の伸ばし方

友人が多い人、社交性のある人は、明るく元気で思いやりがあったり、素直だったりと人との距離感をうまく取り、お互いに何かしらのメリットをもたらす関係づくりが上手い。その才能を活かすのは積極性。どんどん前に出ましょう。

### 短所の活かし方

多くの友人に囲まれ、賑やかで楽しい日々に埋もれると有頂天になってきたり、軽率な言動をうっかりしてしまうことがあるので注意。また付き合いが良すぎて、断り切れなかったり、無理な負担を背負わないようにしたいところ。

手相 4

# 思いやりがある・優しい

**向いている仕事**

教職全般、日本人学校教員、特殊支援学校教諭、医師、看護師、介護士、薬剤師、神職系、絵本作家、獣医師、動物看護士、トリマー、動物園飼育係、コンシェルジュ

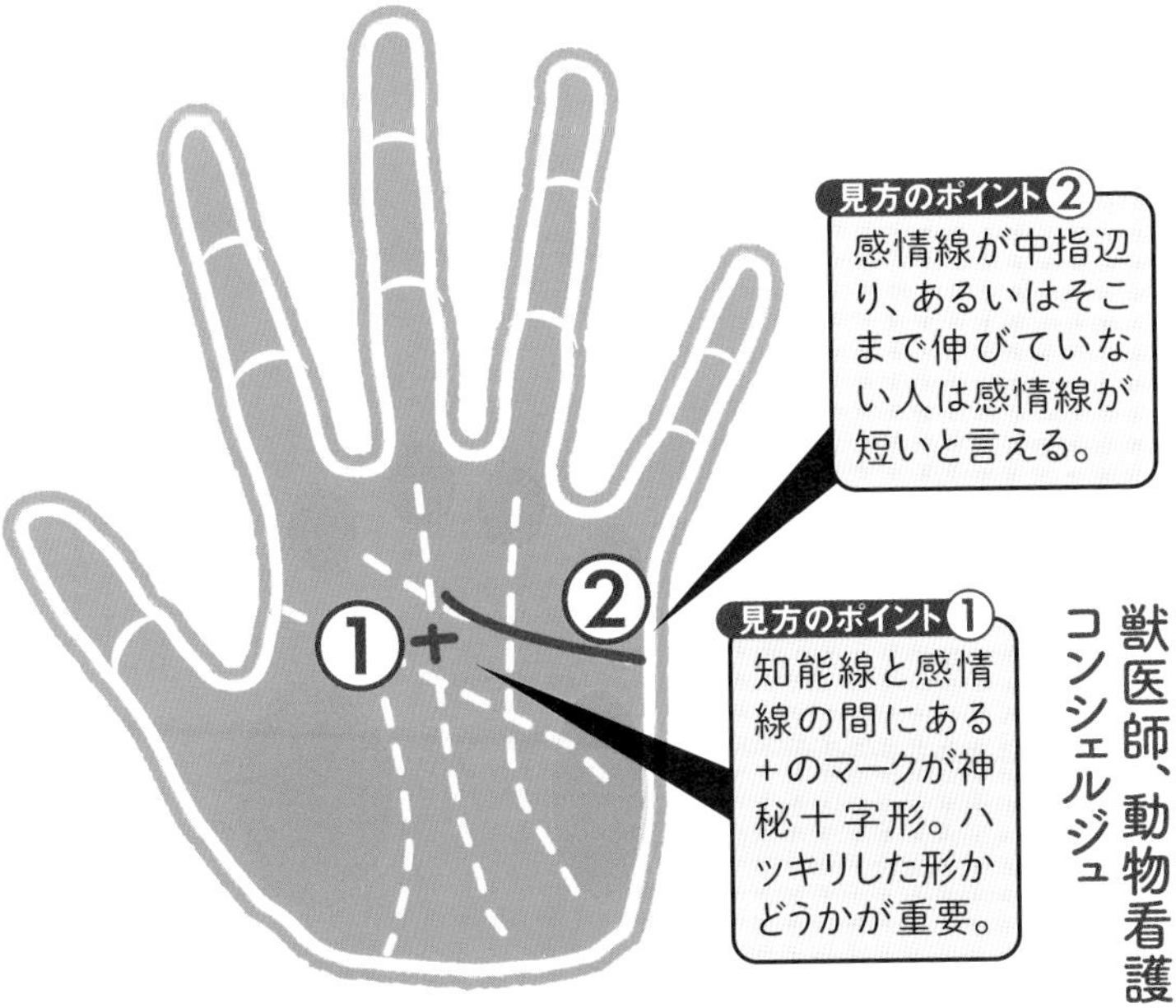
見方のポイント②
感情線が中指辺り、あるいはそこまで伸びていない人は感情線が短いと言える。
①
②
見方のポイント①
知能線と感情線の間にある＋のマークが神秘十字形。ハッキリした形かどうかが重要。

**① 神秘十字形**

神秘十字形のある人は慈悲深くて、困っている人や弱者に対し、手を差し伸べることができる思いやりがあります。信仰心が厚かったり、子どもたちや自然・環境なども大切にする気持ちが強く、何かせずにはいられません。

**② 短い感情線**

感情線の短い人は自己犠牲心が強く、自分が自分が、と前に出ることはせず、周りの状況を優先して行動したり、発言を考える慎ましい人。常に控えめで相手や物事の流れをよく見て気を使うことができる優しい人です。

**長所の伸ばし方**

思いやりがあり、優しく自己犠牲心やボランティア精神の強い人なので、困っている人や弱者、子どもたちや老人、動物や自然環境などの方面で活躍の場は広がるでしょう。指導者や教育方面でもその才能は活かされます。

**短所の活かし方**

前に出ることはせず、物事をズバズバ言うのも苦手なので、強さや派手さというものはないですが、逆に克服するとそういう面が派手になるタイプの人もいます。要所要所でそんな一面も見せられるようになると活躍の場が広がるでしょう。

手相5

# 好奇心旺盛・興味・行動力

**向いている仕事**

各種コーディネーター、メイクアップアーティスト
ネイリスト、起業家、企画、運営、芸能人
外資系企業、バイヤー、ガイド、旅行業

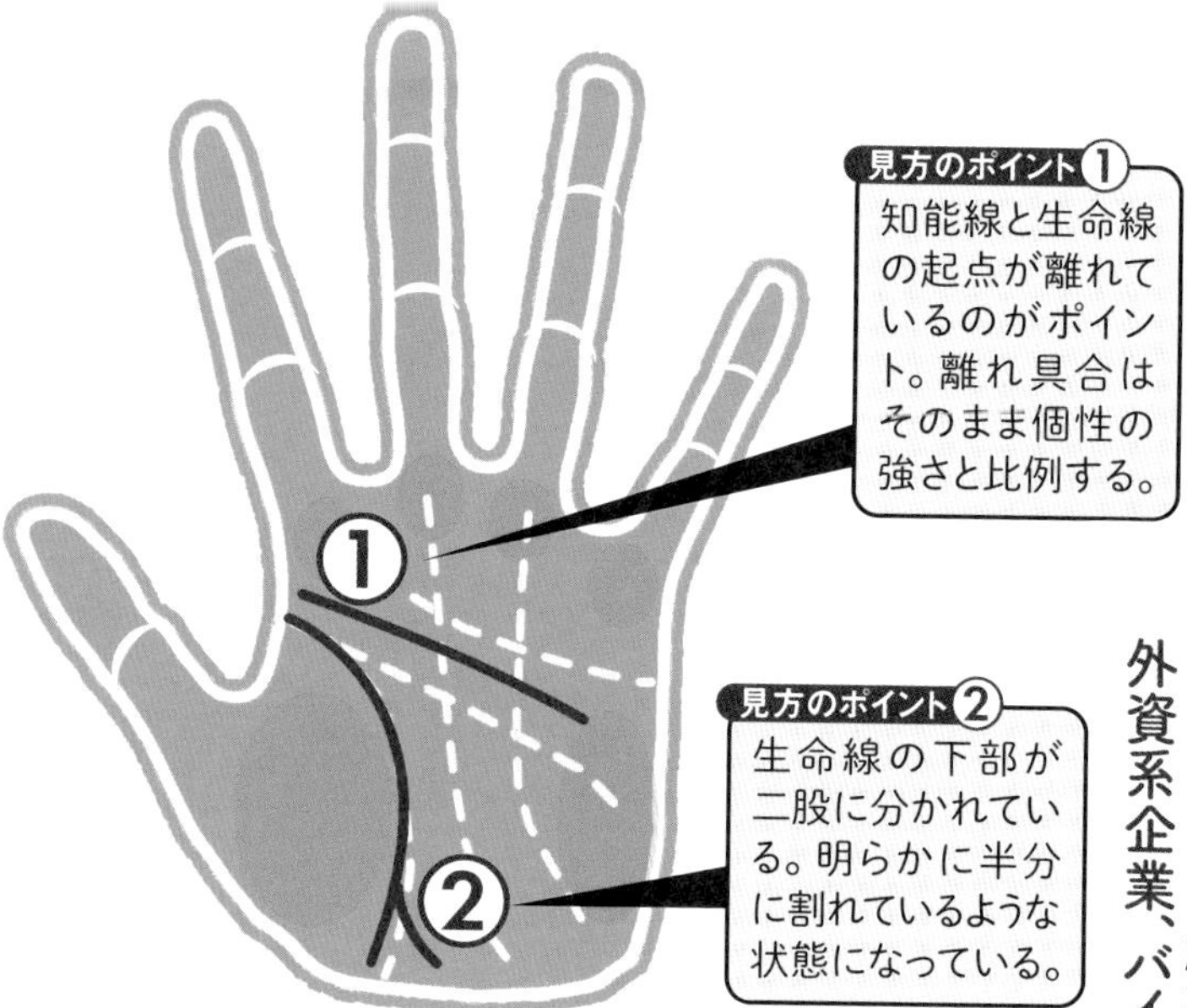

①
②
見方のポイント①
知能線と生命線の起点が離れているのがポイント。離れ具合はそのまま個性の強さと比例する。
見方のポイント②
生命線の下部が二股に分かれている。明らかに半分に割れているような状態になっている。


**① 起点の離れた生命線と知能線**

生命線と知能線の起点が離れている人は積極的で物怖じせず、どんどん前に出る性格の持ち主です。失敗を恐れず、成功することだけをイメージして自分が良いと思ったことはチャレンジします。また海外運もあります。

**② 生命線の下部が二股になっている**

生命線の下部がパックリ分かれている人は好奇心が強く、何か気になることがあると夢中にならずにはいられません。本来は長かった生命線が我慢できずに横から生えてきたかのようです。元気溢れるパワフルな人です。

**長所の伸ばし方**

積極性があり、行動力もあり、好奇心が強いということであれば、それはもう国内だけにおさまらずに世界的規模での活躍を視野に入れるのもありです。そういう意味では語学習得や、何か特技を磨いておきたいところ。

**短所の活かし方**

積極的でパワフル、個性的な人なので、時として周囲と対立し、孤立してしまいがちです。ただそれでも割と平気だったりとするその強さは「頼れる存在」ともなりえます。リーダーシップを常に意識すると良いでしょう。

手相 6

# 勉強がよくできる・勤勉

**向いている仕事**

予備校・学習塾講師、大学教員、ニュースキャスター
データアナリスト、法律系、金融系
JAXAスタッフ、地方公務員
企画アイデアを活かせる仕事

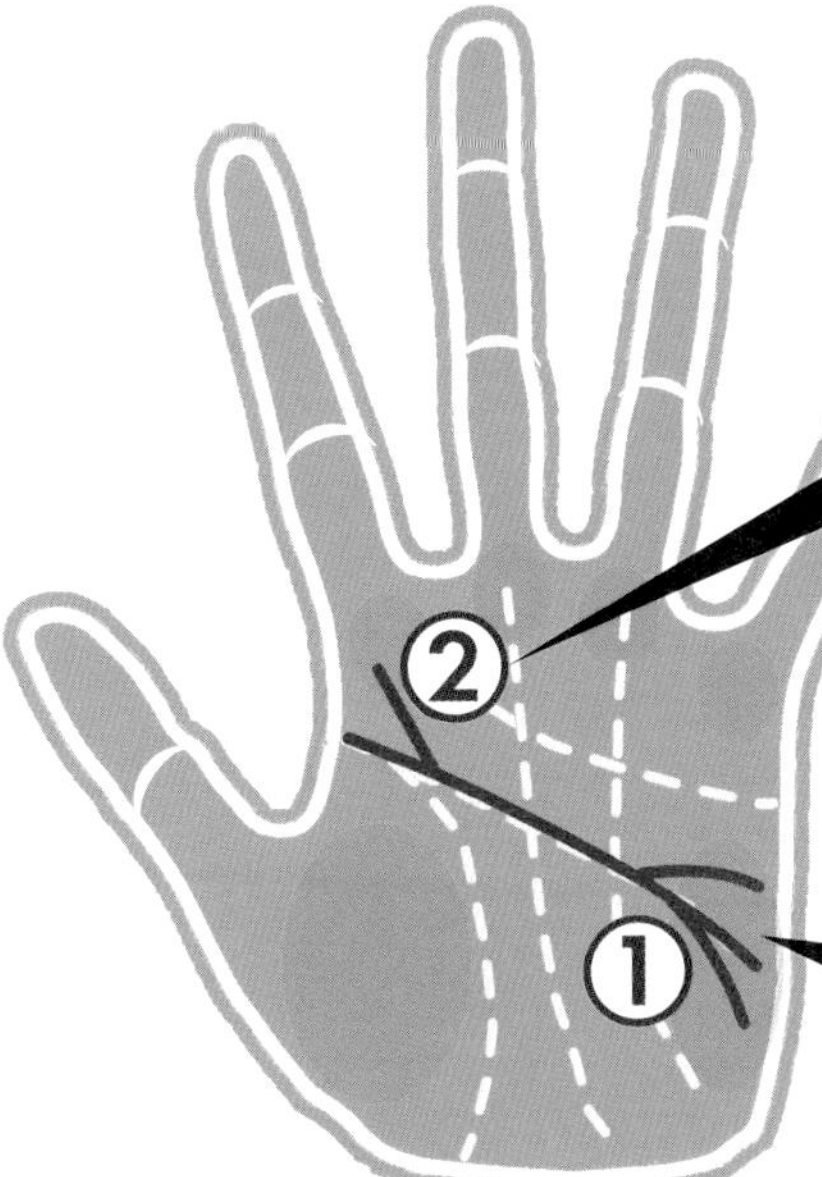


**見方のポイント②**
知能線や生命線から人差し指に向かって伸びる線が向上線。志高く日々頑張る人だ。

**見方のポイント①**
知能線が枝分かれし、変化に富んでいるのは頭をよく使う人。知能線は頭を使うと進化する。

## ① 知能線が枝分かれしている

手相は変化しますが、なかでも知能線は頭をよく使うと新しい線が枝分かれしてきたり、ちょっと離れたところに生えてきたりします。勉強がよくできる人は思考回路が活性化している人ですが、さぼらず日々使い続けているからこそです。

## ② 向上線が伸びている

向上線の伸びる人は志高く、常に目標を掲げ、それに向かって努力をします。勤勉とは仕事や勉強に一生懸命になる人のことを言いますが、そのきっかけ、そうする理由がしっかりしていないと継続できないのでこの向上線の有無は重要です。

### 長所の伸ばし方

勤勉で、勉強もよくできるというのであれば、ぜひ難しい資格が必要な仕事に就くのが良いでしょう。そういう仕事は社会的信頼、責任がある立場となり、競争率も高くなりますが、強い志がある人ならやっていけます。

### 短所の活かし方

志も高く、頭も良い……とは立派な人ということになりますが、そこで独善的になってしまったり、そうではない人たちなどを見下したりしないようにします。世の中はさまざまな要素、バランスで成り立っているのです。

手相 7

# 自立心・自主性がある

向いている仕事

学習塾講師、バイヤー、デザイナー
ニュースキャスター、広告代理店、大使館スタッフ
ジャーナリスト、海外特派員、ユーチューバー
実業家、起業家、M&A専門家、政治家

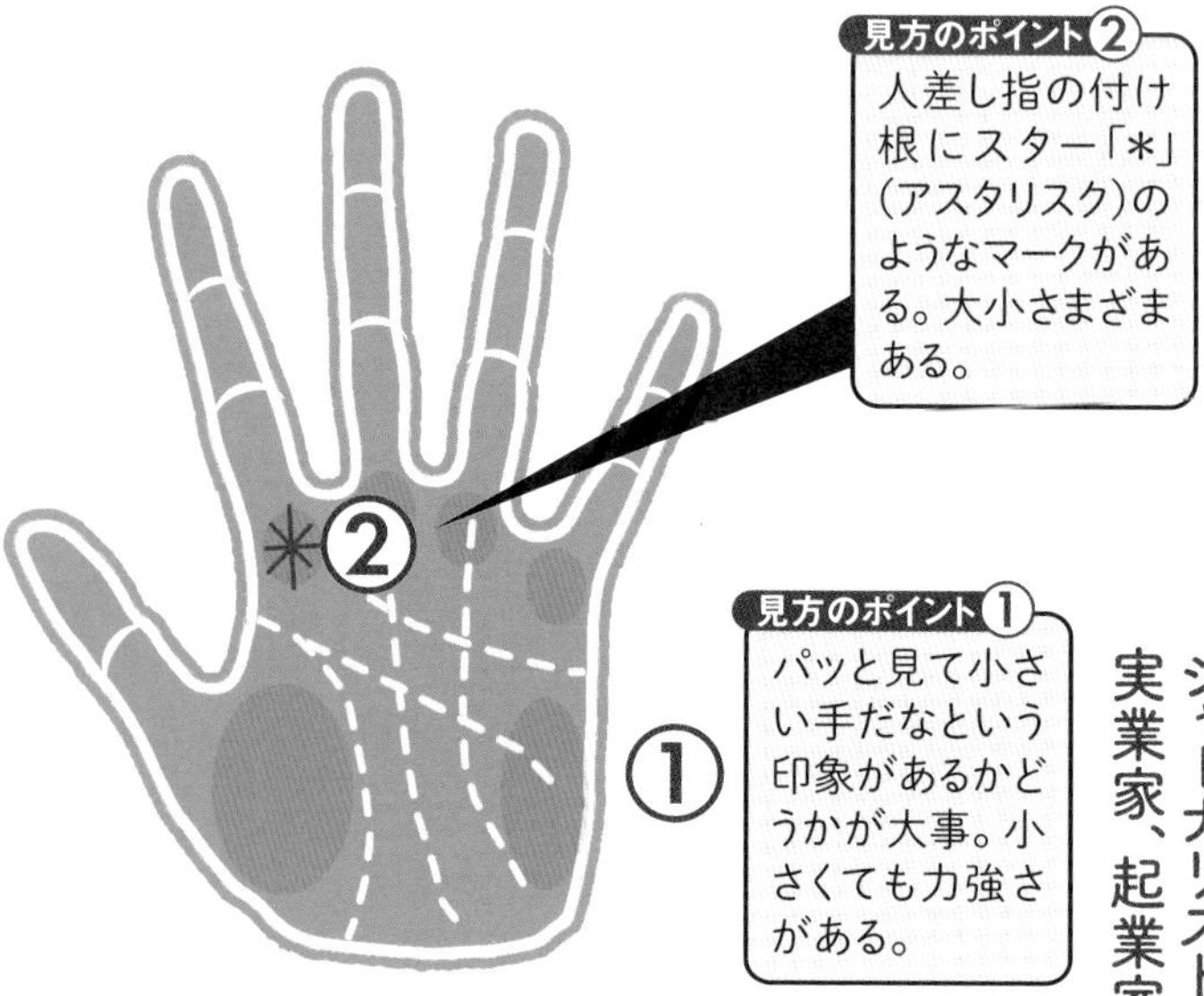

見方のポイント②
人差し指の付け根にスター「*」(アスタリスク)のようなマークがある。大小さまざまある。
②
①
見方のポイント①
パッと見て小さい手だなという印象があるかどうかが大事。小さくても力強さがある。


## ① 手が小さい

手の小さい人は、その印象とは違い、積極的で自主性・自立心があり、思い立ったら即行動に移します。気の強いところもあり、人にも強く、社会に出てバリバリ活躍するタイプ。徳川家康やナポレオンも小さかったそうです。

## ② 木星丘にスターがある

人差し指の付け根の膨らみを木星丘と言い、行動力、実行力、野心、向上心などを意味します。またスターというのはそのマークが出ているエリアの意味合いが強化、才能の開花を意味します。相当のやり手となる人物です。

### 長所の伸ばし方

自らよく考えて動く実行力があり、臆せずにどんどん前に進む勇敢な人です。国内だけに留まらずに海外に出る、また英語などの語学習得、有利な資格取得などは積極的に行くと良いでしょう。攻めの人生が似合います。

### 短所の活かし方

自主性、実行力がある人なので、そうでないタイプのグズグズした人が苦手です。そんなタイプを見下してしまうところもありますが、気の強さでもあります。競争社会ではそれは強み。仲間になれば頼もしい存在です。

手相 8

# おしゃれ・スタイリッシュ 感性・ハイセンス

**向いている仕事**

女優、モデル、コンパニオン、美容師、接客業
アーティスト、モノづくり、各種コーディネーター
画商、エステティシャン、ジュエリー関連
ウェディング関連、美に関するもの全般

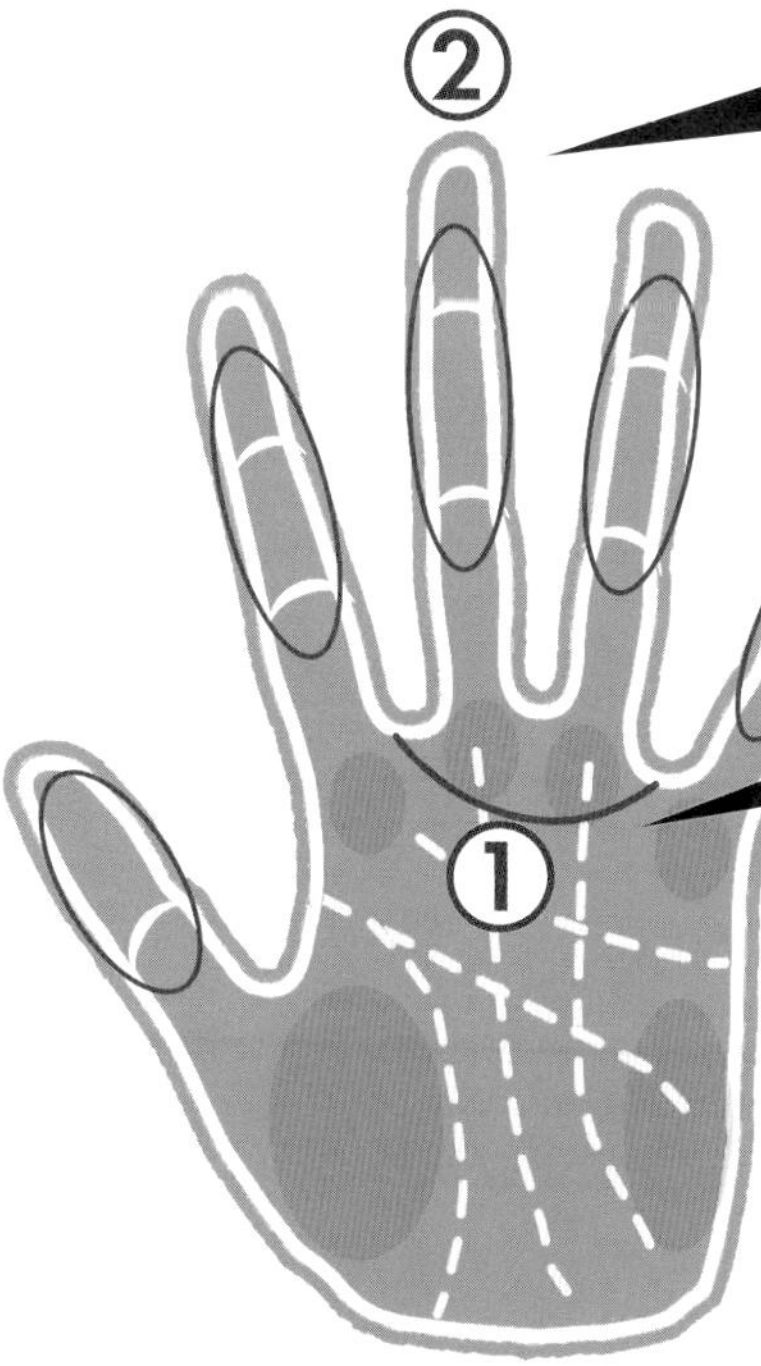


**見方のポイント②**
それぞれの指が美しく長く伸びている。細長い。手のひらも縦長の感じの人が多い。

**見方のポイント①**
金星帯が三日月状にきれいにスッと入っている。線はやや細めで繋がっているのが理想的。

**① 金星帯がきれいに入っている**

金星帯もタイプはいろいろありますが、このタイプの人は金星帯そのものも美しくセンス良く入っています。感性の高さ、特に美意識が高いのが特長で、美しくセンスあるものが大好き。日々の研究や努力も惜しみません。

**② 指が細長い**

指の細長い人も美意識の高い人です。繊細でプライドが高く、感受性も強いロマンチストタイプなので、センスのないものやデリカシーのないもの、がさつなものは苦手。直感、インスピレーションもあります。

### 長所の伸ばし方

まずは美しいもの、華やかなもの、センスあふれるものに囲まれて生活する、そういう環境で仕事もできるのが理想です。常に新しい情報を仕入れ仲間と交流したり、時には良きライバルとして互いを高め合うと良いでしょう。

### 短所の活かし方

プライドが高く、合わないものや無理なものは無理な人なので、苦手なことには手を出さず、好きなものや、得意なもの、良いご縁を伸ばしていくのが良いです。応援してくれる実力者や企業、ファンや顧客などを大切にすることも大切です。

手相 9

# 才能・資格

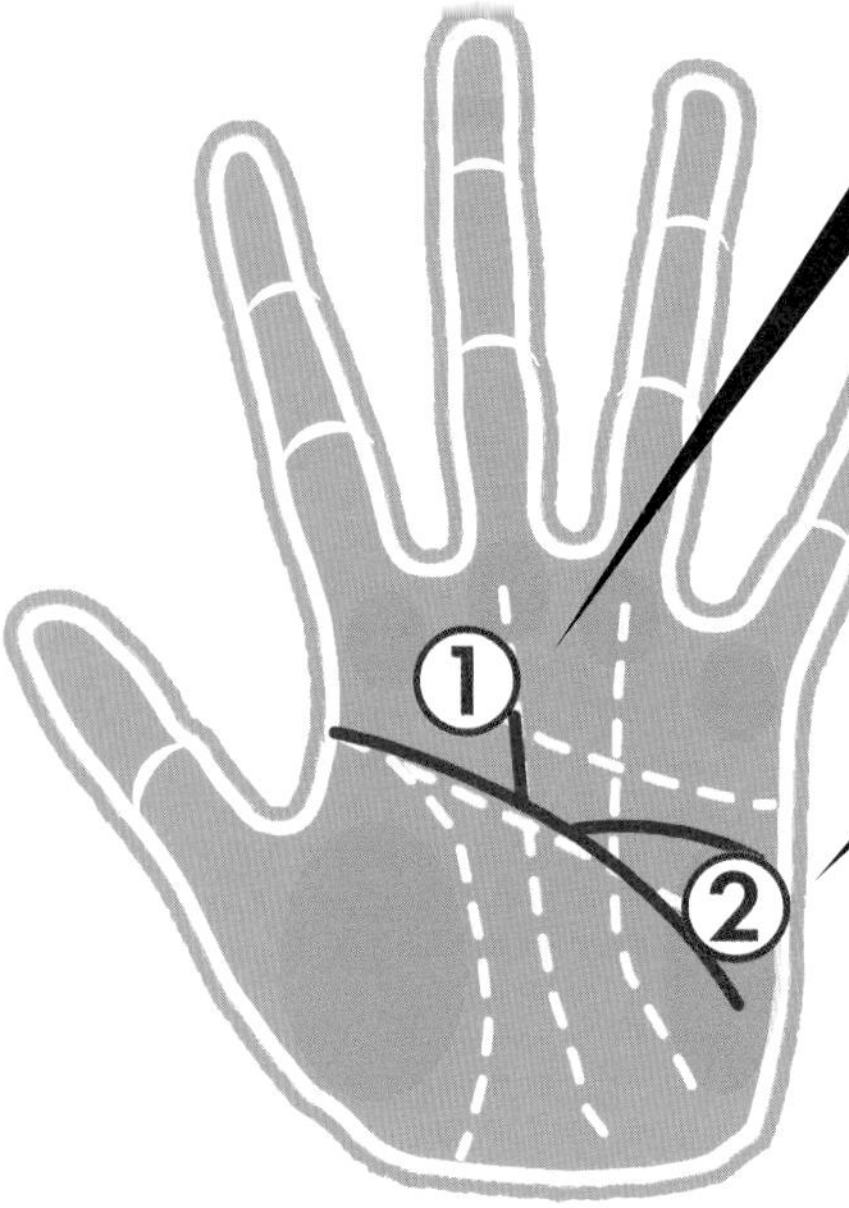


見方のポイント①

知能線からピョコンと中指に伸びる1〜2cmほどの線。濃く、勢いがあればそのパワーは強い。

見方のポイント②

長く伸びる知能線の途中からもう一本、あるいは複数、長い枝分かれの線が伸びている。

**向いている仕事**

教諭・教員、各種インストラクター、ケースワーカー
ファイナンシャルプランナー、医療ソーシャルワーカー
アーティスト、料理人、翻訳者
その他才能や資格を活かせるもの全般

## ① 知能線から伸びる運命線

知能線から伸びている運命線は「才能」や「資格」を活かして生きていくことを意味します。何かを教えたり、アドバイスすることが得意で、自分もまたそういうことに喜びを感じます。興味のある資格は取っていくと良いでしょう。

## ② 知能線が大きく分かれている

知能線が大きく枝分かれしている人は大変頭の良い人です。同時に別々のことを考えることができたり、何かをするときも、いくつかの方法を持ち合わせて、その場その場でベストなものを選択することができます。

### 長所の伸ばし方

大変頭の良い人ですから、難しい勉強や複雑な仕組み、システムを理解することも上手です。世の中には「知らない」ということで苦労している人が多くいます。そういう人たちを助けるためにその個性、才能を活かすと良いでしょう。

### 短所の活かし方

頭の良さゆえに、理解が追い付いてこれない人たちとの対立が生まれる時があります。そんな時は試練と考え、そういう人たちがどうすれば理解してくれるかなど、さらにもう一つ深いところまで考えていましょう。もっと頭が良くなります。

手相
10

# 健康的・健全

向いている仕事

体育教諭、スポーツインストラクター、ライフセーバー
ニュースキャスター、ネイチャーガイド
動物園の飼育員、農業、酪農家、漁師、市場関係
医師、薬剤師、宇宙飛行士、国税専門官

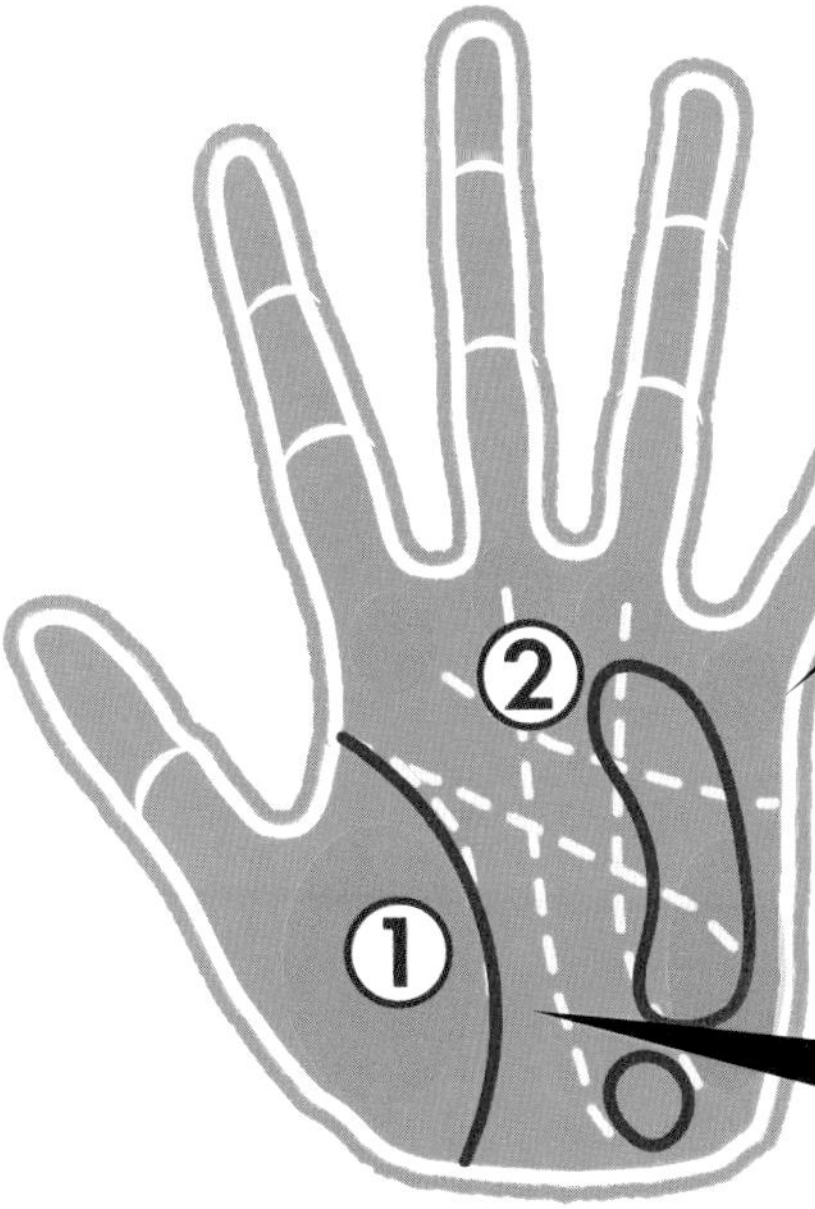


見方のポイント②

手のひら、手全体を通してつやつやして張りがある。見るからにきれいな手という印象。

見方のポイント①

生命線がきれいに伸びている。歪みも変形もなく濃くハッキリ伸びているものが良い。

**① 生命線がきれい**

生命線がきれいな場合は、規則正しい生活習慣が身についている人が多いです。決まった時間に起きて、食事して、寝る……当たり前のことですが、それをきちんと続ける、基本的に無茶はしない、それで健康が維持されています。

**② 手がつやつやしている**

手がきれいでつやつやしている人は心身のバランスがとても良好な状態で維持されています。手が赤い人は血圧が高かったり、汗ばんでいる人はストレスで緊張状態が続いています。冷たい手の人は血行不良などです。

### 長所の伸ばし方

毎日決まったことを決まった時間に繰り返すということが得意なので、そういう仕事が向いています。また「健康的」「健全」の模範となるような仕事も良いですし、自然や動物を相手にする仕事も相性が良いのでお勧めです。

### 短所の活かし方

短所と呼べるかどうかわかりませんが、このタイプの人はある一定の規則的なリズムがないと調子を崩します。勉強もスポーツも趣味の時間も一日にどれだけとか、この時間は〇〇というようにリズムをつけてあげると良いでしょう。

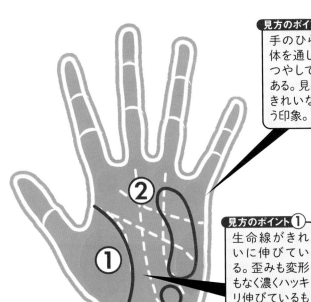

手相 11

# リーダーシップ・中心人物 導き・カリスマ性

**向いている仕事**

スタイリスト、ファッションモデル、歌手、アーティスト、タレント
クリエイター、探検家、政治家、起業家、実業家
新しい組織や団体などのトップ、料理人、職人

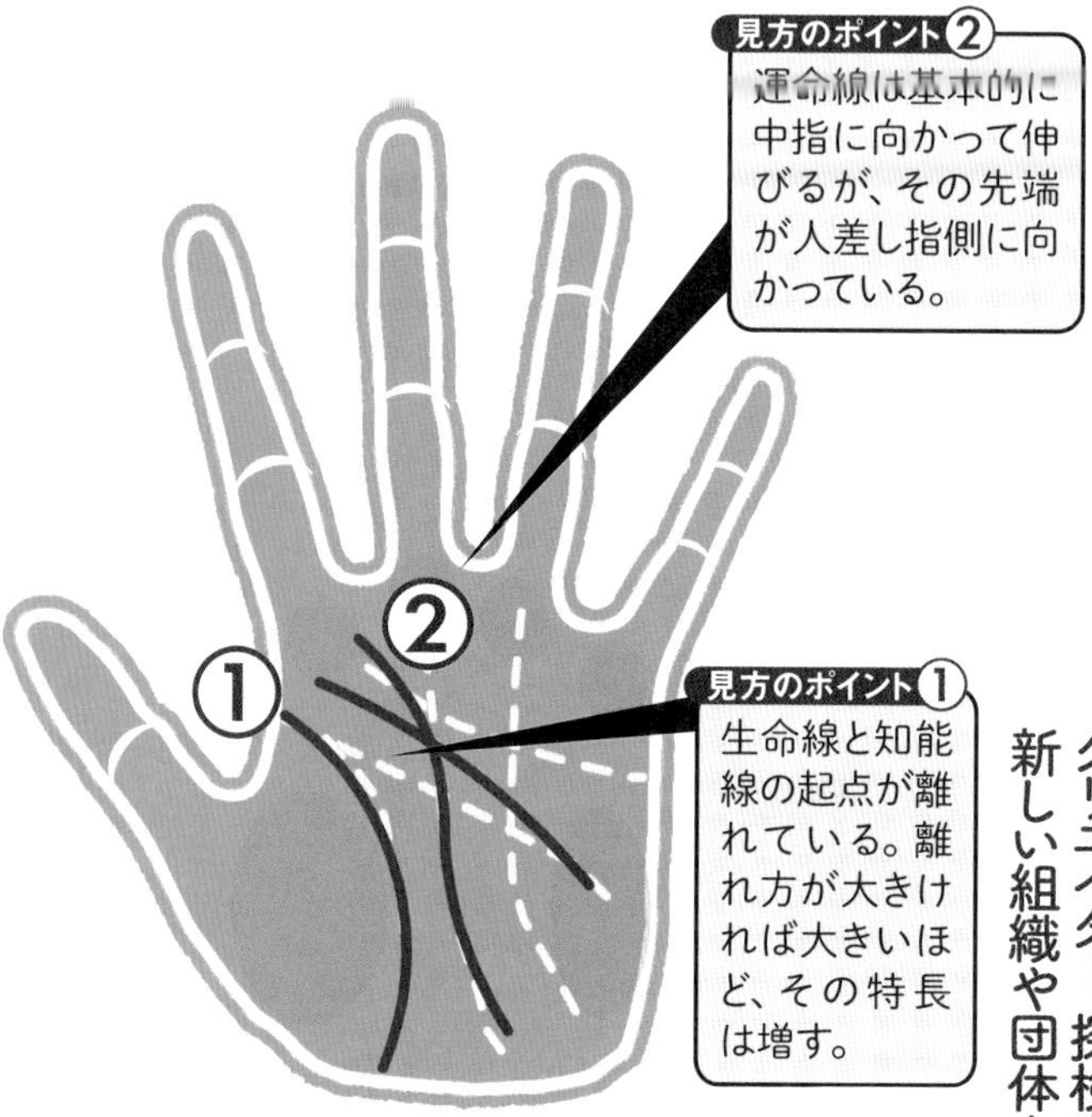

見方のポイント②
運命線は基本的に中指に向かって伸びるが、その先端が人差し指側に向かっている。
②
①
見方のポイント①
生命線と知能線の起点が離れている。離れ方が大きければ大きいほど、その特長は増す。


**① 生命線と知能線の起点が離れている**

個人主義の人。みんなが右を向いているから右を向くというようなことはしません。たとえそれがみんなとは違っていても、自分がそう思えばそう言動していくタイプです。大胆で度胸のある人とも言えます。

**② 運命線が人差し指側に伸びている**

人差し指は木星（野心、リーダーシップ、目標、志など）の意味合いを持ちます。運命線がそちらに向かうということは、木星のパワーが強い人。強いリーダーシップがあり、みんなを引き付ける魅力、カリスマ性がある人です。

**長所の伸ばし方**

行動力、決断力のある人ですから、世の中を良い方向へ改革していけたり、新しいムーブメントを発信できる素質を持っています。興味のあるジャンルは常にアンテナを張り、必要なら出向き、経験を積んでいくと良いでしょう。

**短所の活かし方**

みんなのあこがれになる要素が強い人です。これからの時代、人間性も多様化してくるのでいろんなタイプの個性の人が出てきますが、そんな中でも人間性は大事。個性が際立っていても模範となるような人格者になりましょう。

手相 12

# チャレンジ精神・フロンティアスピリッツ

**向いている仕事**

デザイナー、バイヤー、ジャーナリスト、通訳、弁護士
M&Aの専門家、外資系企業、海外特派員、起業家
実業家、コンサルタント、ユーチューバー、ホステス

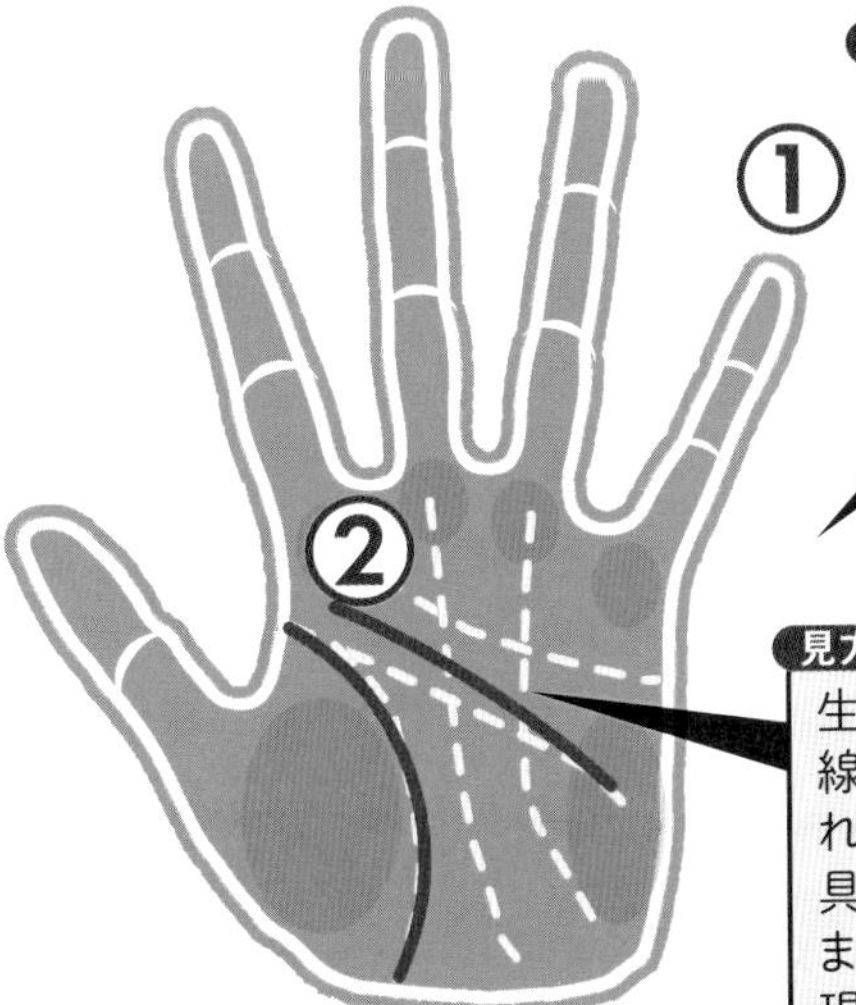


**見方のポイント①**
手が小さいのが特長。身長の高さは関係なく、パッと見て小さいなという印象があるかどうか。

**見方のポイント②**
生命線と知能線の起点が離れている。離れ具合がそのままその気質に現れると見る。

## ① 手が小さい

手が小さいと何となくかわいらしい印象を持ってしまいがちですが、実はこのタイプの人は精神的な成長も早く、自立心があり気の強い性格の持ち主です。困難も恐れずに勝ち気で前に進むタイプの人で、チャレンジ精神にあふれています。

## ② 生命線と知能線の起点が離れている

この相の人は積極性があり、自分がしたいことや、なりたい自分という目標、前だけを見て生きるタイプの人です。失敗したらとか、もし……という考え方は好みません。臆せずにトライした者だけが手に入れられる成功を掴みます。

### 長所の伸ばし方

みんなが驚くようなことを平気でやってしまえる度胸のある人です。未知の世界に足を踏み込むパイオニア精神、自分を曲げない個性の強さなどは日本では窮屈に感じるかもしれません。世界中を視野に、大きな志を持つと良いでしょう。

### 短所の活かし方

強い性格ゆえに、時として強引になってしまったり、周囲との対立が激しくなることもあります。その強いリーダーシップとカリスマ性は、自分のためだけに使うのではなく、困っている人や世の中のために役立ててあげてください。

手相
13

# 理想・希望・野心・ドリーム・向上心

向いている仕事

イベントプロモーター、プロデューサー、金融業
コンサルタント、M&Aの専門家、実業家、起業家
不動産経営、画商、大物タレント

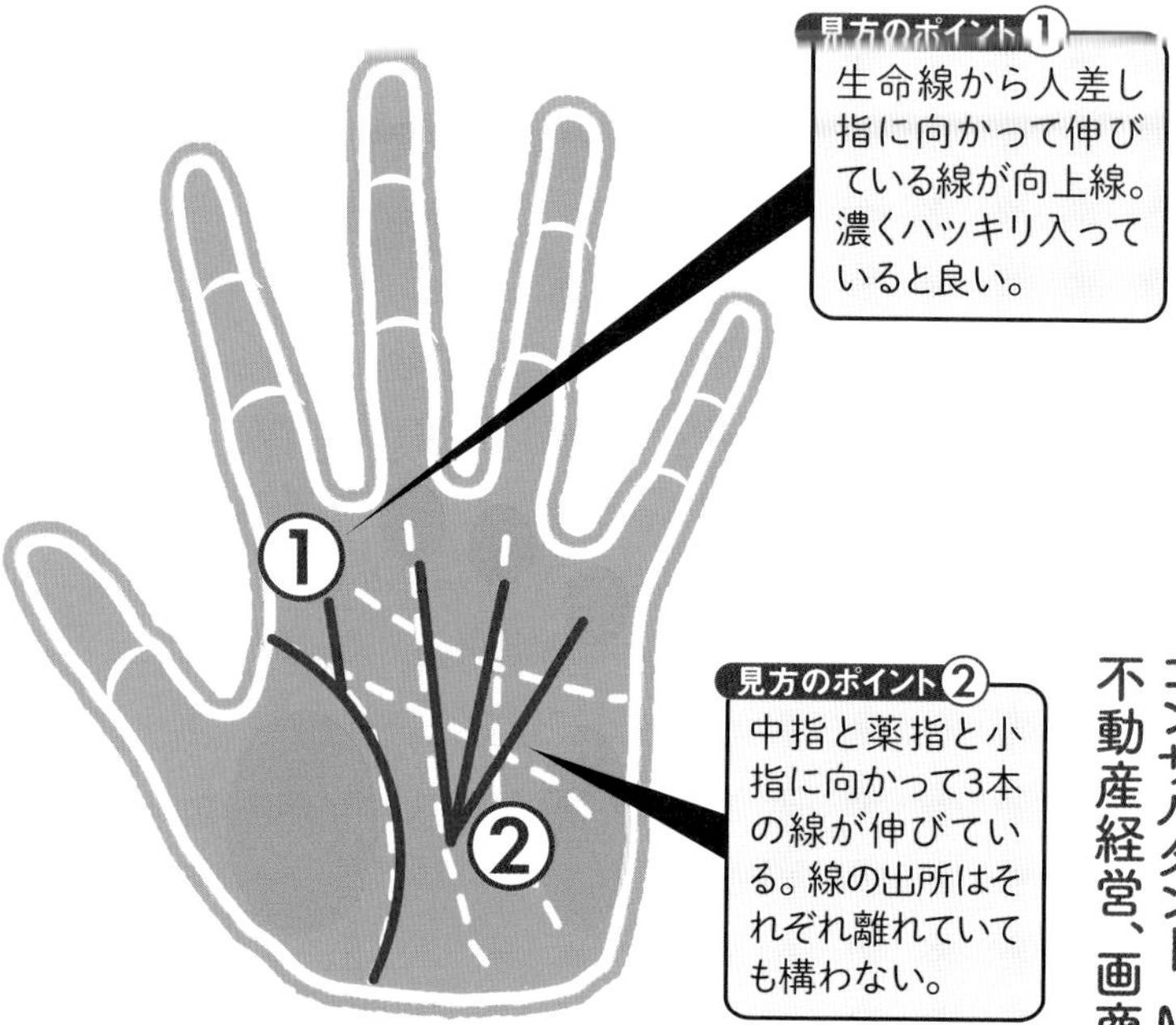

見方のポイント①
生命線から人差し指に向かって伸びている線が向上線。濃くハッキリ入っていると良い。
見方のポイント②
中指と薬指と小指に向かって3本の線が伸びている。線の出所はそれぞれ離れていても構わない。
①
②


**① 向上線が元気よく伸びている**

向上線が元気よく伸びている人は、常に目標とテーマを掲げ、毎日を一生懸命に頑張ることができます。向上心が強く、志も立派なものを持っているので、たとえ壁にぶつかったときでも、粘り強く頑張り通せます。

**② 覇王線がある**

中指に伸びる運命線、薬指に伸びる太陽線、そして小指に伸びる事業線の3つが立派に揃っているものが「覇王線」。覇王という言葉のイメージ通りに、運も実力も成功もお金も揃い、さらには人も集まる相と言われています。

**長所の伸ばし方**

この相の長所は何と言ってもその存在感。大物になる素質十分です。本人の強い意思はもちろん、運も実力も、仲間にも恵まれる不思議な力を持った人なので、小さくまとまるようなことはせず、大きな夢を突き進んでください。

**短所の活かし方**

迫力のある人なので周囲の人はなかなか意見を言うことができずにいるかもしれません。そこに気がつかず有頂天になりすぎないこと。このタイプの人は賭けに出るところも強いので浮き沈みが激しいことも。

手相14

# 雄弁・説明・説得・PR・話が上手い

向いている仕事

アナウンサー、タレント、司会、美容師
実演販売員、飲食店経営、接客業、営業
広報担当、英語字幕翻訳家、政治家、国会議員

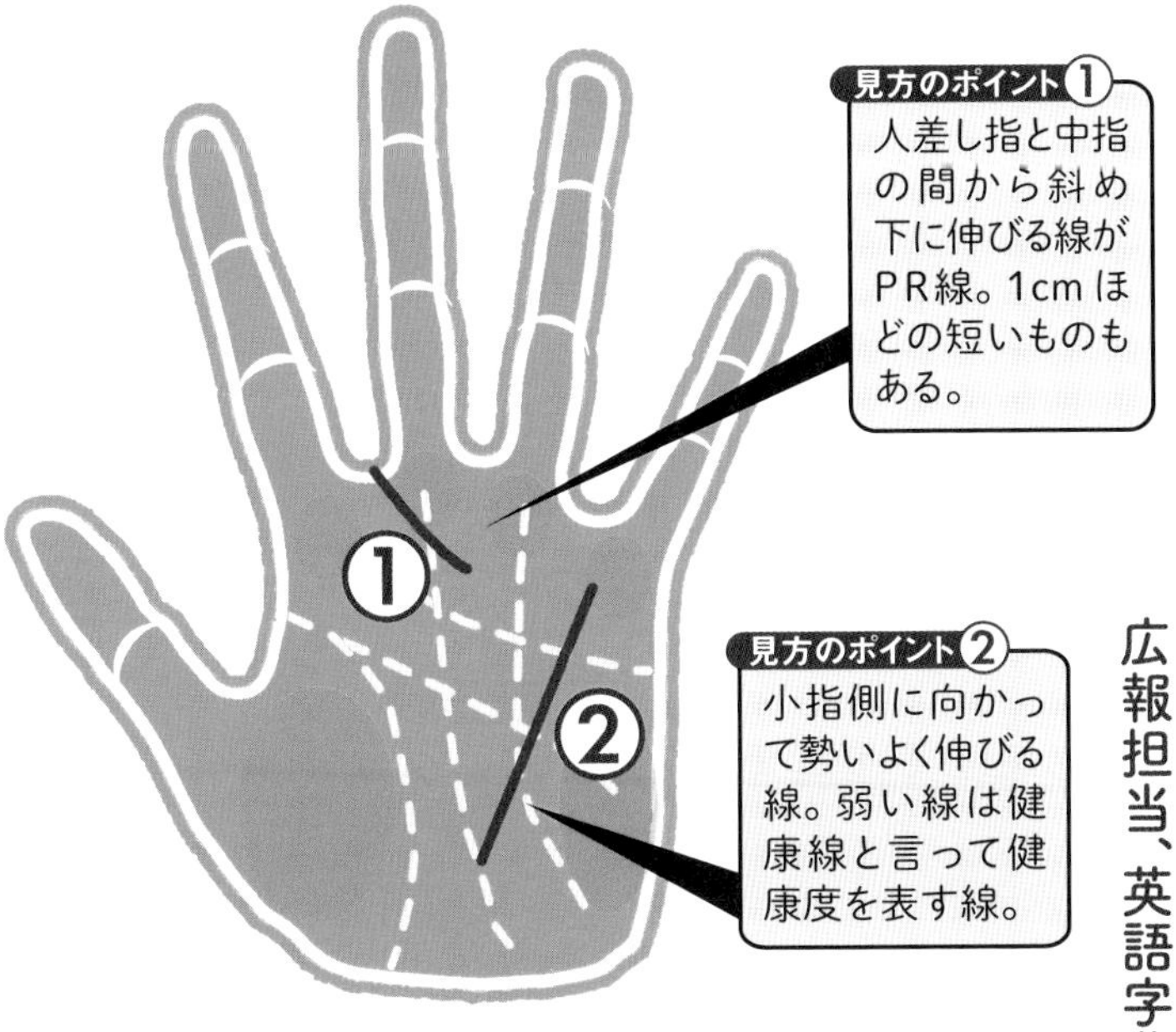
見方のポイント①
人差し指と中指の間から斜め下に伸びる線がPR線。1cmほどの短いものもある。
①
②
見方のポイント②
小指側に向かって勢いよく伸びる線。弱い線は健康線と言って健康度を表す線。

**①PR線**

PR線のある人は自分も含めて、特定のものや人物などを売り込むのが上手いです。物事を冷静に客観視することができ、相手の気持ちや、周囲がどう思うかなどもよく考えることができますし、もののたとえ、言い回しも上手いです。

**②事業線**

事業線のある人は、1を10にも100にも広げていくことができます。話し方も上手いですし、何か一つのことがあれば、それが誰に合うのか、どういうものが向いているのかなどもよくわかるので、物事がどんどん大きくなっていきます。

### 長所の伸ばし方

とにかく話がうまく、物事を発展させることが得意なので「人相手」「人前」ということを意識していくのが良いでしょう。人が集まるような場所、交流が図れるような場所があれば積極的に参加して人脈を広げることです。

### 短所の活かし方

話が上手いのは長所ですが、調子に乗りすぎて軽率な発言やうそをついてしまわないように。また人脈が多いということで、悪い人間がそこをつけ狙いに寄ってくることがあるかもしれません。騙されないように注意しましょう。

手相 15

# 明るい・明朗・さっぱり

**向いている仕事**

放送プロデューサー、広告代理店スタッフ、料理人
プロスポーツ選手、ダンサー、バス・電車運転手
配送ドライバー、コールセンター、職人、建築業
板金工、農業、漁業、自動車販売業

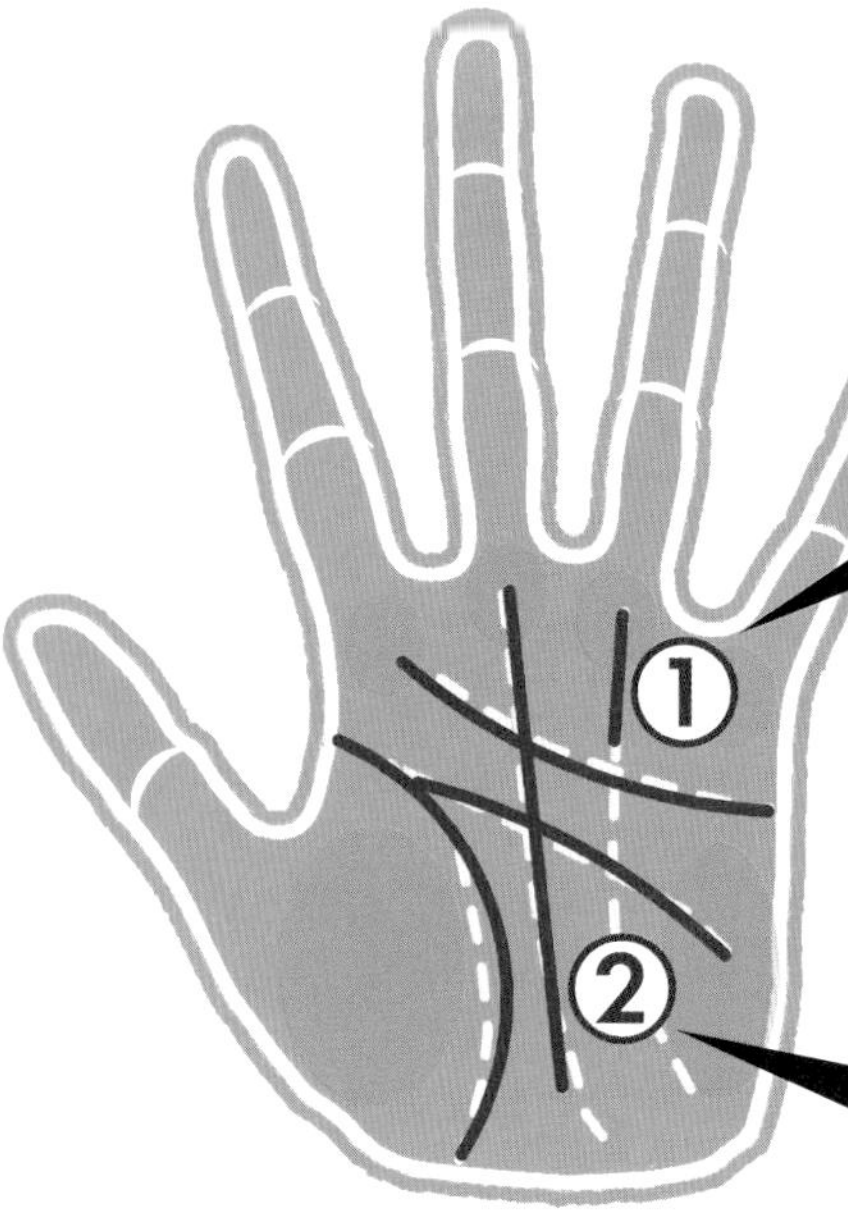

**見方のポイント①**

薬指の下に太く短い太陽線が主張激しく入っている。薄いものや長いものはまた別の意味がある。

**見方のポイント②**

細かな線がほとんどなく、見るからに大雑把な手相をしている。手もやや肉厚である。

**① 太く短い太陽線**

太陽線は基本的に富や名声、成功運を表す線ですが、このタイプの太陽線は性格が明るく、陽気な人物であることを意味します。真剣な話をしていても冗談を言ってきたり、突然ふざけてその場を盛り上げたりしようとします。

**② 大雑把な手相**

大雑把な手相の人は細かなことは気にせず、何かあったとしてもへっちゃらな人です。基本的に体育会系のノリで楽しいことが大好き。また何か失敗したとしても、本気でへこむこともなく、悪いと思ってないところもあったりします。

### 長所の伸ばし方

何かあっても次の面白いことや、おいしいものを食べたり、寝てしまえば元の元気に戻る人なのでそこは長所です。過酷な環境や力作業なども向いていますし、複雑な人間関係も割と平気なのでそういう職業も向いています。

### 短所の活かし方

明るく元気な人ですが、時として場を読み間違え、暴走することがあります。悪気がない冗談やふざけた行為が相手を傷つけてしまうこともあるので、そういう時は心から謝罪し、深い反省をすることです。そうでないとまた繰り返します。

手相16

# 器用・要領が良い・筋が良い

**向いている仕事**

各種インストラクター、各種クリエイター、検視官、ＪＡＸＡスタッフ、公認会計士、税理士、医師、社会保険労務士、各種コーディネーター、コンサルタント

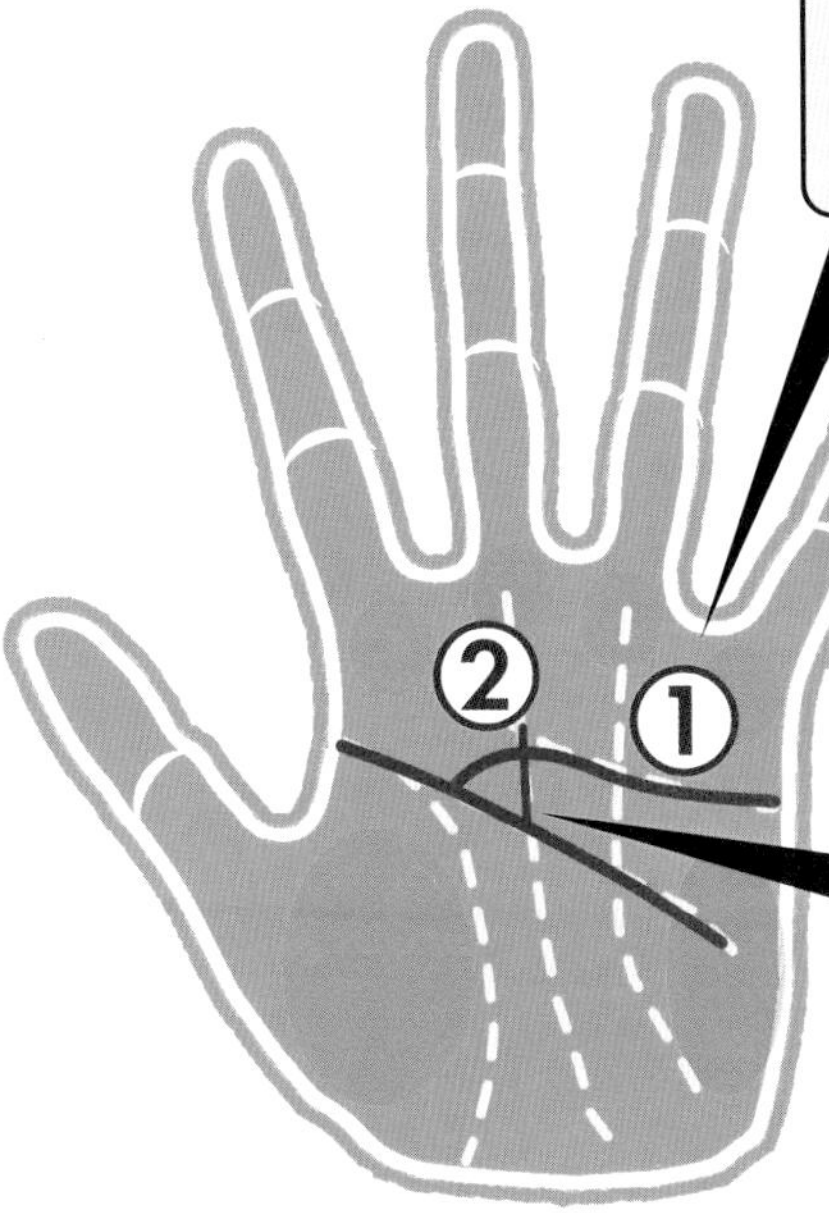


**見方のポイント①**

感情線の先が知能線にくっついている。離れていても一本橋がかかったような形もある。

**見方のポイント②**

知能線の中央付近から中指に向かって運命線が伸びている。長く勢いが良いとその才能は高い。

## ① 変形マスカケ線

変形マスカケ線の人は、マスカケ線の人ほど性格にクセはないですが、それでも好きなこと、夢中になることにはトコトン頑張れます。忙しくても時間をうまく作ったり、やり方を工夫したり、器用に対応していくことができます。

## ② 知能線から伸びる運命線

知能線から伸びる運命線は才能で生きる人。ものを教えるのが上手く「先生線」とも呼ばれますが、実は教えることだけではなく、物事の学び方や技術習得の筋が良い人も多いです。「学び」が上手いから教えるのも上手いのです。

### 長所の伸ばし方

この相の長所は地頭(じあたま)の良さ。地頭が良い人は単に勉強ができる云々だけではなく、物事の本質を見抜いたり、発想力や応用力、分析力などで英断ができます。本質的な頭の良さを活かせる専門分野に進むと良いでしょう。

### 短所の活かし方

頭も良く、粘り強さもありますが、それが時に執着としてしつこくなってしまったり、器用さで、無駄を省こうとするがあまりに、せこくなってしまうこともあります。やりすぎで周囲が引いてしまわないように注意です。

手相 17

# クリエイティブ・創造・イマジネーション

**向いている仕事**

仏壇・仏具職人、楽器の職人
メイクアップアーティスト、ネイリスト、占い師
彫刻家、画家、音楽療法士、各種クリエイター
俳優、ミュージシャン、ダンサー、アーティスト

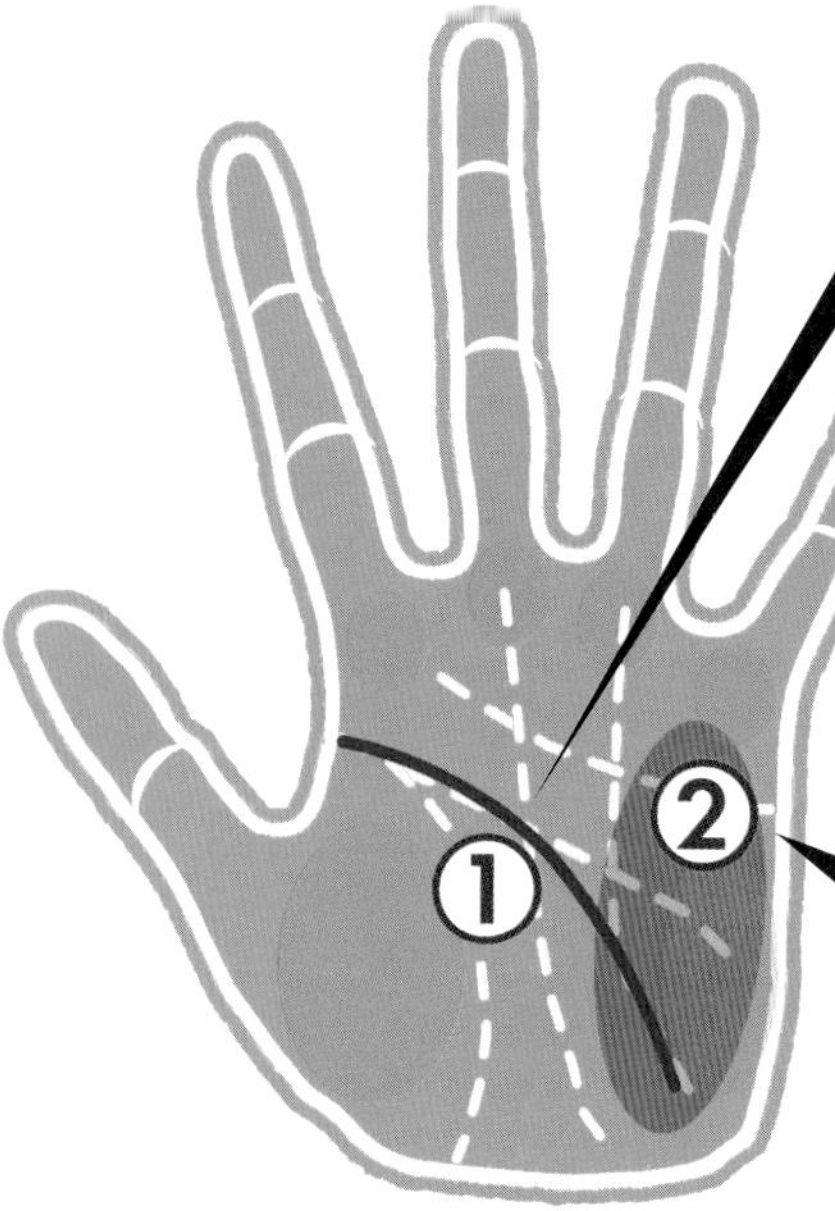


**見方のポイント①**
知能線が長く下に垂れ下がっていくように伸びている。急にカクンと下がるタイプもある。

**見方のポイント②**
小指側の月丘（げっきゅう）に張りがあったり、厚みがある。大きいタイプの人も同じと見る。

### ① 知能線が長く垂れ下がる

知能線が下に向かって垂れ下がるタイプの人は、創造性豊かで、クリエイティブな才能の持ち主。何かを表現したり、創作していくのが得意な人です。どこか非現実的でイメージの中の世界観に酔いしれるのが好きです。

### ② 月丘が発達大きい

小指側の張りのある月丘が発達している人は、イメージが湧いてきたり、直感的に何かを感じる能力に長けています。目に見える現実的なことよりも、目には見えない世界との繋がりを持てるタイプです。

### 長所の伸ばし方

長所はイメージの世界が豊かで創造性、芸術性があること。音楽や演劇で自己表現するとか、何かを創作して、内側にあるイメージを放出できるような仕事に就くのが良いでしょう。あるいはそういう趣味を持つことです。

### 短所の活かし方

イメージの世界で生きる人なので、ぎすぎすした人間関係や競争は苦手。ですから現実逃避癖があったり、妄想幻想、一人の世界に浸りやすいところもありますが、そういう嫌な思いというのもアートとして形にしていくと良いでしょう。

手相
18

# 商才・経営・敏腕・抜け目ない

向いている仕事

バイヤー、ホームページ制作会社、広告業、便利屋
証券アナリスト、ファンドマネージャー、トレーダー
税理士、公認会計士、金融業、コンサルタント
不動産業、自営業

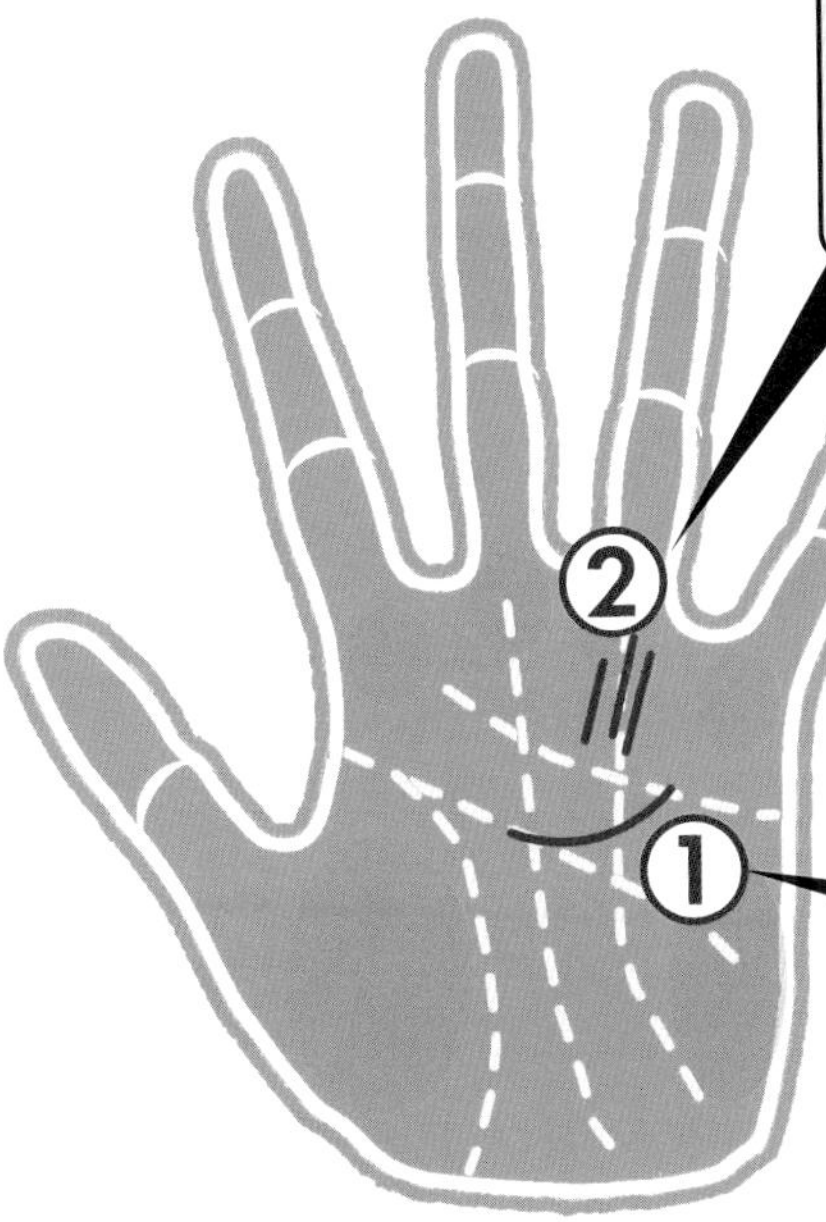


見方のポイント②
薬指に向かう線（太陽線）が複数あるタイプ。長さはそれぞれだが3本以上を目安とする。

見方のポイント①
知能線から小指側に向かって跳ね上がる線を「商売線」という。長ければその能力は高い。

## ① 商売線が伸びている

商売線のある人は、金銭感覚が素晴らしく、商才があります。どうすれば儲かるとか、どういうものが売れるとか、お金の流れや人の心理というものをよくわかっている人です。「しっかり者」という言葉がピッタリです。

## ② 太陽線が複数ある

太陽線が複数ある人はいろんな仕事を幅広く手掛けることができます。太陽線の数は名刺の数、肩書の数と言われていますが、それだけ経営能力に長け、器用に立ち回れる人ということです。自然と仕事のほうが寄ってきます。

### 長所の伸ばし方

金銭感覚に優れた人なので、お金にかかわる仕事や役職が向いています。お金でも特に、そのお金の動き、流れというものに興味がわく人なので、そういうものを専門的に学べるところで勉強しておくと良いでしょう。

### 短所の活かし方

このタイプの人は固定観念が強く、結果を早く求めたがるせっかちなところも。それが人間関係などで出ると、この人はこういう人に違いないと決め付けてかかったり、何かと偏見を持ちやすいタイプでもあるので注意です。

手相 19

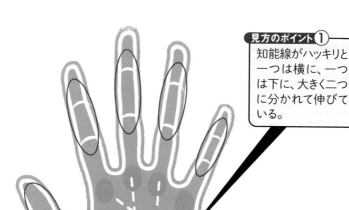

# アーティスト・表現力

**向いている仕事**

各種デザイナー、俳優、ダンサー、ファッションモデル
ミュージシャン、アーティスト全般、映像・映画制作
漫画家、絵本作家、芸術家

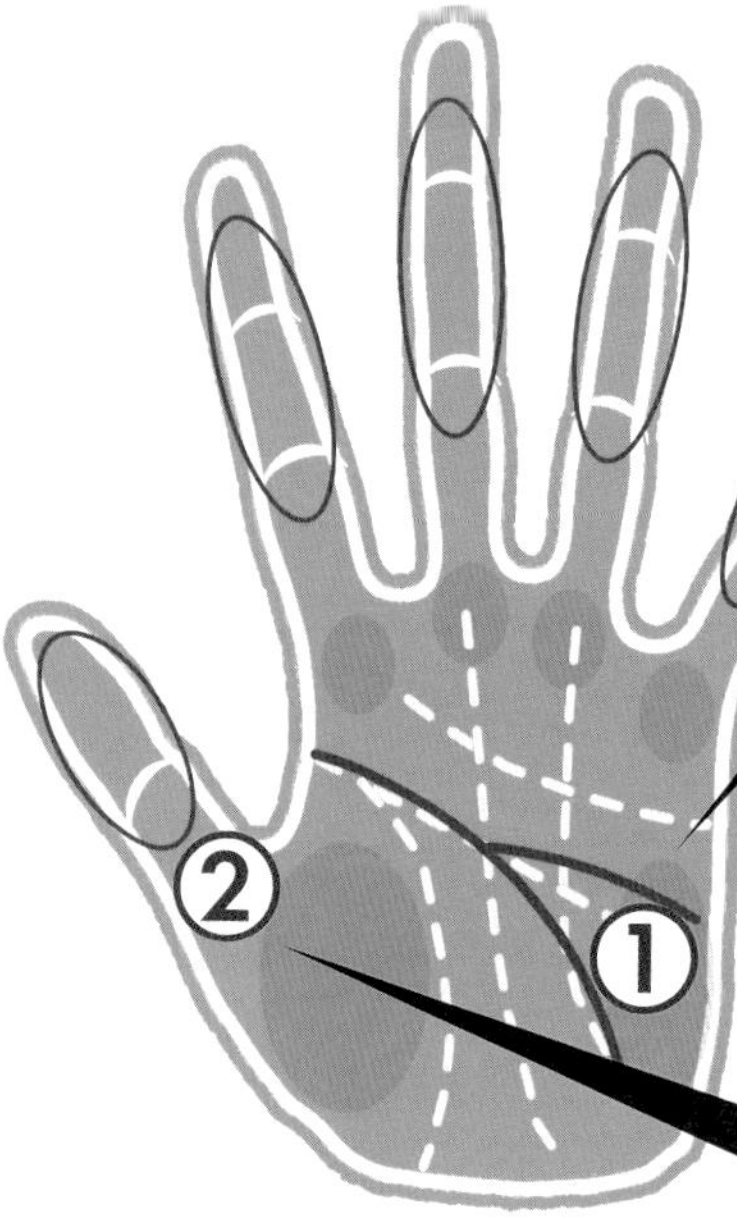


**見方のポイント①**

知能線がハッキリと一つは横に、一つは下に、大きく二つに分かれて伸びている。

**見方のポイント②**

指がきれいですらっと長く伸びている。全体につやがあり、キズなどもないほうが良い。

## ① 知能線が大きく二つに分かれている

知能線が横に伸びるのは現実的なものの見方ができるということ。下に垂れ下がるのはイメージの世界を感じ取る能力が優れているということですが、その二つが共存しているタイプ。想像と現実をうまく組み合わせられる超感覚の人です。

## ② 指が長くてきれい

手相的に指は宇宙からのエネルギーをキャッチする役割があるという見方をします。いわゆるアンテナですが、指がきれいということは、そのアンテナの感度が良いということを意味します。感受性が強く、表現性も豊かな人が多いのが特長。

### 長所の伸ばし方

アーティストとしての才能があるので、専門的な技術やスキルを早いうちから学ぶのはもちろん、時代の本当の流れ、世界の基準を知るという意味で留学も良いでしょう。語学や教養もしっかり勉強しておくと活躍の場は広がります。

### 短所の活かし方

感受性が高いがゆえにプライドが高くナーバスになりやすいところがあります。また調子が悪いと現実の世界と想像の世界がぐちゃぐちゃになって、自分の考えや、したいことが混乱しやすいです。あまり思い詰めないようにしましょう。

手相 20

# ポジティブ・楽天的

**向いている仕事**

ダルマ職人、プロスポーツ選手、放送プロデューサー
冒険家、探検家、探偵、整体師、植木職人、農業
漁師、自営業

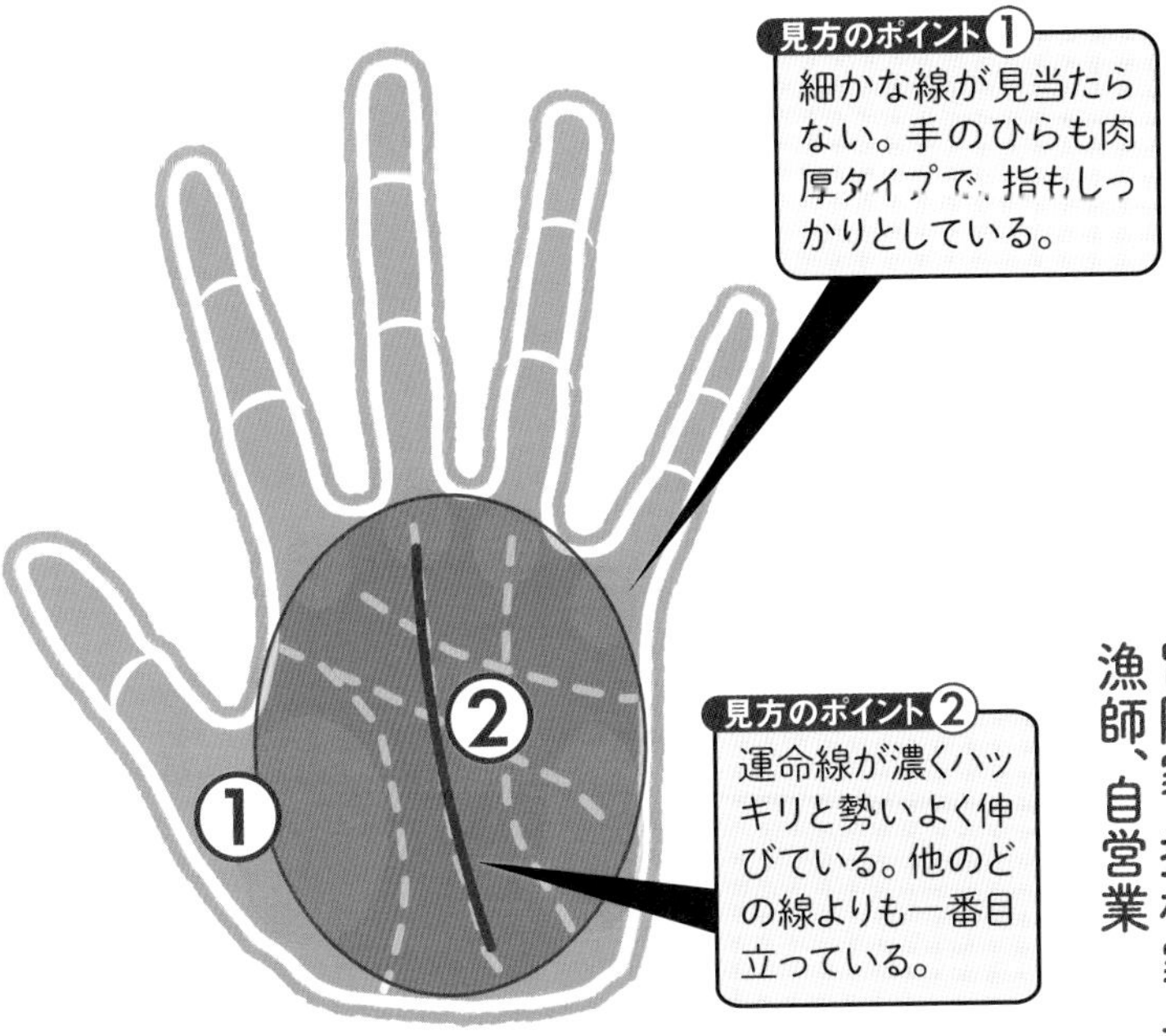

①
②
見方のポイント①
細かな線が見当たらない。手のひらも肉厚タイプで、指もしっかりとしている。
見方のポイント②
運命線が濃くハッキリと勢いよく伸びている。他のどの線よりも一番目立っている。


**① 細かな線がなく厚みがある**

手のひらに細かな線が出にくいタイプは、精神的にタフな人。手のひらが分厚い人は肉体的にもタフな人で、ちょっとやそっとのことじゃ動じないどっしりした人です。何が来てもなんとかなるでしょ、という楽天的なところもあります。

**② 運命線がハッキリと入っている**

運命線が強く入っている人は自分に自信がある人。また自分のことが好きな人でもあります。何かあっても自分中心で考えることができるので、ただでは転ばないたくましさや、ポジティブな強さがある人と言えるでしょう。

### 長所の伸ばし方

ポジティブで明るいタイプの人なので、みんなで何かをするような仕事や役職、何かのイメージアップに繋がるようなもの、縁起の良さそうなものにも相性が良いです。その個性を売りにした商売をするのも良いでしょう。

### 短所の活かし方

短所は鈍感なところと、いい加減なところがあること。ただそれもこのタイプの人は気にしません。逆に言えば、それが強みでもあるので、結果に一喜一憂していては話にならないスケールの大きいものに挑むのもいいかもしれません。

手相21

# ラッキーマン・ツイている人

**向いている仕事**

タレント、モデル、放送作家、弁護士
各種プランナー、プロデューサー、飲食店経営
自営業、歌手、ミュージシャン、トレーダー
コンサルタント、占い師

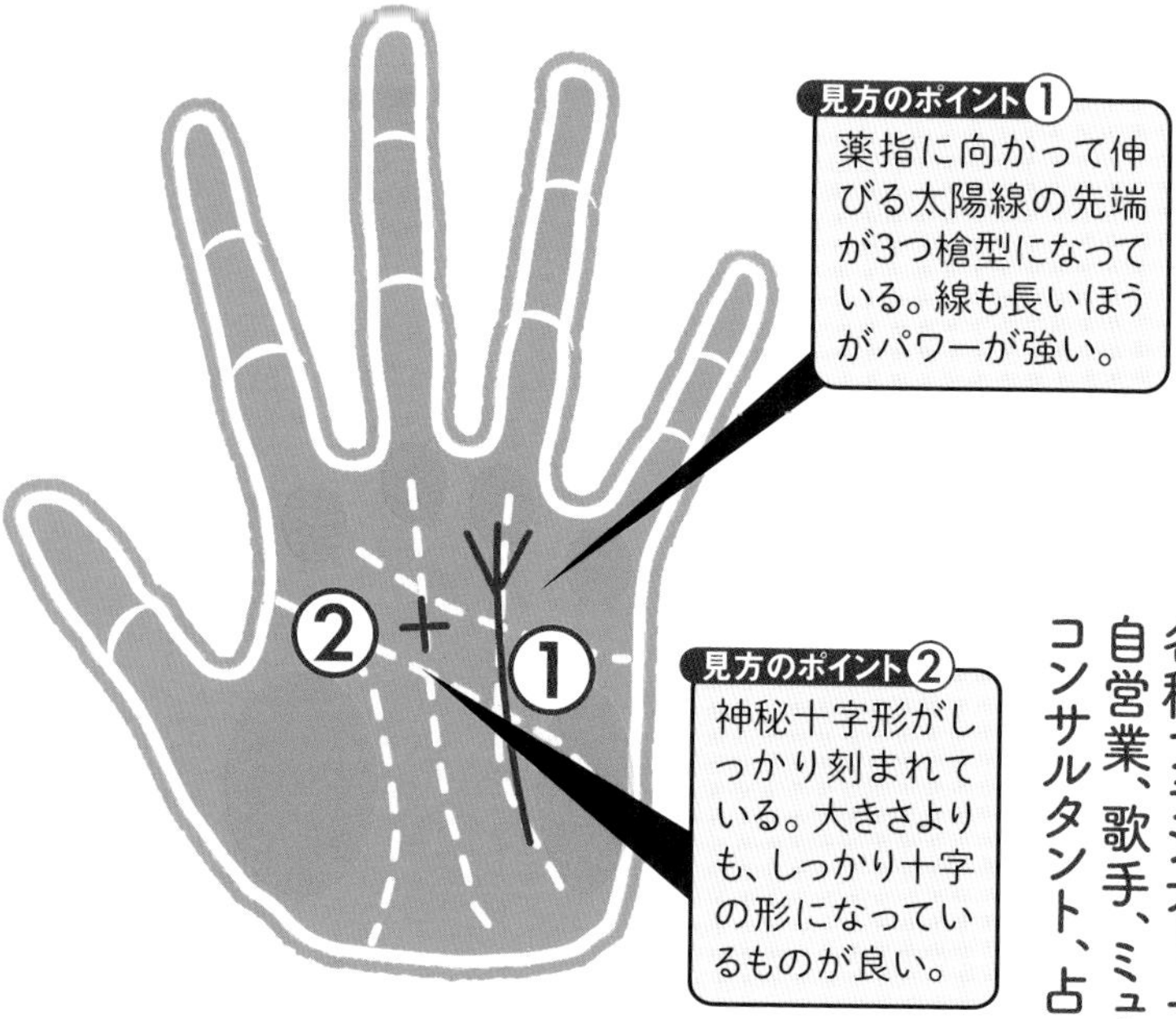
見方のポイント①
薬指に向かって伸びる太陽線の先端が3つ槍型になっている。線も長いほうがパワーが強い。
見方のポイント②
神秘十字形がしっかり刻まれている。大きさよりも、しっかり十字の形になっているものが良い。
②
①

**① 太陽線の先端が3つ槍型**

太陽線は人気運や成功運、富や名声、財運などが現れる線。この線が長く伸びているととてもラッキーな人生を送れると言われています。先端が3つ槍型なのはその線の意味が強化されているということ。スーパーラッキーマンです。

**② 神秘十字形**

神秘十字形は守護のマークでもあります。危ない目にあっても無事に済んだり、何かおかしなトラブルが起きそうになったりすると、虫の知らせのようなことが起きて、事前に回避することができます。また良縁を引き寄せるツキも。

### 長所の伸ばし方

長所はアイデアがひらめいたり、勝手に物事がうまく進みだす運の良さを持ち合わせているところ。自分でこれが良いんじゃないかと思えば、それが上手くいくタイプの人なので、思い立ったら躊躇せずに前に進んでいきましょう。

### 短所の活かし方

元々の運の良さや、アイデアのある人です。そういうタイプじゃない人たちの中にいると傲慢になってしまうところがあります。その才能やツキは自分のためだけではなく、世の中や周囲の人たちにも還元していきます。

手相22

# 寛容・寛大・おおらか・包容力

**向いている仕事**

職人、親方、教諭、各種インストラクター、コーチ育成・管理関連、ネイチャーガイド、登山家、造園業、植木職人、農業、漁業、林業

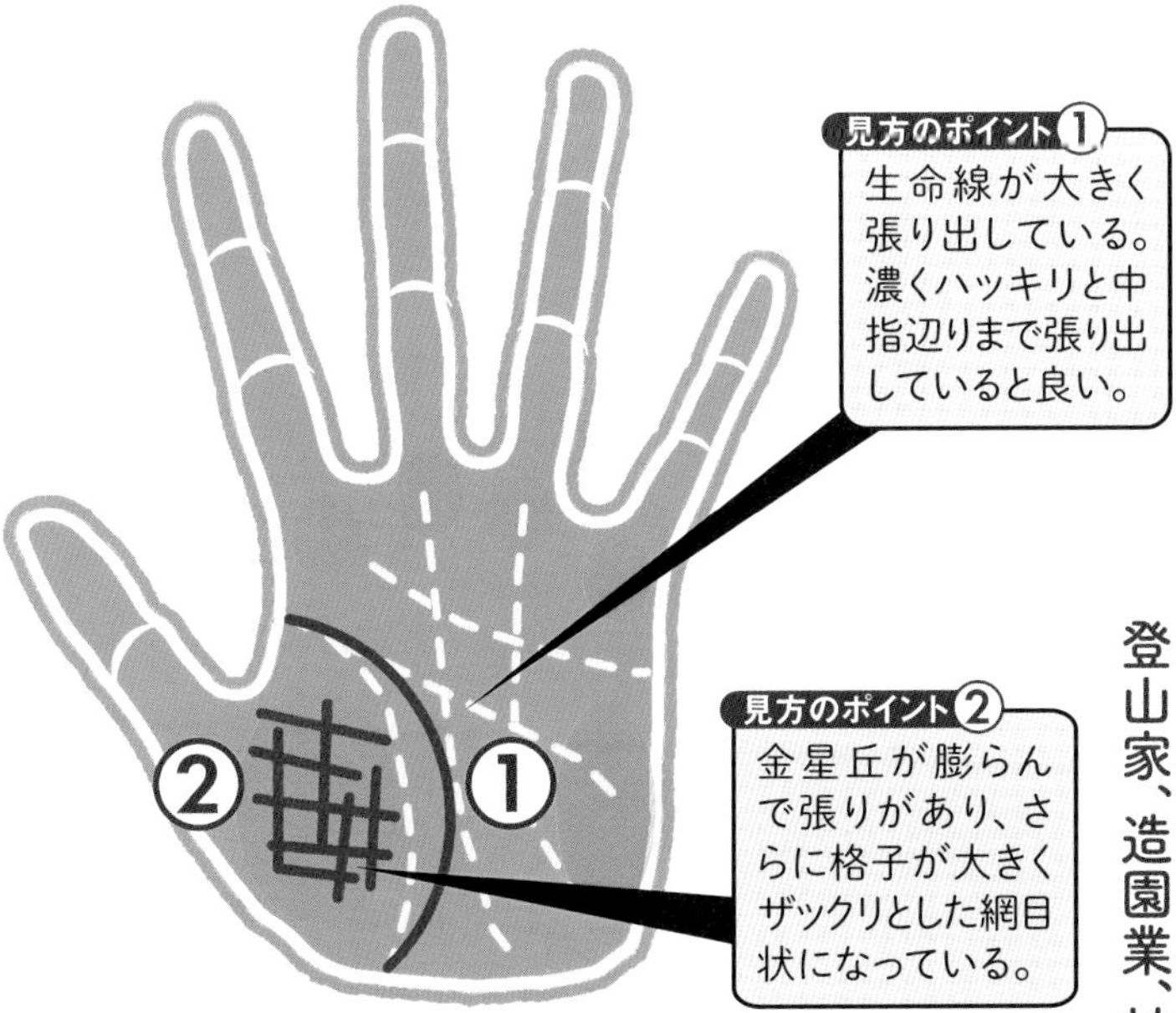

見方のポイント①
生命線が大きく張り出している。濃くハッキリと中指辺りまで張り出していると良い。
見方のポイント②
金星丘が膨らんで張りがあり、さらに格子が大きくザックリとした網目状になっている。
②
①


**① 生命線が張り出している**

生命線が大きく張り出している人はエネルギッシュ、パワフルな人。そこからくる性格もおおらかで、細かなことは気にしない寛大なタイプの人が多いです。とにかくいつも元気で一緒にいると、こちらも元気になるような人です。

**② 金星丘の格子が大きい**

金星丘の格子は愛情があり優しい人を意味しますが、ここが大きい網目状の人は、愛情のかけ方もおおらかで、大きな愛で包み込むように見守るタイプの人です。細かなことは言いませんが、要所要所でちゃんと締めてくれます。

### 長所の伸ばし方

大らかで寛大、元気もあるので体を使う仕事や、いつも出張などであちこち出かけるような仕事や役職が向いています。周りに安心感や安定感をもたらせることができる人なので、人の上に立ち、まとめ役を担うと良いでしょう。

### 短所の活かし方

このタイプの人は小さくまとまったり、じっとして器用なことをこなせるタイプではありません。人の上に立つか、何事も自分で決めて好きなように活躍できるような仕事を選ぶと良いです。使われる立場より使う立場です。

手相23

# 知恵がある・聡明・賢人

**向いている仕事**

コメディアン、バーテンダー、ソムリエ、ジャーナリスト、翻訳者、各種デザイナー、プランナー、脚本家、映画監督、エコノミスト、ITコンサルタント、証券アナリスト、政治家

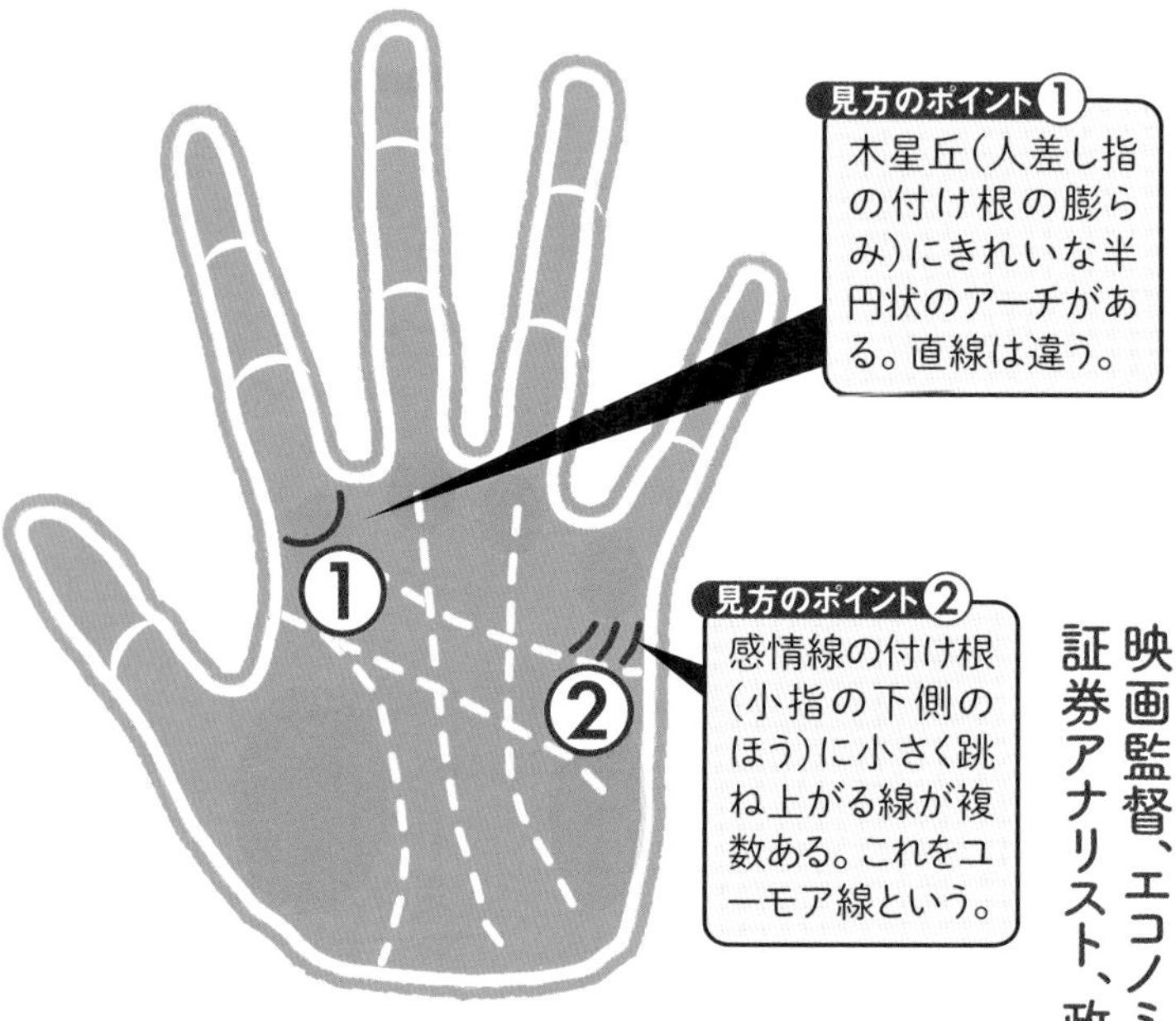
見方のポイント①
木星丘（人差し指の付け根の膨らみ）にきれいな半円状のアーチがある。直線は違う。
見方のポイント②
感情線の付け根（小指の下側のほう）に小さく跳ね上がる線が複数ある。これをユーモア線という。
①
②

**① ソロモン環**

ソロモン環（ソロモンの輪）は、大変頭が良く、知恵を持って人々や組織などをまとめあげたり、何かを成し遂げていくことができる人に出る相と言われています。頭が切れるタイプの人で、先を見通す力などにも長けています。

**② ユーモア線**

ユーモア線のある人はどこか茶目っ気があり、何とも言えない「間」で冗談を言ったり、物事をうまく例えたりしてその場の空気感をガラッと変えられる才能があります。「面白い」の元が頭の良さ、着目点の良さにあるのが特長です。

**長所の伸ばし方**

大変頭が良く、人を引き付ける魅力があるので、説得力を活かせるようなサービス業や、企業などでは役職を目指すのが良いでしょう。またセンスのある人なので何かをデザインしたり、企画を発案する仕事も力を発揮できます。

**短所の活かし方**

短所は頭が良すぎて少々鼻につくところです。ただそれも個性的ではあるので、いかにもそういうタイプの人がしそうな仕事や役回りを選択していくのも自分を活かす道と言えるでしょう。あとは思いやりを持てると良いです。

## 手相24

# 受賞・栄誉

**向いている仕事**

ダンサー、デザイナー、アーティスト、料理人、タレント
プロスポーツ選手、作家、小説家、ミュージシャン
自分の才能・技術・創作物・アイデア・活動等が
評価されるもの

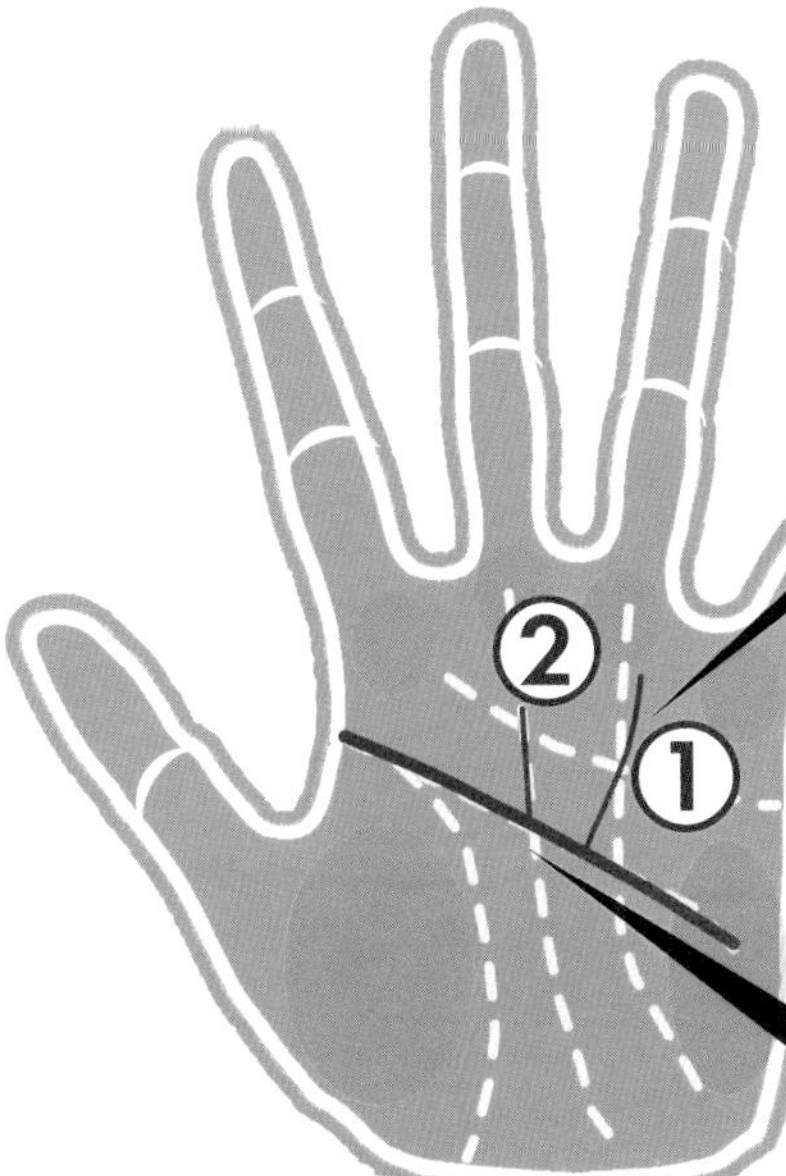


**見方のポイント①**
知能線から薬指に向かって太陽線が伸びている。長くて勢いが強いとそのパワーは強い。

**見方のポイント②**
知能線から中指に向かって運命線が伸びている。長くて勢いが強いとそのパワーは強い。

### ① 知能線から伸びる太陽線

知能線から太陽線が上っているのは、挑戦している分野で大きな賞を取ったり、評価を得たり、また著書を出版したり、アイデアで何かヒット作を生み出す才能のある人です。才能があり、努力もし、運も持っている人なのです。

### ② 知能線から伸びる運命線

知能線から運命線が伸びている人は才能で生きていきます。物事をマスターしたり、学問を習得したりするのが上手い人で、資格取得はもちろん、物事を教えることも上手な人が多いです。先生という肩書を持つようになる人です。

**長所の伸ばし方**

長所は学習能力が高いところと、努力して才能を磨き上げることができる点です。興味のあるジャンルや元々才能がある物はどんどんトライして腕を磨いたり、見識を深めていくのが良いでしょう。コンクール等にもぜひ挑戦してください。

**短所の活かし方**

才能がある人なので、あちこちで高い評価を得たり、ちやほやされることも多少ありますが、そこで有頂天になったり、威張ったりしすぎないように注意。そういう気持ちが強くなりすぎてしまうと運は逃げていきます。

手相 25

# 出世・抜擢

向いている仕事

教員、料理人、エンジニア、編集者、プランナー、弁護士、アーティスト、タレント、映画監督、医師、国家公務員、商社マン、会社役員

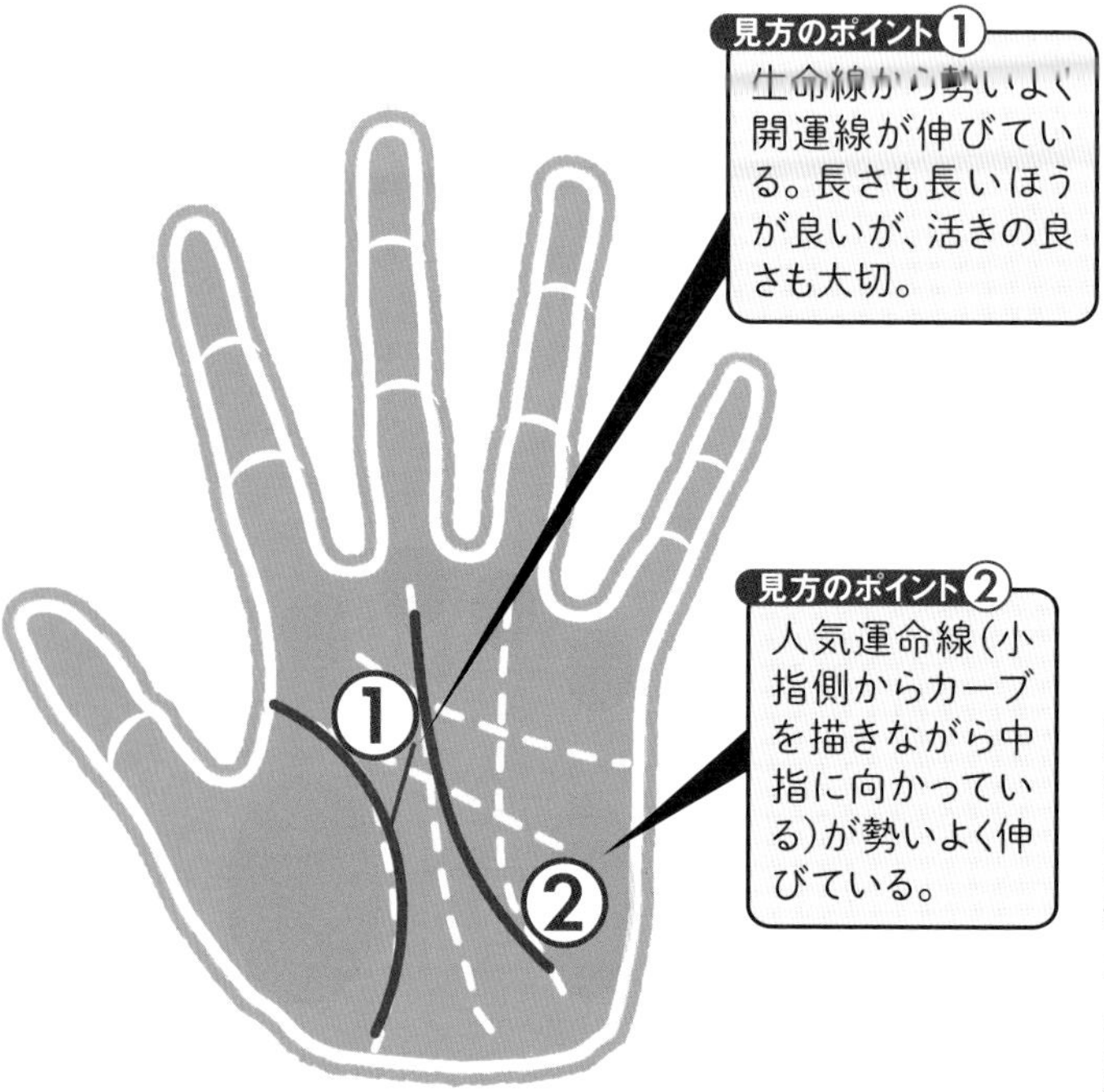

見方のポイント①
生命線から勢いよく開運線が伸びている。長さも長いほうが良いが、活きの良さも大切。
見方のポイント②
人気運命線（小指側からカーブを描きながら中指に向かっている）が勢いよく伸びている。
①
②


**① 生命線から長い開運線が伸びる**

開運線は主に生命線や運命線から伸びる縦線ですが、この線がある人は人生においてまさしく「開運事」が起きます（位置によっておおよその時期もわかる）。勢いが良ければかなり良い運命的な出来事が起きます。

**② 人気運命線**

人気運命線の持ち主は、突然思わぬ幸運ごとがその身に起こる「幸運体質の人」です。名誉ある役職や人気のポジションに抜擢されたり、周囲からの好意でどんどん運が開けていったり、有力人物に寵愛を受けたりします。

### 長所の伸ばし方

この相の人は、周囲の人や大きな会社、組織によって成功へ導かれるタイプの人です。ですから友人関係や人脈を大切にするのはもちろん、大きな組織などにも属すると運は向いてきます。常にニコニコ愛想良くしていると良いです。

### 短所の活かし方

基本的に周りが勝手に良くしてくれるので、そういう意味では、自らの意思が弱く迷いが生じやすいところもあります。しかし、だからこそなおさら周りが良くしてくれるということもあります。日々感謝で恩に報いていきましょう。

# 相が2つないとそれに当てはまらないのか？

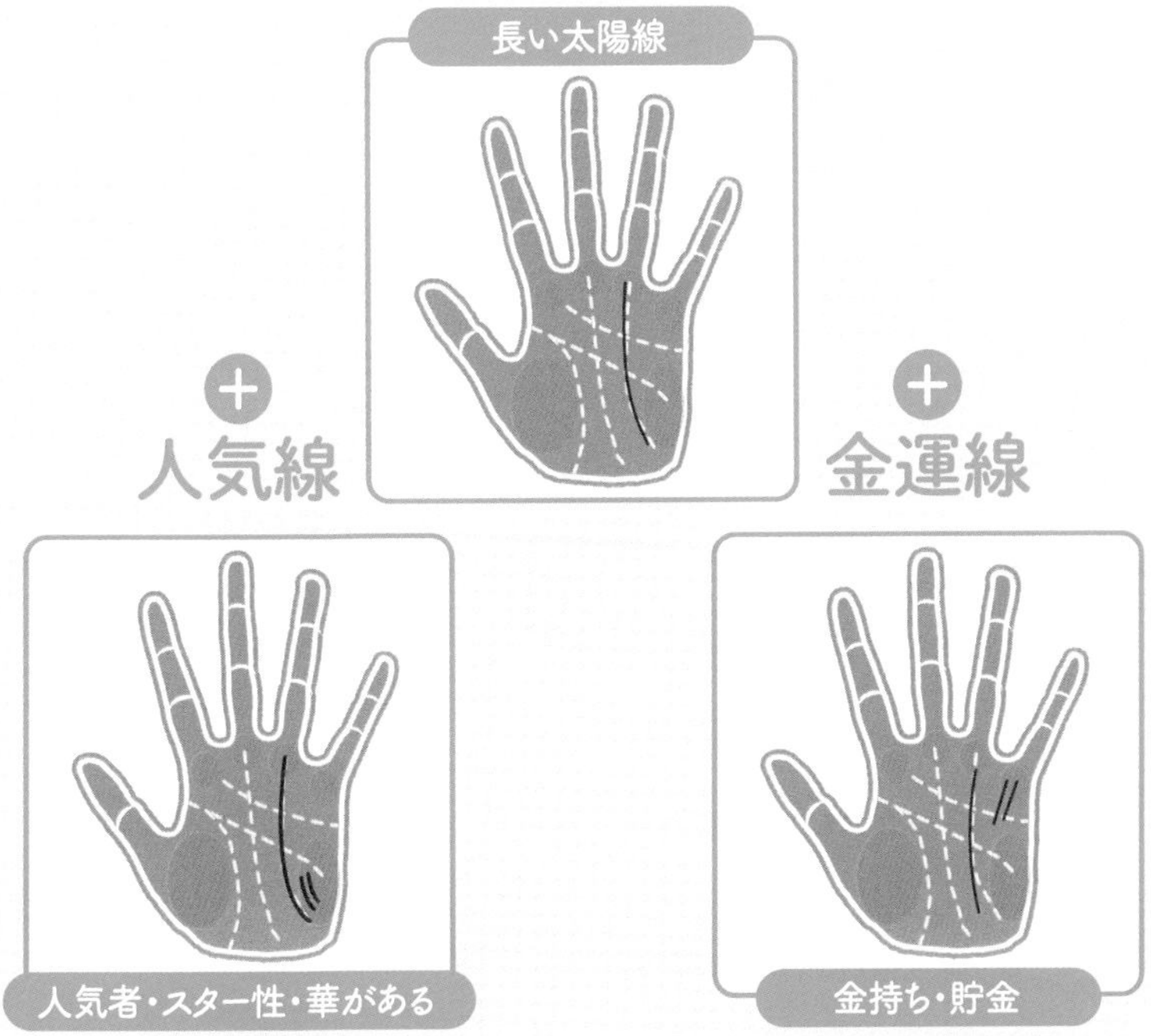


本書の「個性や性格」は2つの手相を組み合わせてご紹介しています。相というのは意味が一つだけではなくいろいろありますが、さらにもう一つ同じ性質を持つ相が存在していると確実だということです。

例えば手相1「人気者・スター性・華がある」では①長い太陽線と②人気線があれば、該当者はそういう個性が強いのですが、ここで①長い太陽線だけしかない人は該当しないのか、という疑問が湧くかもしれません。もちろん長い太陽線だけでも人気者・スター性などの性格は該当します。

ただし、この相は他にも財運に恵まれる、お金に困らないという意味もあり、それは手相68 金持ち・貯金で「きれいな金運線」とセットで紹介されている……という具合です。

# 「ほくろ」は諸刃の剣!?

大人も必見!

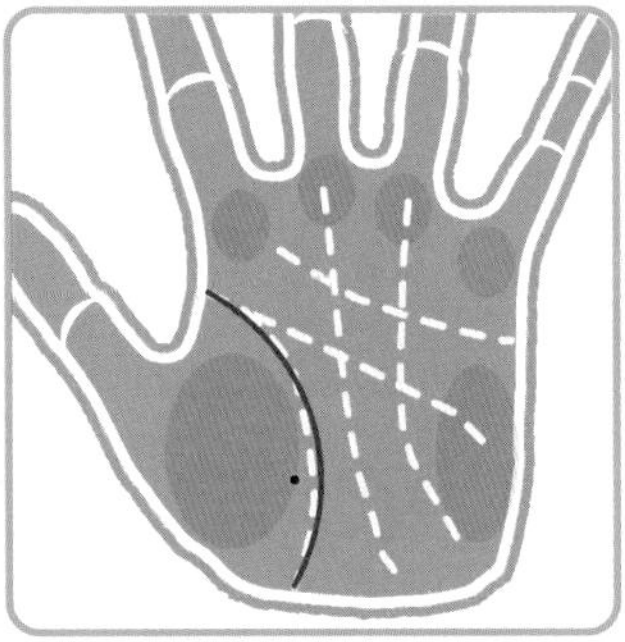

生命線付近のほくろは異性問題、トラブル注意。二股、ストーカー、破談などで揉めやすいです。

手相においての「ほくろ」について質問を受けることがよくあります。「この場所にほくろがあると成功するんですよね!?」あるいは「このほくろが良くないと言われましたが大丈夫でしょうか？」などですが、私の見解ですと「ほくろは諸刃の剣」というのが返答。

ほくろというのは強い願望や執着心、野心のようなものを実現化させる強いパワーがありますが、それゆえに何か他の運気を持って行かれるというイメージになります。「人気者になるけど妬まれる」「仕事運は伸びるけど家庭運は下がる」「異性にモテるけどストーカー被害にあったり、縁談がなぜか破談になったり……」などですね。宿命的な要素が強いですが、どんなタイプ・性質のほくろかはその場所や濃さ、艶などで読み取ります。

# 幸運の爪の白点

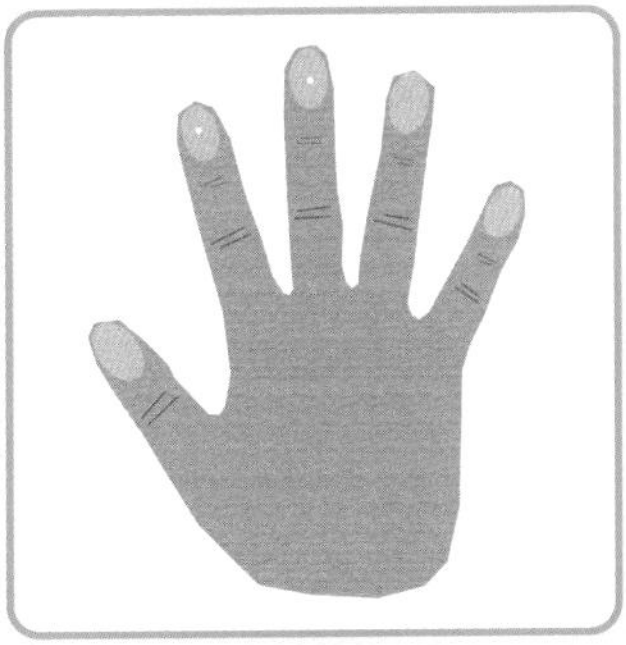

親指は健康運、人差し指は願いが叶う、中指は努力が実る、薬指は人気運、小指は金運などです。

「幸運の爪の白点」というものを聞いたことがあるでしょうか。手の爪に気がつくと出ている1mm前後の小さな白点ですが、実はこれが出ている間はいわゆる「ツイている状態」となります。金運や恋愛運、健康運や願望成就など、その爪の出ている指により意味が異なりますが、その白点が出ている期間はゾーンに入ってる状態ということで積極的に動くと良いとされています。

また開運法としての「爪の白点を書く」というものもあり、願いに応じて自分で白マジックペンなどで印を打ったり、最近では女性のネイルでキラキラ輝くパーツをくっつけてしまうやり方も目にします。些細なことですが、ポジティブで前向きな気持ちで物事を受け止められるようになりますよ。

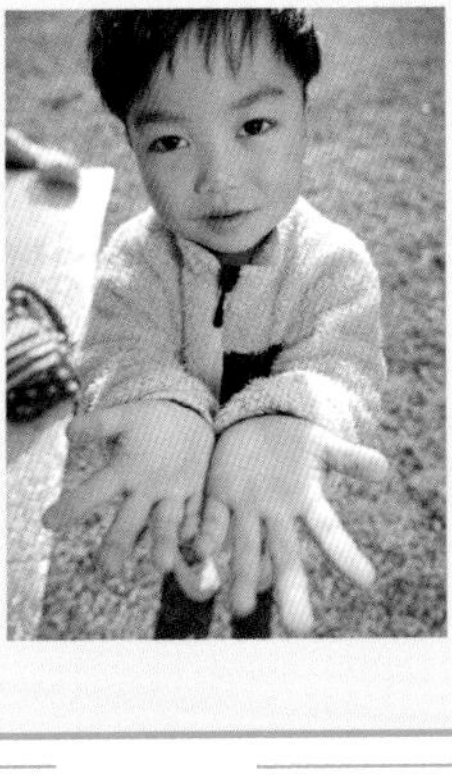

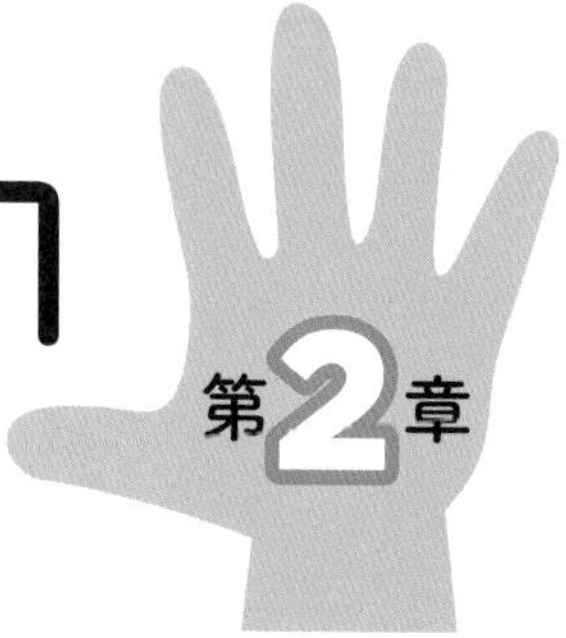

# 第2章

# 「理想の将来を占う手相」

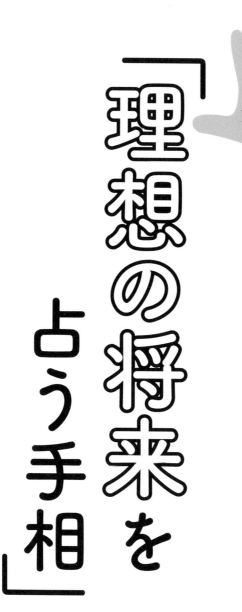

様々な経験を経てどんどん成長していくタイプの
子どもの手相群です。
良い時もあるし、上手くいかないこともありますが、
そういう経験こそが成長の糧であり、
そこから何かを得て成長していきます。
長い目で見守ってあげましょう。

手相
# 26

## 忠実・従順・分をわきまえる

**向いている仕事**
理容師、エステティシャン、神職、僧侶、便利屋
事務員、美術デザイナー、プレス工、溶接工
航空客室乗務員、公務員、サラリーマン
飲食、接客業

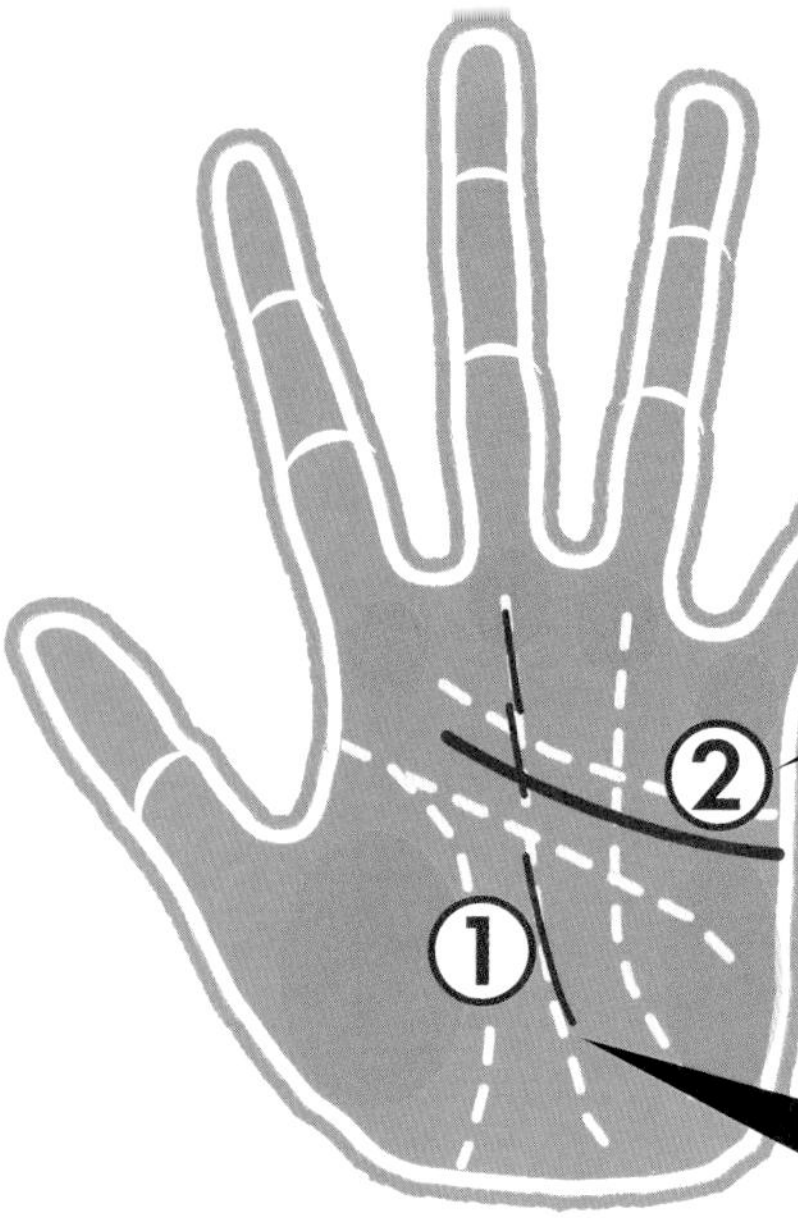


**見方のポイント②**
感情線が通常よりも下のほうを走っている。知能線と感情線の隙間が狭いという見方もできる。

**見方のポイント①**
運命線が細く柔らかな印象をしているかどうかを見る。忠実・従順な人は運命線が細め。

### ① 運命線が細い柔らかな印象

運命線の強さは自信の表れ。いかに自分中心かというところがはっきり出る線ですが、その線が薄いということは自分のことよりも大切な人、愛する人のためという思いの強い人です。我も強い感じがせずに柔らかな印象を受けます。

### ② 感情線が下を走っている

自分の感情を上手くコントロールできる人です。何かあってもカッとすることもなく、自分のすべき立ち振る舞いをよく考えた、分をわきまえた行動のとれる人です。とても重宝される人材でもあります。

### 長所の伸ばし方

忠実、従順な人はいかに、その身を任せられるような頼れる存在、引っ張っていってくれる人や会社、組織などに出会えるかがカギ。そういう人たちのサポート役に徹して、与えられた役割をしっかりこなすと安定した運勢となります。

### 短所の活かし方

元々、「自分が、自分が」というタイプではなく、何か強いものを示すような人でもないので、人や世間と比較して劣等感に苛まれたり、意地になって強くなろうとしないほうが良いでしょう。その柔らかさが一番の武器です。

手相 27

# 親孝行・家族愛

**向いている仕事**
収入や休暇・保証が安定している企業勤め
家業を継ぐ、跡取りなど

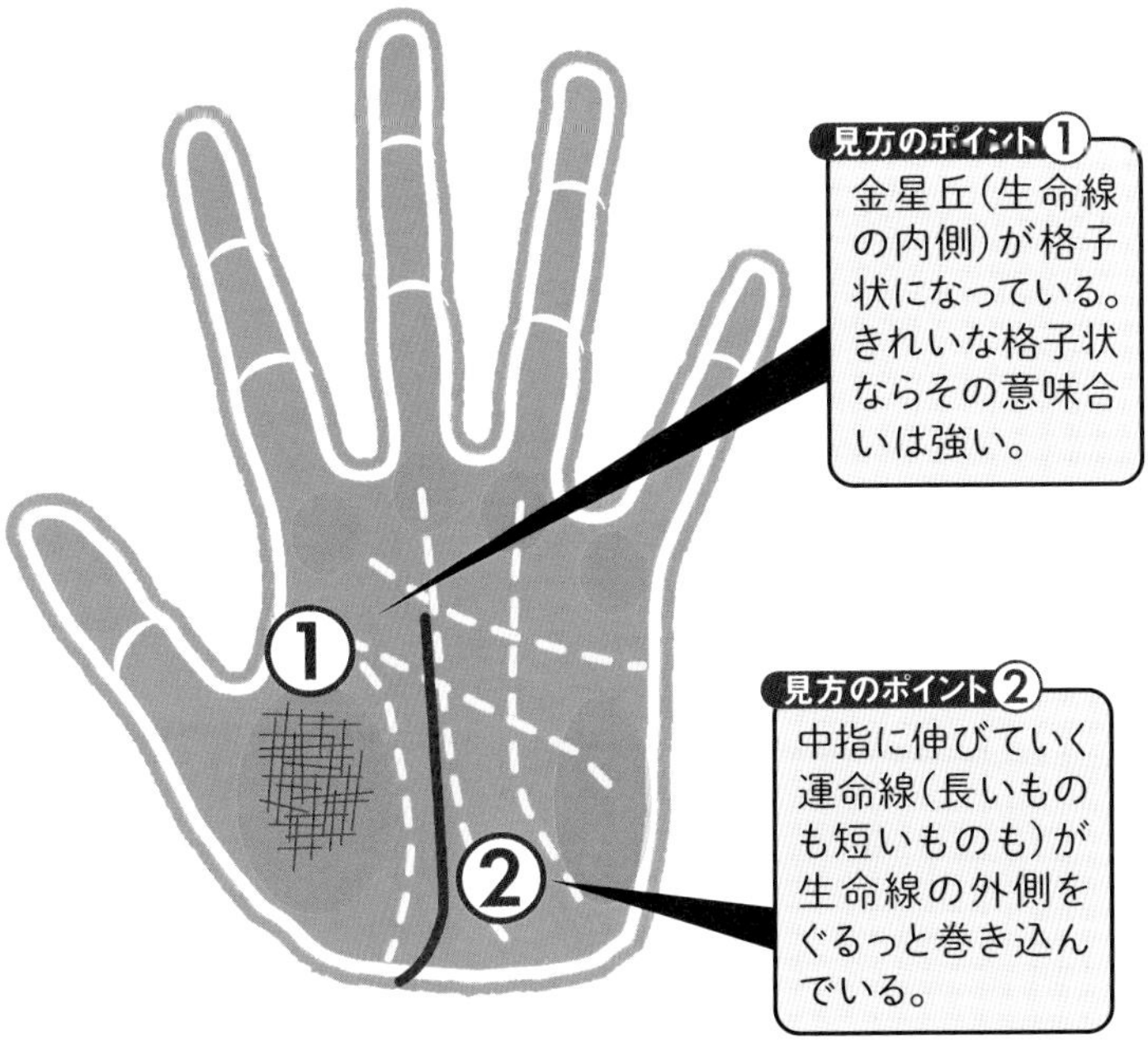

①
②
見方のポイント①
金星丘(生命線の内側)が格子状になっている。きれいな格子状ならその意味合いは強い。
見方のポイント②
中指に伸びていく運命線(長いものも短いものも)が生命線の外側をぐるっと巻き込んでいる。


**① 金星丘が格子状になっている**

生命線の内側、金星丘が格子状になっている人は家庭的で家族を大切にする人です。格子状が細かければその愛情のかけ方はきめ細やかなもの、反対にザックリした格子状なら、おおらかでどっしりとした愛情表現となります。

**② 運命線が生命線の外側をぐるっと巻き込んでいる**

運命線が巻き込んでいる人は、長男・長女相と言い、親と同居する、家や土地、家業を継ぐ、墓を引き継ぐなど、先祖代々から流れてくるものとのご縁が特に強い人です。長男・長女でなくてもこの相ならばそうなるようです。

**長所の伸ばし方**

こういう相の持ち主の方は、親や家族というものを第一に考えられる環境をいかにして作り上げるかが成功のカギと言えます。家族サービスできる休日の確保、収入の安定などを見越した仕事に就くのが良いでしょう。

**短所の活かし方**

家系との縁が強すぎることや家族愛が強すぎるがゆえの反発心から、あえて家を飛び出したり、家業を継がないなどの決断をするタイプもいます。ただそういう場合も、「愛が強いからこそ」と覚えておくとお互い理解し合える日がきます。

手相
28

# まじめ・正直

向いている仕事

警察官、消防士、救急隊、警備員、鉄道職員
バスの運転手、空港検査員、税務関係、公務員など

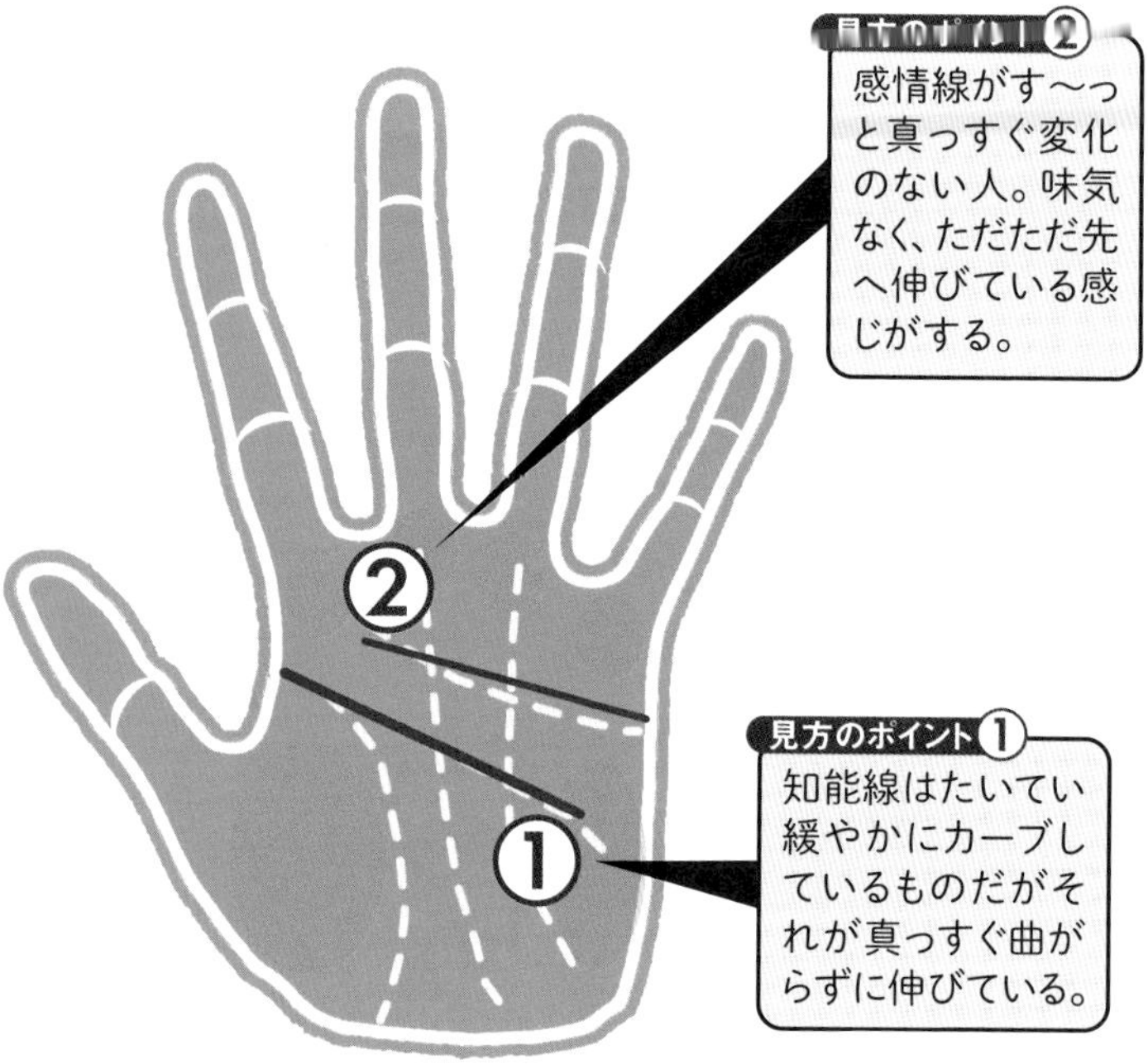

②
感情線がす〜っと真っすぐ変化のない人。味気なく、ただただ先へ伸びている感じがする。
①
見方のポイント①
知能線はたいてい緩やかにカーブしているものだがそれが真っすぐ曲がらずに伸びている。


**① 知能線が一直線**

知能線が真っすぐな人は、そうと考えたら、もう、そうとしか考えられなくなる思い込みの激しいタイプ。自分の考え方や信念に自信と確信を持ち、それに沿って行動していきます。実直、まじめなタイプの人が多いです。

**② 感情線がす〜っと真っすぐ伸びる**

感情線が味気なくす〜っと伸びている人は感情の起伏があまりなく、物事の受け止め方もクール、感情表現もさらっとしていてドライな感じがします。冗談や、過剰なアピールもしない淡々とした正直な人です。

### 長所の伸ばし方

信念が強く、考え方も周囲からの影響を受けにくい、まじめで正直な人は、公私混同してはいけないような仕事、あるいはそういった環境でその個性を発揮できます。ルールや規則、安全や管理、責任といったものとの相性が良いです。

### 短所の活かし方

融通が利かない、感情表現が乏しいなど、周囲とのコミュニケーションに影響が出やすい点が短所ですが、そういう自分のことをよく理解して、上手く個性を引き出してくれるような人物が身近にいると違った運も開けます。

手相 29

# 親切・気配り・気遣い・思慮

**向いている仕事**

商社マン、秘書、接客業、ホテルマン、コンシェルジュ
サービス業など気の利いたものを求められる仕事

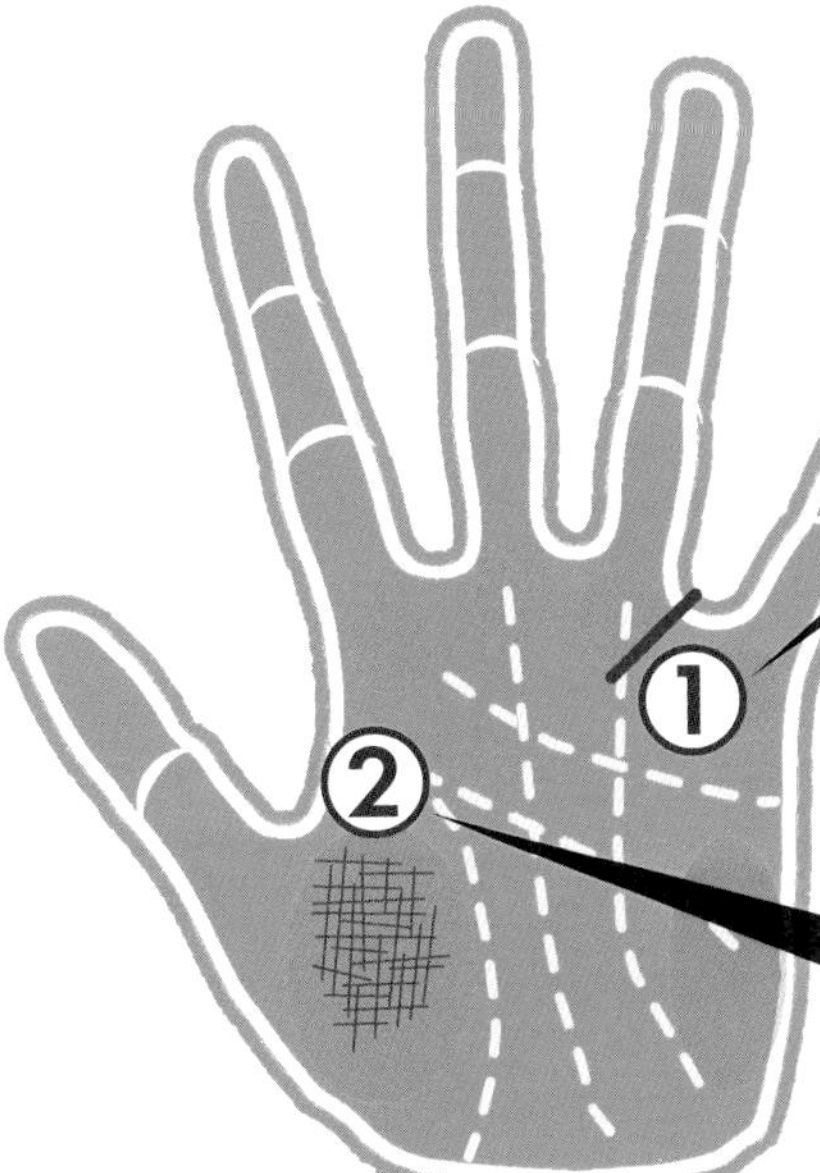


**見方のポイント①**
薬指と小指の間から斜めに伸びている1cmから2cmほどの短い線を思慮線と言う。

**見方のポイント②**
生命線の内側(金星丘)に細かな格子状の相がある。細かなほうがより繊細な気配りができる。

**① 思慮線が伸びている**

思慮線が伸びている人というのは、相手の気持ちがよくわかり、何をしてほしいのかとか、どういうことを嫌がるのかというのを察する能力が高い人。対象をよく見て、よく聞いて物事の本質を見抜こうとする人です。

**② 金星丘に細かい格子がある**

細かな格子状の線が金星丘にある人は、自分もやや神経質、デリケートな面がありますが、それゆえ相手にも、よりきめ細やかな親切や気配り、愛情をかけることができます。かゆいところにまで手の届く、まさに気の利いた人。

### 長所の伸ばし方

気の利いた親切や細かな気配りができ、さらに相手が何を望んでいるのかがわかる、察しの良い人ということですから、どこででも重宝されます。企業や組織での責任ある立場の人のサポート、対面での接客業なども向いています。

### 短所の活かし方

神経質なところがあり、変に相手のことがわかりすぎてしまうので精神的に疲労が溜まりやすかったり、ネガティブなものも受けやすいタイプです。リラックスできる友人やパートナー、そういう環境や時間を大切にしましょう。

手相 30

# 集中力・注意力がある

**向いている仕事**

陶芸家、工芸家、職人、翻訳者、各種コーディネーター
校正者、タイムキーパー、ミキサー、コピーライター
証券アナリスト、入国審査官
国会議員政策担当秘書、ピアノ調律師、管理職全般

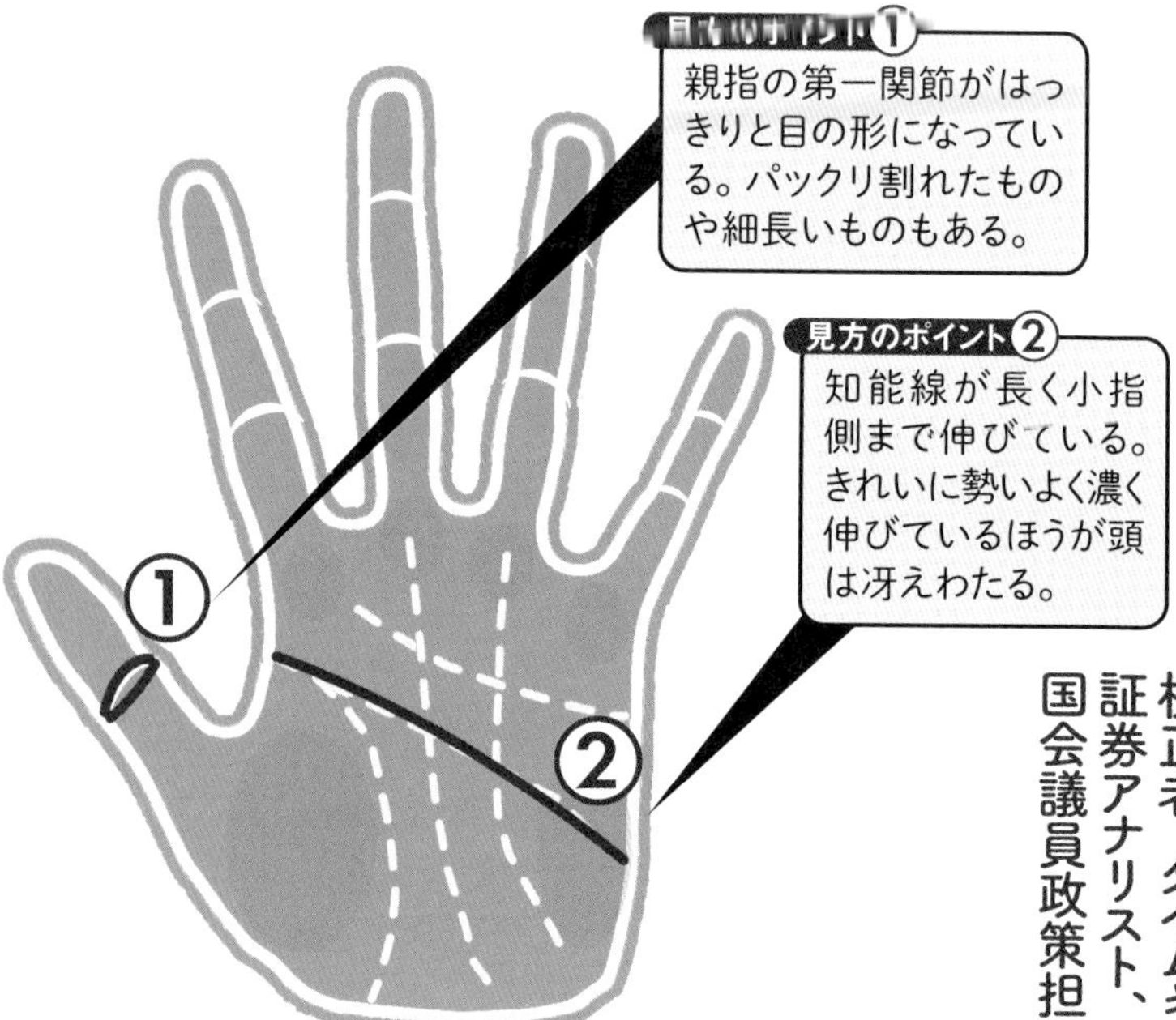
①
親指の第一関節がはっきりと目の形になっている。パックリ割れたものや細長いものもある。
見方のポイント②
知能線が長く小指側まで伸びている。きれいに勢いよく濃く伸びているほうが頭は冴えわたる。
①
②

**① 親指に仏眼**

親指の関節が目のような形をしている人がいます。これは仏眼と言い、直感力、インスピレーションなどで突然アイデアがひらめいたり、何かを見つけたり、危険などを察知する能力があります。突然、集中モードに入れます。

**② 知能線がきれいで長く勢いがある**

知能線が長くきれいな人は大変頭が良く、考え方にも変な癖はありません。濃く勢いがあるということは、知能、頭の良さを生かして人生を切り開いていくタイプの人です。何事にも注意深く臨み、集中力も持続できます。

**長所の伸ばし方**

まず集中力が持続するということで、何かと長時間向きあうような仕事や、そういうものを求められる環境が向いています。頭の良さや勘の良さもある人なので、どんどん学習、経験を積ませていくと優秀な人物になります。

**短所の活かし方**

大変優秀な人材となりえる人ですが、注意しなくてはいけないのが、その能力を利用されたり騙されたりしないようにすることです。信頼できる人物や組織に出会えるかがカギ。また、結果が出ない時期でも安売りはしないことです。

## 手相31

# 個性的・独自性が強い

**向いている仕事**

アーティスト、パフォーマー、タレント、俳優
クリエイター、芸術家、放送作家、イラストレーター
料理研究家、プロスポーツ選手、シンガーソングライター
独自性の強さを活かせる仕事・専門職

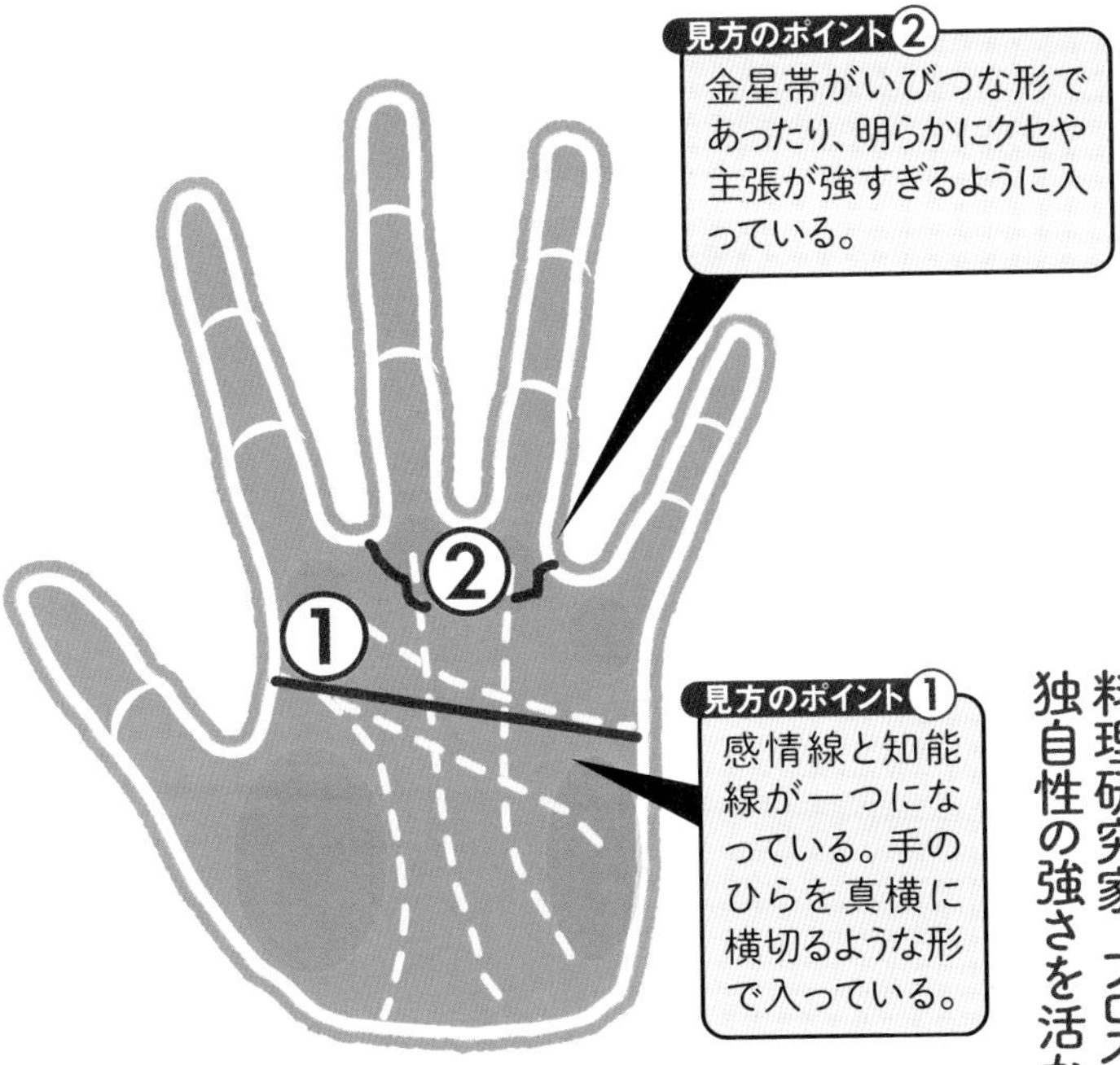

見方のポイント②
金星帯がいびつな形であったり、明らかにクセや主張が強すぎるように入っている。
②
①
見方のポイント①
感情線と知能線が一つになっている。手のひらを真横に横切るような形で入っている。


**① マスカケ線**

マスカケ線の人は好き嫌いがハッキリしており、自分の興味のあるジャンルはトコトン追求しますが、そうでないものにはまるで反応を示しません。そういう観点からも独自性が強く、個性的な性格の持ち主と言えます。

**② 金星帯がいびつ（クセの強い金星帯）**

金星帯は自分の理想、美学、哲学観などを追求していく人が持つ相です。そこがいびつということは追い求めているところも変わっている、偏っている、あるいは強すぎていびつになるほどです。クセの強い性格の人です。

### 長所の伸ばし方

個性的で独自性があるということはそれだけ目立つ存在ということ。専門的な知識や技術を身につければそのジャンルの中でも注目を浴びますし、芸術やクリエイティブな方面では他の人とは違う奇抜でユニークな才能で活躍できます。

### 短所の活かし方

独自性が強いということで周囲との対立が生まれやすいタイプです。個性が強すぎて誤解されたり、評価を得られるまでに時間がかかる場合もありますが、くさらずに前向きに捉えることです。責任感を持つと伸びていく人でしょう。

手相 32

# 物知り・博識・多聞

**向いている仕事**

学者、博士、研究員、作曲家、楽器演奏者
アナリスト、国会議員政策担当秘書、司法書士
気象庁職員

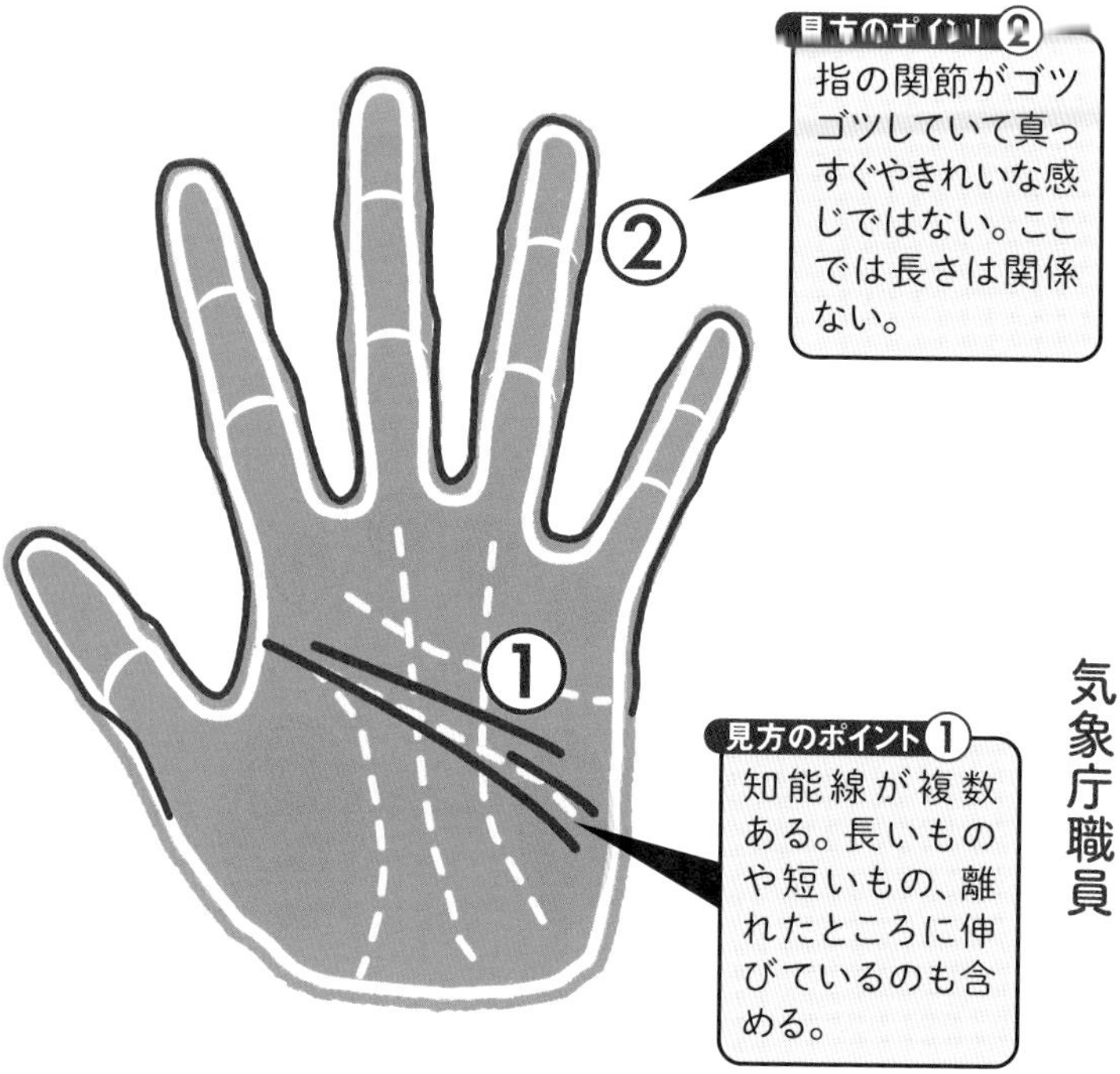

見方のポイント②
指の関節がゴツゴツしていて真っすぐやきれいな感じではない。ここでは長さは関係ない。
②
①
見方のポイント①
知能線が複数ある。長いものや短いもの、離れたところに伸びているのも含める。


**① 知能線が複数**

知能線が複数本あるタイプは知的好奇心が旺盛でいろんなことが気になり、知識を蓄えていく人です。記憶力、暗記力もあり、同時にいくつものことを考え判断できます。興味の対象をよく見て、よく聞くことができる人です。

**② 指の関節がゴツゴツしている**

節ばった指の関節でゴツゴツした人は、気になったことはしっかり調べあげたり、研究しないと気が済まない人です。頭も大変良く、難しいデータや数字、細かな法律関係や専門用語などにも強い人なので知識豊富です。

### 長所の伸ばし方

普通の人ならば見ただけでうんざりするような書類やデータ、文献なども、このタイプの人は平気なところがあります。ぜひ難関と言われるような資格を取得して、その道のスペシャリストになるのが良いでしょう。学者肌の人です。

### 短所の活かし方

研究や勉強に夢中になるあまり、人付き合いは苦手。自分からアプローチしたり、気の利いた言葉や、うまい冗談が言えないのもこのタイプの特長です。決まりきったセリフや挨拶、専門用語ばかり使う仕事が向いています。

手相
33

# 文才がある・文章の表現能力

向いている仕事

ライター、小説家、日本語教師、翻訳者、脚本家
司書（図書館勤務）、ブロガー

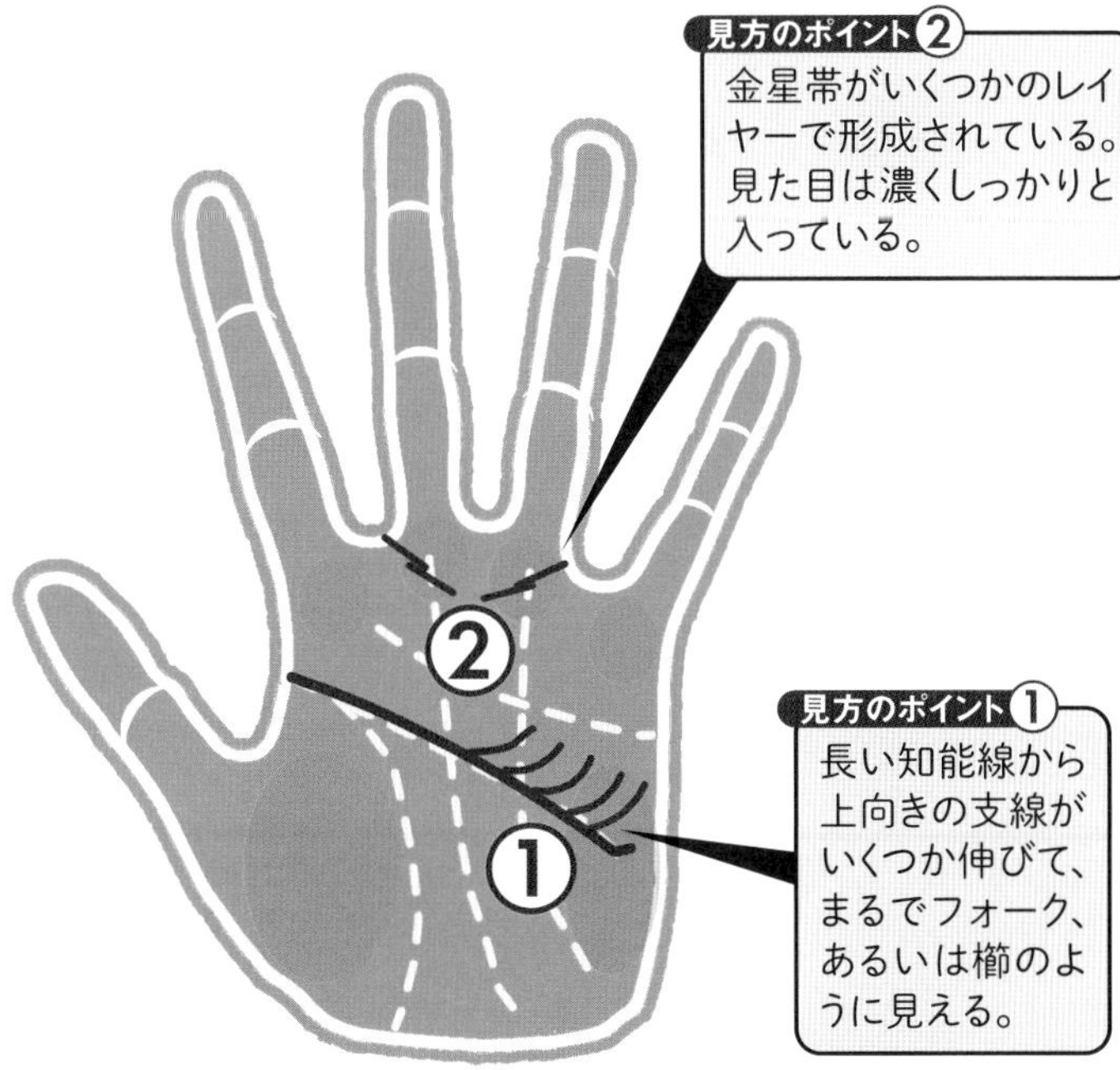

見方のポイント②
金星帯がいくつかのレイヤーで形成されている。見た目は濃くしっかりと入っている。
見方のポイント①
長い知能線から上向きの支線がいくつか伸びて、まるでフォーク、あるいは櫛のように見える。
①
②


**① ライターズフォークがある**

この相がある人は文才があり、文章での表現が上手な人です。物事を伝える時も大事なところをちゃんとおさえて、意味が間違って解釈されないように無駄なくスッキリと文章を組み立てて書ける人。表現や言葉をたくさん知っています。

**② 金星帯がレイヤーで構成されている**

金星帯がある人は哲学観がしっかりして、物事をロジカルに考えられる人ですが、ここがレイヤー状で形成されている人は、何度も何度も考えを検証しながら物事を進めていく人です。文章表現も筋が通ってわかりやすいです。

**長所の伸ばし方**

文才があり、文章表現が上手いということであればやはり、本を書いたり、ものを書いていくことで評価される仕事や役職が良いでしょう。たくさん本を読んだり、人の話を聞いて表現の幅、多くの言い回しを日頃から覚えていくと良いです。

**短所の活かし方**

このタイプの人の欠点は神経質になってきたり、文章ということで攻撃的な性格になったりするところでしょう。謙虚な姿勢を忘れないように。また感謝の気持ちを大切にして、利他の精神でその才能を活かすと良いです。

手相
34

# 志・意思・意欲

**向いている仕事**

タレント、ダンサー、商社マン、パイロット
航空客室乗務員、鉄道職員、弁護士、冒険家
JAXAスタッフ、医師、薬剤師
子どもが憧れる夢や希望のある職種・役職

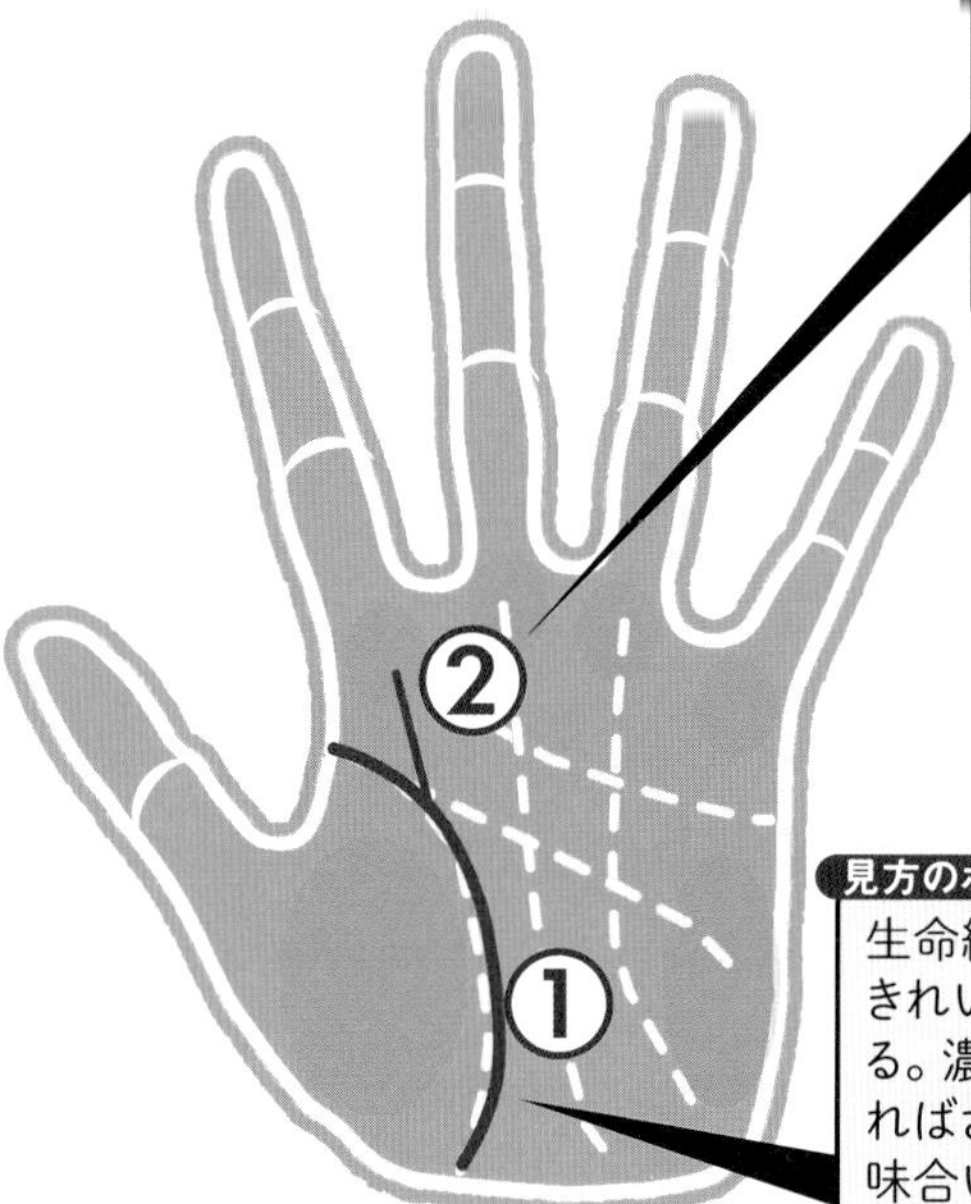

②
①
見方のポイント②
生命線から人差し指に向かって伸びる線が向上線。複数あったり、先が二股のものもある。
見方のポイント①
生命線が乱れなくきれいに入っている。濃く勢いがあればさらにその意味合いは強い。


**① 生命線が濃くきれい**

生命線は健康面を見るだけではなく、その人の意思ややる気、気力の充実度なども見て取れます。生命線のきれいな人は生活も規則正しく、不摂生をしない人が多いですが、それは悪習慣に染まらない意志の強さの表れです。

**② 向上線が伸びている**

志高く、こうだと決めたら、何が何でもそうなるように目標を掲げ努力をします。意欲的で常に何か新しいものはないか、できることはないかと考え、上を目指す向上意欲のある人です。

### 長所の伸ばし方

上昇志向の強い人なので、どんどん学習して技術技能も習得していくのが良いでしょう。また将来はそのノウハウで教える、育てる方面でも活躍が期待できます。医療系、病気やケガを治すのも志の強さが重要なので向いています。

### 短所の活かし方

短所らしい短所がないのが特長ですが、時として頑固になり過ぎたり、独善的になりすぎて人の話が聞けなかったり、孤立してしまうことがあるかもしれません。結果が出ないときは目標設定や計画性を見つめなおしましょう。

手相35

# 努力・尽力

**向いている仕事**

商社マン、職人、インストラクター、コーチ、監督
国会議員、地方議会議員、海上保安官
緊急救命士、山岳救助隊、害虫駆除業者、営業
下積みを経て独立できる仕事

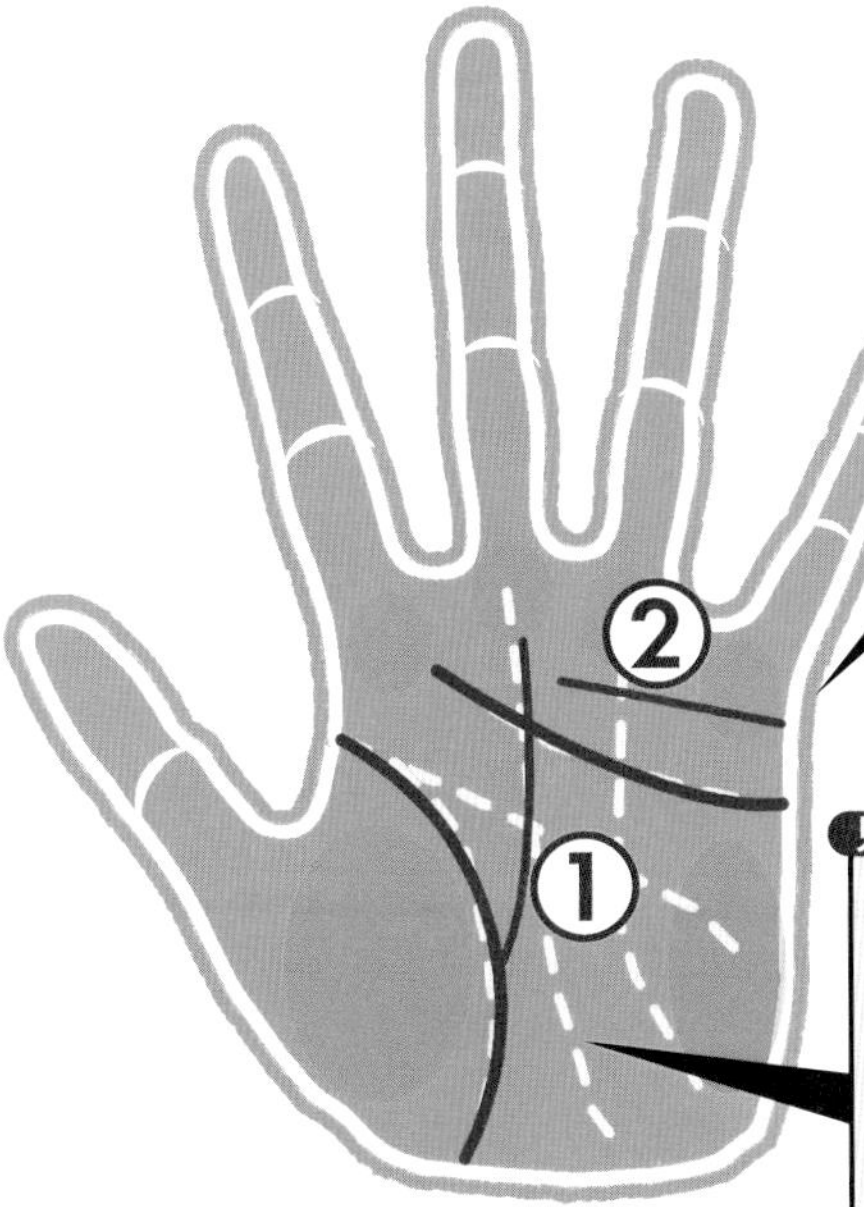


**見方のポイント②**
感情線の上にもう一本横に伸びる線がある。ハッキリした線もあれば、薄い線もある。

**見方のポイント①**
生命線の真ん中より下の位置から、長い運命線(中指に伸びる)が勢いよく伸びている。

## ① 生命線の下部から伸びる運命線

生命線の下のほうから伸びる運命線がある人は努力家で、何事もコツコツ最後までやり通すことができます。一度自分が決めたこと、やり始めたことを途中で投げ出さないので、必ず最後には大きな結果を残し評価を得ます。

## ② 二重感情線

逆境になればなるほど燃える人で、困難になってもくじけず、余計に頑張って何とかしようとします。たとえ何年かかろうが、何を言われようが自分の信念に沿ってひたすら日々努力できる人です。

### 長所の伸ばし方

長所は努力を継続していけるその信念の強さ。何が何でもという強い気持ちと、コツコツと同じことでもひたすら打ち込めるその精神力が優れています。下積みが長くても本物、一流を目指して頑張れるようなものが向いています。

### 短所の活かし方

コツコツと頑張れ、辛抱強い人ですが、そもそもの大きな目標やゴール設定というものをしておかないと、イマイチ結果に繋がりません。逆にどうでもいいことに時間や労力をつぎ込んでしまう人でもあるので注意しましょう。

手相36

# 先生・指導・アドバイザー

向いている仕事

教諭、学習塾講師、各アドバイザー、指導員
神職、占い師、その他プロフェッショナルな仕事

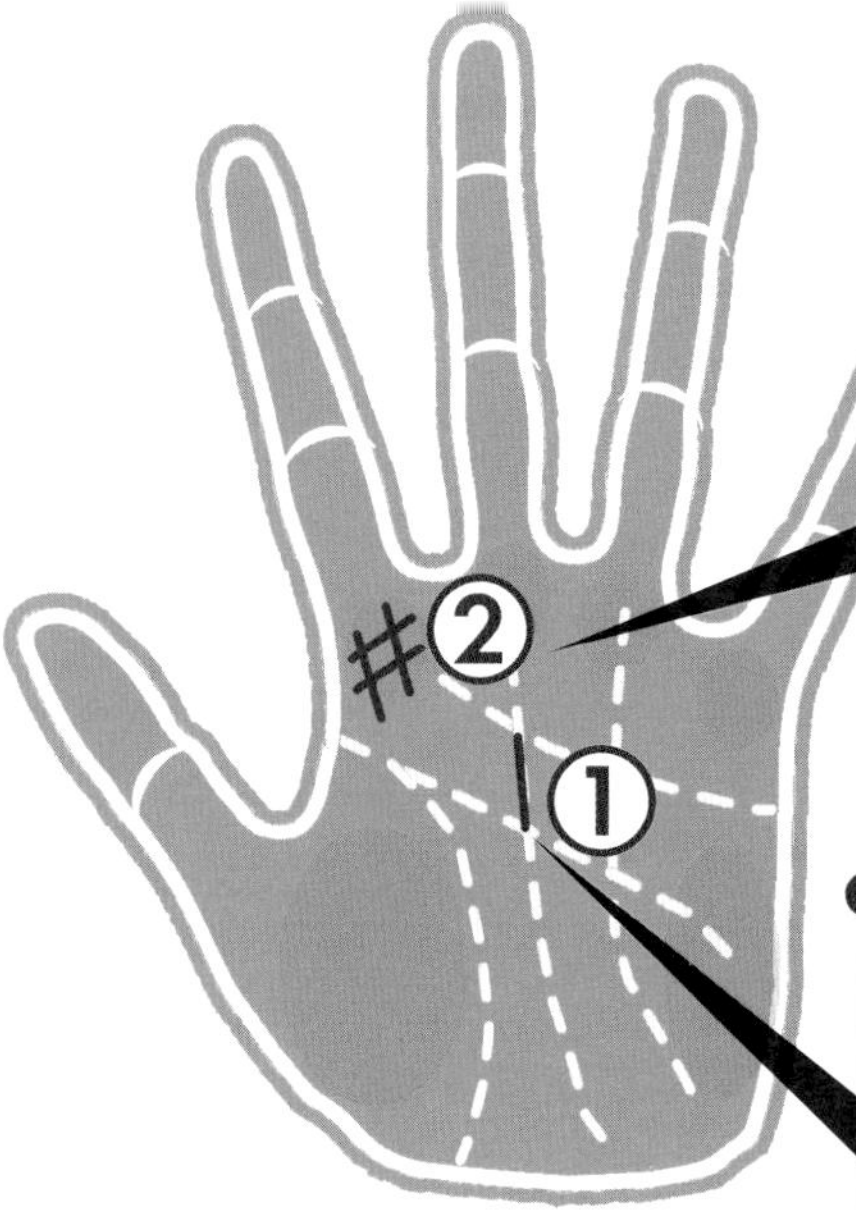


見方のポイント②

木星丘(人差し指の付け根の膨らみ)にグリッドがある。これを聖職紋と言う。

見方のポイント①

知能線からピョコンと運命線が伸びている。濃くハッキリして長ければ長いほど、意味は強い。

### ① 知能線から上る運命線

知能線から運命線が出ていると才能で生きていく人と言われ、物事を学んだり、教えるのが上手い人です。どのジャンルでも構いませんが肩書に「先生」とつくような人物になる可能性が高いです。資格習得も得意な人が多いです。

### ② 聖職紋

木星丘のグリッドを特に「聖職紋」と言います。この相がある人は先生の中の先生、あるいは師匠、グランドマスターというような高い指導力、人望を集めることができます。崇高で格式高い人格、教養を持ち合わせています。

**長所の伸ばし方**

物事を筋道立てて学習し、覚えていくことが得意な人ですが、それを今度は教えたり、伝えていくことを意識すると、そこからさらに新しい発見が生まれ、それが自らに活きてきます。「教える」をテーマにしていくと日々充実します。

**短所の活かし方**

才能がある分、レベルの低いことや、価値を感じないようなものと向き合わなければいけない時には退屈してしまいます。そういう時でも、そういう時しか学べない何かを見出し、そこを一生懸命に磨いていくと良いでしょう。

手相 37

# 読書家・哲学的・思惟的

**向いている仕事**

料理研究家、ソムリエ、神父、僧侶、起業家
小説家、撮影監督、落語家、研究員、考古学者
地方議会議員、カウンセラー、アーティスト、編集者

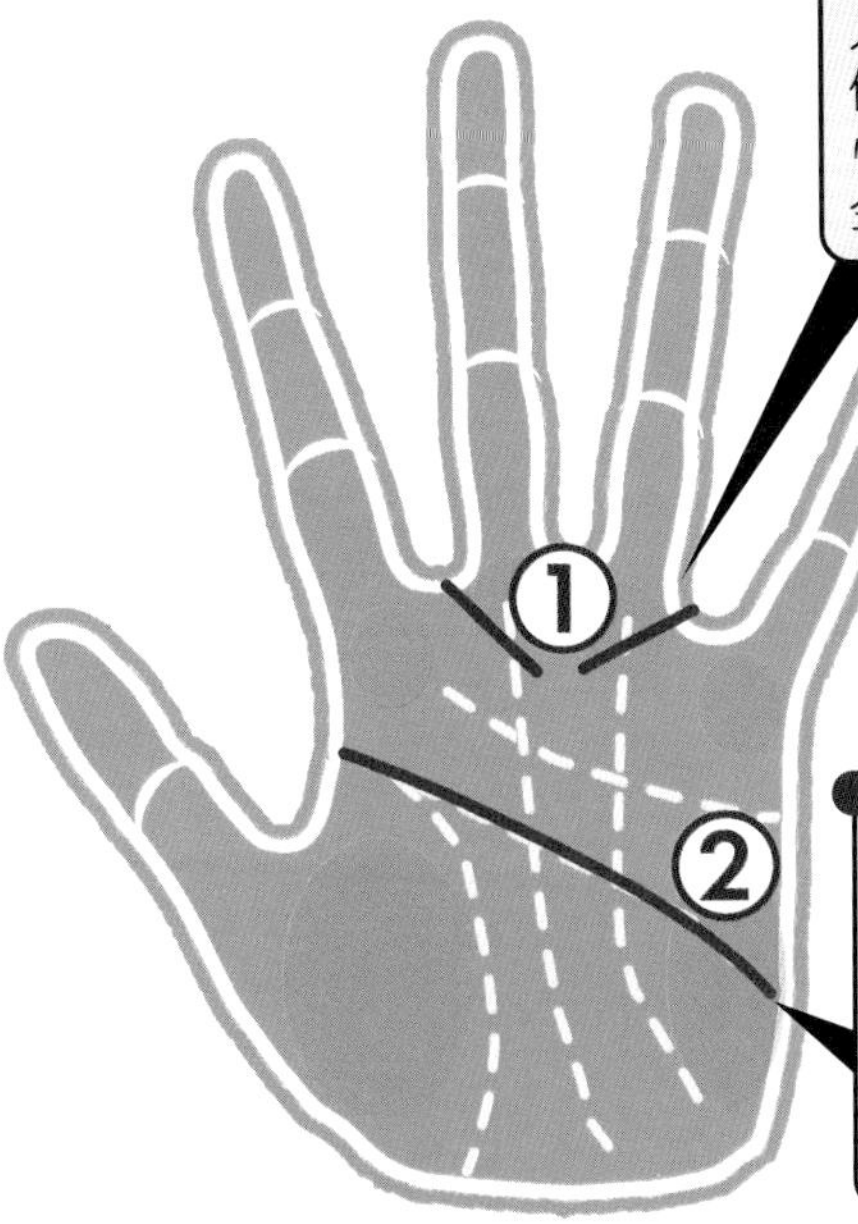


**見方のポイント①**

人差し指と中指の間から伸びる線と薬指と小指から伸びる線でできる帯を金星帯という。

**見方のポイント②**

知能線はその人の思考パターンや集中の仕方などがわかる。小指側まで伸びるのは長い人だ。

## ① 金星帯

金星帯がある人は哲学的で研究熱心、本もよく読みよく考えます。元々は美的センス、感性の高さ、美しいもの求める傾向が強いので、それを考え方や生き様にもしっかりと組み込みたいのです。センスのないもの、品のないものは苦手。

## ② 長い知能線

知能線が長いのはよく考える人ですが、それだけ集中力が持続できるということを意味します。物事をいろんな角度から考えたり、ありとあらゆるパターンを想定したりできる人。文字数の多い本を読み続けるのも平気です。

### 長所の伸ばし方

本をたくさん読むということは知識も豊富で頭が良い人。その得たものを自分の満足だけではなく、世の中のためや、誰かの助けになるように活かすと良いです。芸術、創作、音楽などで表現していっても良いでしょう。

### 短所の活かし方

よく考えたり、思うところが強すぎるため、物事を簡単に、テンポよく進めていくことができないという短所があります。ただそれは逆に言えば慎重ということ。じっくり時間をかけて吟味して進めていくような仕事や立場に就くと良いです。

手相
# 38

# 謙虚・謙遜・礼儀正しい

**向いている仕事**

和裁士、テーラー、客室乗務員、ホテルマン
受付スタッフ、コンシェルジュ、エステティシャン
ケアマネージャー、舞妓、芸子、クラシック演奏者

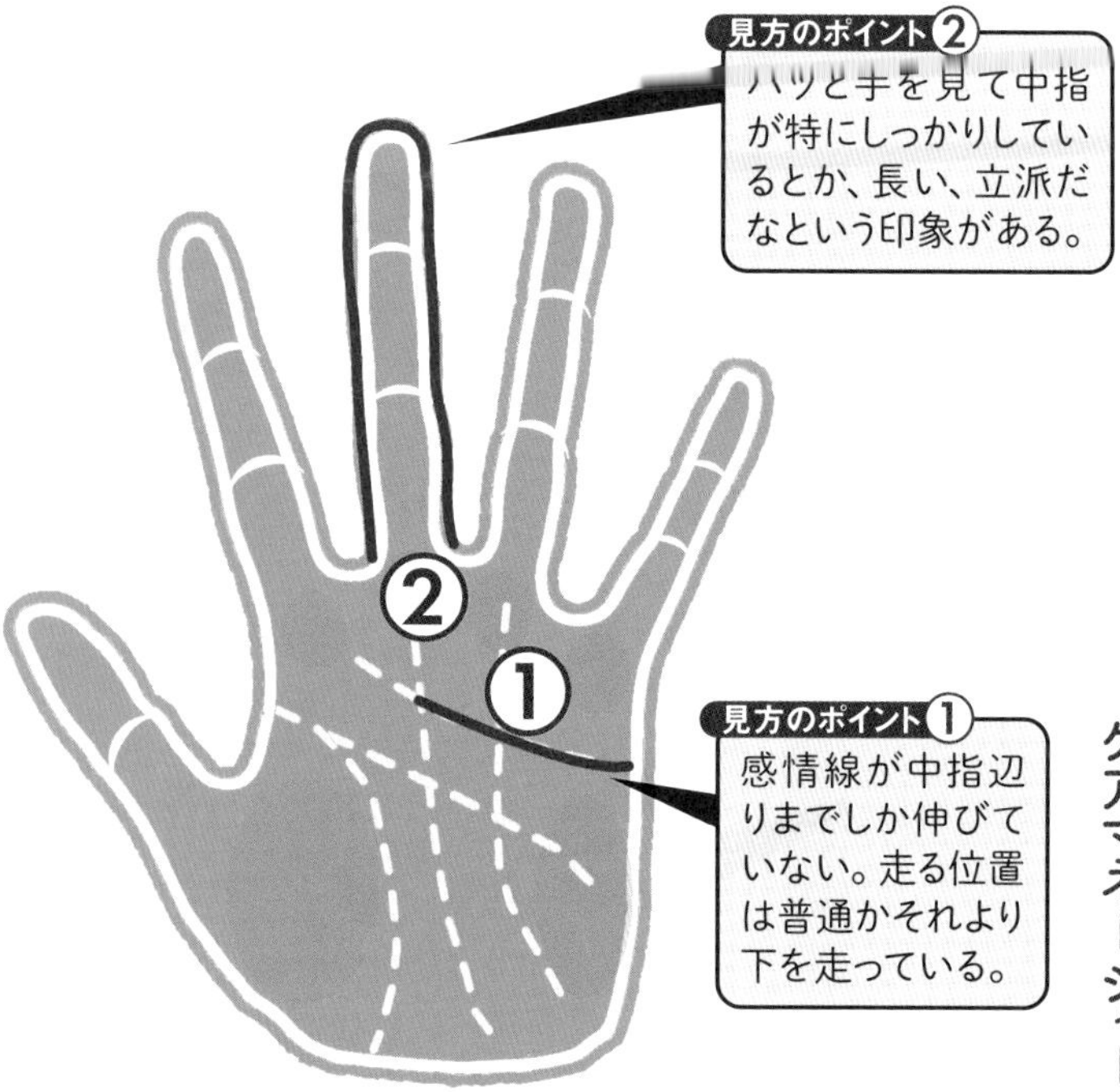

見方のポイント②
ハッと手を見て中指が特にしっかりしているとか、長い、立派だなという印象がある。
②
①
見方のポイント①
感情線が中指辺りまでしか伸びていない。走る位置は普通かそれより下を走っている。


## ① 感情線が短い

感情線が短い人は自分の感情をコントロールできる人。喜怒哀楽があってもあからさまにすることは礼儀、マナーに反するという考え方で、礼儀正しく、謙虚な紳士、淑女タイプの人が多い。スマートな行動、生き様を選ぶ人です。

## ② 中指が発達している

中指は精神性、自分と向き合うというエネルギーがある指。中指が発達している人はどこか孤独というか、一人の時間、自分の世界観を大切にする人が多い傾向です。それゆえ他人に干渉するのは自分的に許せません。

### 長所の伸ばし方

とにかく謙虚でスマートな人なので、仕事で言えば、ホテルマン、マナーや立ち振る舞いにスマートさを求められるようなものは天職です。ガヤガヤしたところではなく、スマートな環境のほうが自分を活かせます。

### 短所の活かし方

喜怒哀楽が出せないということは逆に何を考えているのか、本音はどうなのか、ということも周囲にはわかりづらいところがあります。ただ単にかっこつけているだけと誤解されないように。たまにはみんなと盛り上がりましょう。

手相 39

# 無欲・無私・公平

**向いている仕事**

錺（飾り）職人、和紙職人、仏壇・仏具職人
ファッションモデル、ライター、家政婦、俳優
きゅう師、クラシック演奏者、NPO・NGO職員

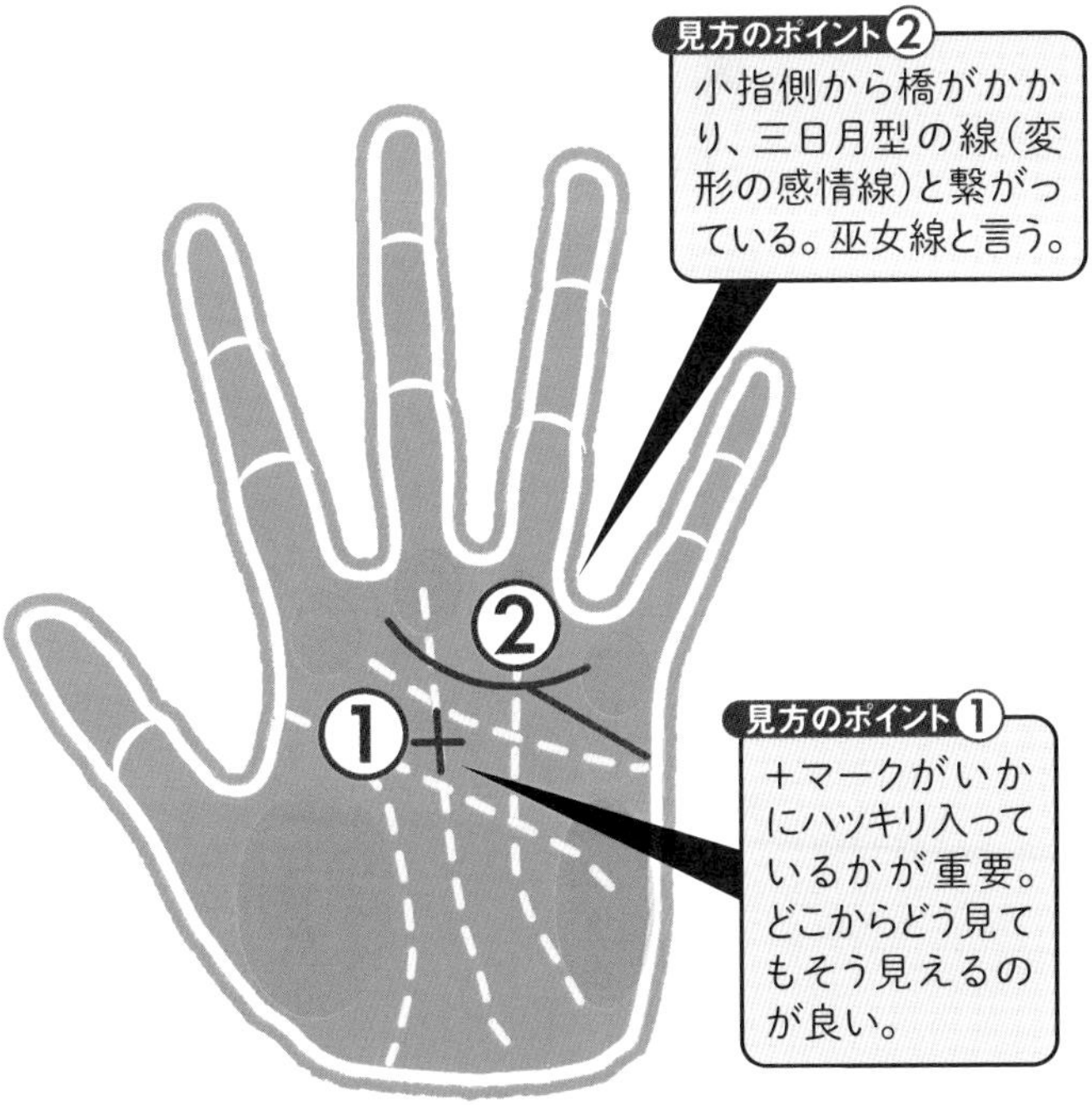

見方のポイント②
小指側から橋がかかり、三日月型の線（変形の感情線）と繋がっている。巫女線と言う。
②
①
見方のポイント①
＋マークがいかにハッキリ入っているかが重要。どこからどう見てもそう見えるのが良い。


**① 神秘十字形**

神秘十字形は信仰心の厚い人に出る相です。神仏の世界、あるいは壮大な宇宙や大自然の神秘など人知を超えたところ、目には見えない大切な何かを信じる人。自分の損得よりも、自然や宇宙との共存を大切にする人です。

**② 巫女線**

巫女線のある人は自分の考えや気持ちにこだわりをあまり強く持てないところがあり、常々、自分であるのに自分でないような不思議な感覚を持ち合わせていることが多いです。ちょっと人間離れした不思議な感覚の持ち主です。

### 長所の伸ばし方

人を相手にするような仕事よりも、ものづくりや何かに徹するような仕事や立場などが向いています。無心になって一つのものに集中していったり、自分を極力出さないというような場面でこそ自らの力を活かせます。

### 短所の活かし方

無私、無欲な人なので、いわゆる人間味……感情やこだわりなどを強く出していく人付き合いでは無理をして疲れてしまいます。内にため込まないように何かを創作したり、歌を歌う、表現するなどで放出していくと良いでしょう。

手相
40

# 計画性・管理能力

向いている仕事

管理職全般、編集者、芸能マネージャー
ケアマネージャー、ファンドマネージャー
栄養士、家庭教師、コンサルタント

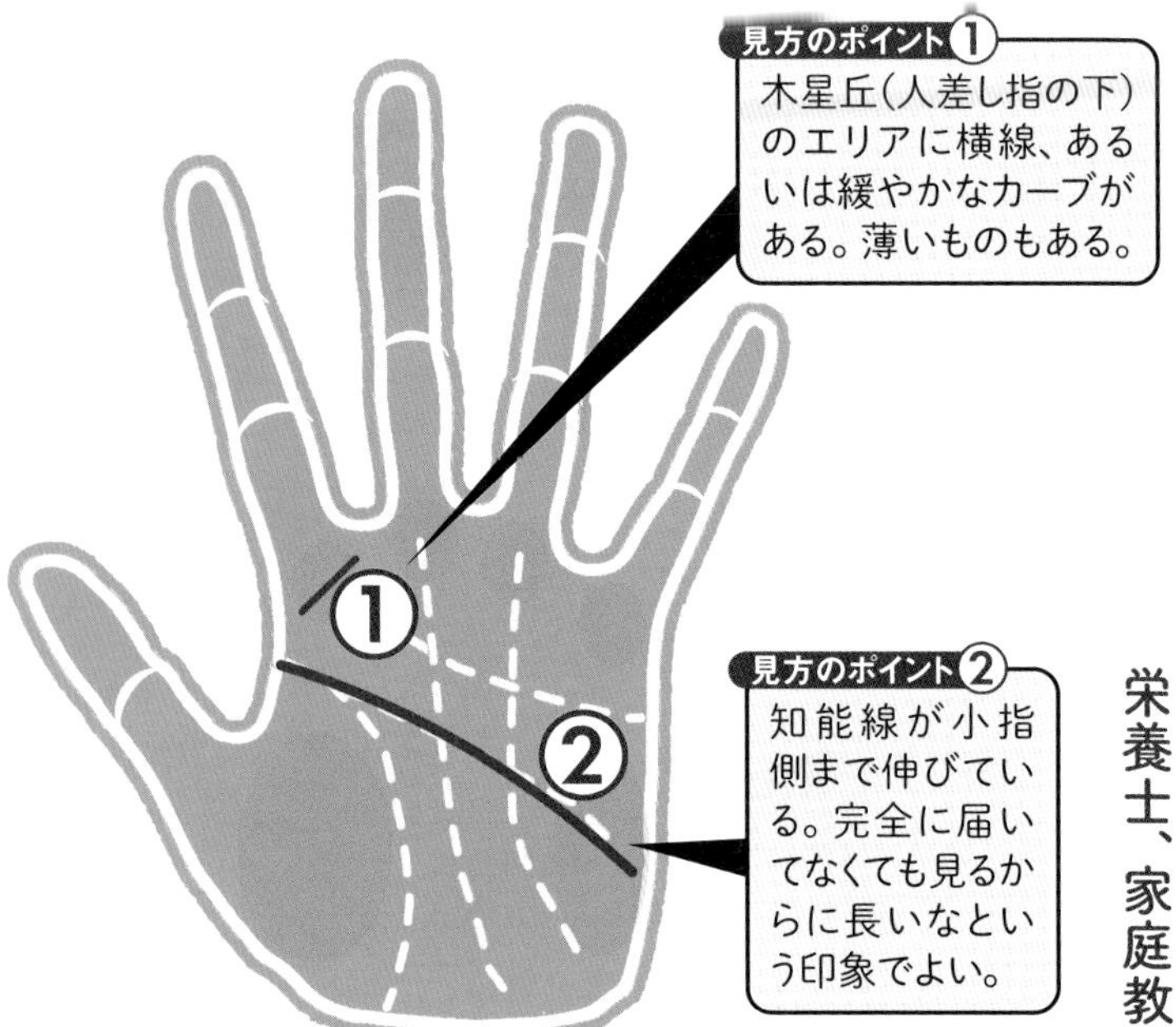
見方のポイント①
木星丘(人差し指の下)のエリアに横線、あるいは緩やかなカーブがある。薄いものもある。
①
②
見方のポイント②
知能線が小指側まで伸びている。完全に届いてなくても見るからに長いなという印象でよい。

**①**
**マネジメント線**

洞察力に優れ、人に対しても、物事に対してもよく観察し、鋭くその本質を見極めようとしていきます。本人がそうとは言っていなくても本音を見抜いたり、その場の空気や物事の流れを読むのも上手いです。

**②**
**長い知能線**

長い知能線の人は頭をよく使うタイプの人です。いろんなことを考えられてしまう人なので単独で何かを決めて行動するというよりも、大きな組織で決められた決定事項の中で力を発揮していくのが向いています。

**長所の伸ばし方**

物事の本質を見抜く力が優れているので、誰かや何かをより良い方向へ導いてあげられるような仕事や立場が向いています。元々よく考えることも好きな人なので、何か専門的な知識を徹底的に学んでいくのが良いでしょう。

**短所の活かし方**

相手のことが当の本人よりもわかりすぎて対立してしまうところがあるかもしれません。あれこれ考えすぎたり、世話を焼きすぎたり、おせっかいになることも。小うるさい人間にならないように自分の目標、大きな志を持つこと。

手相41

# 理性的・論理的

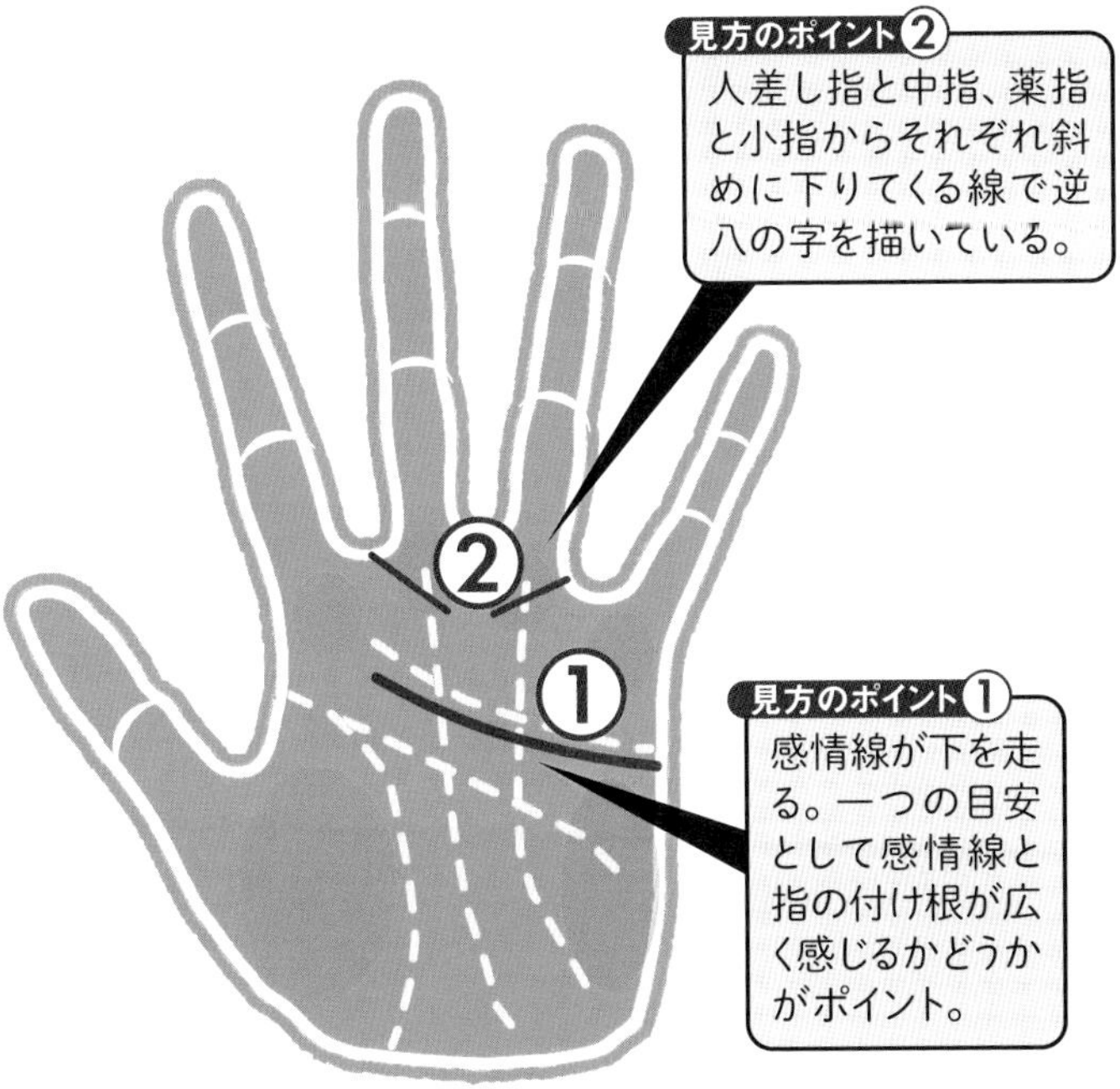
見方のポイント②
人差し指と中指、薬指と小指からそれぞれ斜めに下りてくる線で逆八の字を描いている。
②
①
見方のポイント①
感情線が下を走る。一つの目安として感情線と指の付け根が広く感じるかどうかがポイント。

**向いている仕事**

大学教員、パソコンインストラクター、校正者
テレコミュニケーター、カメラマン、照明技師
音響エンジニア、録音技師、レースメカニック

## ① 感情線が下を走る

感情線が下を走っているのは理性的な人。感情的な衝動だけで何かを判断し行動しようとはせずに、そうすればどうなるのか、そう言ったらどう思われるか、後先のことをよく考えて、物事の善悪を元に冷静に行動できる人です。

## ② 金星帯

金星帯のある人は物事を深く追求していきます。頭が良く論理的で、物事を組み立てて考えていこうとするので、何がどうなっているからこうなるとか、一つの物事に対しその前後の関連性をしっかり見ていくことができます。

### 長所の伸ばし方

感情的になることはめったにないタイプなので、落ち着き、冷静さを求められる仕事や立場が向いています。あの人じゃないと、あの人ならば適任だ……そう思われるような技能を磨いたり、資格を取得すると活躍の場が安定します。

### 短所の活かし方

理性的で、論理的なので少々頭が固いという印象を周囲に与えてしまいがちです。スポーツやアウトドア、趣味の活動などの際は、時々違う印象の自分も見せるとギャップ効果があり、普段の反動からより一層、魅力的に見えます。

手相42

# 慈悲深い・利他

**向いている仕事**

教職、NPO・NGO法人スタッフ、神職、僧侶
考古学者、アーティスト、音楽療法士、アロマセラピスト
医師、介護・看護系、山岳救助隊員、ライフセーバー
レスキュー隊員、コンサルタント、占い師

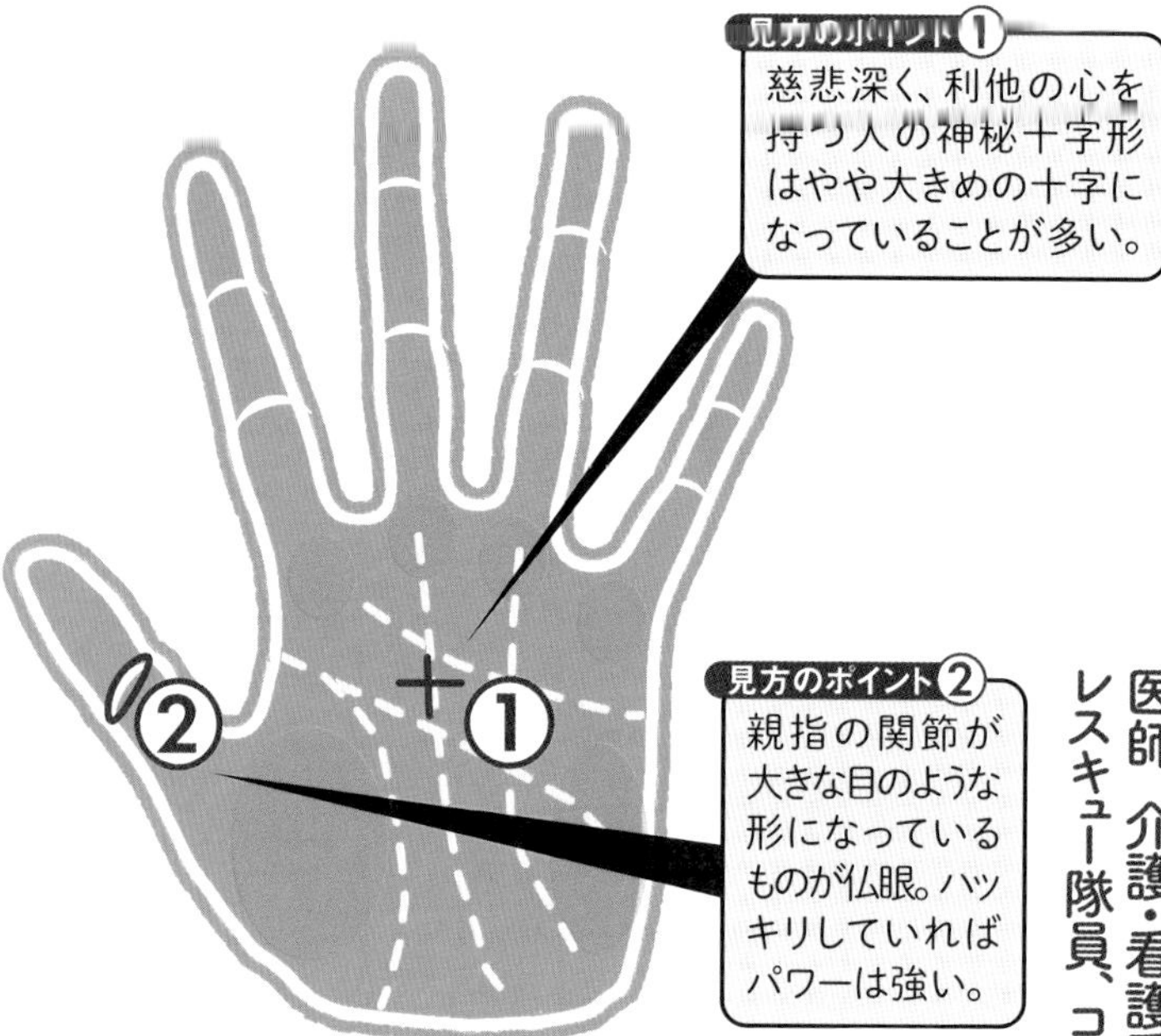
見方のポイント①
慈悲深く、利他の心を持つ人の神秘十字形はやや大きめの十字になっていることが多い。
見方のポイント②
親指の関節が大きな目のような形になっているものが仏眼。ハッキリしていればパワーは強い。
①
②

**① 神秘十字形**

神秘十字形は手の中央部分にできる十字のマークですが、形状や位置により若干その意味合いは異なってきます。慈悲深く、自分よりも人のことを優先したり、困っている人を助けたい気持ちの強い人はやや大きめの十字です。

**② 仏眼**

親指の関節が目のようになっている仏眼。まさに仏の目（眼）と書きますが、この相がある人は勘がよく当たったり、何かを突然ひらめいたり、どこか超能力的なセンスを持つ人が多いです。過去世でたくさん修業して得た力かもしれません。

### 長所の伸ばし方

慈悲深く、誰かのためにという気持ちの強い人なので、世の中に役立つようなことや、助けになるようなもの、喜びとなるようなものといった大きなテーマを持ち、その中で活躍できるように勉強したり、才能を磨いていきましょう。

### 短所の活かし方

自分のことよりも人のことを優先してしまうタイプなので、世間的にはとても良い人という印象ですが、あまりにも自己犠牲がエスカレートすると、ご家族や仲間たちに迷惑が掛かってしまうことにも。無理をしすぎないように。

手相43

# 感謝する・恩返し

**向いている仕事**

料理研究家、飲食店経営、客室乗務員
ホテルマン、旅行業、保険外交員、銀行員、接客業
営業、写真家、詩人、イラストレーター
教育・指導にかかわる仕事

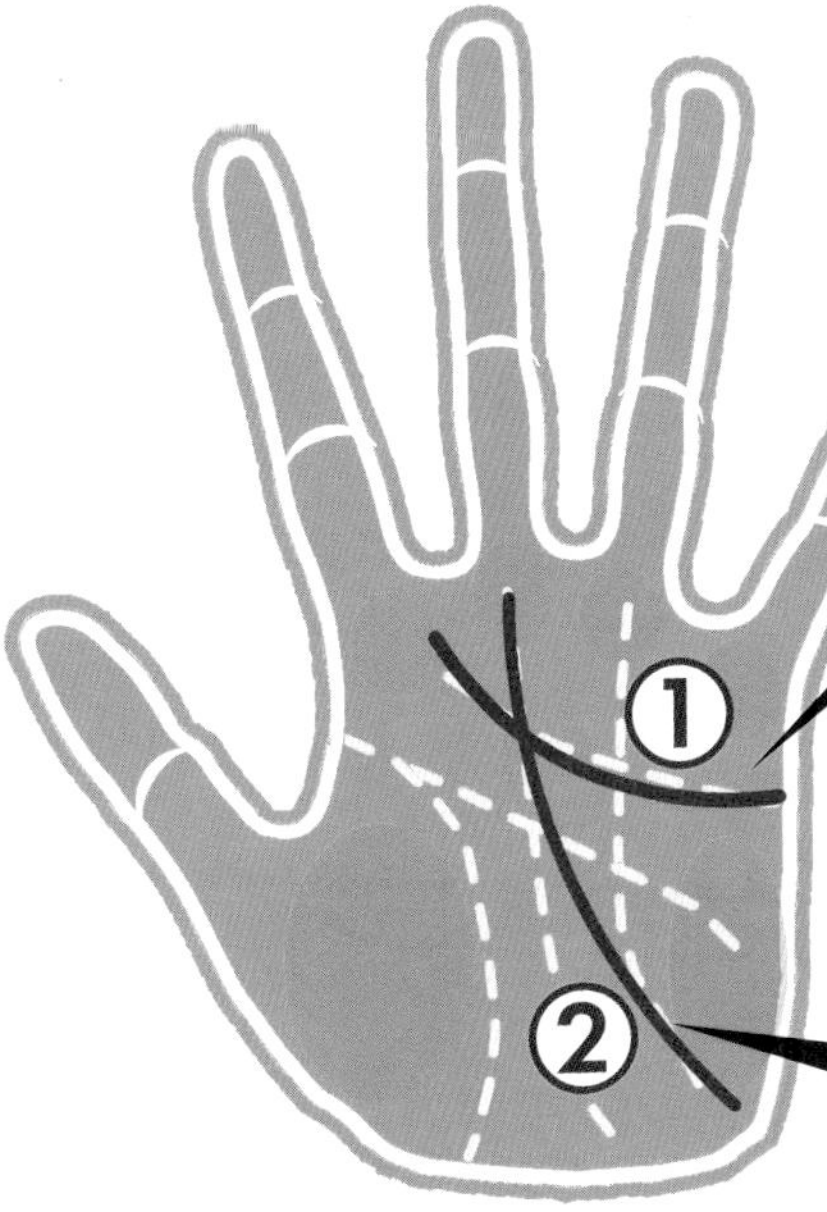


**見方のポイント①**
形状は構いませんが感情線が手にめり込むように、深く刻まれている感じがしていると良い。

**見方のポイント②**
運命線が小指側から中指に向かって伸びている。一本に繋がっていなくても構わない。

**① 感情線が深く刻まれている**

深く刻まれている（濃い）感情線はそれだけ「感情優先型」の人であることを意味します。喜怒哀楽がハッキリしていて（表に出すかどうかは別として）、何かされたらそれをとても深くハートに刻む人です。

**② 人気運命線**

人気運命線のある人は元々人当たりが良く、人気者の気質がある人なので、周囲の助けや、ラッキーなご縁でチャンスを掴みます。そうやって周囲からよくしてもらえているので、常々、感謝や恩返しの気持ちを持っています。

**長所の伸ばし方**

この相の持ち主が大切にすべきは「人脈」「ご縁」。持ちつ持たれつの関係性でお互いにとって利益になる、良い効果が出るような仕事や人間関係を作っていくと良いでしょう。日々感謝の気持ちを大切に。笑顔に人が集まります。

**短所の活かし方**

短所は情が深すぎるところ。何かをされたり、何かを感じるとどうしても深入りしすぎるので、時として自分を犠牲にしてしまうことも。無理をして笑顔が消えてしまえば相手もまた悲しみます。線引きも大事です。

手相
44

# 良妻賢母・献身的・自己犠牲・尽くす

**向いている仕事**

プランナー、コーディネーター
NPO・NGO法人スタッフ、弁護士、税理士
行政書士、僧侶、自然保護官、ケアマネージャー
ホームヘルパー、フラワーショップ店員、接客業

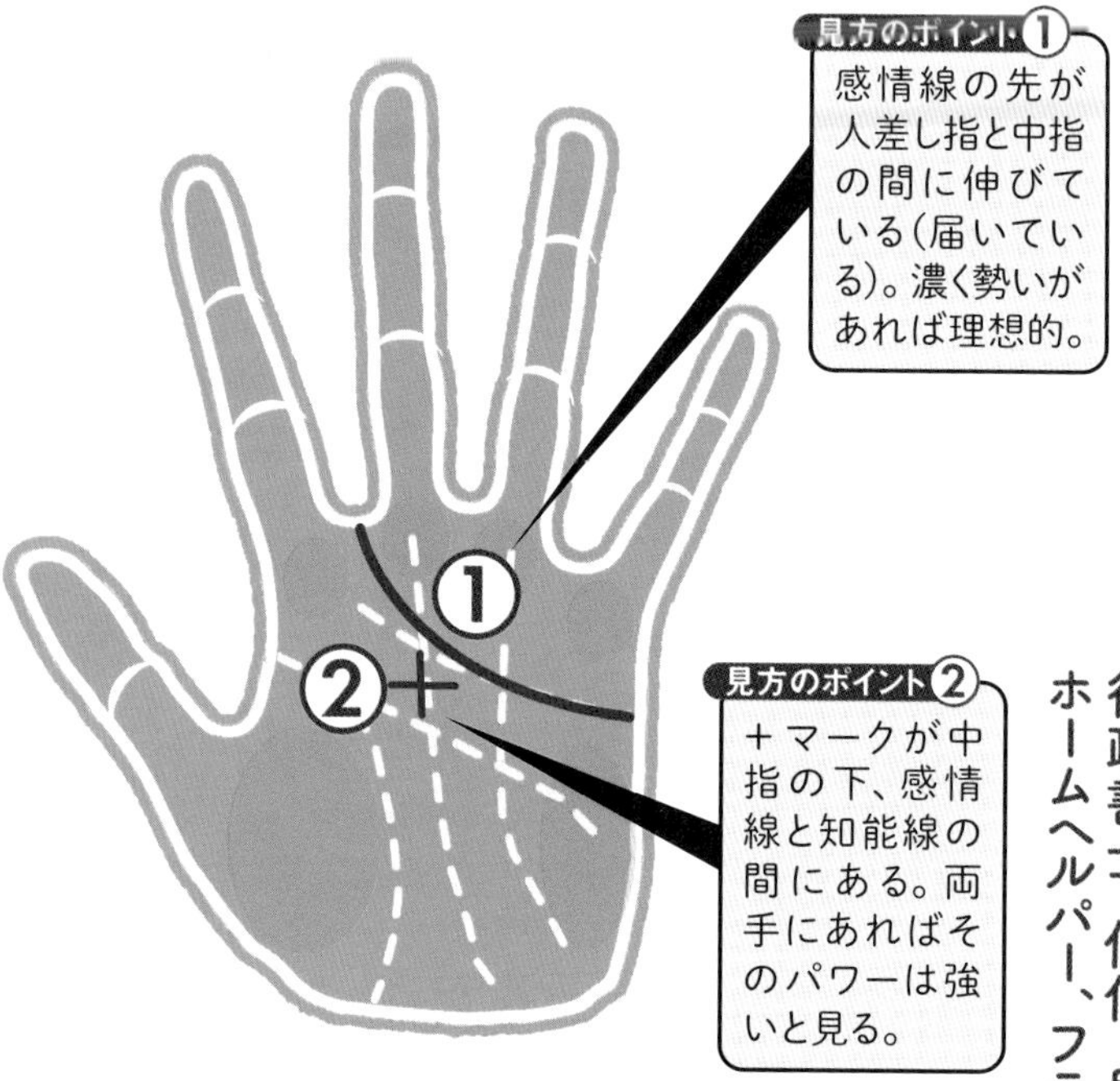
見方のポイント①
感情線の先が人差し指と中指の間に伸びている（届いている）。濃く勢いがあれば理想的。
①
②
見方のポイント②
＋マークが中指の下、感情線と知能線の間にある。両手にあればそのパワーは強いと見る。

**①良妻賢母の相**

この相のことを「良妻賢母の相」と言います。性格は優しく献身的、自分が大切だと思う人には一生懸命身を注ぐ人です。細かい気配りもでき、思いやりがあるので家庭や周囲にこの相の人がいると随分と和み、助かります。

**②神秘十字形**

神秘十字形を持つ人の特長の一つに、困っている人の助けになってあげたいというものがあります。子どもやお年寄り、体や精神的に弱っている人たちや、弱い立場にある人たちの助けになってあげたい気持ちが強い人です。

**長所の伸ばし方**

相手に尽くす、力になってあげたいという気持ちの強い人ですから、そういう気持ちが強い人じゃないとなかなか続けられないような仕事や、取得困難な資格などを活かす仕事が良いでしょう。困っている人が助かる、喜ぶがテーマです。

**短所の活かし方**

短所と言えば、何でもやってあげてしまい相手を甘やかしてしまうところでしょうか。尽くしてあげることによって助かって伸びていく人もいますが、逆に依存してダメになってしまうタイプの人もいるので見極めが大切です。

手相45

# サポート・補佐的・お手伝い・アシスト

向いている仕事

スポーツコーチ、インストラクター、ソムリエ
各種コーディネーター、アートディレクター、校正者
プログラマー、ＣＡＤオペレーター
パソコン・家電関連、マッサージ師

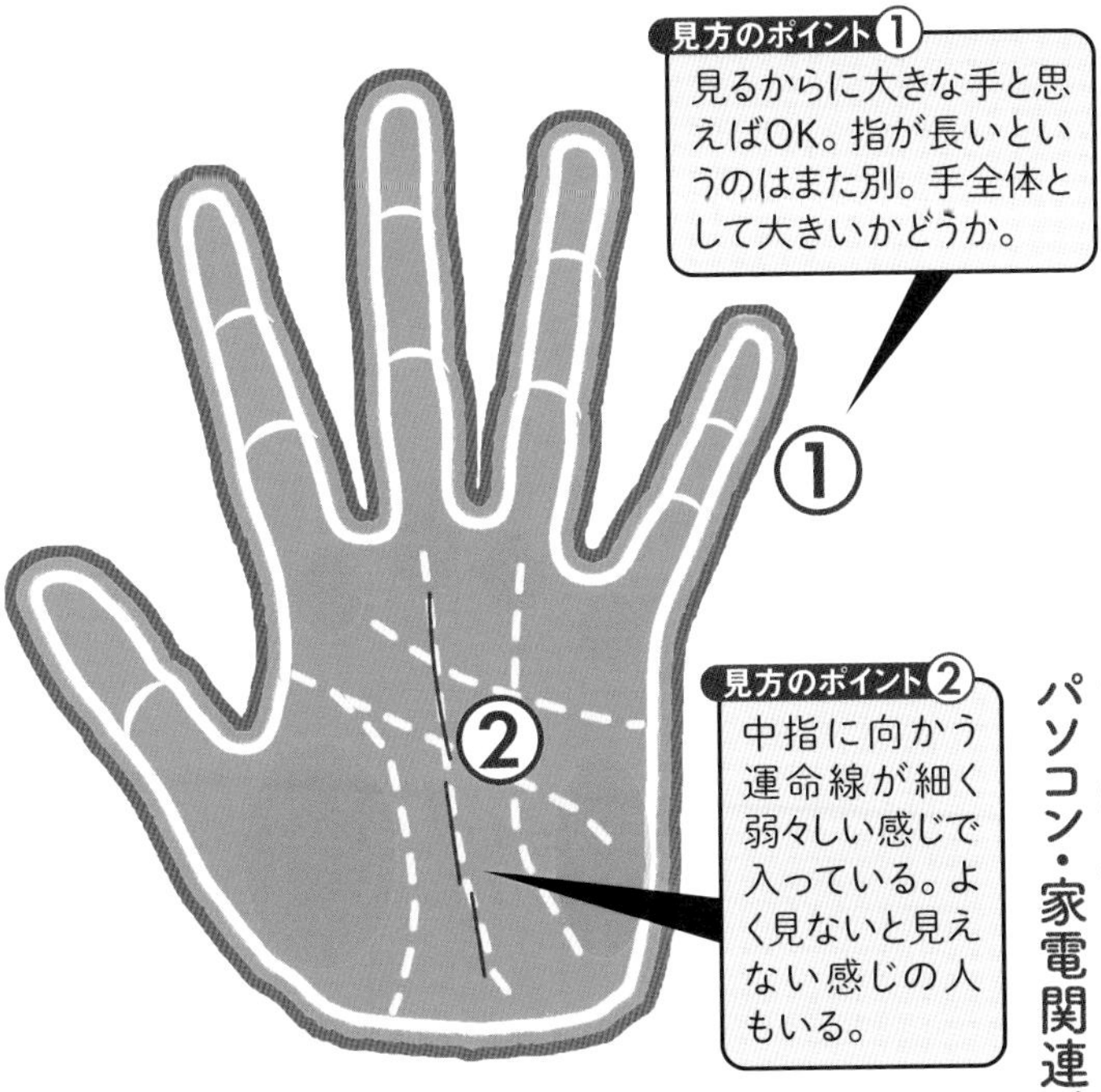
見方のポイント①
見るからに大きな手と思えばOK。指が長いというのはまた別。手全体として大きいかどうか。
①
見方のポイント②
中指に向かう運命線が細く弱々しい感じで入っている。よく見ないと見えない感じの人もいる。
②

## ① 手が大きい

手が大きい人は補佐的でサポート上手。性格も大らかで穏やかな印象を受ける人が多いです。また手が大きい人ほど手先が器用で、細かな作業や、根気のいる作業を黙々とこなせます。何かを作ったり補佐的なものが似合います。

## ② 運命線が弱い

運命線が弱い人は、あまり自己主張が強いほうではありません。自分のこととなると、どこか遠慮がちであったり、躊躇することが多いタイプ。自分で判断し決めていくよりも、求められたことや、決まっていることをこなすほうが得意です。

### 長所の伸ばし方

補佐的で、細かなところまで注意深く見ることができる人なので、何かをアドバイスしたり、チェックするような仕事や役職が向きます。黙々と何かに取り組めるため、専門的な知識や技術を身につけていくと良いでしょう。

### 短所の活かし方

短所は自分のこととなると弱い点。愚痴っぽいことを言ったり、弱気になったりします。ただそれは性格なので、そういう時は真逆の性格の人、例えば手の小さいタイプの人を友人にしたり結婚相手に選ぶとバランスが取れます。

手相 46

# 熱中・興奮・夢中・ファン・推し

**向いている仕事**

プロスポーツ選手、格闘家、スポーツインストラクター
料理人、編集者、出版社社員、新聞記者
自衛官、海上保安官

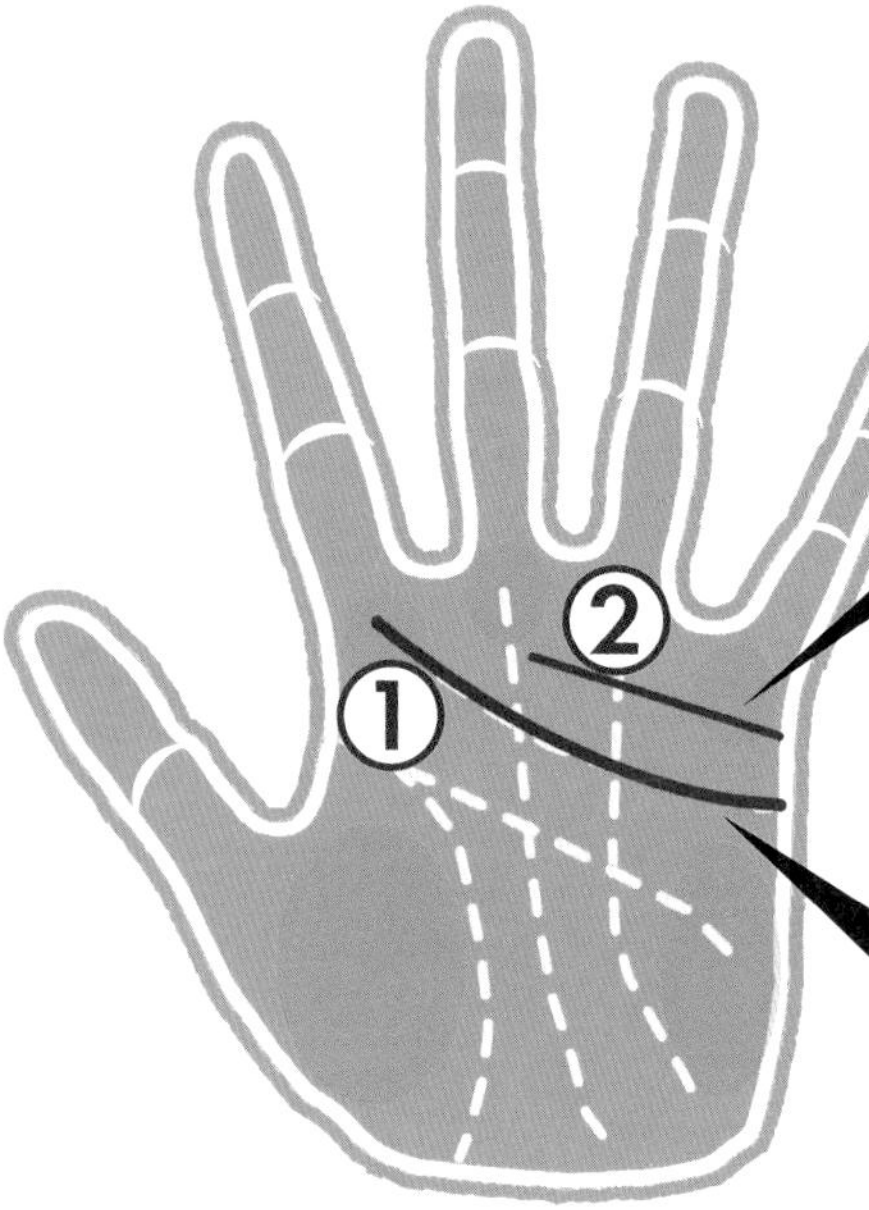


**見方のポイント②**

感情線の上にさらに感情線がある。ハッキリある人もいれば、薄く入っているタイプの人もいる。

**見方のポイント①**

感情線が人差し指付近まで伸びている。勢いがあれば情熱的、弱々しければしつこいタイプ。

## ① 感情線が長い

感情線が長い人は情熱的で何か夢中になることがあると熱狂的になります。好きなアイドルやスポーツ選手がいれば応援の仕方も熱烈ですし、地元愛が強ければ、それだけ地元へのこだわりも強くなる人が多いです。

## ② 二重感情線

二重感情線の人は普通の燃え上がり方では満足しないところがあります。あえて困難な道を進んだり、強いプレッシャーを自らにかけ、その中で耐えて耐えて自分を極限に追い込んだ中で得られる結果に納得、満足します。

### 長所の伸ばし方

燃え上がりやすい性格なので、情熱が元となる仕事や役職が向いています。士気を高めたり、盛り上げたり、困難な状況でも臆せずに立ち向かうその姿勢は、個として目立たせるよりも集団の中で「役割」として輝かせましょう。

### 短所の活かし方

普通の環境での生活では平凡で退屈してしまうので、わざわざ困難でスリルのあるものに手を出しがちです。収まりきらない感情的なものは「何かを守る」「応援する」「達成する」というものを見つけ、そちらで活かしましょう。

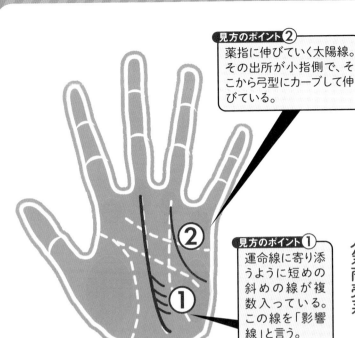

## 手相 47

# 愛嬌・愛想・かわいげ

**向いている仕事**

タレント、アナウンサー、ニュースキャスター
広報担当、営業、受付スタッフ、接客業、飲食業
人気商売系

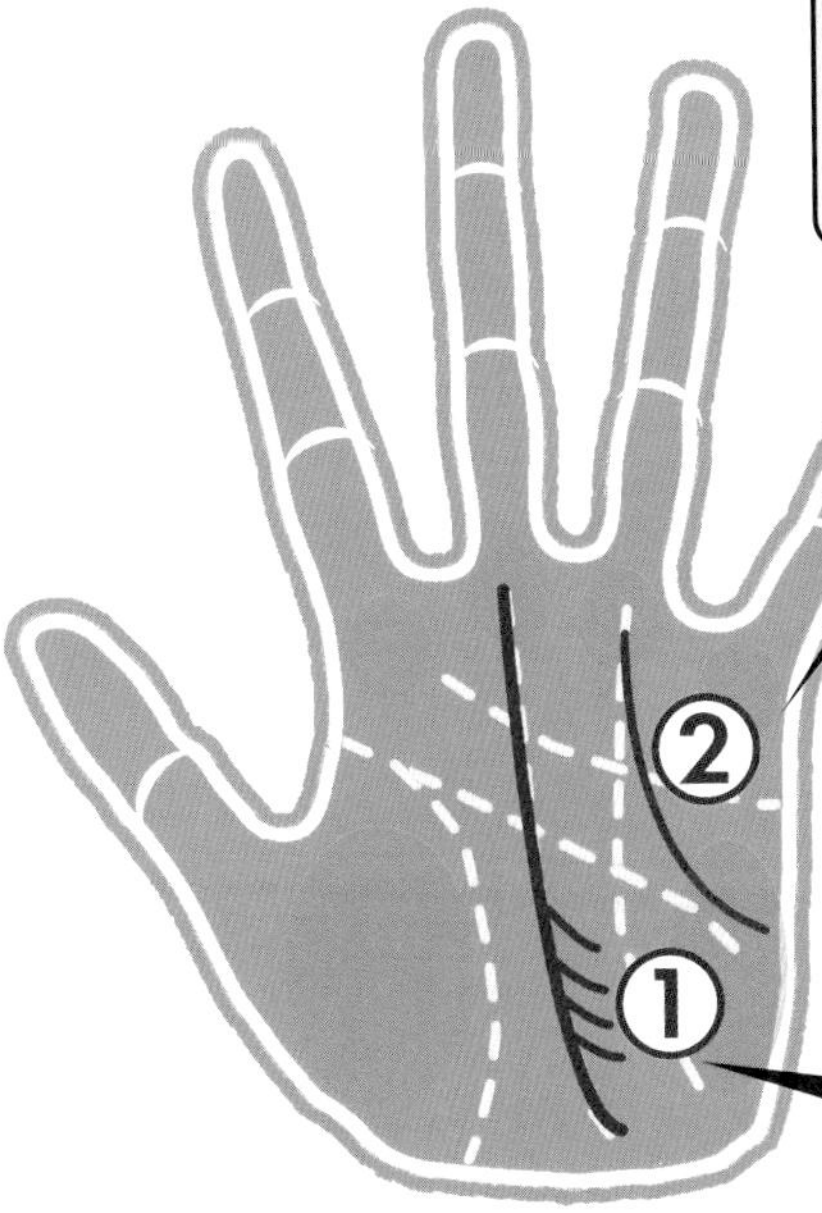


**見方のポイント②**
薬指に伸びていく太陽線。その出所が小指側で、そこから弓型にカーブして伸びている。

**見方のポイント①**
運命線に寄り添うように短めの斜めの線が複数入っている。この線を「影響線」と言う。

**① 影響線が複数ある**

ここに影響線が複数ある人はよくモテる人と言われています。愛嬌、愛想があって周囲からの人気も高く好かれる人です。不思議と異性を引き付けるオーラのようなものがあり、よく恋愛の対象として好意を抱かれます。

**② 弓型太陽線**

弓型に伸びていく太陽線を弓型太陽線と言いますが、この線のある人は華やかでルックスの良い人が多いです。笑顔も素敵で人を引き付ける魅力もありますし、どこか親しみやすい感じがして、良い印象を持たれる人が多いです。

**長所の伸ばし方**

愛嬌があってよくモテる人ですから、当然人前で目立つような仕事や役職が向いています。お店の顔となるような存在、いわゆる看板娘的な立ち位置が良いですので、普段から健康に気をつけたり、教養を磨いておくと良いでしょう。

**短所の活かし方**

人気者ゆえに多少甘やかされたり、ちやほやされたりすることが多いかもしれません。有頂天にならず、傲慢になったり軽率な態度をうっかりとってしまわないように。謙虚な気持ちがあれば魅力は倍増します。

# 手相 48

# アイデア・発想・工夫がある

**向いている仕事**

プランナー、コーディネーター、ライター
コピーライター、探偵、作詞家、作曲家、絵本作家
考古学者、国会議員秘書、クリエイター
アーティスト、コンサルタント

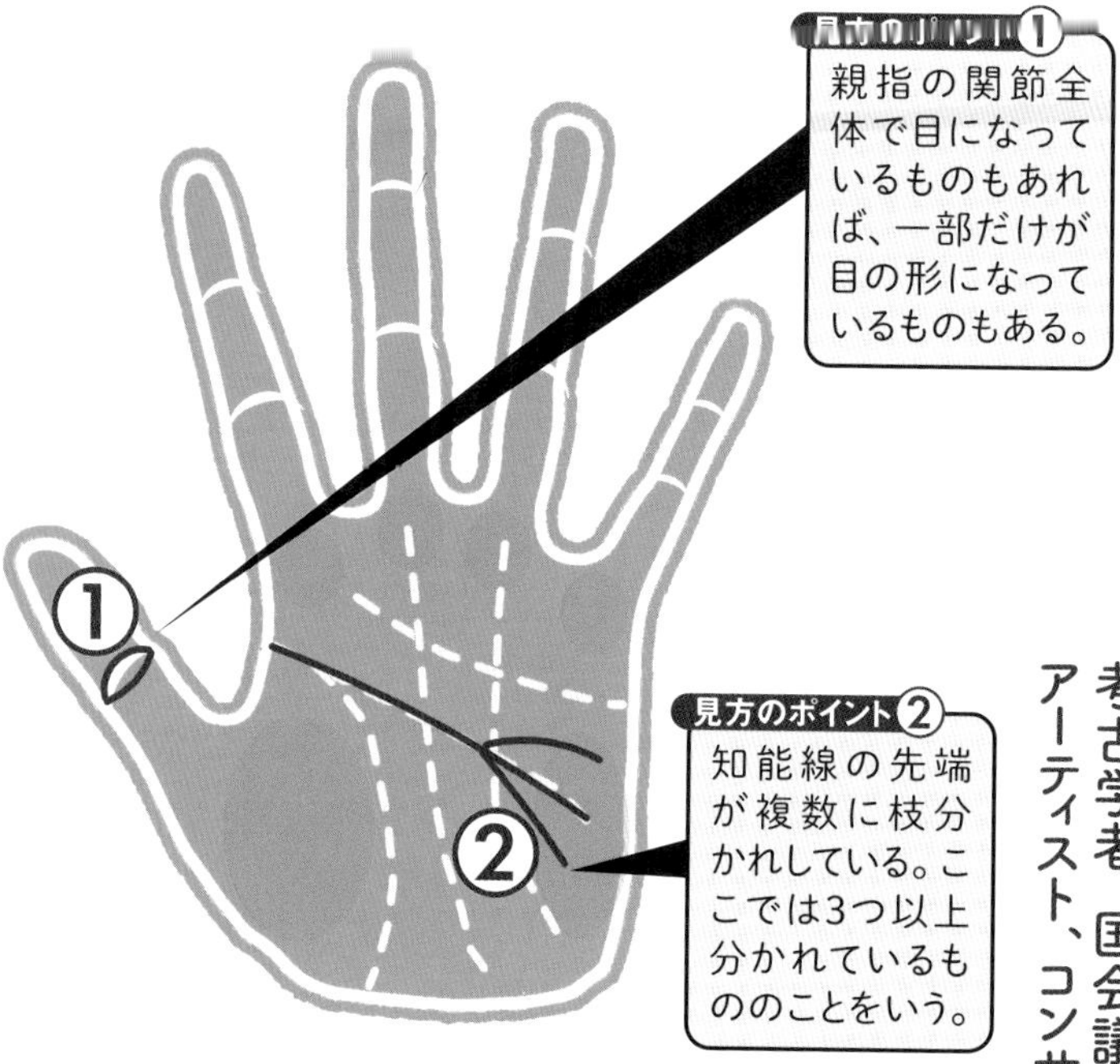
親指の関節全体で目になっているものもあれば、一部だけが目の形になっているものもある。
①
見方のポイント②
知能線の先端が複数に枝分かれしている。ここでは3つ以上分かれているもののことをいう。
②

## ① 仏眼

仏眼がある人は突然アイデアが閃いたり、直感が湧いてきてそれが当たったりすることが多々あります。もちろん考えてはいるのですが、考えているとそれが突然、別次元に飛んでスイッチが入るのです。超能力タイプの人です。

## ② 知能線の先端が3つに分かれている

知能線の先端が3つに分かれている人は知恵が湧く人と言われています。頭が良いのはもちろんですが、頭が良すぎて複雑になるのではなく、それをバランス良くまとめて、目的に合わせて言葉にしたり、考えていくことができます。

### 長所の伸ばし方

皆があっと驚くようなアイデアを出せたり、普通ならばなかなか解決に至らないものを解決したりするなど、人間離れした超能力的な頭の良さがあります。世の中のためや、未来の可能性に繋がるようなことに従事してください。

### 短所の活かし方

この相の人は頭が冴えすぎるがゆえに、時として自信過剰になったり、嫌味っぽくなる時があります。できない人、わからない人が悪いのではなく、そんなことがわかってしまう自分のほうが変わってると理解して皆と仲良くしましょう。

手相 49

# 分析・考察・アナライズ

向いている仕事

システムエンジニア、プログラマー、新聞記者
ライター、不動産鑑定士、法律に関する専門職
ファイナンシャルプランナー、データアナリスト
気象予報士、研究職

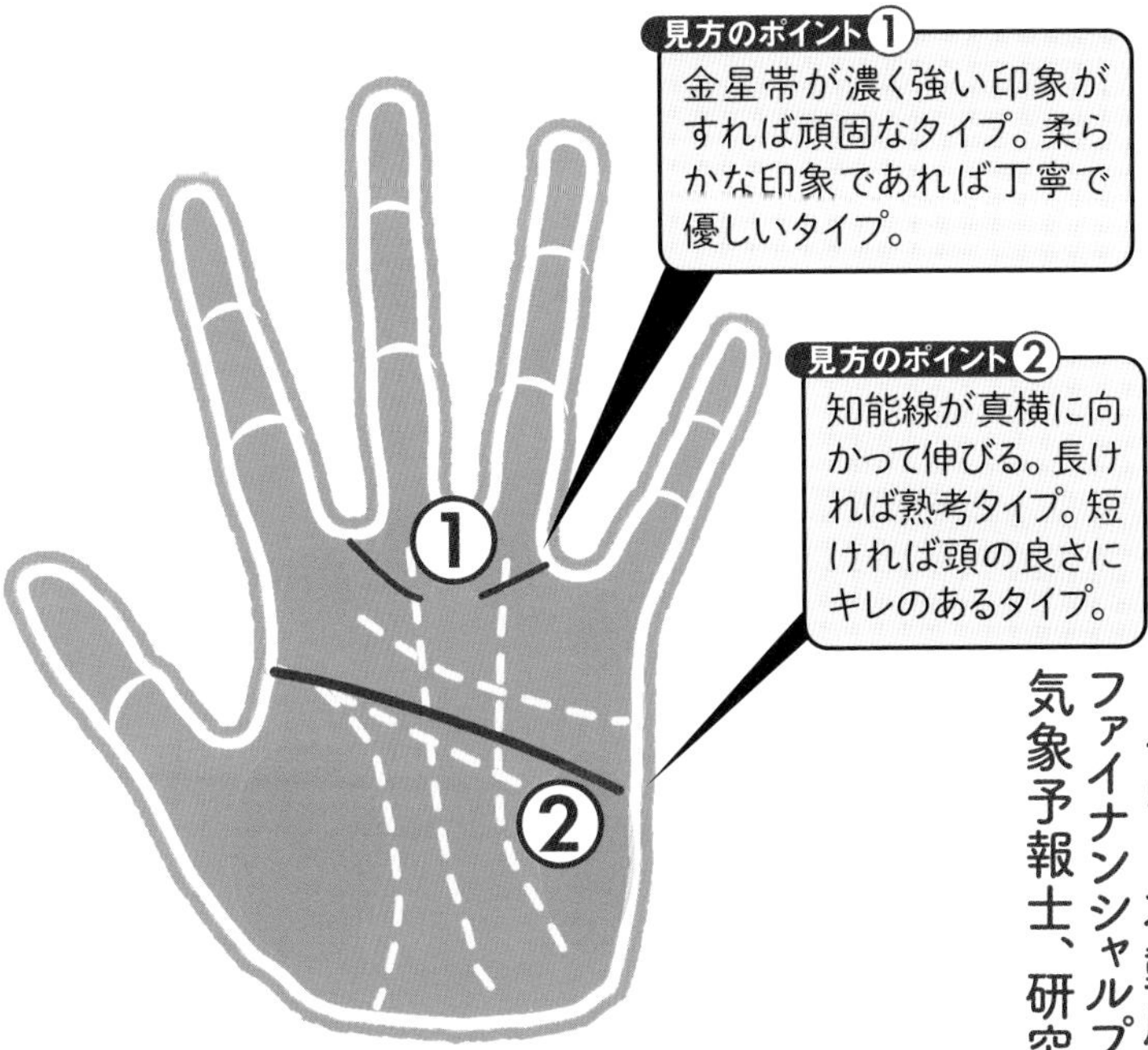

見方のポイント①
金星帯が濃く強い印象がすれば頑固なタイプ。柔らかな印象であれば丁寧で優しいタイプ。
見方のポイント②
知能線が真横に向かって伸びる。長ければ熟考タイプ。短ければ頭の良さにキレのあるタイプ。
①
②


**① 金星帯**

金星帯のある人は本をよく読んだり、研究熱心なタイプが多い。細かなデータを集めて比較したり検証をして何かを見出したり、物事の深いところまでよくみて、考えていこうとするのが特長です。何かと詳しい知識人タイプ。

**② 知能線が横に伸びる**

知能線が横に伸びる人は物事を淡々と見ていきます。思い入れや感情的なものは持ち込まず、損なら損、得なら得と割り切って考えられるタイプ。難しい本や、法律、契約書なども文字に負けず、数字にも強いタイプです。

### 長所の伸ばし方

このタイプの人はパッと見ただけで読む気が失せてしまう文字ばかりの本、数字や法律などに強いので、知識を必要とする専門職を目指すのが良いでしょう。資格取得が困難なものもこのタイプの人は得意なはずです。

### 短所の活かし方

短所は頭が固く融通が利かないところ。社交性もなくはないのですが、どこかまじめくさくなりやすい。また、くだらない冗談もさらっと受け流せず真剣に考えすぎて話をややこしくするところも。フィーリング（感性）も大切にしましょう。

手相 50

# 誠実・信頼

向いている仕事

保育士、栄養士、アナウンサー、ニュースキャスター
パイロット、警察官、公認会計士、銀行員
保険外交員、地方公務員、宮大工

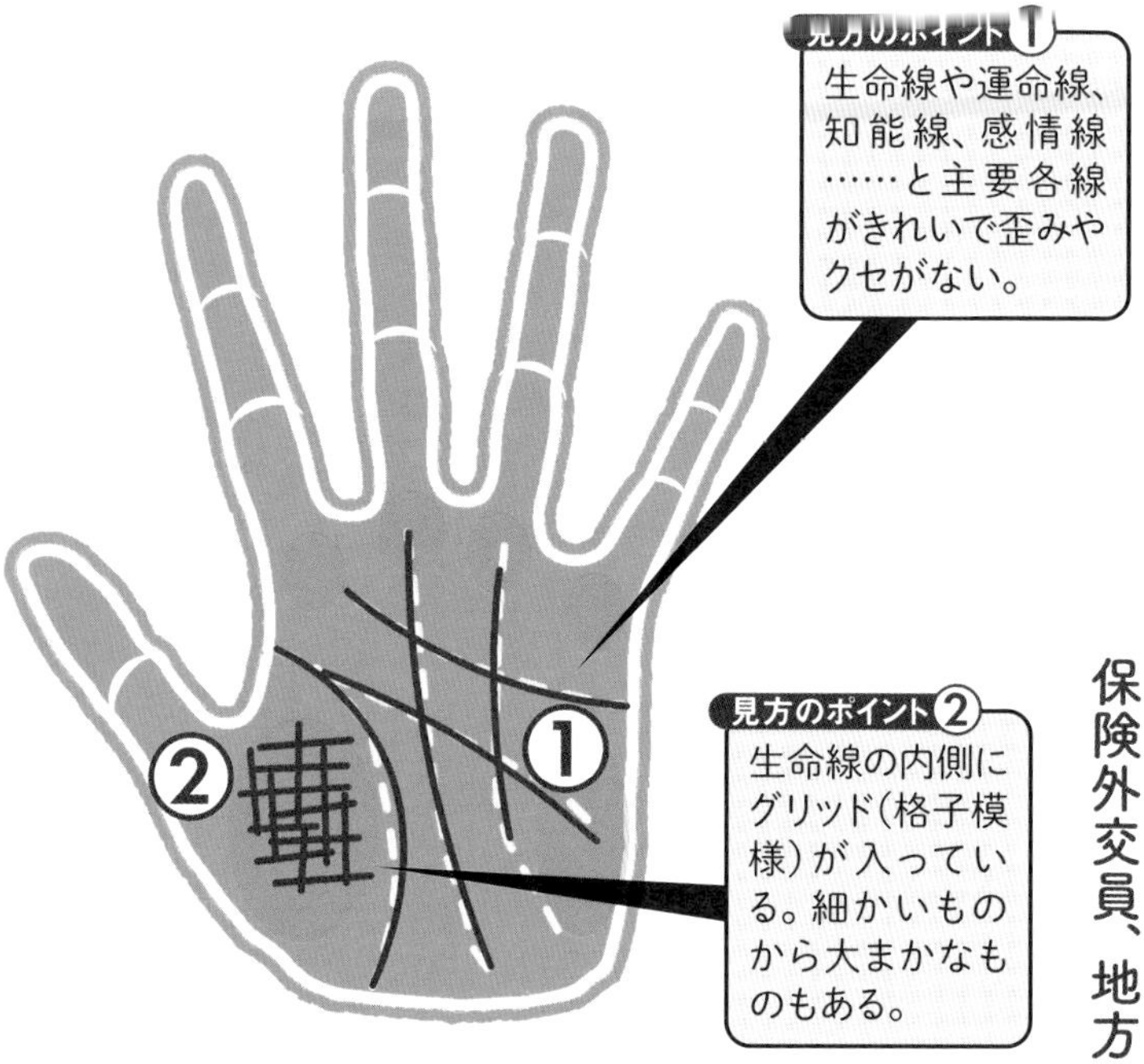
見方のポイント①
生命線や運命線、知能線、感情線……と主要各線がきれいで歪みやクセがない。
①
②
見方のポイント②
生命線の内側にグリッド(格子模様)が入っている。細かいものから大まかなものもある。

**① 主要各線が歪みなくきれい**

主要各線がきれいということはそれだけ性格に変なクセがありません。性格にクセがないということは、それだけまともで常識ある人という意味ですが、これが当たり前のようでなかなか難しいことでもあるのです。

**② 金星丘の格子**

生命線の内側を金星丘と言いますが、ここに格子模様のある人は家庭的で優しく、愛情深い人です。細かな格子ならばきめ細やかな愛情をかける人ですし、大きい格子なら大らかな愛情で包み込むタイプの人。信頼のおける人です。

**長所の伸ばし方**

クセがなく誠実な性格なので「信頼」が大切になる仕事、立場に自然と道は開かれていくと思います。大きな愛情のある人ですが、「こういうものを大切にしたい」という何か一つの人生の大きな目標、テーマを決めると良いでしょう。

**短所の活かし方**

誠実で信頼がおける人なので、多くの人が何かあると頼ってくるかもしれませんが、中にはだまそうとしたり何かたくらんで近寄ってきたり、ただ甘えたいだけで来る人もいますので、厳しい目も持ち合わせておきます。

手相 51

# 冷静・落ち着き・クール

**向いている仕事**

測量士、電気工事士、コンシェルジュ、神職
テレコミュニケーター、パイロット、写真家
宇宙飛行士、審判員、国税専門官
テクニカルライター

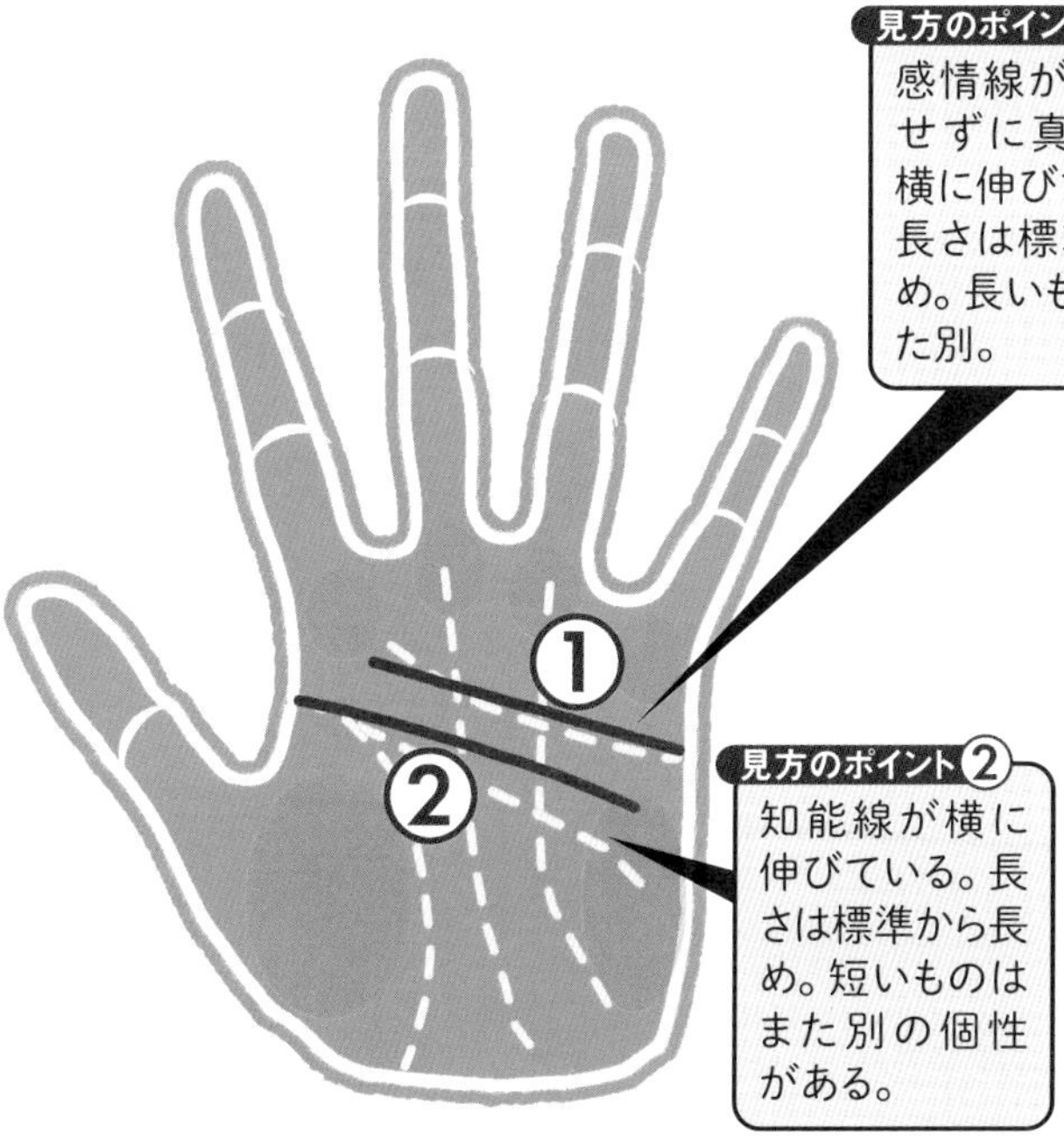

見方のポイント①
感情線がカーブせずに真っすぐ横に伸びている。長さは標準か短め。長いものはまた別。
①
②
見方のポイント②
知能線が横に伸びている。長さは標準から長め。短いものはまた別の個性がある。


**① 感情線が真っすぐ**

感情線が真っすぐ伸びる人は、感情の起伏をあまり出さないタイプの人です。何か思っても感じていたとしても、そこはクールあるいは、無難なリアクションしかしません。周囲には落ち着いた人という印象を与えます。

**② 知能線が横に伸びる**

物事を現実的、ビジネスライクに考えます。それゆえにあまりイメージの世界や想像、空想で盛り上がれないところがあります。何かあったとしてもまずは冷静にそれを現実的に見極めようとします。

### 長所の伸ばし方

長所は物事を感情的な見方をせず、冷静に落ち着いて現実的に見ていけるところです。たとえピンチの時でも、興奮しそうな時でも、自分がそこで何をすべきか正しく判断して対処しなくてはいけない仕事や立場が向いています。

### 短所の活かし方

クールで落ち着いた態度、割り切った考え方などは時として冷たい印象を与え、周囲と距離ができてしまうかもしれません。しかしそんな人がふとした時に見せる、優しい表情や満面の笑顔はギャップ。心許せる仲間を持ちましょう。

手相 52

# 感受性が強い・センシティブ・デリケート

**向いている仕事**

ファッションモデル、バレエダンサー、俳優
ミュージシャン、アーティスト、美術鑑定士
ピアノ調律師、画家、彫金師、タイムキーパー

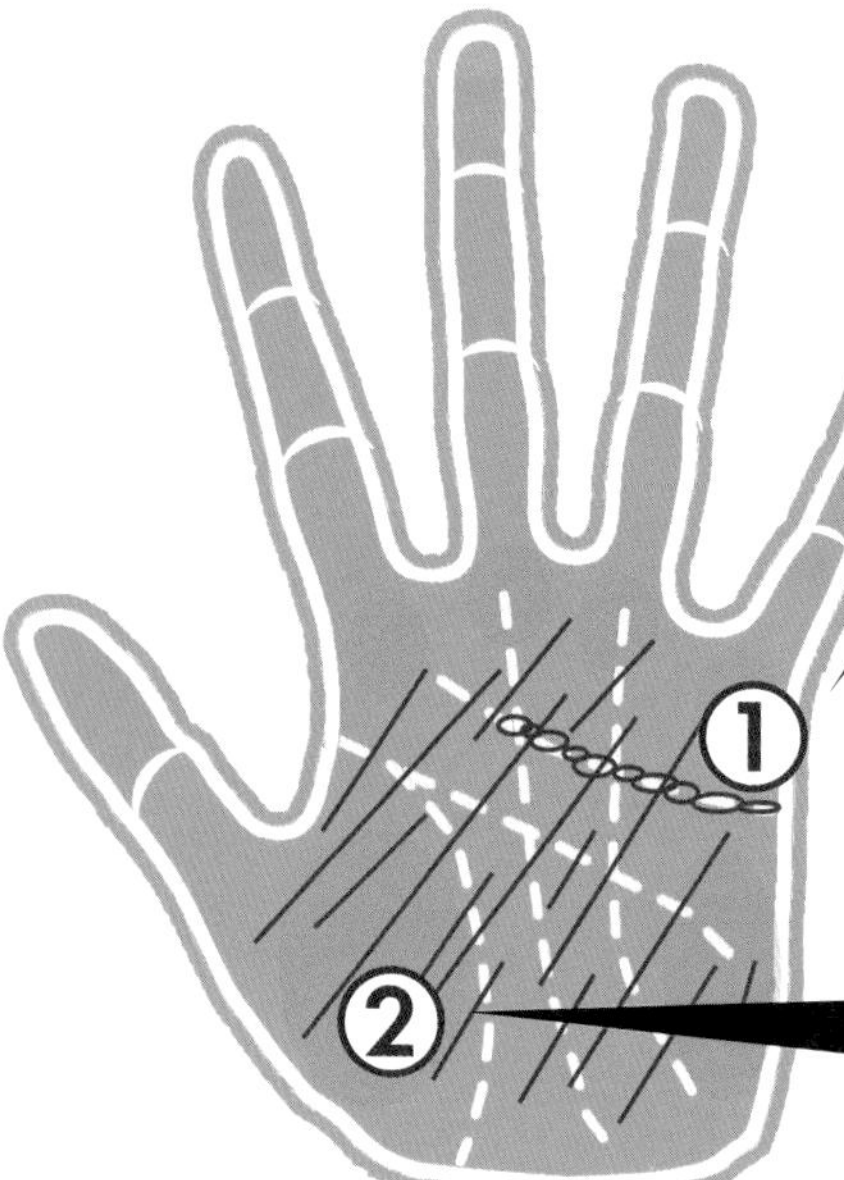


**見方のポイント①**
感情線が線ではなくツブツブした数珠繋ぎ状になっている。全てがそうなっていなくても良い。

**見方のポイント②**
主要な線はそれぞれにあるものの、それと同様に細かな線やしわがたくさん入っている状態。

## ① 感情線が数珠繋ぎ

感情線がツブツブと数珠繋ぎ状になっている人がいます。この相の人は感受性が強く、些細なことでも大喜びしたり、傷ついたりする人です。精神的にも脆いところがあり、どこかポワーンとした雰囲気を醸し出しています。

## ② 細かな線が多い

細かな線がたくさんある人は繊細でデリケート。些細なことが気になり、一度心に引っかかると、それをいつまでも引きずるところも。細かなことに気がつくという利点はありますが、少々ヒステリックにもなりやすい人です。

### 長所の伸ばし方

長所はデリケートで繊細なところ。また独特の雰囲気や空気感を持っているので、そういうものを求められる仕事や役職は向いています。ファッションやアート、音楽やダンスなどイメージを表現する世界は相性が良いようです。

### 短所の活かし方

何かあるとすぐ気になる人なので、疑心暗鬼になったり、被害妄想的になりやすい。心配したり不安になることは、自分の勝手かもしれませんが、周りをそれで振り回せば、いずれそのしわ寄せは自分に降りかかってきます。

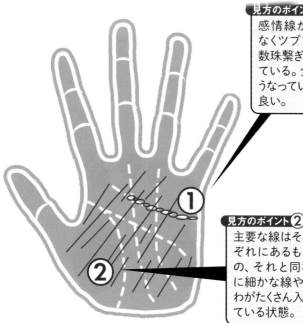

手相 53

# ひらめき・直感力

**向いている仕事**

スポーツコーチ、プロスポーツ選手
予備校・学習塾講師、新聞記者、探偵
山岳救助隊、ファンドマネージャー、棋士、騎手
カーレーサー、スタントマン

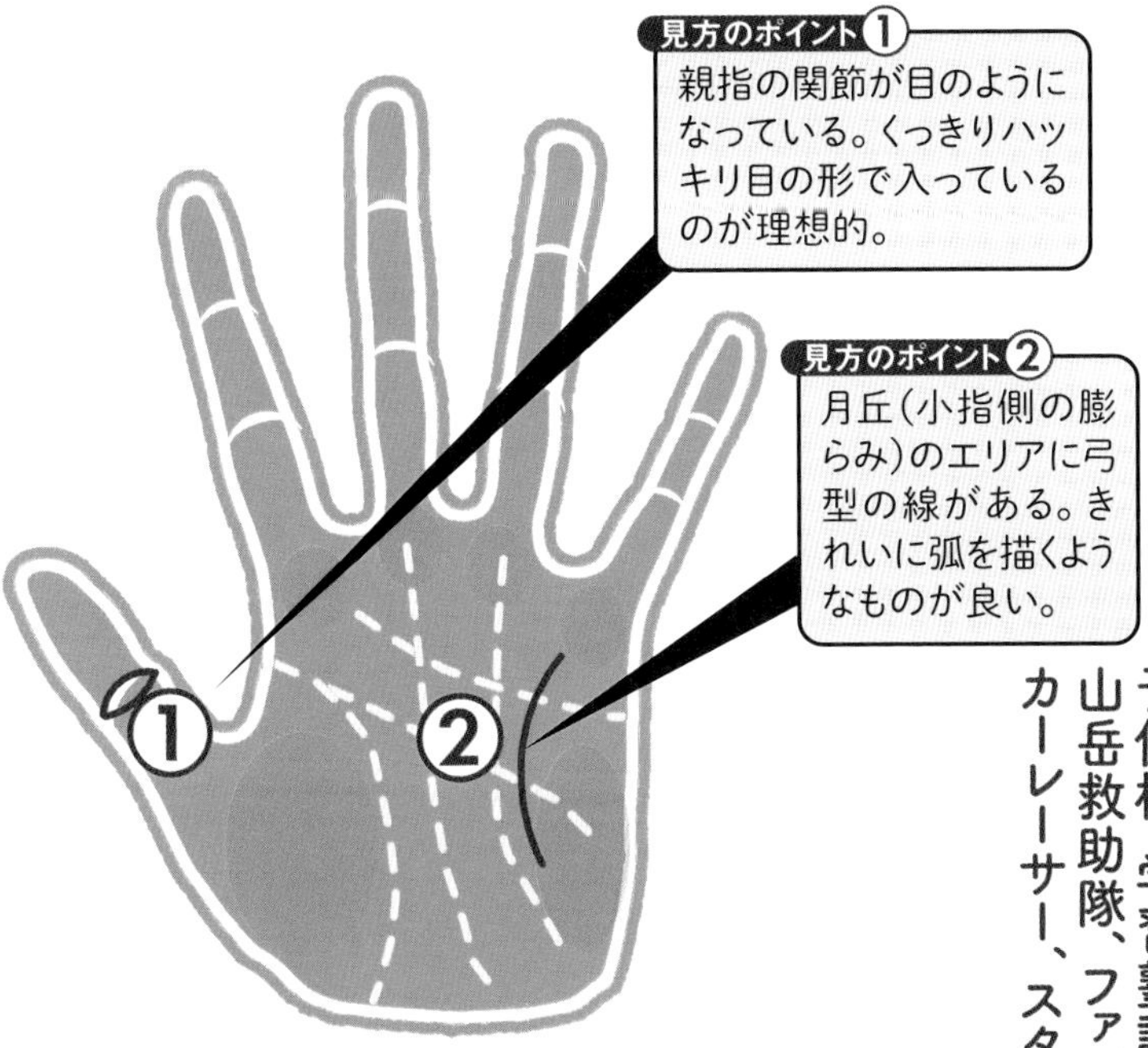

見方のポイント①
親指の関節が目のようになっている。くっきりハッキリ目の形で入っているのが理想的。
見方のポイント②
月丘（小指側の膨らみ）のエリアに弓型の線がある。きれいに弧を描くようなものが良い。
①
②


**① 仏眼**

仏眼のある人は直感力、インスピレーションが優れています。また心で思ったことや、こうなると良いなとイメージしたことなどが実際に起きたりすることも比較的多いタイプです。予知能力などがあるタイプもいます。

**② 直感線**

月丘にある弓型の線を直感線と言います。この相の持ち主は、何かに対して集中力が増してくると、頭が冴えて勘が鋭くなったり、読みが的中したりと、特に勝負事や結果を求められるようなことに対して力を発揮するのが得意です。

### 長所の伸ばし方

このタイプの人は勝負事や、読みを働かせるようなことが得意なので、そういうものを求められる職業や役職に進むのが良いでしょう。また運動神経が良いタイプの人はゴルフや野球など頭を使うスポーツが向いています。

### 短所の活かし方

直感やひらめきがよく当たるので自信過剰になったり、何事もどこか勝負目線で見てしまうところもあるため闘争心が強く、周囲と衝突することも。普段は気が強い反面、結果が出ないことが続くと脆くなりやすいです。謙虚さを忘れずに。

手相54

# 義理人情・情け深い・義理堅い

**向いている仕事**

教職、社会福祉士、料理人
レコーディングプロデューサー、舞台監督、映画監督
歌舞伎俳優、俳優、医師、医療関連、社長、親方

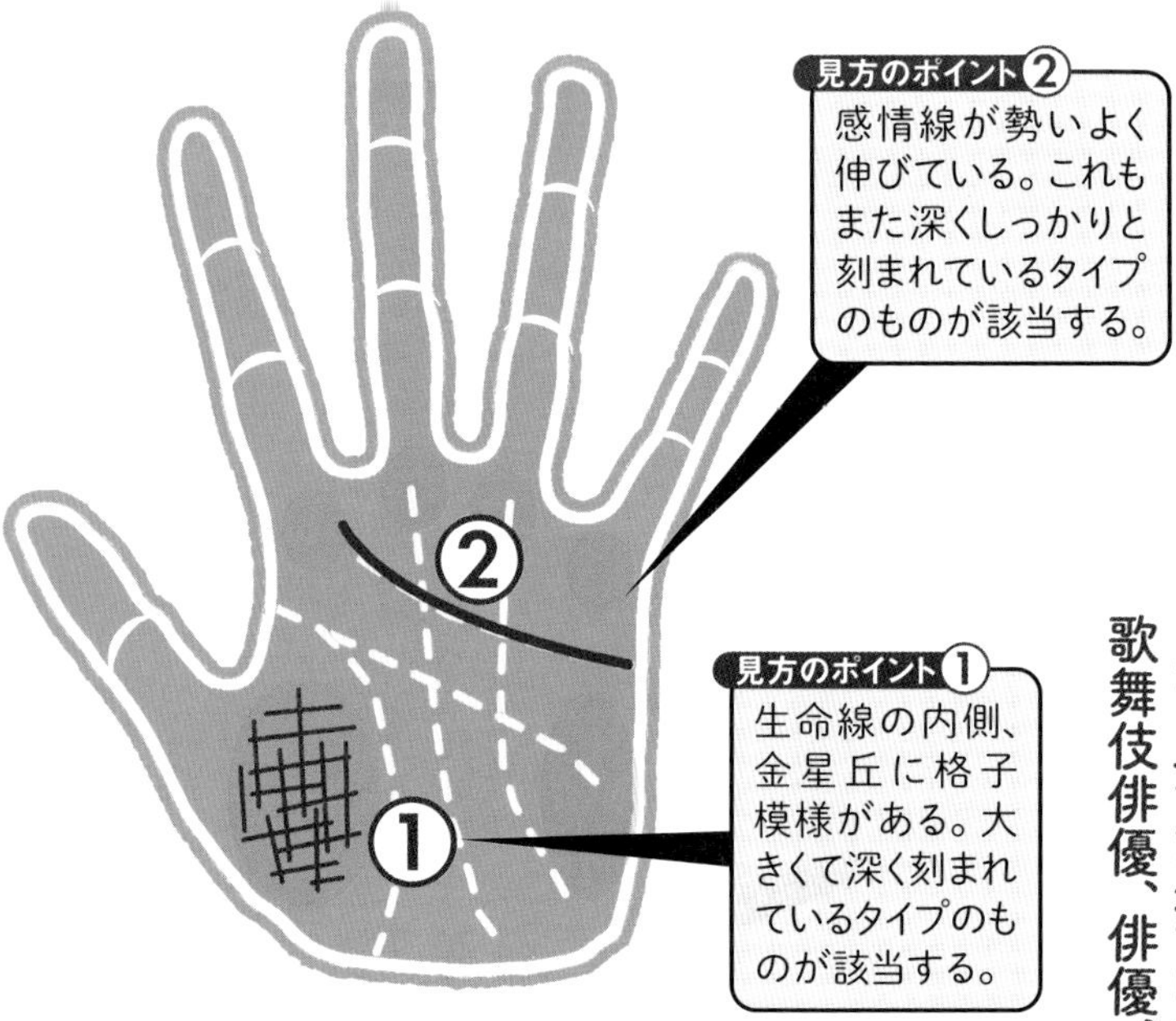

見方のポイント②
感情線が勢いよく伸びている。これもまた深くしっかりと刻まれているタイプのものが該当する。
見方のポイント①
生命線の内側、金星丘に格子模様がある。大きくて深く刻まれているタイプのものが該当する。
②
①


**① 金星丘の格子が深く刻まれている**

金星丘に格子がある人は優しく家庭的な人ですが、この格子が大きく深く刻まれているような人は、義理人情に厚く、筋の通ったことを大切にするタイプ。間違ったことなどには厳しく接することもできます。

**② 感情線がしっかり長く入っている**

感情線はハートを表す線ですが、この線がしっかり刻まれるように入っている人は、大変ハートフルであり、何かあれば全力で手助けになるようなことをしたり、恩を感じれば義理堅くいつまでもその気持ちで応えようとします。

### 長所の伸ばし方

熱心に物事に取り組み、時として自分にも人にも厳しくできる人でもあるので、教育的なものや、医療的機関などで活躍するのが向いています。人と向き合う中で自他共に成長していけるような環境に進むと良いでしょう。

### 短所の活かし方

筋を通すことにムキになりすぎて、少々頑固になってしまうところがあります。特に自分がせっかく親身になっているのに、相手に響いていないような感じがあるとわかると、ものすごく怒ります。時には力を抜いて楽になってみましょう。

手相
55

# 家庭的・家族愛・愛妻家

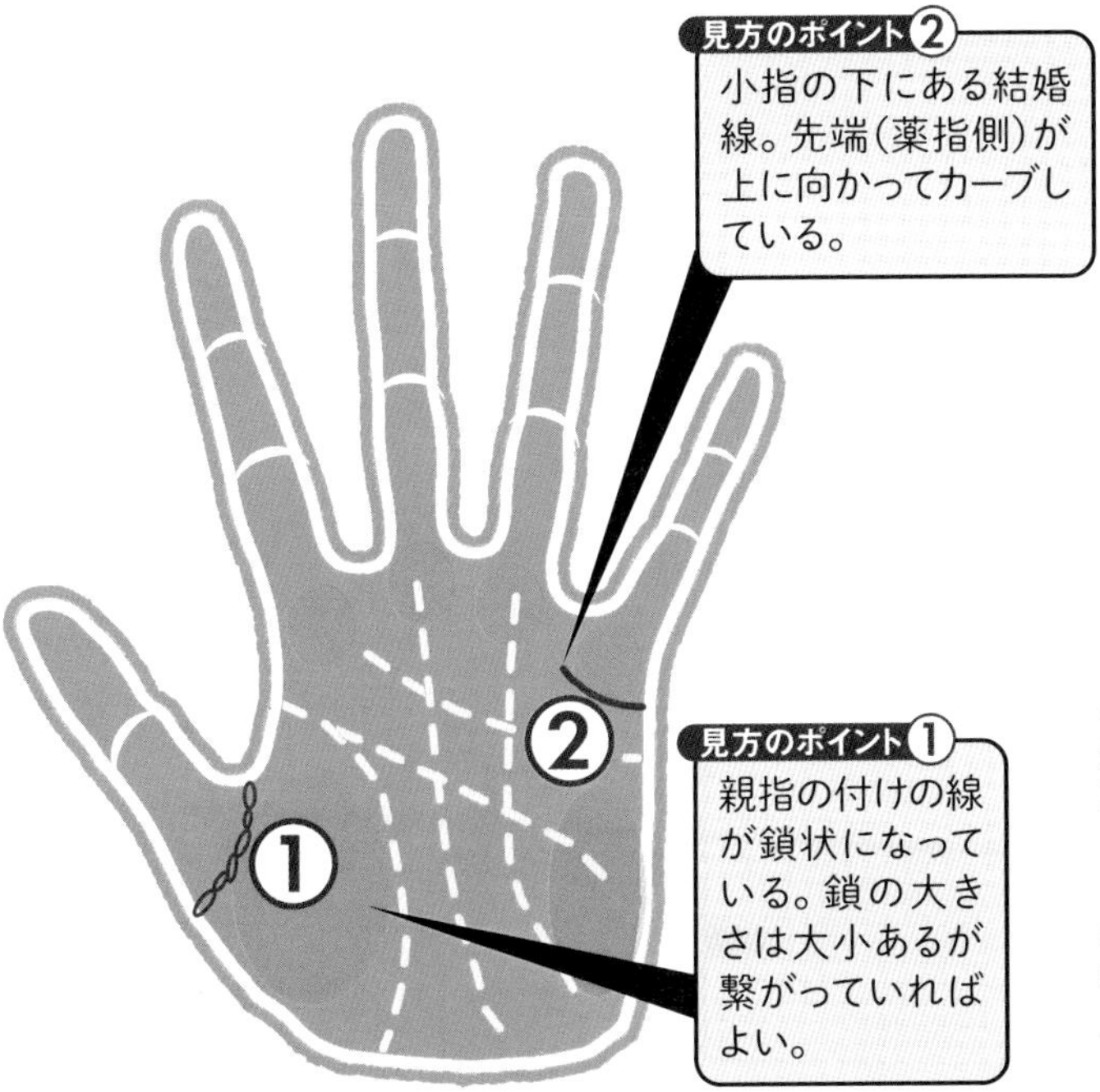
見方のポイント②
小指の下にある結婚線。先端（薬指側）が上に向かってカーブしている。
見方のポイント①
親指の付けの線が鎖状になっている。鎖の大きさは大小あるが繋がっていればよい。
①
②

**向いている仕事**

保育士、パン職人、コーチ、監督、栄養士、家政婦
放送作家、牧師、ネイチャーガイド、介護福祉士
薬剤師、老舗企業、宿泊業、農業、漁業、牧場

**① ファミリーリング**

ファミリーリングがある人は家庭運に恵まれ、幸せな家族たちに囲まれて暮らすことができると言われています。本人の性格も家庭を第一にし、家族の時間を大切にしたり、家族として、してあげられることを一生懸命に励む人です。

**② 上向きの結婚線**

結婚線が上向きの人は、自分が思い描いていたよりも良い結婚生活が送れる人です。性格は協力的で調和を心掛けて接するタイプなので、家族思いであることはもちろん、仲間や友人にも親身になってあげられる人です。

### 長所の伸ばし方

長所は家族思い。協調性があって、面倒見の良い人ですから、仕事もそういう団結心、チームワークを重視するようなものが良いでしょう。また人と接するような仕事や役職も親身になって向きあえる人なので相性が良いです。

### 短所の活かし方

短所は優しすぎるところ、身内を甘やかすところ。本人が向き合わなければならない試練も、何とかしてあげたい気持ちから何かと世話を焼いてしまう点は気をつけていったほうが良いでしょう。放っておいてあげるのも愛情の一つです。

手相56

# 面倒見が良い・甲斐性（頼もしい）

**向いている仕事**

家庭教師、予備校講師、タレント、政治家
プロスポーツ選手、コーチ、インストラクター
商社マン、師範、検察官、映画・テレビ業界
料理人、漁師、大工、左官、塗装工、石工

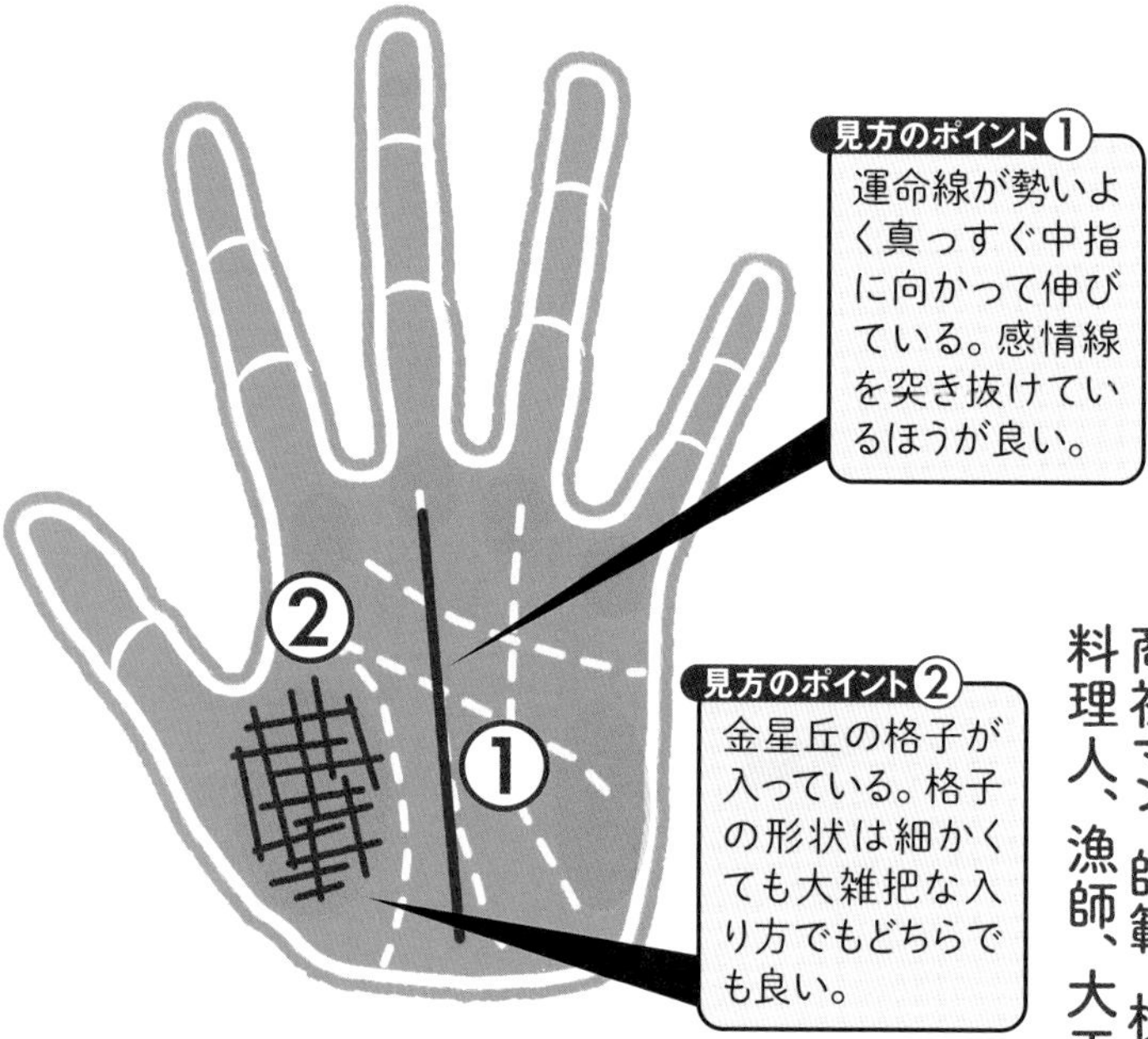

見方のポイント①
運命線が勢いよく真っすぐ中指に向かって伸びている。感情線を突き抜けているほうが良い。
見方のポイント②
金星丘の格子が入っている。格子の形状は細かくても大雑把な入り方でもどちらでも良い。
①
②


**① 運命線が真っすぐ**

運命線が真っ直ぐ中指に伸びる人は、自分の考えやこだわりが強く、信念を持って生きていく人です。自分にもプライドや自信があるため、そこを評価して頼ってくる相手には何かと力を貸そうとします。自尊心の強い人です。

**② 金星丘の格子**

生命線の内側の格子は、親切な人や優しい人に出る相です。細かな格子ならばきめ細やかな愛情を、大きな網目の格子なら、おおらかな愛情で見守るようなタイプですが、いずれにせよ親切で頼りがいのある面倒見の良い人です。

### 長所の伸ばし方

長所は自信の強さ。そこからくる頼もしさです。基本的に自分のことが好きな人ですから、そこを認めてくれたり、評価してくれる自分と相性の良い人たちと付き合っていくと良いでしょう。これという特技を身につけると良いです。

### 短所の活かし方

自分に自信があることは良いですが、自信過剰になることがあります。また好き嫌いが激しいところと、見栄を張ることなども短所と言えるでしょう。自分を成長させることに繋げればよいですが、かっこつけようとしすぎないことです。

手相
57

# 責任感・正義感・義憤

**向いている仕事**

職人、茶道・華道師範、料理人、自衛官
警察官、能楽師、レスキュー隊員
ライフセーバー、山岳救助隊、医師

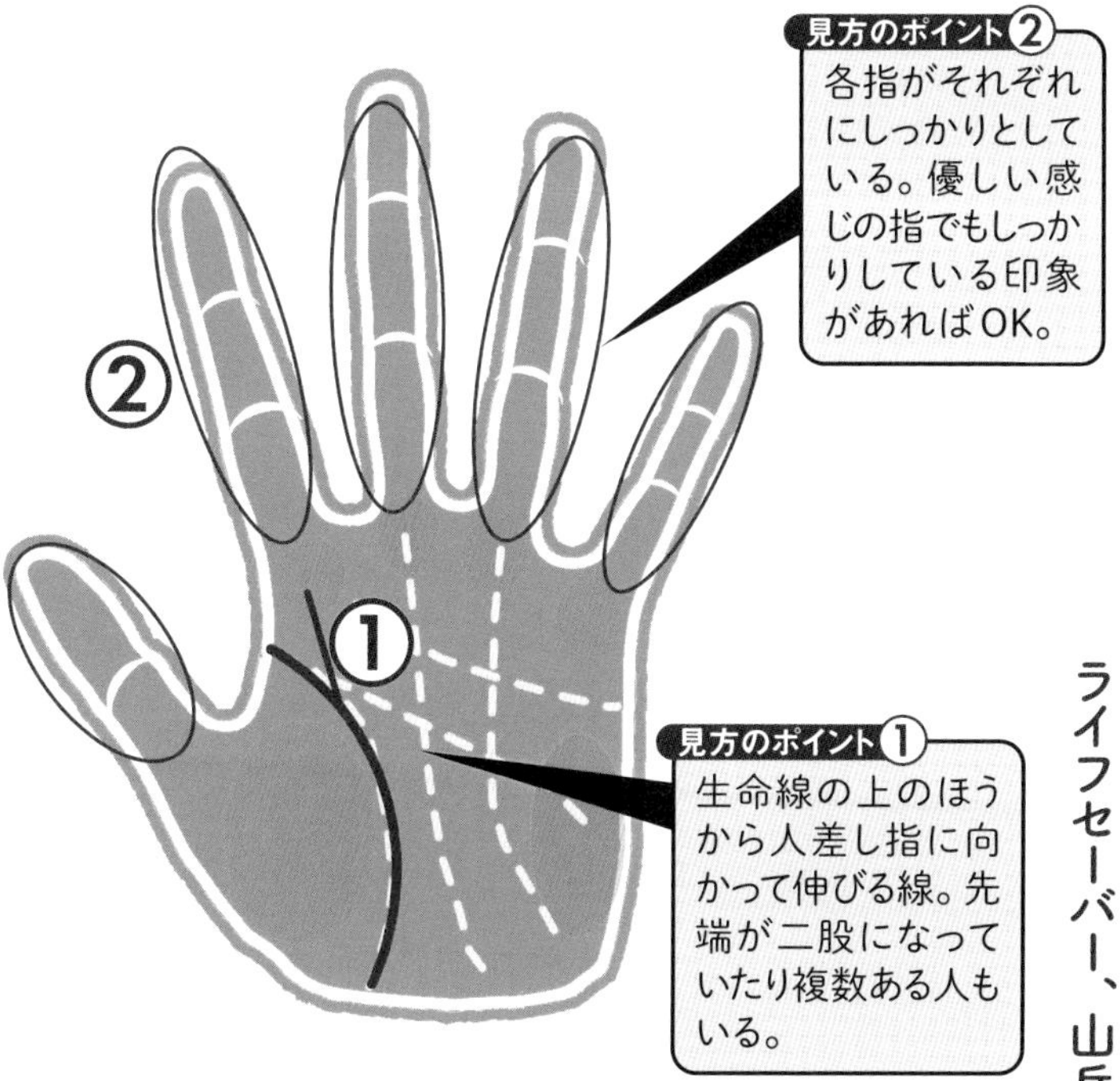

見方のポイント②
各指がそれぞれにしっかりとしている。優しい感じの指でもしっかりしている印象があればOK。
②
①
見方のポイント①
生命線の上のほうから人差し指に向かって伸びる線。先端が二股になっていたり複数ある人もいる。


**① 向上線**

一度決心したら最後までやり抜く決意の人ですが、性格的に厳格なところもあり、礼節を大切にしたり、仁義を通すなど、曲がったことや間違ったことが嫌いな正義感、責任感の強い人でもあります。

**② 各指がしっかりしている**

指がしっかりしている人というのは物事を熱心に取り組み、最後まで強い責任感を持って臨みます。途中で投げ出したり、いい加減なことをするのは許せないところが強く、そういうことのないように自分にも他人にも厳しい人。

### 長所の伸ばし方

長所は責任感の強さです。あきらめない、投げ出さないという性格は、何か目標があって活きてくる性格なので、明確な目標を常に掲げて物事に取り組むのが良いでしょう。自分にとって何が大切なのかが大事です。

### 短所の活かし方

厳しい性格ゆえに、それをどうしても他人にも求めるところが出てきてしまいます。ただ世の中にはいろんなタイプの人がいるので、相手をよく理解した上で接していくことも覚えていきましょう。向き不向き、バランスが大切です。

手相
58

# 流行・先取り・流行りもの

**向いている仕事**

アーティスト・ダンサー・ファッション関連・デザイン関連
美容師・メイク系・フォードコーディネーター
マルチメディアクリエイター・ニュースキャスター
コピーライター・デザイナー系・受付・ミュージシャン
コメンテイター

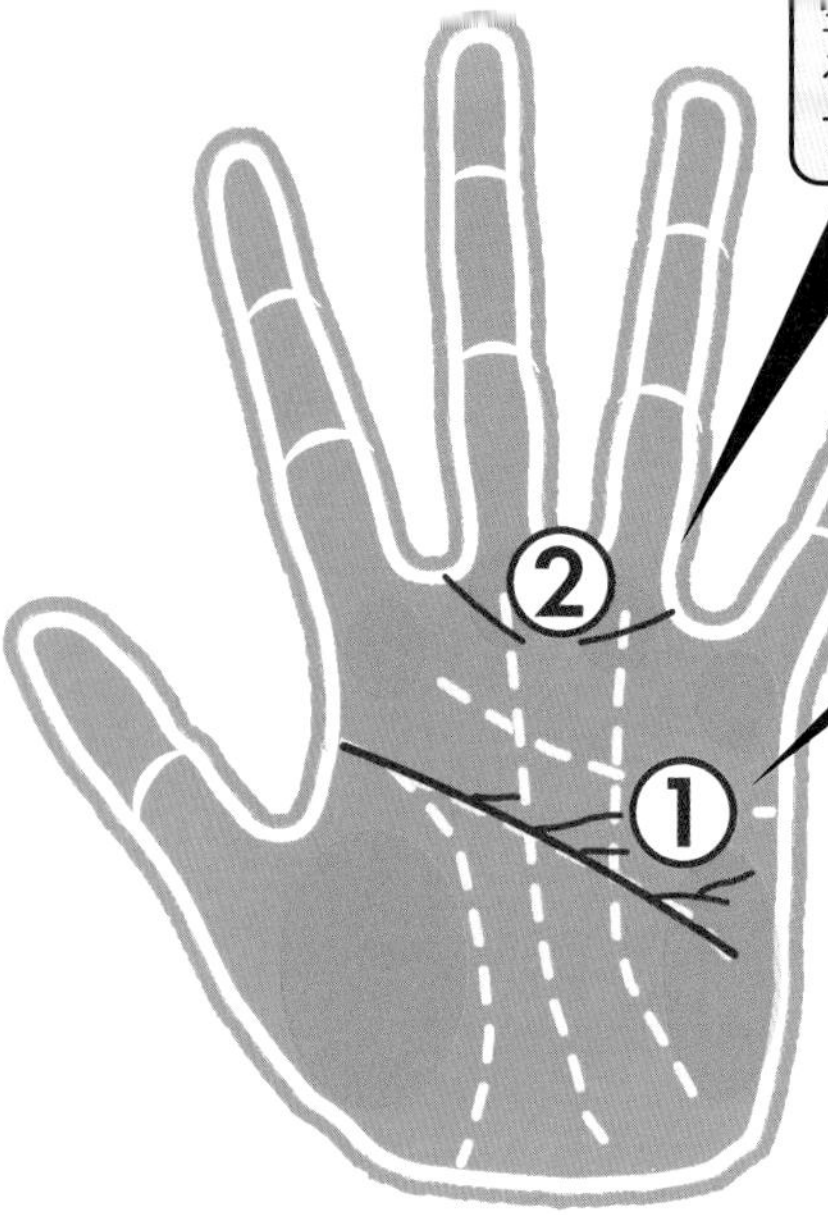


**見方のポイント②**
金星帯がきれいに入っている。あまりゴツゴツとしたタイプの金星帯は含まれない。

**見方のポイント①**
知能線から上向きの支線が伸びている。一本だけではなく、複数伸びていることが条件。

**① 知能線から上向きの支線**

この相の人は流行に敏感で先取り気質。ファッションからカルチャーまで、常に新しいものにアンテナを張り巡らせています。考え方などもそういうところがあり、流行りによってそこに合わせたりします。何でも流行りものが好きです。

**② 金星帯**

金星帯は感性を表す相。美的センスも持ち合わせた人が多いです。流行にも敏感で、時代に合った美しさ、感性というものを追い求める傾向が強い。最新の情報や流行を自分のライフスタイルに取り入れられる人です。

**長所の伸ばし方**

流行に敏感なので、新しい情報が求められる仕事や役職が向いています。また人間関係も、同じ感覚を持った人同士で構築していくとお互いに情報交換ができて良いでしょう。英語も学び海外にも目を向けましょう。

**短所の活かし方**

短所は常に流行に左右されるところ。この間までこう言っていたのに、今は違うことを言うのが当たり前の節操がないタイプです。そういう意味で交友関係の入れ替わりも激しいかもしれませんが、そこはお互い様なので良いでしょう。

手相
59

# サービス精神・おもてなし

**向いている仕事**

日本語教師・ファッションコーディネーター・テーラー
ネイチャーガイド・ホテルマン・ホテルウーマン
コンシェルジュ・声優・俳優・言語聴覚士
在日本大使館スタッフ・テクニカルライター

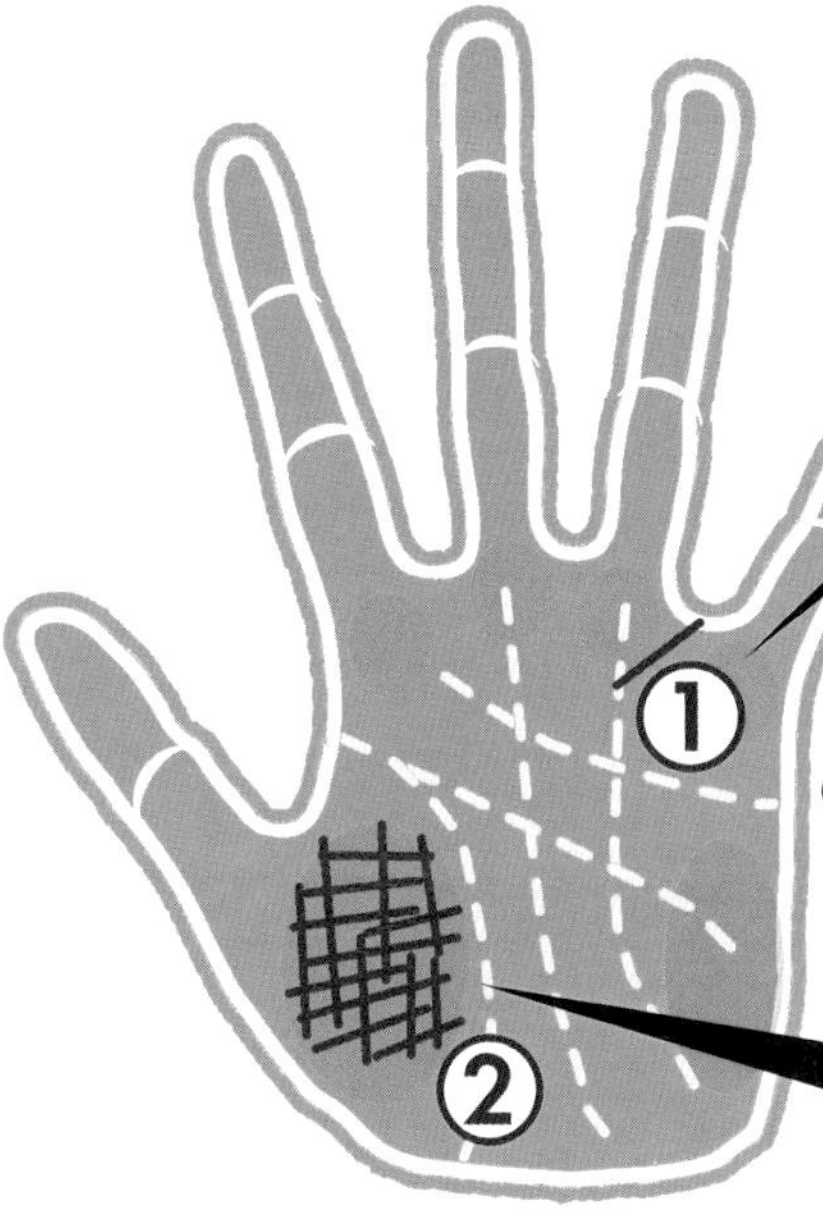


**見方のポイント①**
薬指と小指の間から斜め下に向かって伸びる線を思慮線と言う。通常1～2cmほどである。

**見方のポイント②**
親指の付け根の金星丘に格子状がある。きめの細かなものや、大きい格子状のものもある。

**① 思慮線**

察するのが上手い人で、相手の考えていることや感情的なもの、また、相手にとって何が必要で何が必要でないかということまでもわかってしまう人です。思いやりがあってサポートもさりげなく上手くできる人です。

**② 金星丘の格子**

金星丘の格子は愛情と優しさ、思いやりの印。きめ細やかな格子であれば、その愛情のかけ方も細かで気配りの利いたものに。大きな格子ならば、大らかで寛大な受け答えで優しく接してくれます。どちらもサービス精神旺盛です。

**長所の伸ばし方**

長所はいつも笑顔で優しいところ。困っている人の助けになるようなことや、お客様を迎え入れるような仕事はもちろん、わかりづらいものをよりわかりやすく説明したり、素晴らしいものを世に広めていくような活動も良いでしょう。

**短所の活かし方**

基本的に良い人なので欠点らしいものはありませんが、荒っぽいものや不衛生なもの、マナーが守られにくいような環境ではその力が発揮できないので、無理してそういう世界には飛び込んでいかないほうが良いでしょう。

手相
60

# 大器晩成・遅咲き・苦労人

**向いている仕事**

インストラクター、芸人、役者、パフォーマー
料理人、僧侶、宮大工、芸術家、演奏家、舞台監督
映画監督、脚本家、起業、独立、修行期間の長い仕事

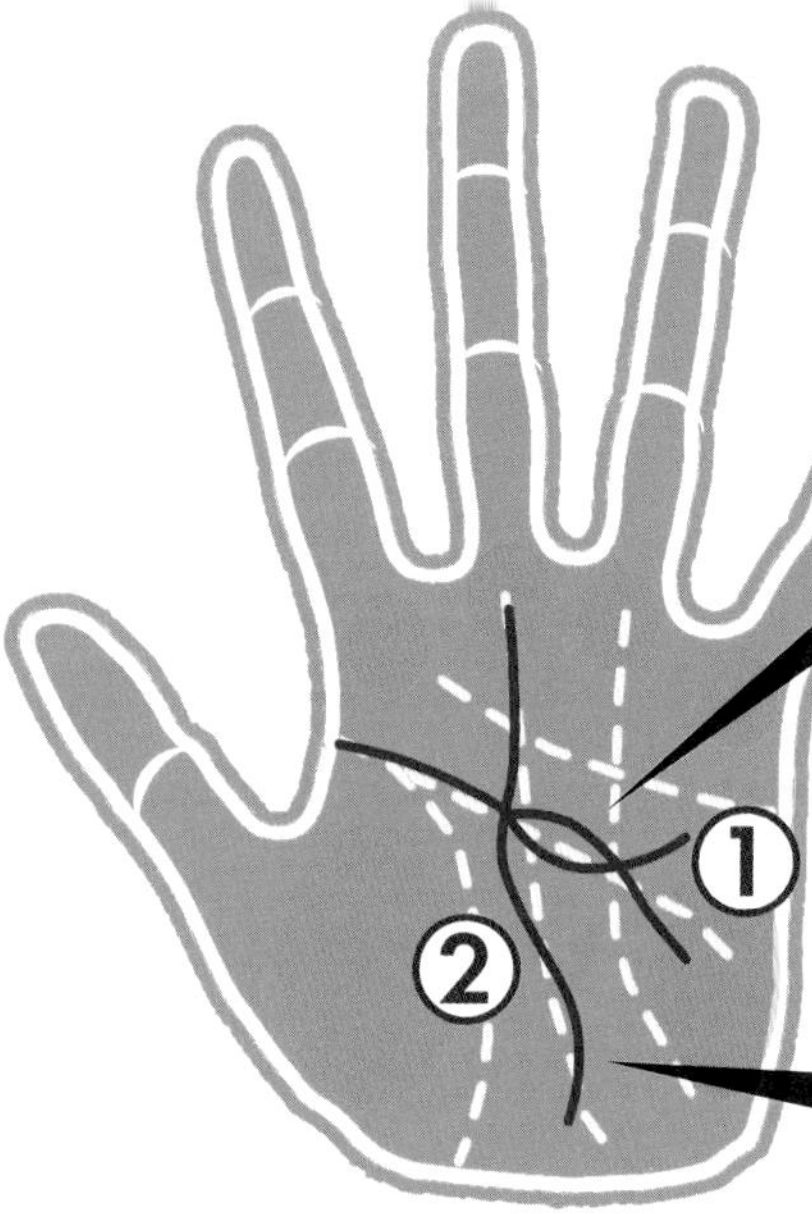


**見方のポイント①**
知能線の先のほうにフィッシュ相（二つのカーブする線が目の形を作り交差する）がある。

**見方のポイント②**
運命線が蛇行しながら中指の方に伸びていき、段々真っすぐになってきている。

**① フィッシュ相がある**

知能線にフィッシュ相のある人はひたむきに何かを努力していったり、追い求めた結果、最終的に大きなものを手に入れると言われています。大きな花が咲くまではなかなか大変な思いをすることもありますが、粘り強い人です。

**② 運命線が蛇行している**

運命線の蛇行は過酷な下積み時代を過ごしたり、紆余曲折を重ねて大変な人生を経験することを意味します。ただそれは悪いことばかりではなく、そういう思いをするからこそ、発言には説得力が増し、信頼のおける人物になるのです。

**長所の伸ばし方**

このタイプの人は粘り強さもありますし、人から何を言われようがマイペースで我が道を進むことができます。結果が出るまで大変なものでも、とにかく自分がそれに打ち込むことが好きで、納得できるかどうかが大切です。

**短所の活かし方**

短所は器用に立ち回れない不器用さや、あえて人とは違うやり方、困難な道を進みたがる天邪鬼的なところ。ただそういう個性もずっとそれだけやり続けると、周りもそれが性格と認めだします。愛嬌だけは持っておきましょう。

手相61

# 頭の回転が速い・行動が早い

**向いている仕事**

内装仕上げ工、修理業者、営業、理容師、調理師
テレビ番組制作スタッフ、通訳者、看護師、救助関連
配送ドライバー、カーレーサー、コンサルタント
結果や対応を早く求められる仕事

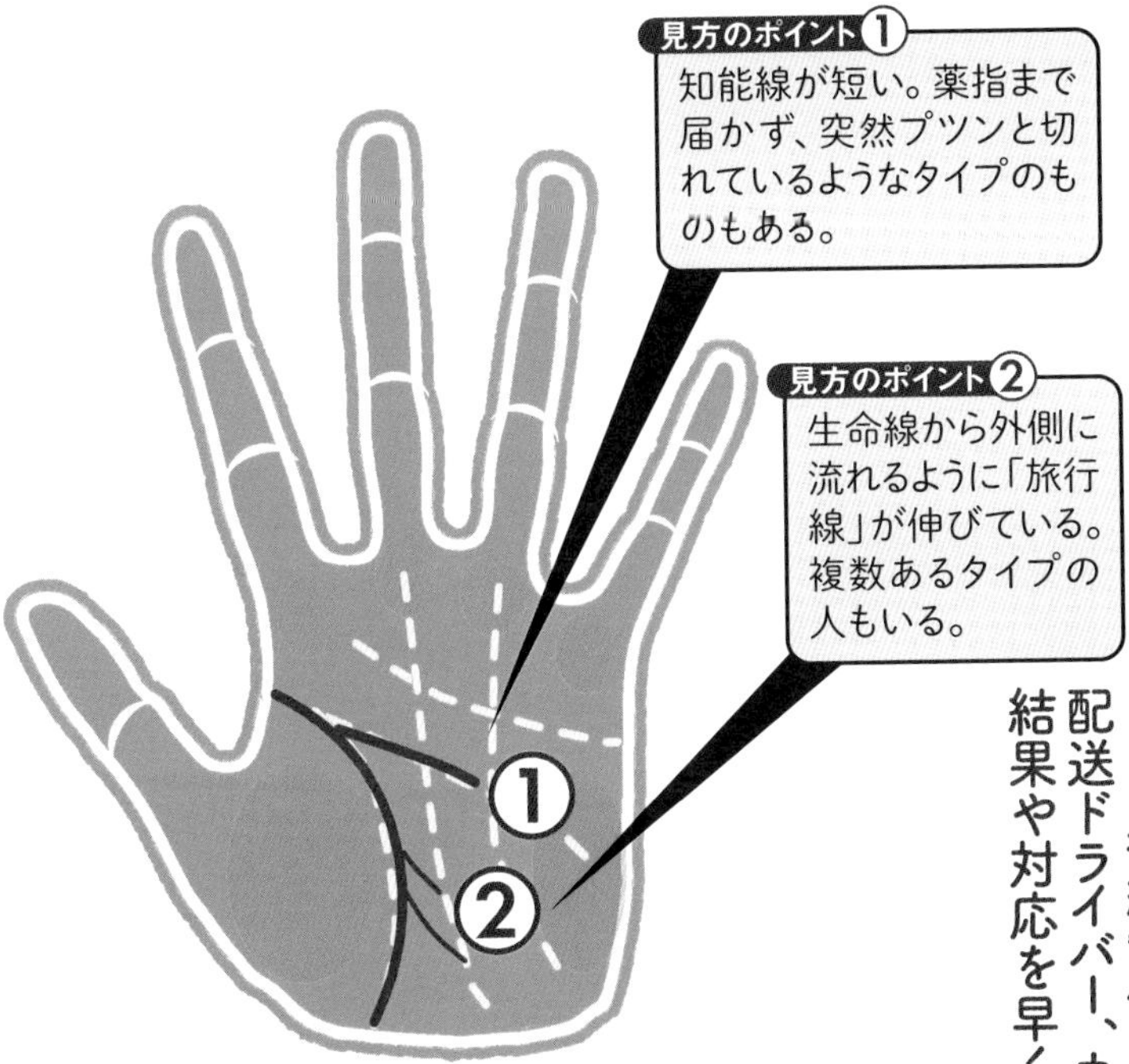

見方のポイント①
知能線が短い。薬指まで届かず、突然プツンと切れているようなタイプのものもある。
見方のポイント②
生命線から外側に流れるように「旅行線」が伸びている。複数あるタイプの人もいる。
①
②


**① 知能線が短い**

知能線の短い人は頭の回転が速いです。グズグズするのが嫌いで、物事を簡単に済ませたいと思うタイプ。長い会議や優柔不断な人とのやり取りになると機嫌が悪くなります。物事の深い面を見られない未熟な一面も。

**② 旅行線**

旅行線がある人は日常に移動が伴う人で、お出かけすることや引っ越し、出張などが多いタイプです。性格的にも結果がすぐに出ないとイライラしてしまい、他の方法を試したり、違う場所へ移動したりする人です。

### 長所の伸ばし方

長所は決断の速さと行動の早さ。物事をスピーディーに進めていけたり、急な状況変化や緊急の事態などにも高い対応力があります。そういう意味では人命にかかわるようなものやスピードを求められるような職種が向いています。

### 短所の活かし方

気が短いところや飽き性なところが短所。一つのことを黙々とやっていられない面や一か所でじっと粘ることができないので、腰を据えて頑張る仕事は向いていません。結果が出なければ他へどんどん移っていける仕事のほうが向いています。

手相

62

# 大恋愛・良縁

向いている仕事

モデル、タレント、アナウンサー、航空客室乗務員
栄養士、銀行員、飲食店経営、俳優
JAXAスタッフ、医師、薬剤師、地方議会議員
憧れる専門職全般

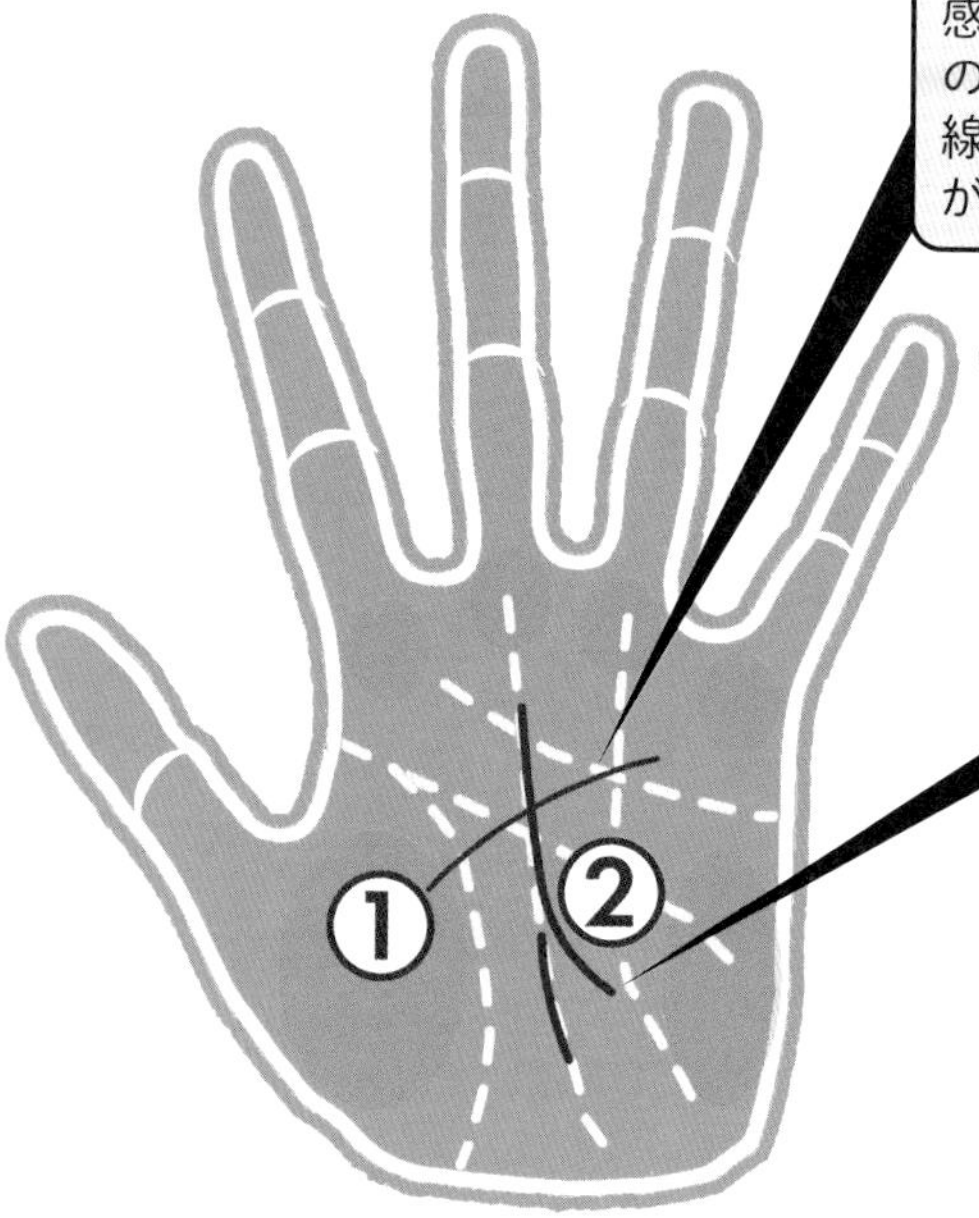


**見方のポイント①**

感情線の上から生命線の内側まで大きな恋愛線が伸びている。隙間があるタイプもある。

**見方のポイント②**

影響線が元々ある運命線を追い越すように伸びてきて、そのまま運命線となっている。

### ① 大きな恋愛線

生命線にキラリと流れ込む斜めの線を恋愛線と言いますが、この線が感情線の上より大きく流れ込んでいるタイプのものは大恋愛、または心に相当大きな印象となるような出来事（結婚や子どもができるなど）が起きる印です。

### ② 影響線が運命線になる

影響線というのは生命線や運命線に寄り添うように伸びてくる線ですが、そのまま運命線になってしまうような場合は、相当相性が良く、ご縁の深い人物や組織などが現れ、その後の人生を大きく良いほうへ導いてくれます。

### 長所の伸ばし方

この相の人は運の良さがあり、巡り合わせの良い人生を歩めます。多くは結婚相手の影響によるところが大きく、結婚したら急に出世しだしたり、それまでとガラッと変わった良い人生を送れます。良い人、良い話は逃さずに。

### 短所の活かし方

良い人生や良縁がすぐそこまで来ているのに、なかなかYESと言わなかったり、難色を示すタイプの人も多いです。また運に乗ったら乗ったで、守りに入りすぎたり、自分や自分たちのことだけになりがち。そうなると綻びも出だします。

手相63

# 忍耐・我慢強い・逆境に強い・ド根性

**向いている仕事**

プロスポーツ選手、職人、編集者、警察官
自衛官、レスキュー隊員、警備員、鍵師
カーレーサー、レースメカニック
ハードな環境の仕事や結果を求められる職種

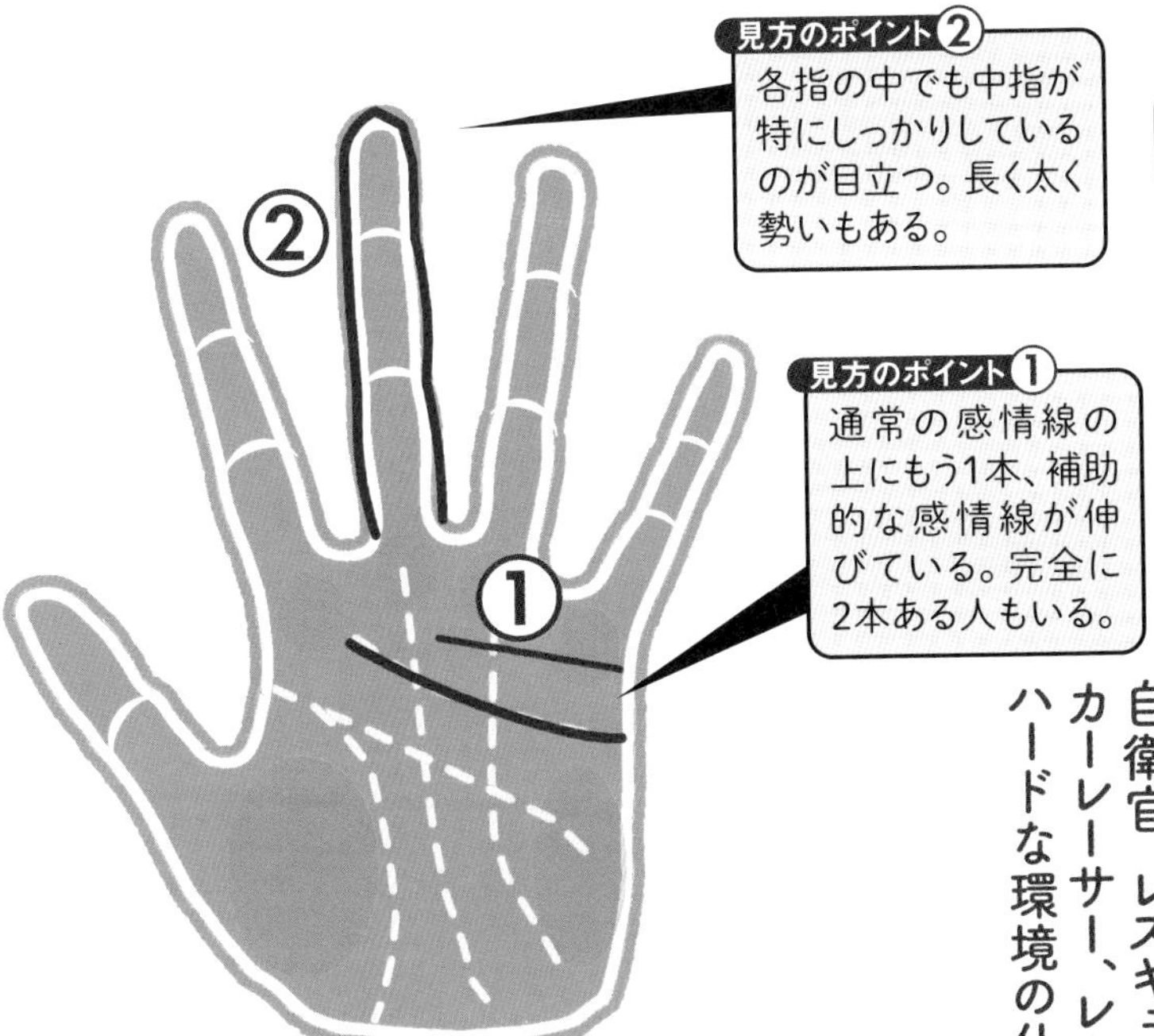

見方のポイント②
各指の中でも中指が特にしっかりしているのが目立つ。長く太く勢いもある。
見方のポイント①
通常の感情線の上にもう1本、補助的な感情線が伸びている。完全に2本ある人もいる。
②
①


**① 二重感情線**

感情線が2本ということで、感情（ハート）が2つ。まさにダブルエンジンの如く、何かに夢中になるとものすごい勢いで燃え上がり熱中します。平凡は苦手で退屈、自分をわざと追い込んで本気になるのを好みます。

**② 中指がしっかりしている**

中指は手相においては土星との繋がりがあり、その意味の中には忍耐、辛抱、努力、というものなどがあります。中指がしっかりと発達している人は、黙々と努力し、苦しい時も辛抱して自己と向き合うことができます。

### 長所の伸ばし方

長所は辛抱強さ、逆境に強いというたくましさですので、普通の人ならば音を上げてしまうようなトレーニングや、無理難題にも果敢に挑んでチャンスをものにしていくのが良いでしょう。目標設定は高めが良さそうです。

### 短所の活かし方

平凡が苦手。何か使命感があったり、プレッシャーを感じないと燃えてこない、スイッチが入らないのが短所ですが、そうならば常に緊張感を求められる仕事や、結果を求められるようなプロフェッショナルになると良いでしょう。

手相 64

# 乙女チック・メルヘン

**向いている仕事**

彫金師、保育士、デザイン・服飾系、ネイリスト
パティシエ、ブライダルスタッフ、タレント、声優
トリマー、フラワーショップ店員、販売スタッフ
雑貨屋スタッフ、飲食店スタッフ、テーマパークスタッフ

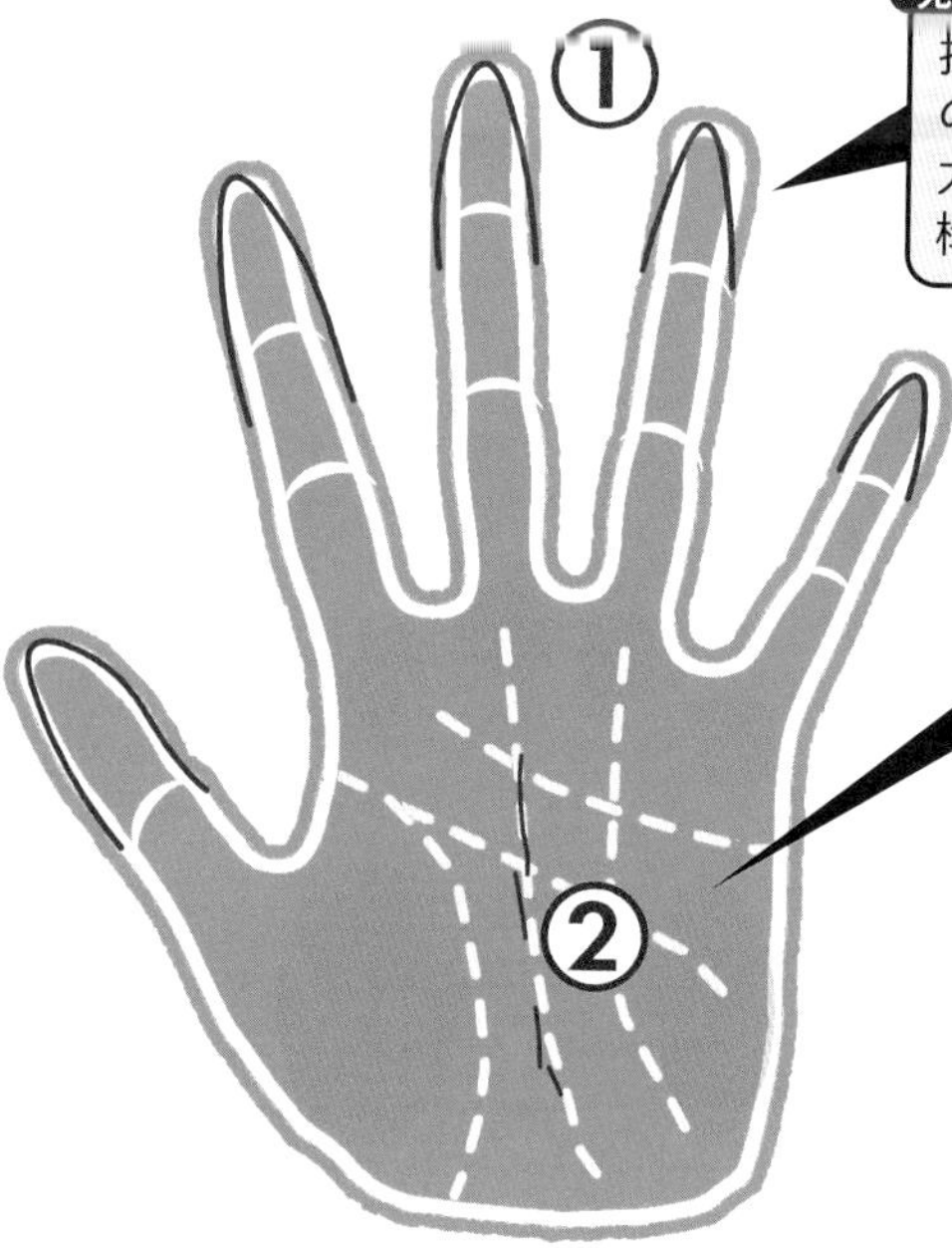


**見方のポイント①**
指先が尖っている。指の長さは普通から長め。太さは太くても細くても構わない。

**見方のポイント②**
運命線が弱々しく入っている。薄くてよく見えないタイプや、よじれているタイプもある。

## ① 指先が尖っている

指の先が尖っている人は空想的で、夢見がちなタイプの人です。現実にはあり得ないようなことでもいつか本当になるのではと妄想します。かわいいものや流行りもの、王子様やお姫様などのメルヘンの世界やアニメも好きです。

## ② 運命線が薄く弱い

運命線の弱々しい人はどこか気も弱く、人の意見に流されたり、世間のニュースや流行りの人物、アイドルやスターなどにも影響を受けやすい人です。〇〇がカワイイ、××が人気、△△が危ないというとすぐに振り回されます。

### 長所の伸ばし方

この相の人は感受性が強いので流行の先を行くものや、かわいいい、夢の世界といった乙女チックなものに携われるような職種が良いでしょう。インスピレーション、芸術性もあるので、アクセサリーなどのモノづくりも良いです。

### 短所の活かし方

短所は人の意見に流されやすく主体性がないところ。困難や壁に当たると、根気よく粘れないのですぐに現実逃避してしまいます。同じような仲間とつるむだけでなく、時には厳しいことを言ってくれる人の話に耳を傾けましょう。

手相
# 65

# 子宝・大家族

**向いている仕事**

看護師、介護福祉士、ホームヘルパー、家政婦
クリーニング、動物園や水族館のスタッフ
動物看護士、飲食店スタッフ、バスガイド
地方公務員、宿泊業

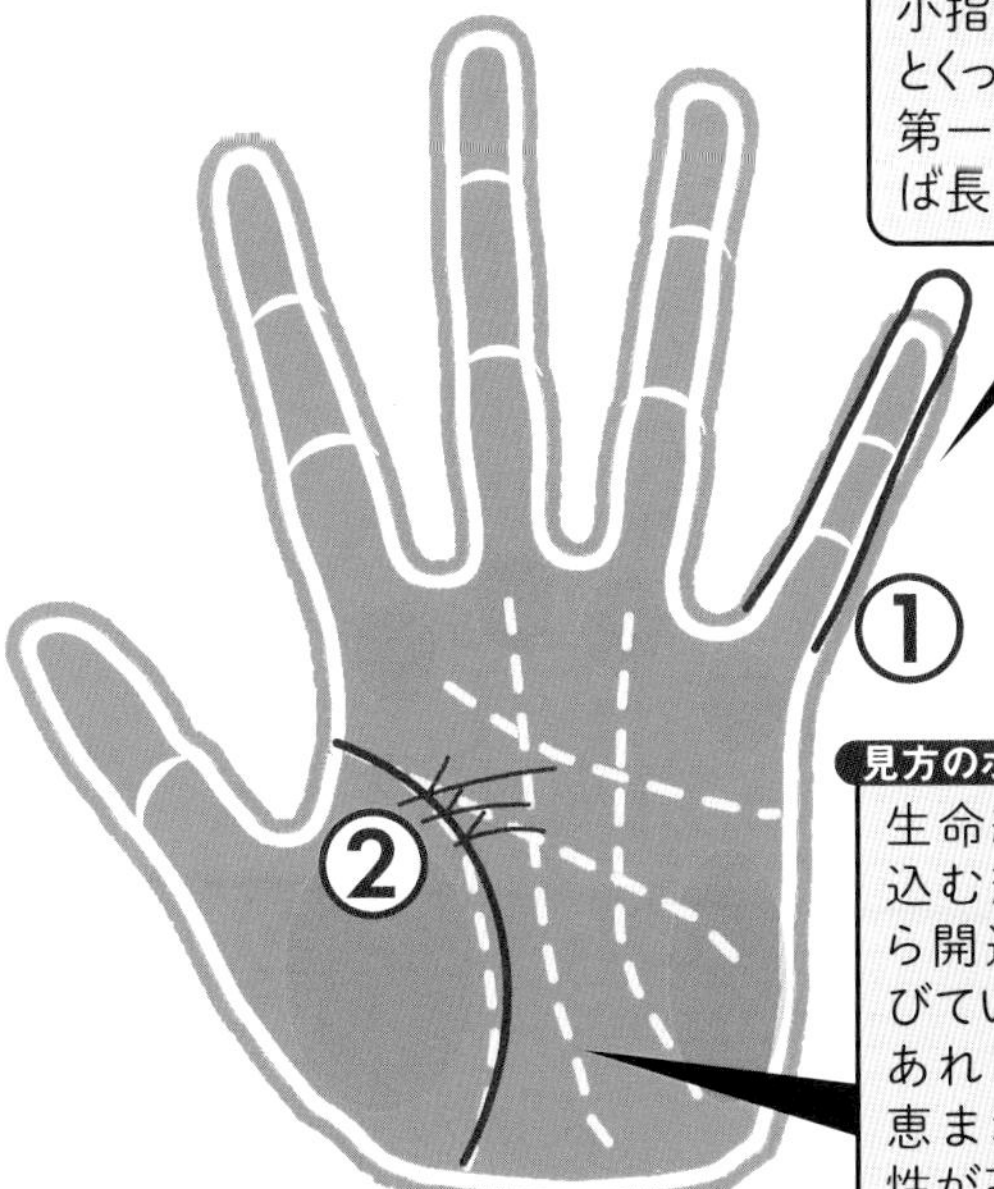


**見方のポイント①**
小指が長い。隣の薬指とくっつけてみて薬指の第一関節よりも長ければ長いと判断する。

**見方のポイント②**
生命線に流れ込む恋愛線から開運線が伸びている。複数あれば子宝に恵まれる可能性が高い。

## ① 小指が長い

小指はコミュニケーション能力の高さを表しますが、それとは別に「子宝」という意味合いもあります。小指の長い人は子宝に恵まれると言われています。反対に短ければ子どもができにくいタイプというのが手相での見方です。

## ② 恋愛線と開運線のセットが多い

恋愛線は文字通り恋愛ごとの成就を意味しますが、ここにさらに開運線が加わってくると子どもができる、妊娠、出産という印になることが多いです。恋愛線、開運線だけの場合でも子宝に恵まれる意味の場合もあります。

### 長所の伸ばし方

この相の人は子だくさんや大家族でも平気。そのほうが幸せな人なので、面倒見がよかったり、何かのお世話をすることが得意です。そういう家庭的なサービスやアットホームな雰囲気を求められる仕事が良いでしょう。

### 短所の活かし方

子どもや大家族というものに縁が深い人なので、やはりその分、子煩悩になりすぎたり、さみしがりなところや、ケチな性格も出てきやすいです。ただそこを意識すれば今度は責任感が育ちますし、計画性も持てるようになります。

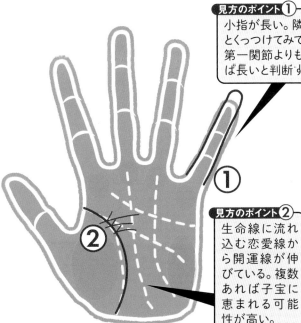

手相66

# へっちゃら・平気・タフ

**向いている仕事**

プロスポーツ選手、職人、出版社社員、レスキュー隊員
自衛官、ライフセーバー、山岳救助隊員、冒険家
ドライバー、ローディー、スタントマン、漁師、農業
林業、大工、疲労度の高い仕事全般

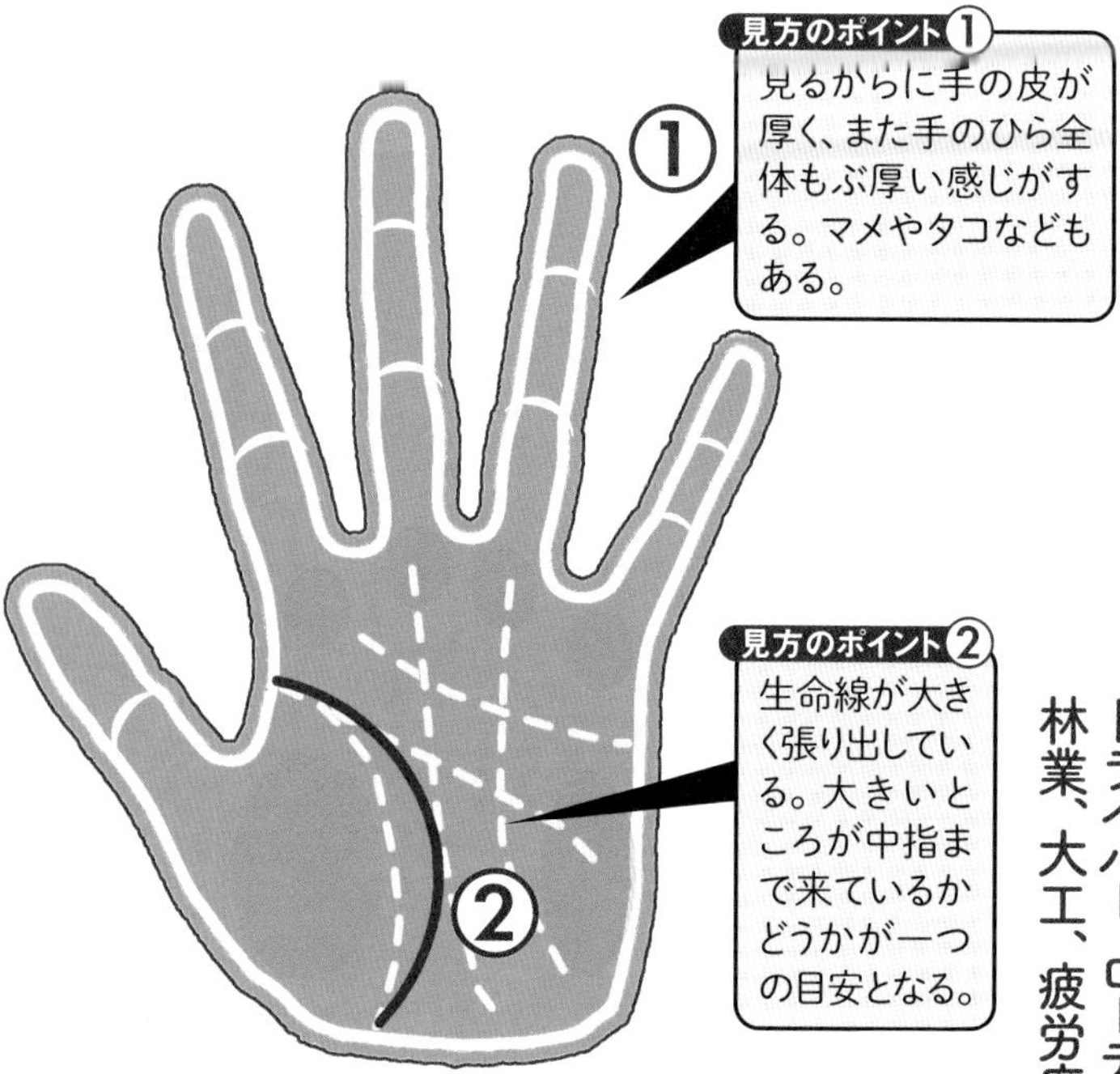

見方のポイント①
見るからに手の皮が厚く、また手のひら全体もぶ厚い感じがする。マメやタコなどもある。
①
見方のポイント②
生命線が大きく張り出している。大きいところが中指まで来ているかどうかが一つの目安となる。
②


**① 手の皮が厚く分厚い**

タフで我慢強い人です。肉体を酷使する仕事やスポーツ、生活習慣などで手に強い摩擦や刺激が加わり続けるのが原因ですが、手は脳と密接な繋がりがあるので手の皮が厚くなると中身もそうなってくるようです。

**② 生命線が張り出している**

生命線が大きく張り出している人はとてもバイタリティがあります。みんなが疲れてしまうようなところでも元気いっぱいだったり、少々の徹夜続きでも平気といったような体力にも自信のある人が多いです。

### 長所の伸ばし方

長所は体力があってタフなところ。それが生かせるものならば何でも良いですが、体力面ばかりでなく、頭を使う分野でもその長所は活かされます。基本的に元気ですが、食べたり休んだりもしっかり挟んでバランスを維持していきます。

### 短所の活かし方

欠点は節度がない点でしょうか。体力もあり、タフなので、限界を超えてもなかなかそれに気づかずに暴走してしまうことがあります。食べすぎ、飲みすぎ、遊びすぎ、働きすぎ……過ぎたるは及ばざるが如し。そこは注意しましょう。

手相
67

# 涙もろい・情に厚い

**向いている仕事**

教職、インストラクター、僧侶、看護師
ネイチャーガイド、タレント、ペット関連、獣医師
写真家、大工、鳶、職人、現場職
チームワークを要する仕事全般

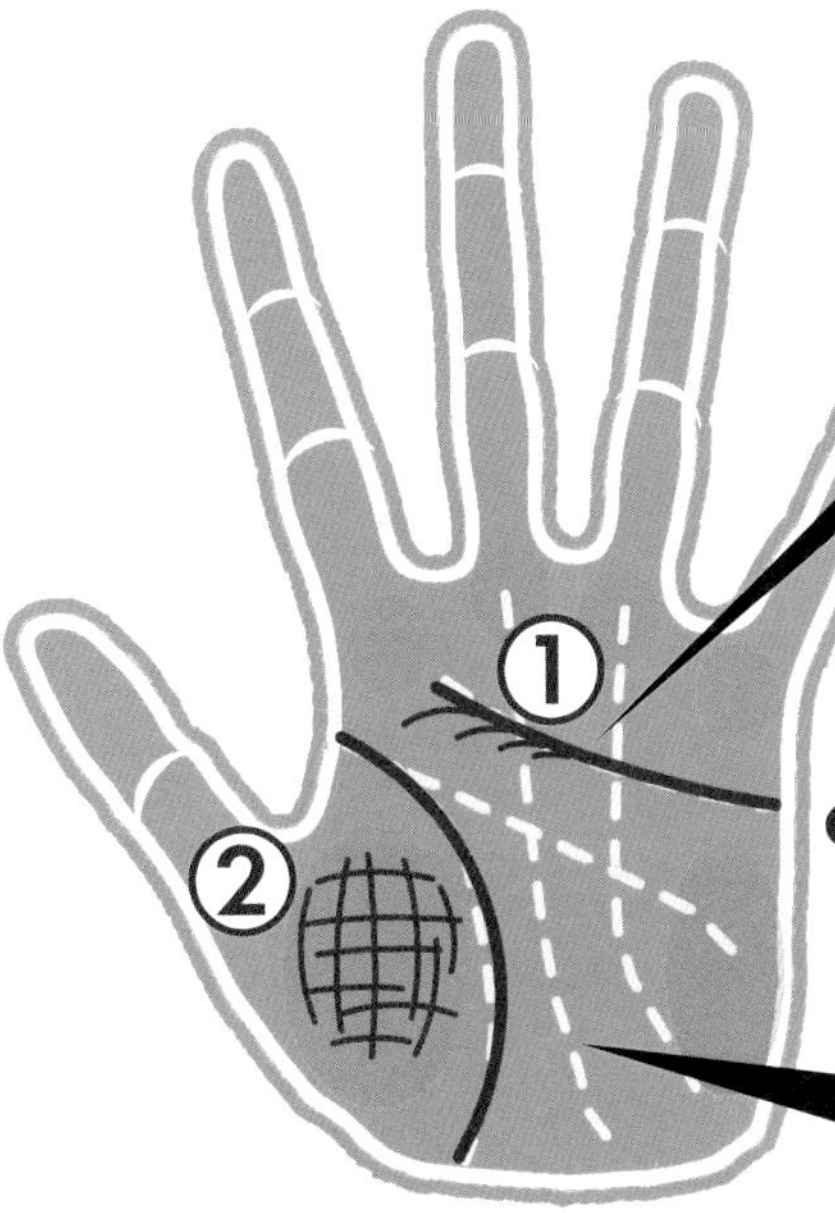


**見方のポイント①**
感情線から下向きの支線がいくつか伸びている。知能線にくっ付くようなものもある。

**見方のポイント②**
生命線の内側、金星丘に格子が形成されている。形状は細かくても大雑把でも構わない。

**① 感情線から下向きの支線**

心に優しさが育ってくると伸びてくる線です。日常でいろんな経験を積んで、辛さや弱さなど人の気持ちがわかるようになると思いやりや優しさが育ってきます。子どもや動物に弱いところがあります。

**② 金星丘の格子**

金星丘の格子は家庭的で優しく、親切な人にできる相です。ご縁のできた相手や、頼まれたことなどには親切すぎるぐらい親切に対応したり、自分が受けた恩には必ず報いようとします。家族や仲間をとても大切にします。

**長所の伸ばし方**

身内や仲間をとても大切にする人ですから、みんなで一緒になって盛り上がるような活動をしたり、クラブなどにも属しておくと良いでしょう。優しく面倒見も良いので教職、サポートやお世話する仕事なども相性は良いです。

**短所の活かし方**

短所は情に脆い面。困っている人を見るとつい手を差し伸べてしまう人ですが、やりすぎて相手のためにならない時もあります。お金を貸したり、保証人になると相手になめられてトラブルになりやすいので注意が必要です。

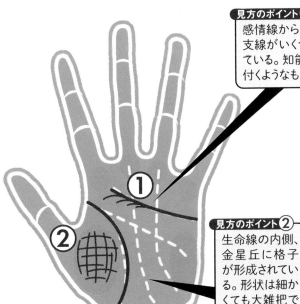

手相 68

# 金持ち・貯金

**向いている仕事**

バイヤー、IRプランナー、著作権エージェント
実業家、起業家、ファンドマネージャー
不動産経営、不動産企画開発、コンサルタント

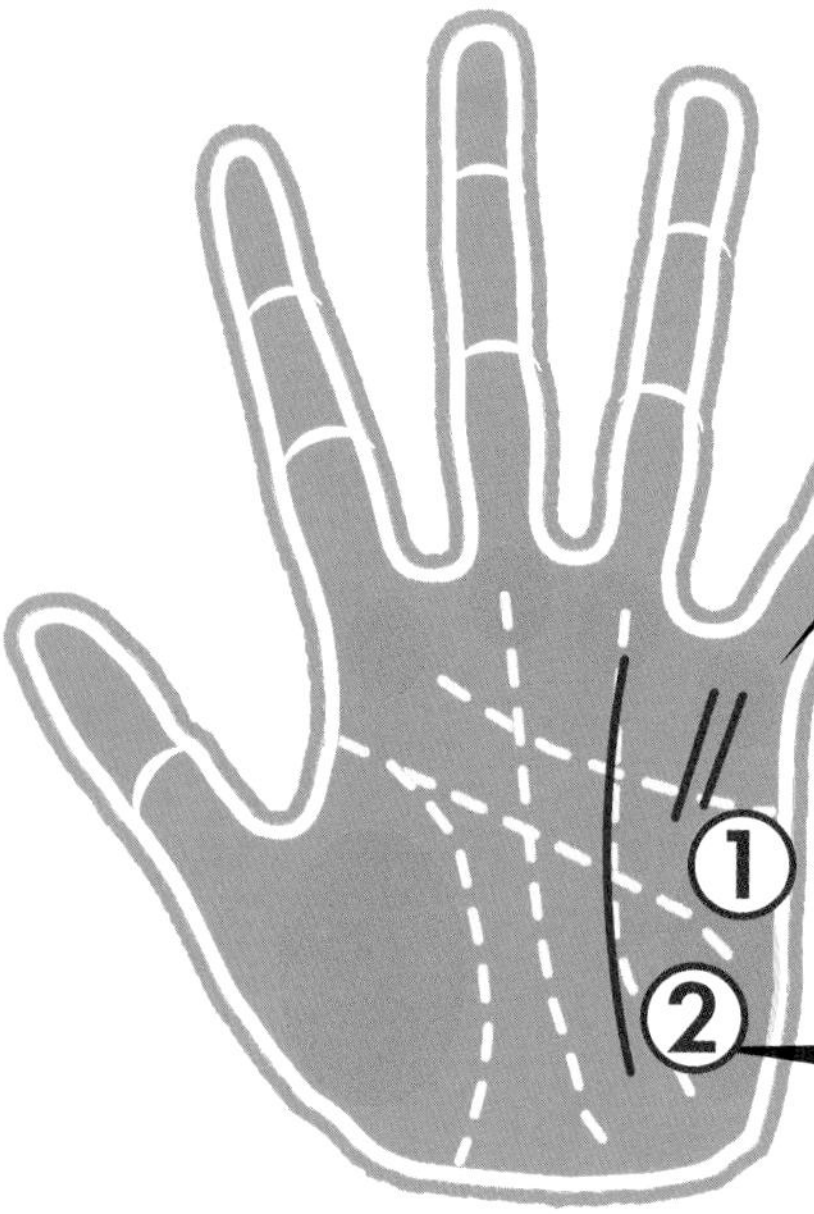

**見方のポイント①**

小指の下のあたりに金運線が伸びている。あやふやなものではなく、きれいで長いのが理想的。

**見方のポイント②**

薬指に向かって長い太陽線が伸びている。しっかりハッキリ入っていれば申し分ない。

**① きれいな金運線**

とてもお金周りが良く、仕事で収入を得るのはもちろん、家族からお金を相続したり、定期的にお金が流れてくるシステムに乗っかるのが上手い人です。捻じれてもやもやした線は違います。

**② 太陽線が長い**

太陽線は人気運を表す一方で、財産運や人生においてのツキを表す線でもあります。この線が長い人は生涯にかけてお金に困るようなことはなく、必要だなと思えば不思議とどこからかお金が流れてくる大変幸運な人です。

**長所の伸ばし方**

お金の儲け方や増やし方、管理、お金の流れを読むのが上手い人なので、お金や資産に関する職種が向いています。商売の才能もあるので、何が売れ筋でどういうものが人気になるのかわかる人でもあります。

**短所の活かし方**

お金に関しては自然と常にアンテナが張っている状態の人なので、知らず知らずのうちにケチになっていたりします。やや利己的になるところもあるので、そういうお金の使い方をしていないかを時々省みていきましょう。

手相69

# 超能力・念力

**向いている仕事**

デザイナー、放送作家、占い師、タレント、俳優
プロスポーツ選手、アーティスト、地質学者
考古学者、騎手、カーレーサー、政治家、起業家
実業家、発明家、専門家、専門職

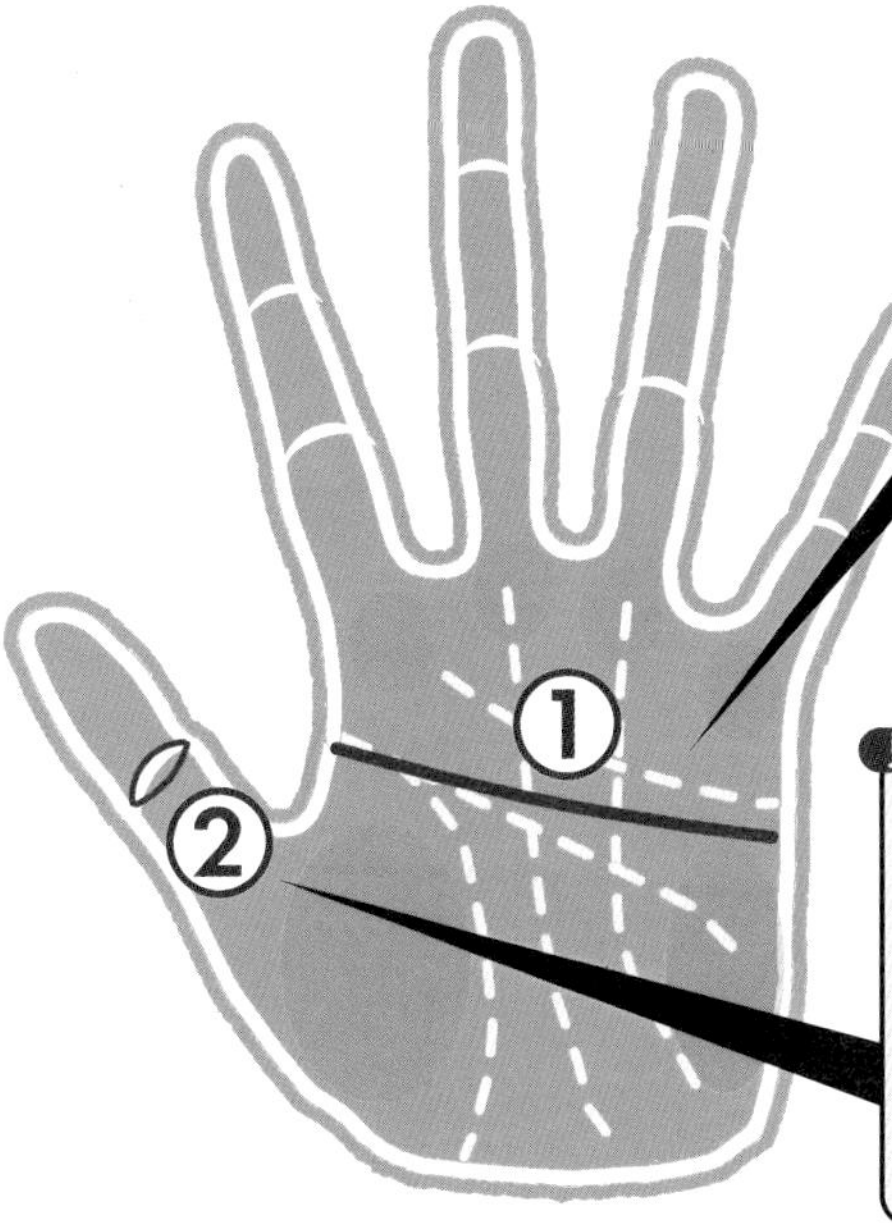

①
②
見方のポイント①
手のひらをまっぐに横断するマスカケ線。生命線とくっ付いているものも離れているものもある。
見方のポイント②
親指の関節が目の形になっている。大きさよりもしっかりと目の形になっているかどうかが大事。


**① マスカケ線**

マスカケ線の人は不思議な勝負運のようなものを持っており、一かハかの大勝負にかけるようなところがあります。浮き沈みが激しいという一面もありますが、それでもやはり人とは違う感性、感覚を持っています。念力の強い人です。

**② 仏眼**

仏眼のある人は優れた直感やインスピレーションを持っています。思ったことや願ったことが実現したり、予知能力があったり、超能力を持った人。目には見えないものや耳には聞こえないものまで何となくわかる人もいます。

**長所の伸ばし方**

長所は人にはない不思議な力を持っているところ。生まれついてのもの、家系的な遺伝によるものが多いようです。ただ不思議な力を発揮するには、集中できるもの、本気になって打ち込めるものを見つけることが何よりも大切です。

**短所の活かし方**

短所は自信過剰、有頂天になりやすいところです。何かと賭けに出るタイプなので当たればデカいですが、外れればダメージも大きい。ただそういう時にはムキにならずに明るく努めましょう。そうすればまた運は向いてきます。

手相70

# 使命・宿命

**向いている仕事**

教職、育成分野、ライター、ジャーナリスト、俳優
アーティスト、介護福祉士、社会福祉士、医師
看護師、NPO・NGOの法人スタッフ、自衛官
伝統工芸職人、宮大工

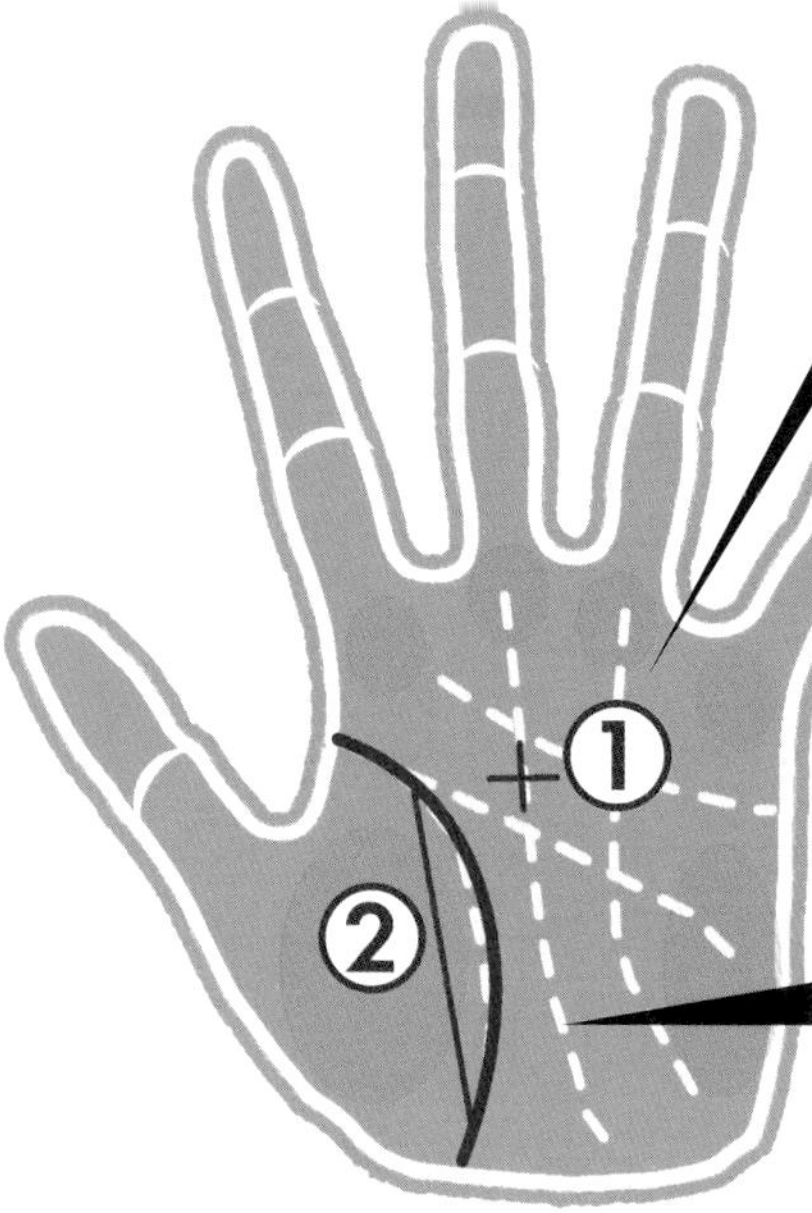


**見方のポイント①**
ハッキリとした神秘十字形がある。神秘十字の先が生命線に流れ込むようなタイプもある。

**見方のポイント②**
生命線の内側に大きく区切るように島ができている。完全にくっ付いていないことも。

## ① 神秘十字形

神秘十字形のある人は心優しく、他人を思いやる気持ちが強いです。それとは別に潜在的に自分に厳しい試練を与えて、自己を成長させようとするように運命が動き出すところもあります。使命・宿命と向き合う人生を歩みます。

## ② 生命線に長い島

生命線に沿うようにできる大きい島は人生全体に対して、ずっとついて回るような使命や試練、あるいはテーマがある人です。人知れず背負う十字架のようなものですが、どこか納得していて、前向きに捉えていきます。

### 長所の伸ばし方

このタイプの人は利他の精神の人なので、自分のことよりも人のことや世の中のためになるようなことのほうが頑張れたり、集中力が増します。身の回りのお世話や、教育的な活動、ボランティアなどでもその力を発揮できるでしょう。

### 短所の活かし方

正義感が強いところもある人ですが、それが時として感情的になったり過激になったりする一面もあります。伝えたいことやメッセージは文章でまとめあげたり、著作物やアートなどで抽象的に表現して訴えていくのも良い方法です。

手相 71

# 豪快・奔放

**向いている仕事**

職人、マスコミ関係、芸人、俳優
プロスポーツ選手、格闘家、飲食店経営
ミュージシャン、不動産業
交際や接待が多い仕事や役職

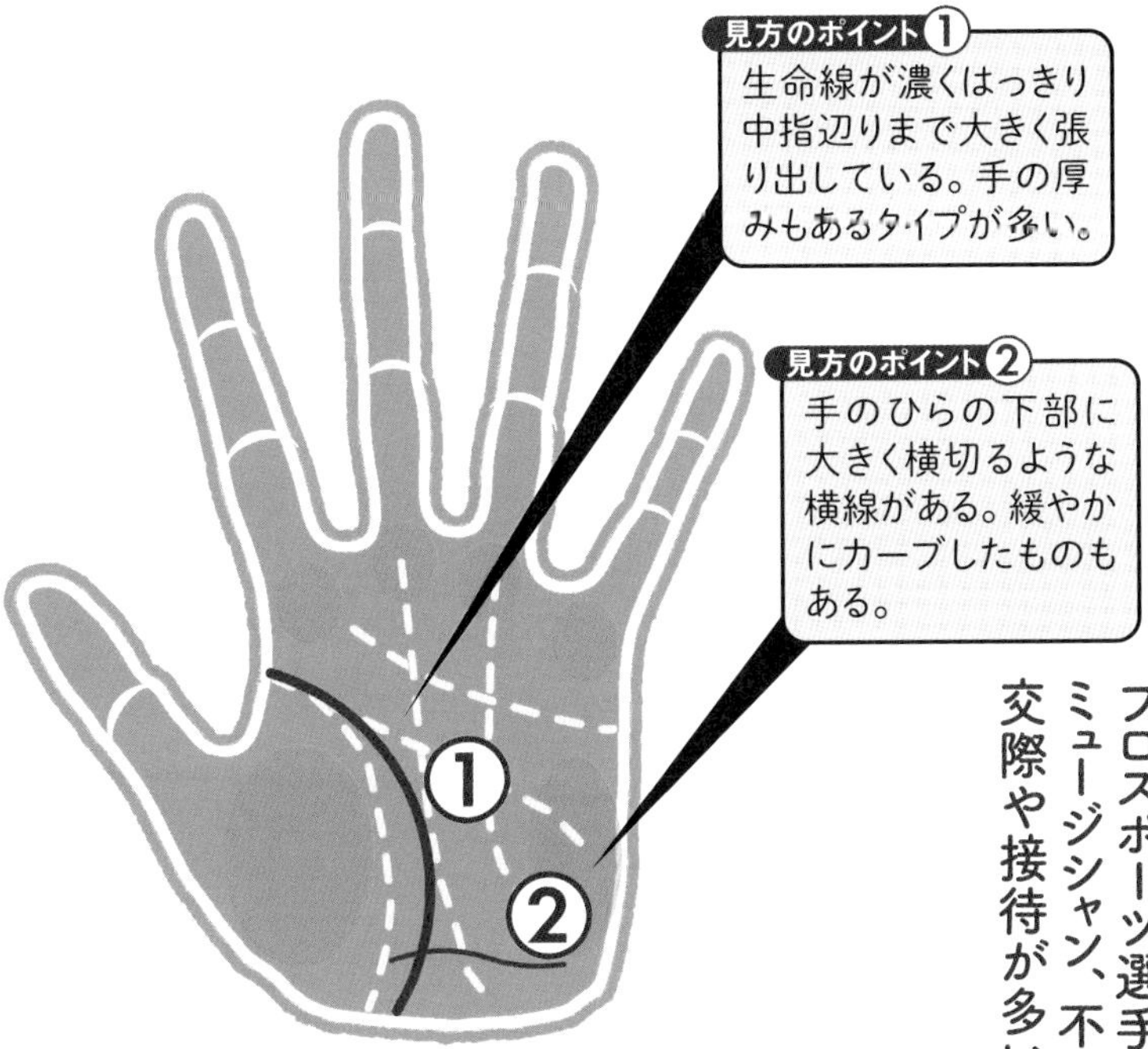

見方のポイント①
生命線が濃くはっきり中指辺りまで大きく張り出している。手の厚みもあるタイプが多い。
見方のポイント②
手のひらの下部に大きく横切るような横線がある。緩やかにカーブしたものもある。
①
②


**① 生命線が張り出している**

生命線が大きく張り出したタイプの人は体力があり、普通の人ならばバテてしまうような時でも非常にタフで元気です。徹夜や多少の無理をしてもケロッとしていたり、性格もどんとこい！ のタイプで豪快な人が多いです。

**② ビア・ラシビア**

この相のある人は束縛されたり、制約されるのが嫌いで、自分のやりたいように自由気ままにやっていくことが好きなタイプです。食べたいだけ食べ、飲みたいだけ飲み、遊びたいだけ遊ぶ……快楽主義的なところがあります。

**長所の伸ばし方**

体力があって精神的にもタフで豪快。細かなことは気にしない気風の良さを活かせるような仕事や役職が向いています。遊びや交友が仕事に繋がるようなものも相性が良いので将来的には社長や重役などのポジションも良いです。

**短所の活かし方**

さみしがり屋なところがあり、自分と同じ感覚で仲間を引き連れ、遊び回るというところがあります。自分は元気も体力もあり、無理も効くタイプですが、やりすぎると皆、付き合いきれなくなって、いずれ離れていきます。

手相
72

# 独立・オーナー

向いている仕事

インストラクター、ホームページ制作会社
ブロガー、不動産経営、写真家、税理士、会計士
医師、薬剤師、歯科医師、オーナー
資格を取ったり下積みを経て独立できる仕事全般

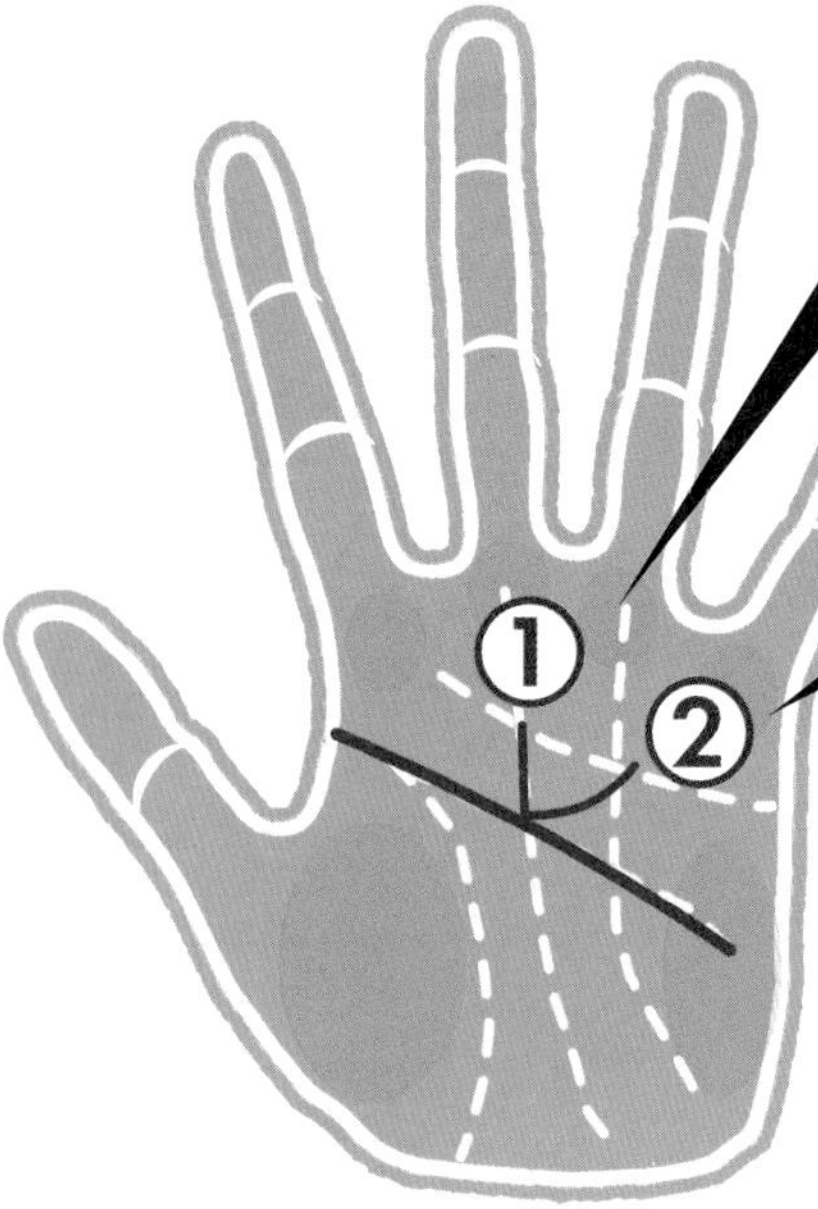


見方のポイント①

知能線から運命線が勢いよく伸びている。薄く捩れたようなものだと、その力は弱い。

見方のポイント②

商売線が小指側に勢いよく伸びている。運命線と同じ根元から伸びているタイプもある。

**①
知能線から
昇る運命線**

才能や資格を活かして成功する人。専門職に就いたり、個人で独立して事務所を構えたり、お店を経営する人も多いです。勉強熱心、研究熱心、常に必要な努力を惜しまない堅実なタイプの人です。

**②
知能線から昇る
運命線と同じ
ところから
商売線が伸びる**

商売線は金銭感覚が良く、お金儲けが上手な人に出る線です。この線がある人はお金の流れを把握するのが上手く、きちんと利益が生まれるようなシステムを構築できるので、お店を開いたり、独立しても上手くやっていけます。

### 長所の伸ばし方

頭が良いタイプですので気になる資格があればどんどん取っていくのが良いでしょう。また商売線と運命線が同じところから伸びているようなタイプの人は、資格取得と同時に独立すると上手くいくことを意味しています。

### 短所の活かし方

何でも自分で管理して、計画立ててものごとを進めていける人ですが、頭の良さが今度は一変して、こざかしくなったり、傲慢な態度などの性格の悪さに繋がってしまわないように注意しましょう。人格も大切な要素です。

手相
73

# 名人・達人

**向いている仕事**

伝統工芸士、技術者、技能者、インストラクター
師範、料理人、登山家、プロスポーツ選手
パフォーマー、ミュージシャン、クラシック演奏家
俳優、写真家、外科医、専門職

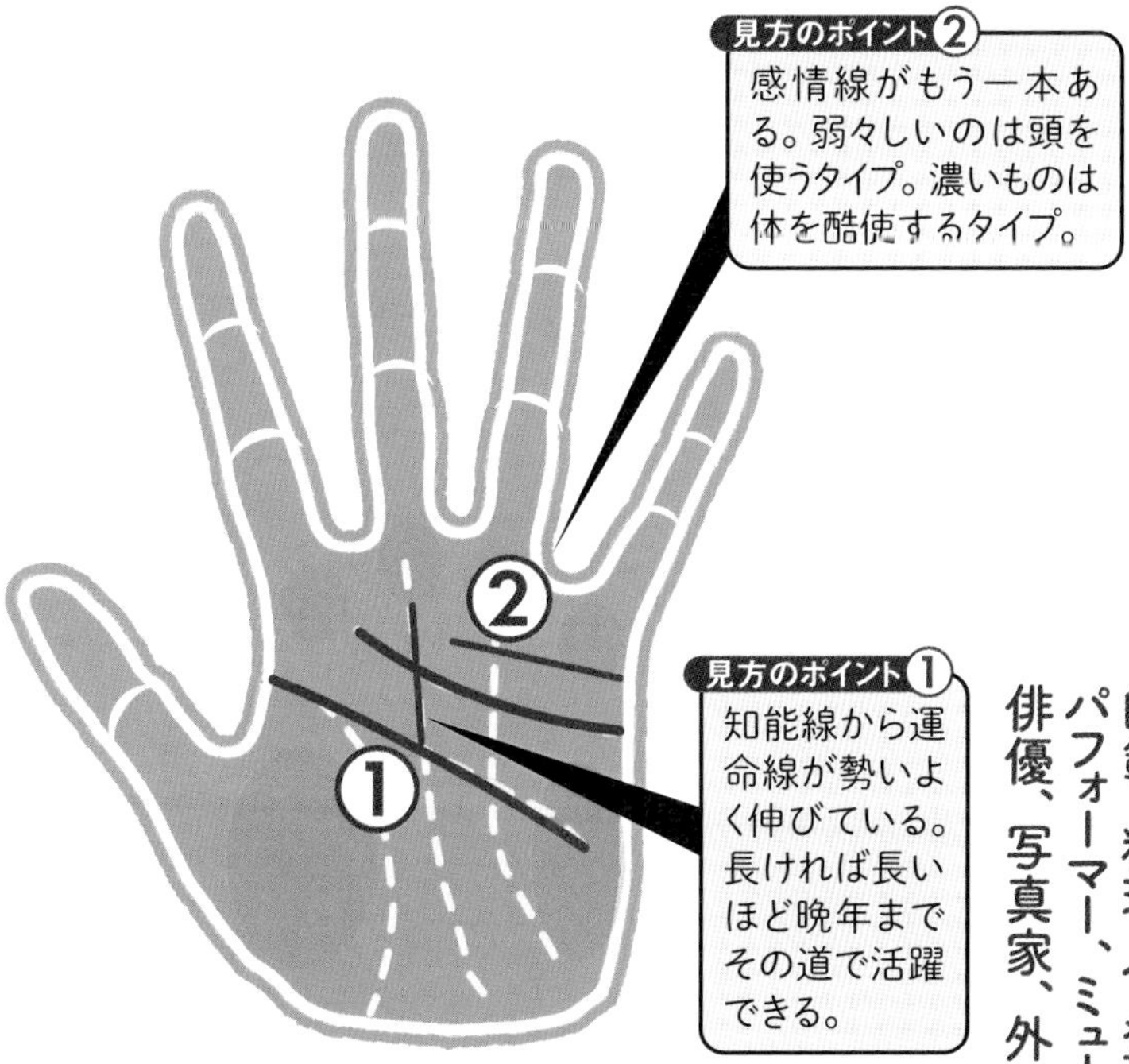

見方のポイント②
感情線がもう一本ある。弱々しいのは頭を使うタイプ。濃いものは体を酷使するタイプ。
②
①
見方のポイント①
知能線から運命線が勢いよく伸びている。長ければ長いほど晩年までその道で活躍できる。


**① 知能線から昇る運命線が長い**

「先生」と呼ばれるような職種や役職に就く人が多いですが、この線が長く中指付近まで伸びていると、年老いても現役で活躍できるような、その道の権威、名人・達人と呼ばれるような人物になります。

**② 二重感情線**

とにかく自分が決めたことにはとことんハードワークができる人。そこまでやるの、ということも当たり前で、とにかく自分が納得いくまで、来る日も来る日も粘り強く物事に打ち込めるタイプの人です。

**長所の伸ばし方**

やるとなったら徹底的にやるタイプの人ですから、夢中になれるようなもの、一生をかけて長く向き合えるような「人生のテーマ」のようなものを見つけられれば運勢も強くなります。人を育てるということは天職です。

**短所の活かし方**

自分に厳しいのは当たり前の人ですが、やはりそういうタイプではない人々もいるので、人を見極めてコミュニケーションを取りましょう。気が強いタイプですから人や組織との衝突も避けていく術を身につけると良いです。

手相 74

# 盟友・相棒

**向いている仕事**

美容師、料理人、マスコミ関係、家電量販店
鉄道職員、芸人、タレント、舞台・演劇系
アニメ関連、俳優、映画監督、動物園・水族館スタッフ
自動車販売、整備士、板金工

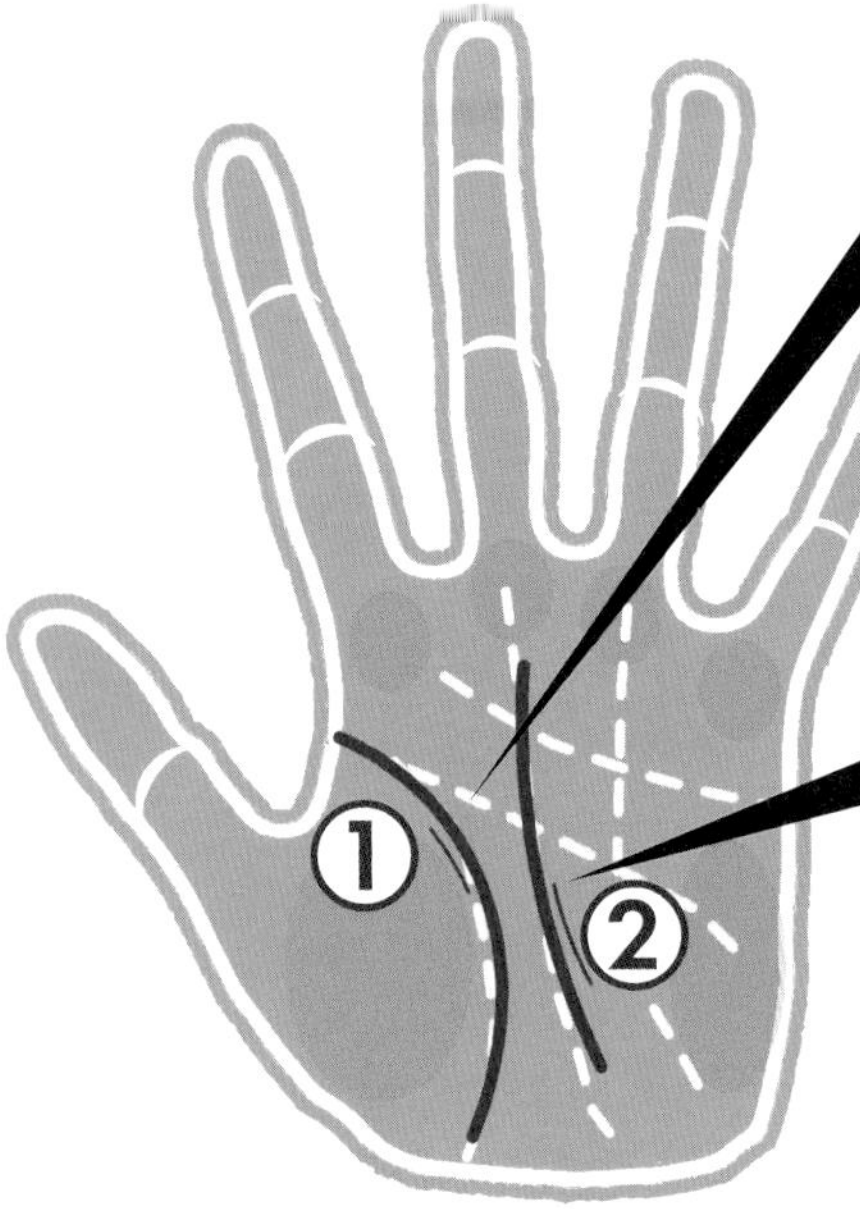


**見方のポイント①**

生命線の内側5mm以内のところで細く寄り添うような線が伸びている。長いほうが縁は深い。

**見方のポイント②**

運命線に寄り添うように線が伸びている。離れた場所から伸びてくるタイプのものもある。

### ① 生命線の影響線

生命線の内側に影響線が寄り添うように伸びているのは、ご縁の深い友人や恋人がその期間ずっとそばにいる生活を送るという意味。恋人同士なら、その線が生命線にくっ付くと結婚する可能性が高いです。

### ② 運命線の影響線

運命線にも同じく影響線が伸びている人がいます。これも同じ意味ですが、運命線にくっ付かない場合、二人はいずれ離れていきます。メインの線を貫いてしまうような場合は相手の裏切りなどでダメージを負うことを意味します。

### 長所の伸ばし方

ご縁の深い仲間や恋人と長続きするということですから、思いやりのある人であり、何かあったとしてもまた仲直りできる寛容な心を持っているところなどは長所と言えるでしょう。仲間と何かを成し遂げるような仕事も向きます。

### 短所の活かし方

このタイプの人は寛容な一面がありますが、自分にも甘く、ルーズなところもあるので、普段からイヤミや愚痴などがついつい多くなってしまうことがあります。立場が上になると威圧的になったりするので注意が必要です。

手相 75

# 偉人・大物

## 向いている仕事

伝統工芸士、大学教授、博士、宇宙飛行士
トップアスリート、ファッションデザイナー、漫画家
歌手、アーティスト、俳優、映画監督、政治家
実業家、起業家

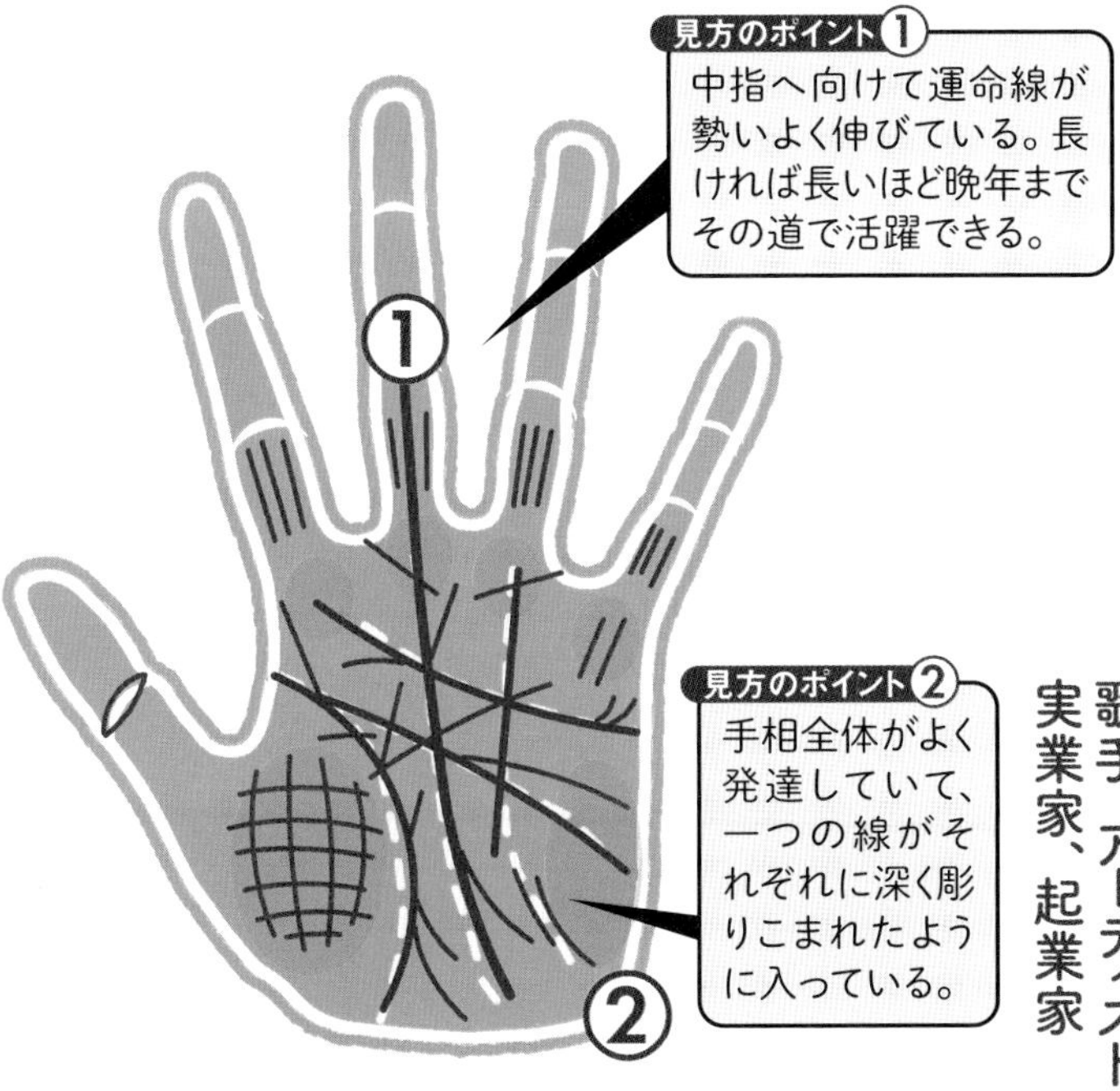
見方のポイント①
中指へ向けて運命線が勢いよく伸びている。長ければ長いほど晩年までその道で活躍できる。
見方のポイント②
手相全体がよく発達していて、一つの線がそれぞれに深く彫りこまれたように入っている。
①
②

### ① 運命線が勢いよく伸びている

運命線は自分の満足度を表す線。この線が立派に入っている人は自分の人生、生き様にとても納得して生きていくことができます。勢いの良さは運の良さを意味しますので、強運で勝負強さも持ち合わせた大物になる人物です。

### ② 線が進化し深く刻まれたように入っている

手相の各線や相がしっかりと刻まれたように入っている人は、持ち合わせた才能や運というものをしっかり活かして生きていくことができる人です。持ち合わせたものは全てフルパワー。非常にエネルギッシュで勢いのある人です。

### 長所の伸ばし方

持って生まれたものがとても強い人なので、後に社会的に大きな影響を持つ人物となる可能性が高いです。どんな境遇でも必ず自分の進むべき道を見つけて進んでいく人であり、本人のやる気や自主性を尊重していけばよいです。

### 短所の活かし方

何事にもパワフルで自主性もあって立派な人物ですが、時折、自信過剰になったり、有頂天になったりするところがあります。足元をすくわれないように、身近にしっかりと厳しいことを言ってくれるパートナーを見つけましょう。

# 手相は変わるの!?

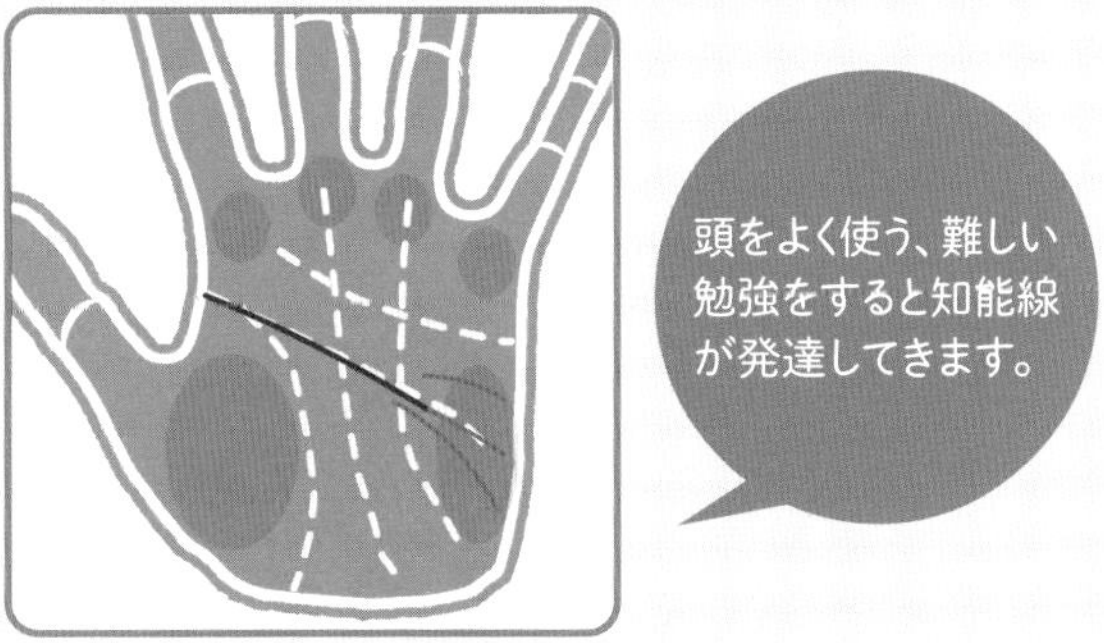
頭をよく使う、難しい
勉強をすると知能線
が発達してきます。

「手相は変わるものなの？」という質問をよく受けますが、これはよく変わるタイプの人もいるし、なかなか変わらない、変化として現れにくいタイプの人もいる、というのが回答となります。つまり「人による」ということになりますが、そういうものとは別の「違って見えてくる」というものもあります。実際は手相そのものの変化はなくても、見えてくる線が変わってくる、そのように見えて仕方がないという感じに、受け手側、見る側に変化が生じるタイプのものもあるのです。

例えば、頭をよく使うような仕事をしていたり、集中している時などは知能線が勢いよく見えるし、普段は沈んで潜んでいる線が浮き上がってきたりします。また自分に自信がついてくると運命線が強くなります。

# 手相に出る病気のサイン

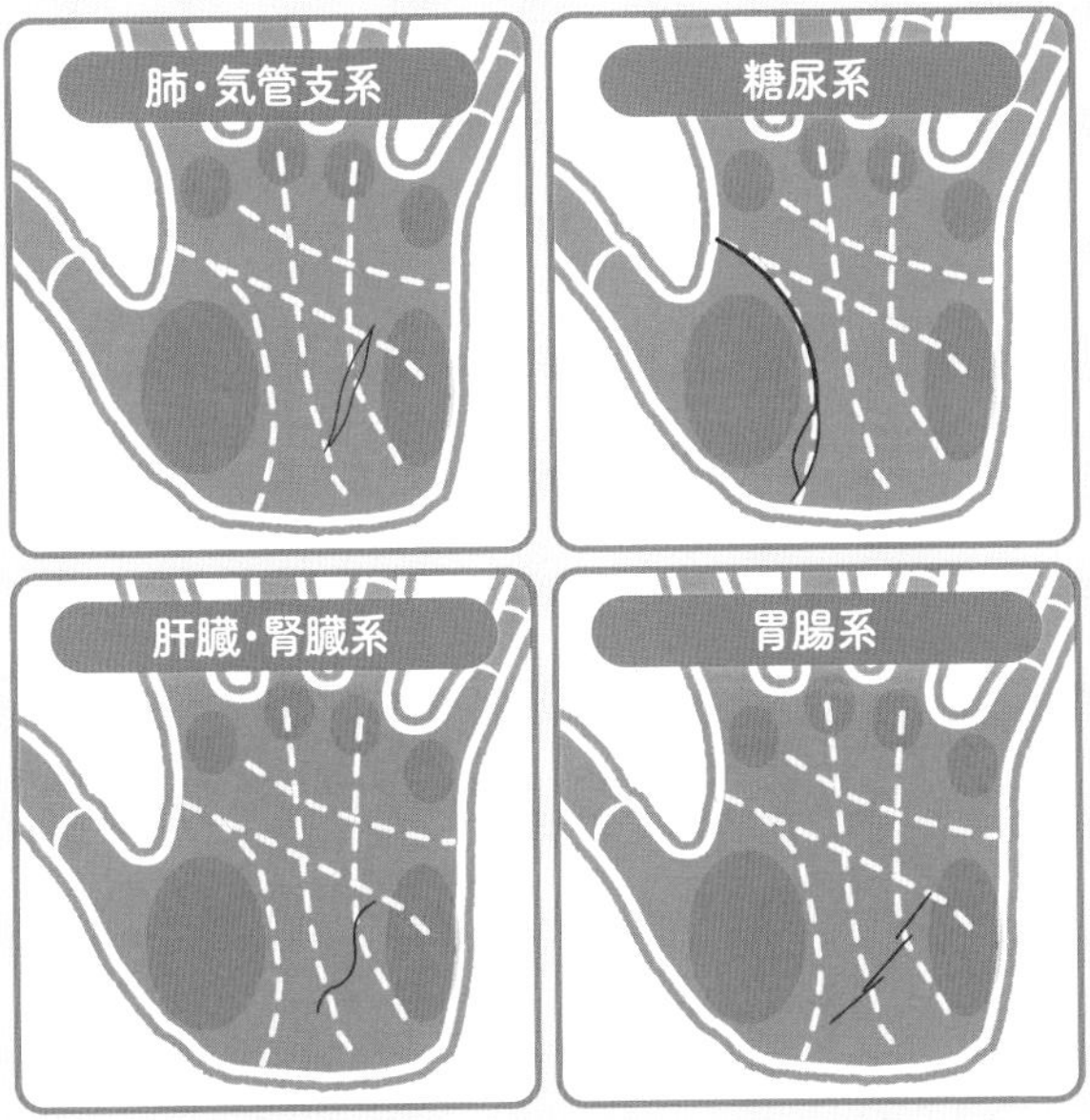


病気の原因は遺伝系、自分の不摂生、不注意、トラブルに巻き込まれるタイプのものもあります。

手相では運勢や性格、個性などを見ていくことが多いですが、もう一つ、病気のサインを見ていくということもできます。実は占いとは別である東洋医学においては健康状態を見るために手のひら（掌紋）を見ていくという診断法もあるほど。ですから実際に手相、掌紋で病気を予見することが可能であり、どのあたりにどういう相が出ると、どういう病気になるなどの判断ができます。

不摂生や生活習慣が原因のもの、家系的なものが原因で長期的に見て気を付けたほうがよい病気、また宿命的なものを表すタイプのものもありますし、突発的な病気の予兆として赤い点が出たり、色のついた小さなできものなどが生命線や知能線付近で出たりすることもあります。

大人も必見！

第3章

# 「ちょっと気をつけたい手相」

この性格、良いんだか悪いんだか……
と考えてしまうところがある子どもたちの手相です。
このタイプは特技、技能を習得したり、
才能を良いほうへ引っ張ってくれる自分に合った師や、
組織などに出会えるかが成功へのカギです。
はまれば大活躍です。

手相 76

# 目立ちたがり屋 承認欲求（ＳＮＳ／いいね）・顕示

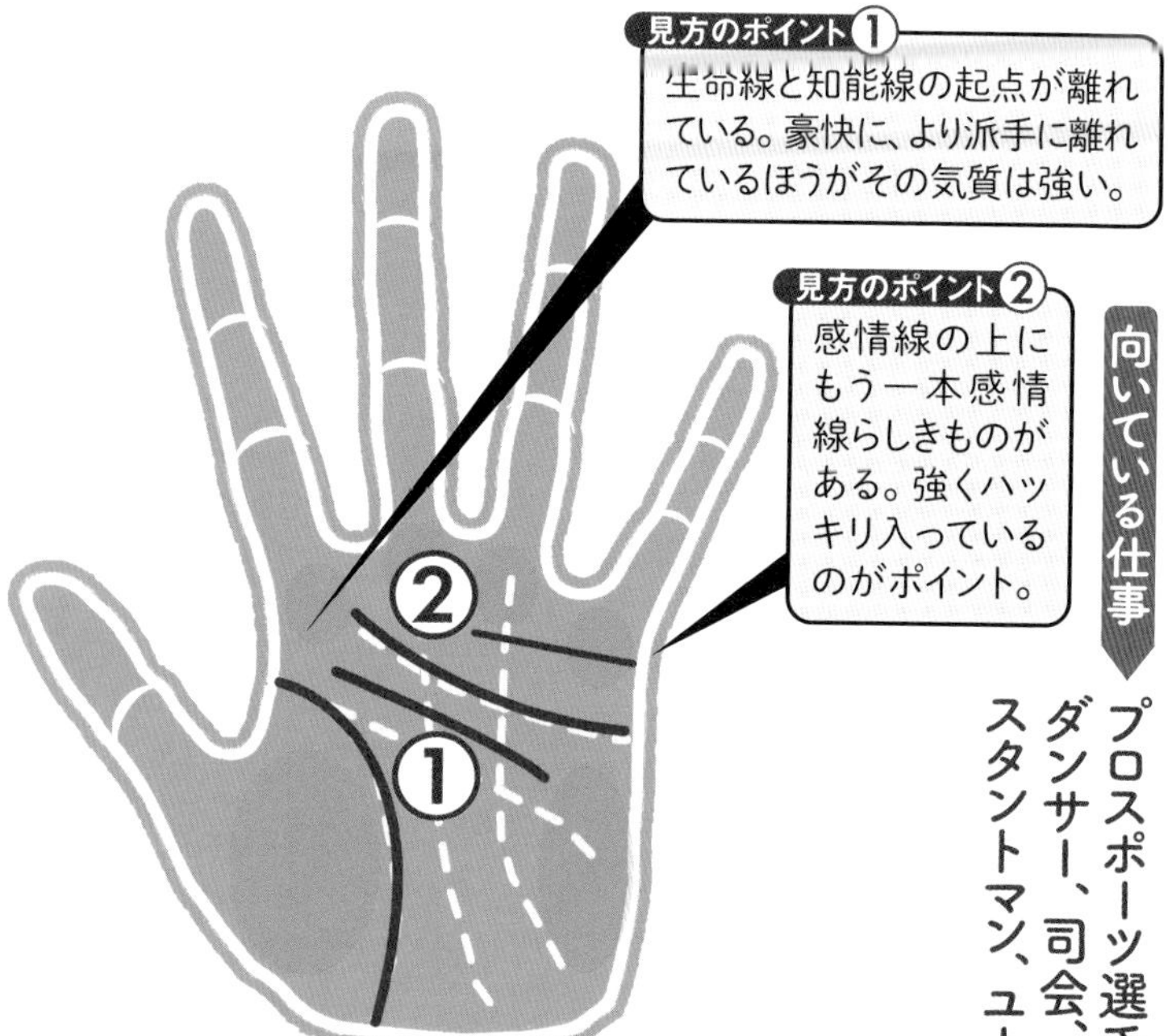

見方のポイント①
生命線と知能線の起点が離れている。豪快に、より派手に離れているほうがその気質は強い。
見方のポイント②
感情線の上にもう一本感情線らしきものがある。強くハッキリ入っているのがポイント。
②
①


**向いている仕事**

プロスポーツ選手、格闘家、モデル、タレント、芸人
ダンサー、司会、ＤＪ、ミュージシャン、カーレーサー
スタントマン、ユーチューバー、人気商売

**① 生命線と知能線の起点が離れている**

目立ちたがり屋という特長があります。本人の中におとなしくしていられない、言わずにはいられない何かが存在するようです。自分の意見や行動を認めてほしいという承認欲求の気持ちも強いです。

**② 二重感情線**

スリルを求める人。ありきたりや平凡、ノーマルではどこか物足りず、つまらないと思ってしまう人です。どうせやるなら思い切ってやる、ギリギリまで攻める、限界までやるが基本精神。派手好きな人が多いです。

### 長所の伸ばし方

緊張感やスリルが好きな人ですから、憧れはあるけど、とてもそこまではできないというような人気職業やかっこ良くて目立つ仕事が向いています。厳しいトレーニングや練習も「いいね！」のモチベーションで乗り越えられます。

### 短所の活かし方

欠点は自信過剰なところと、寂しがり屋なところ、あとはジェラシーが強いところ。認められると調子に乗りますが、否定されると極端に落ち込みます。しかし、そういう波にもまれて成長していくタイプ。最後まで派手に行きましょう。

手相 77

# 自信・プライド・自負がある

**向いている仕事**

自営業、経営者、起業家、オーナー、アーティスト、クリエイター、職人、技能士、専門職、専門家

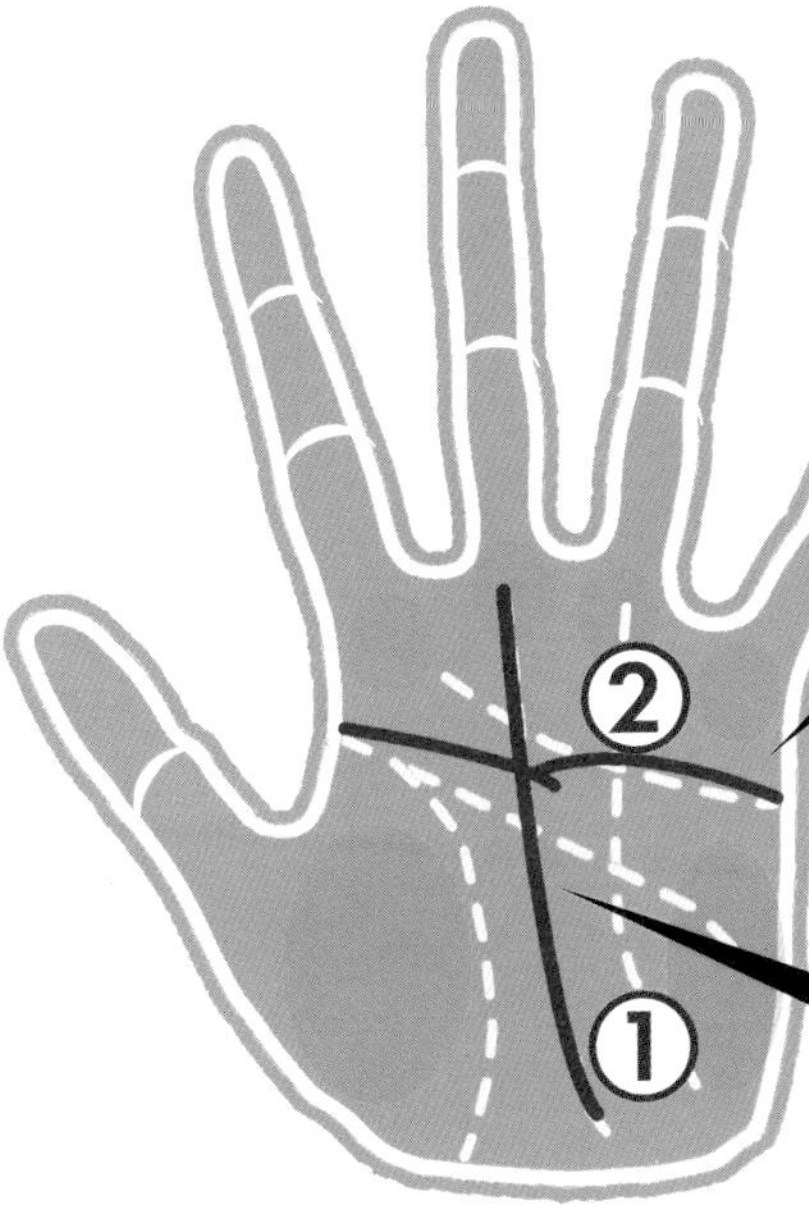


**見方のポイント②**
知能線と感情線が手の中央付近で合流しているのが変形マスカケ線。いろんな繋がり方がある。

**見方のポイント①**
パッと見て、運命線(中指に向かって伸びる線)が一番目立つぐらいに濃くハッキリしている。

## ① 運命線が濃い

運命線は自己満足度を表しますが、ここが濃い人は自分の考えや常日頃からの自分の言動にとても満足しています。自分のやることには全て自信やプライド、自負というものを持ち合わせ、自分中心で生きています。

## ② 変形マスカケ線

変形マスカケ線があるのは、真っすぐ一本のマスカケ線の人と違い、個性的な面は持ちつつもそこにプラス、柔軟性、器用さを持ち合わせる人です。臨機応変、何がこようが自分はやっていけるという強い自信の持ち主です。

### 長所の伸ばし方

誰からも文句を言われず、自分中心で物事を進められる仕事や、そういう立場、環境をいかに自分で築き上げていくかが成功のカギ。自分の興味のある分野で、それに没頭しながらプロとして収入が見込める仕事が向いています。

### 短所の活かし方

短所はプライドが高いところと、なんだかんだ言っても自分のやりたいことや主張は曲げない頑固さですが、それならばそれで誰からも文句が出ないような実力や、あなたでなければダメという特殊な才能・技能を身につけましょう。

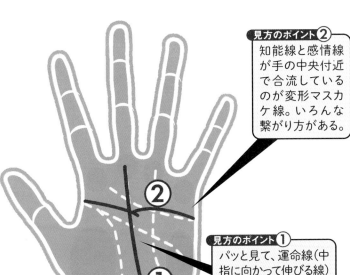

手相
78

# のんびり屋・マイペース

**向いている仕事**

フリーランス（クリエイター、ライター、IT系、美容系など）、農業、林業、漁業

カフェ・喫茶店店主、ロッジ経営

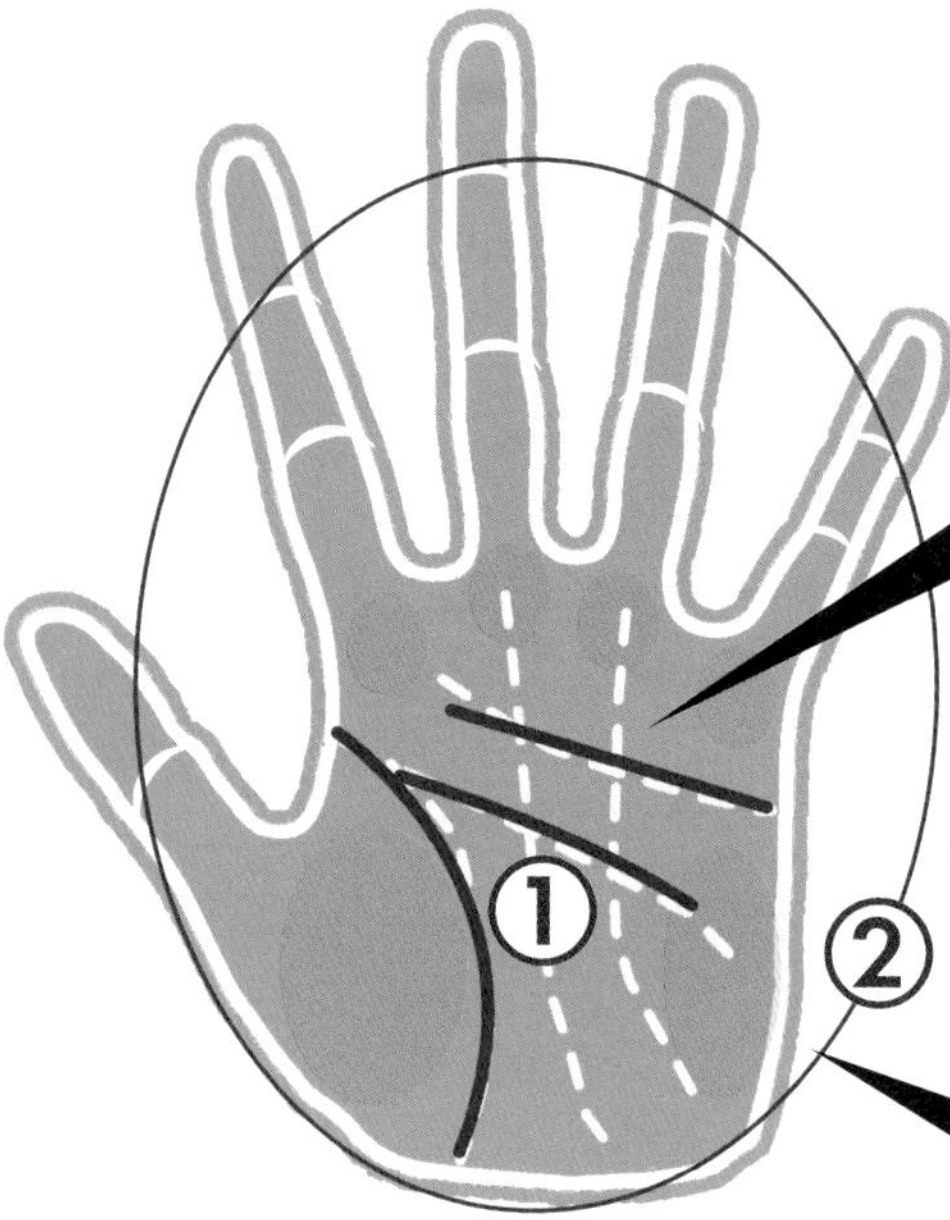


**見方のポイント①**
これといった特長的な線や相もなくいわゆる平凡な手相。線や相というよりも隙間が目立つ。

**見方のポイント②**
手のひらは膨らみや厚みがあり、ふっくらしている。手全体も比較的しっかりしている。

**① 細かな線がなく平凡**

手相で細かな線が出るということはそれだけ細かい性格の人。それが出ないということは些細なことは気にせず、それが良きにしろ、悪きにしろ、マイペースでのんびりした人です。平凡な手相の人はシンプルな生き方が向いています。

**② 手にふっくら厚みがある**

手の厚みや膨らみがあるということは、そこにエネルギーが溜まっていることを意味します。本人にはそれなりの悩みはありますが、神経を使いすぎたり、ぎすぎすした状態まで自分を追い詰めたりしません。ゆったりマイペースです。

**長所の伸ばし方**

「人は人、自分は自分」というところで、マイペースでのんびりした人ですから、競争社会は向きません。毎日同じペースで、自分のペースでやっていけるような仕事や環境が向いています。「飽きない」という強みがあります。

**短所の活かし方**

のんびりマイペースゆえに、時として「気が利かない人」と思われてしまいますが、逆にそれが相手側にも「この人には気を使わなくて済む」と思わせることにもなりえます。くつろげるカフェや専門店のオーナーなども向いています。

手相 79

# 空想的・夢見がち・非現実的

**向いている仕事**

幼児リトミック指導員、ファッションモデル
アーティスト、クリエイター、絵本作家、衣装係
アニメーター、イラストレーター、人形作家
ペットや花・植物に関わる仕事

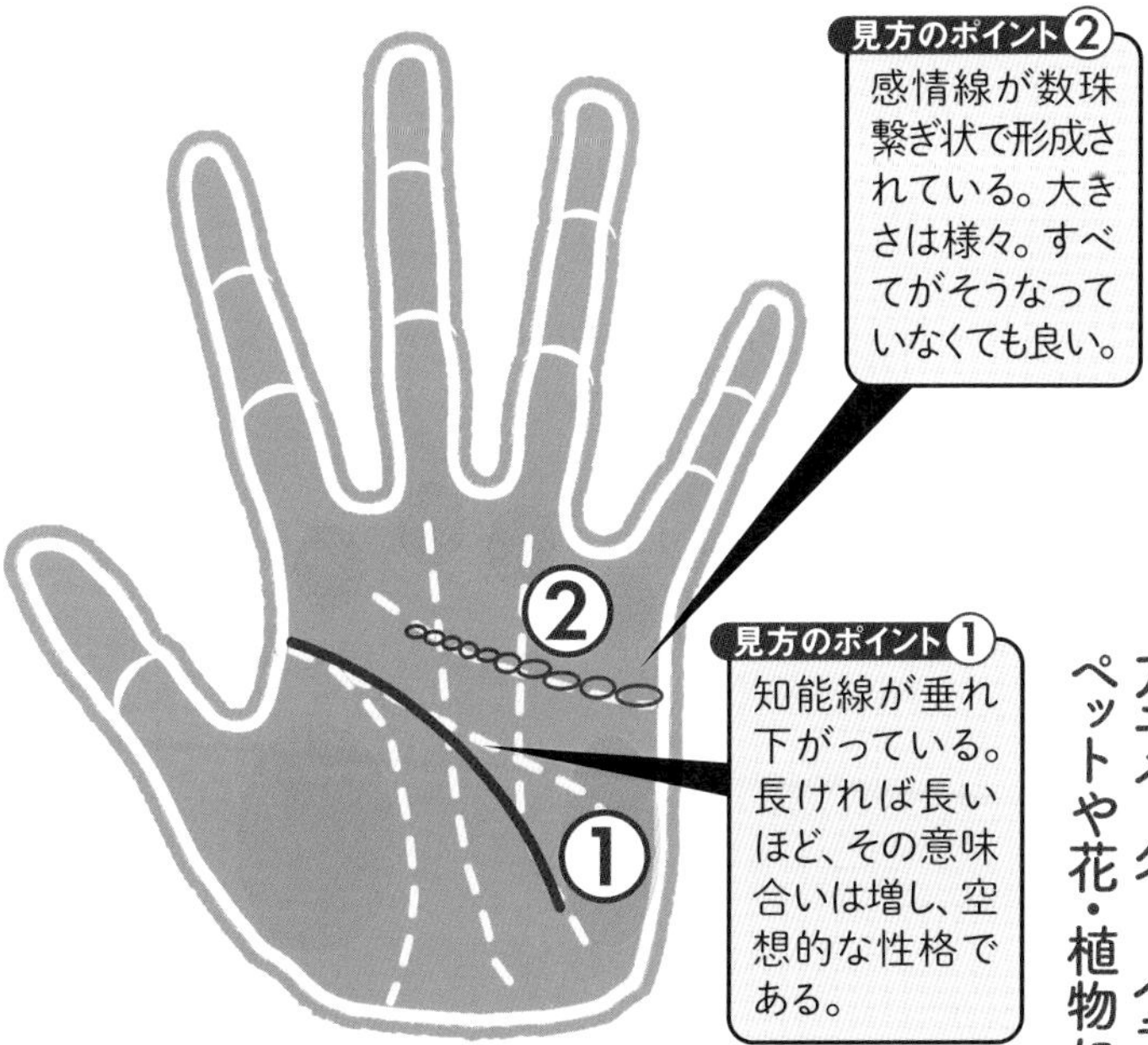

見方のポイント②
感情線が数珠繋ぎ状で形成されている。大きさは様々。すべてがそうなっていなくても良い。
見方のポイント①
知能線が垂れ下がっている。長ければ長いほど、その意味合いは増し、空想的な性格である。
②
①


## ① 知能線が垂れ下がる

知能線が垂れ下がっている人は空想的で、想像の世界、イメージの世界で生きていくのが好きなタイプ。現実的に計算して損得を考えるようなことや、人との駆け引きなどは苦手です。アーティスト、クリエイタータイプ。

## ② 感情線が数珠繋ぎ

感情線がツブツブの状態になっている人は、情感があり、センシティブなところがあります。感受性が高く、何かと影響を受けやすい人で、心も脆いところがあります。抑えきれないものが高ぶると、突然、感情が爆発したりします。

### 長所の伸ばし方

この相の人は不思議な雰囲気が魅力であったり、感受性も高いのでモデル的な仕事やファッション系には相性が良いです。クリエイティブな才能があるのでモノづくりや、音楽、演劇などの方面で活躍する人が多いです。

### 短所の活かし方

人と争ったり、駆け引きするのが苦手。人間関係の複雑な環境は避けたほうが良いでしょう。感情的に危ういところがあるので、子どもや動物、植物など自然界のものを相手にするような仕事も良いですね。

手相 80

# 保守的・無難

**向いている仕事**

エンジニア、バスの運転手、鉄道運転士
配送ドライバー、警備員、管理人、造園・植木職人
整備士、溶接工、板金工、大工、地方公務員
政治家、アパート、マンション経営

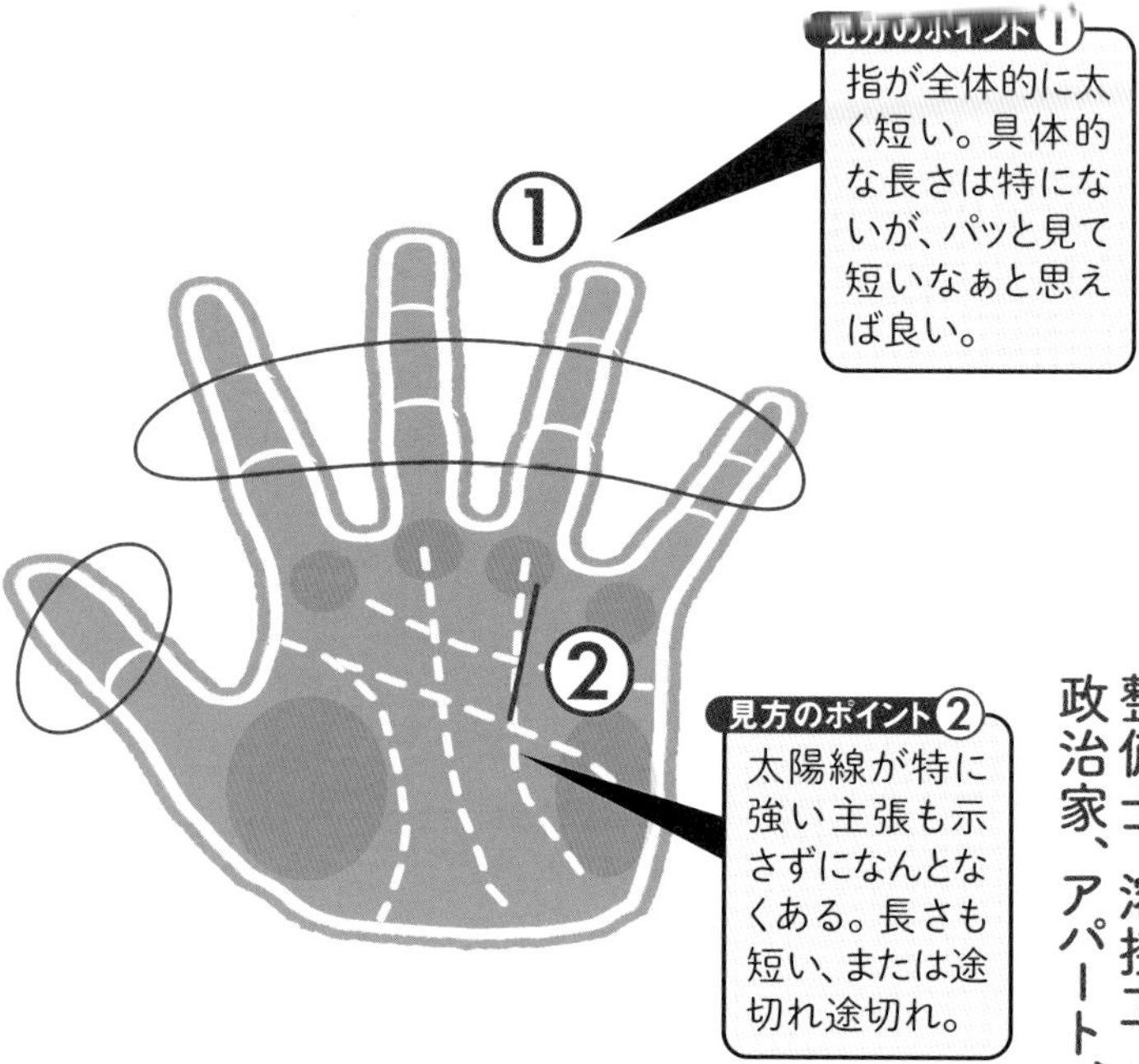

①
見方のポイント1
指が全体的に太く短い。具体的な長さは特にないが、パッと見て短いなぁと思えば良い。
②
見方のポイント2
太陽線が特に強い主張も示さずになんとなくある。長さも短い、または途切れ途切れ。


## 1 指が太く短い

指が太く短い人は、堅実でしっかり者。派手なことは苦手で口下手なところがありますが、任せられた仕事や役割はきちんとこなすことができます。ただ少々面倒くさがりで不平を口にすることもあります。社交性には欠けるタイプです。

## 2 弱めの太陽線

太陽線は富や名声、成功運を表す線。あくまでも本人の自覚によるところも大きいですが、この線が弱めということは、名誉やお金、成功もそこそこあればいいという考えが強く、無難で保守的。損をしないことや、疲れないことのほうが大事です。

### 長所の伸ばし方

長所は安定性。仕事はしっかりやるので任せておけば安心な人です。また自分の好き嫌いはハッキリと態度に出るタイプですから人付き合いが煩わしくなく単調な仕事ですが堅実、安定性のあるものが良いでしょう。

### 短所の活かし方

口下手でどこかぶっきらぼう、あるいはふてぶてしい印象さえ与えてしまうこともあるタイプで、そういう態度のほうが似合う職業もあります。堂々としていないといけない、あるいは動じない姿勢を見せる仕事や立場も良いです。

手相 81

# 迷い・ためらい・優柔不断

**向いている仕事**

データ入力、事務職、裁縫、イラストレーター
研究員、コンビニやスーパーのスタッフ、ライン作業
梱包、仕分け、検品、インターネットショップオーナー

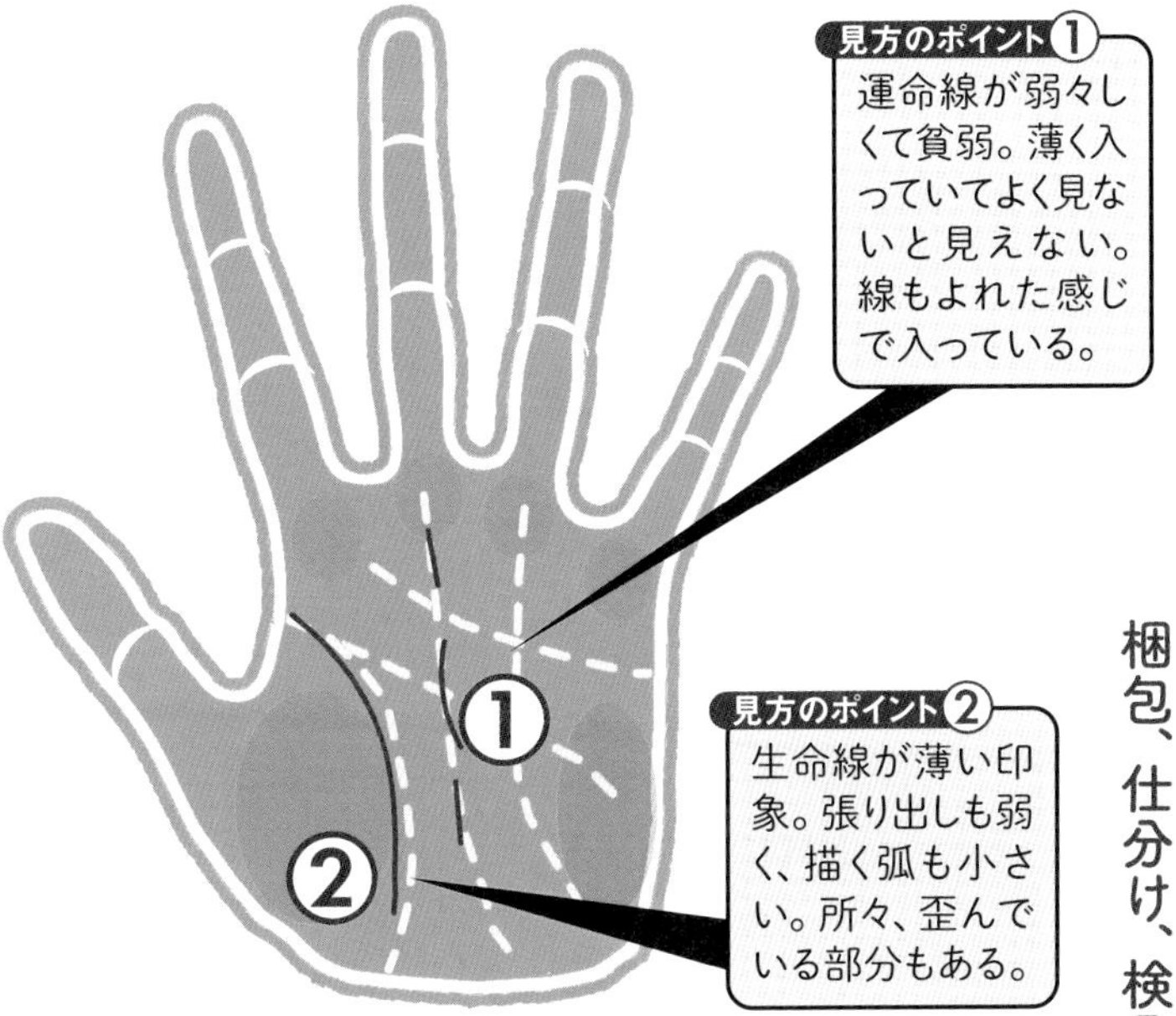

見方のポイント①
運命線が弱々しくて貧弱。薄く入っていてよく見ないと見えない。線もよれた感じで入っている。
見方のポイント②
生命線が薄い印象。張り出しも弱く、描く弧も小さい。所々、歪んでいる部分もある。
①
②


**① 運命線が貧弱**

運命線が弱い人は迷いが多く、優柔不断で物事を決めきれないタイプです。強い目標もなく、ただ何となく日々を過ごしがちで、世間を騒がすニュースや、身の回りの不安な出来事、苦手な人間に振り回されやすいです。

**② 生命線が弱い**

生命線の弱い人は意思や気力が弱い。体調面も常にどこか具合が悪いところがあったり、免疫も弱く、すぐに風邪をひいたり、流行りの病などにもかかりやすいタイプ。いつもため息ばかりついているような人です。

**長所の伸ばし方**

長所は気持ちが弱いタイプなので、その分、何かされたりすると感謝したり、愛情深くなれるところです。自分で物事を決めなくて良い仕事や、機械的なこと、自分のペースで黙々と打ち込めるようなものも相性は良いです。

**短所の活かし方**

短所は優柔不断な点ですが、それゆえの柔らかさ、まったり感はあります。あいまいさがあったほうが良い仕事や立場などは適職ですし、話を相手に合わせることも上手い方なので、そういう才能を活かすという手もあります。

## 手相 82

# 無欲・虚心・達観

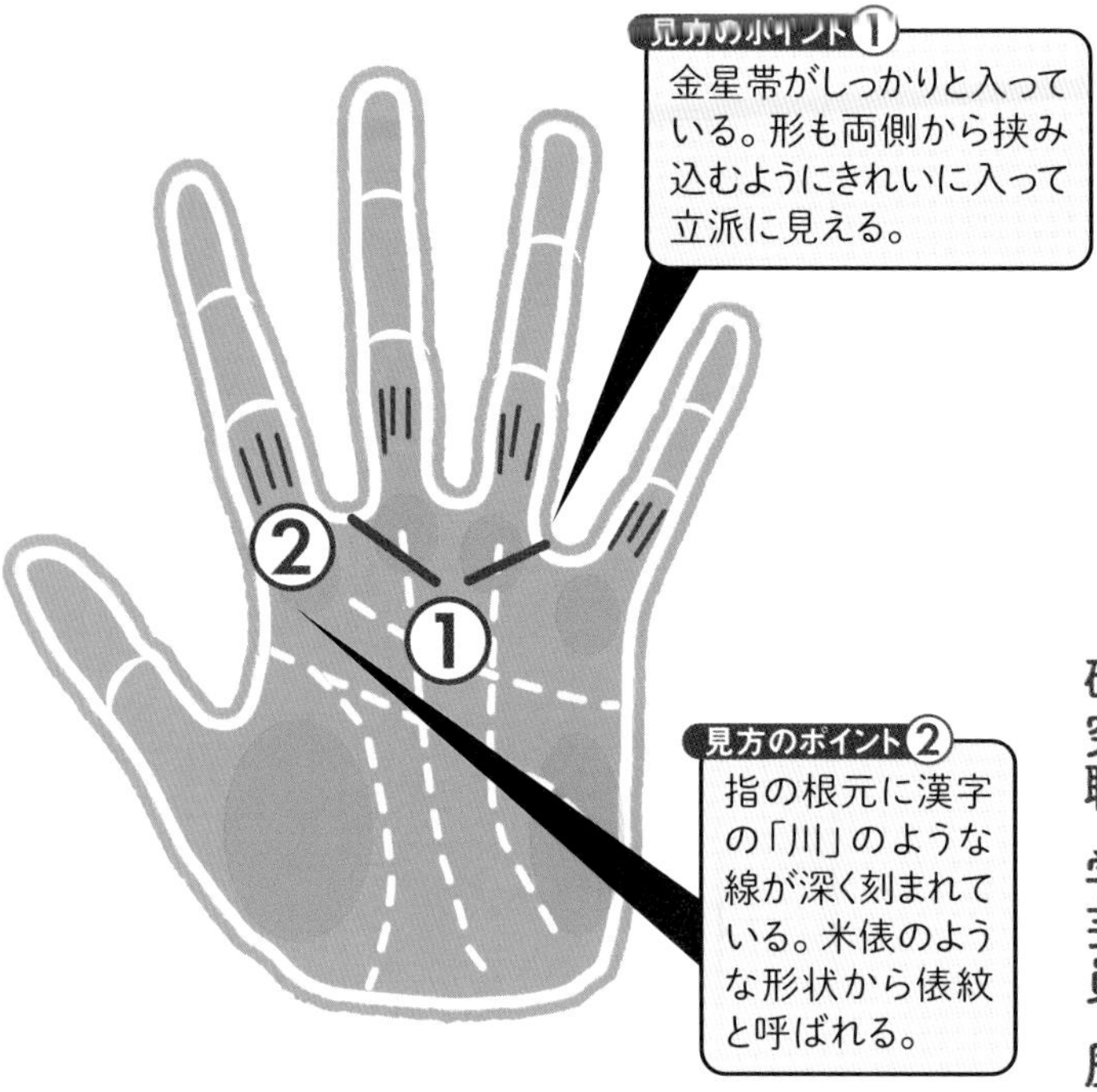
見方のポイント①
金星帯がしっかりと入っている。形も両側から挟み込むようにきれいに入って立派に見える。
②
①
見方のポイント②
指の根元に漢字の「川」のような線が深く刻まれている。米俵のような形状から俵紋と呼ばれる。

**向いている仕事**

医師、薬剤師、教職、師範、伝統工芸士、技能士
神職、監督、作曲家、脚本家、審判員、不動産業
研究職、学芸員、歴史や地域に関わる仕事

**① しっかりした金星帯**

金星帯がしっかりしている人は物事を深いところまで見ていくことができる洞察力に優れています。どこか堂々としていて、落ち着きがあり、物事を悟ったような印象さえ感じさせるものがあります。大物になる素質あり。

**② 俵紋**

この相の持ち主は徳も人望も厚い、たいへん懐の深い人物。無欲で達観した人物だからこそ逆に、人やお金、名声など何でも集まってきます。子どもの頃から指にこの相が現れていたら、将来は相当な人物になるでしょう。

**長所の伸ばし方**

運の良い人なので運命に逆らわないことです。無欲で達観したところがあるため、気がつけば人の上に立ち、まとめ役になったり、相談を受ける立場になるでしょう。良い師に巡り合うことができれば、さらにその才能は磨かれます。

**短所の活かし方**

この相の人は、達観したところがあるため、あまり物事に執着がなく、お金もどんどん使ってしまったり、何でも引き受けてしまったりするところがあります。若いうちはその性格が裏目に出やすいので注意が必要です。

手相

83

# 潔癖症・強迫観念（緊張）

向いている仕事

美容師、メイクアップアーティスト、コーディネーター
ボイストレーナー、タイムキーパー、データ管理
マネージャー、コンシェルジュ、翻訳者、秘書
校正者、テクニカルライター

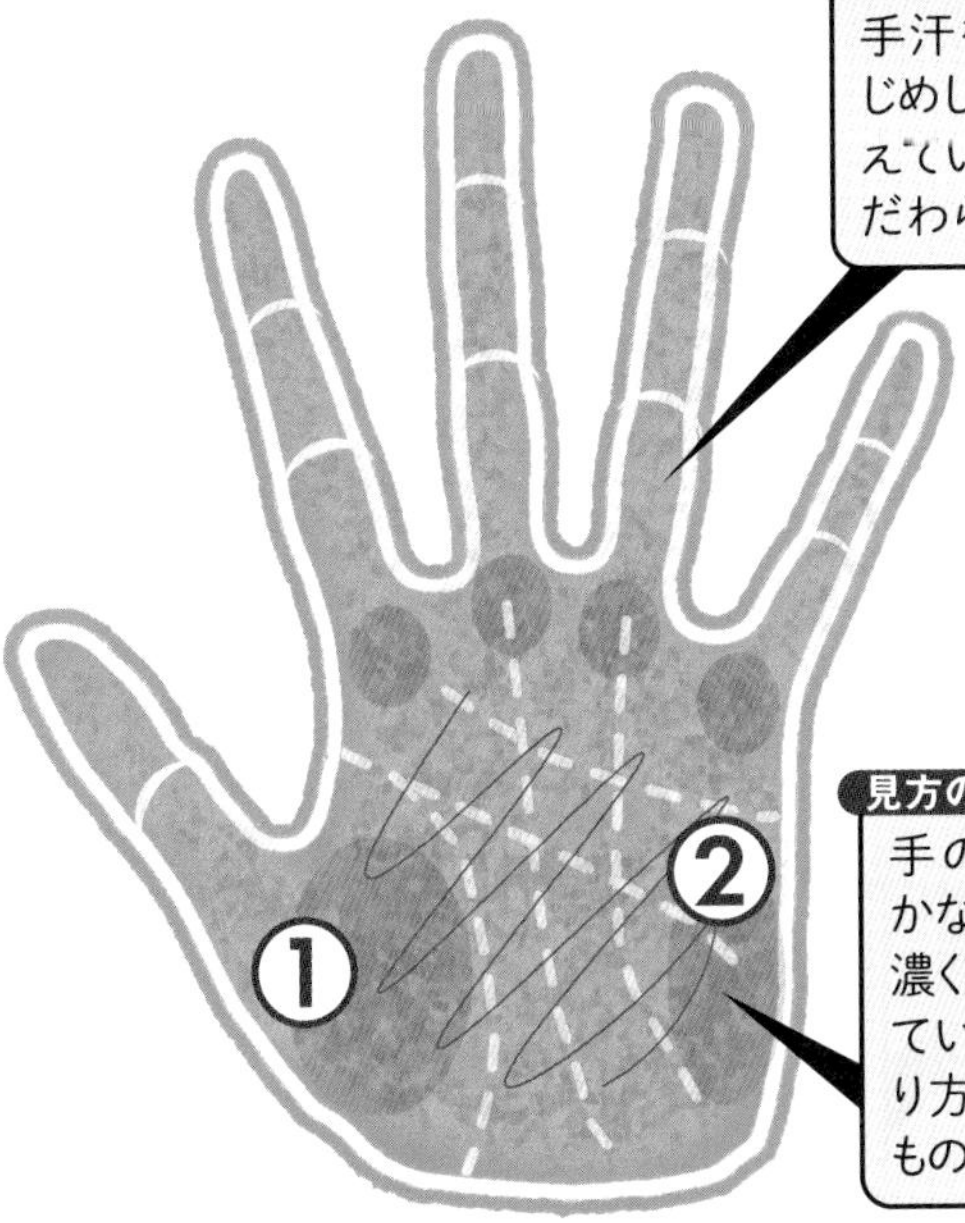


見方のポイント①

手汗をかきやすい。じめじめしてふやけていたり冷えている。手のタイプはこだわらない。

見方のポイント②

手のひらに細かな線が多い。濃く刻み込まれているような入り方をしているものはまた違う。

**①手に汗をかきやすい**

手汗をかきやすい人は常にどこか緊張状態、興奮状態に追い込まれている、あるいは自分で追い込んでいます。「これは」と思うと意気込みすぎたり、失敗できないという意識が強くなったり、何かと強迫観念に駆られる人です。

**②細かな線がたくさんある**

細かな線が薄くたくさん入っている人は神経質です。何から何まで気になる人なので、些細な乱れや汚れは許せません。スケジュールなどもきっちり予定を立てないと気が済まないところがあります。潔癖症タイプ。

### 長所の伸ばし方

完ぺき主義なところがあるので、ち密な計算ができる人です。すべてを把握しておいて、その中からニーズに合わせて何かサービスを施したり、アドバイスをできるようなコーディネーター、アドバイザー的な仕事が向いています。

### 短所の活かし方

短所は細かすぎる点や、ヒステリックになりやすいところですが、そういう細かな決め事や時間通りで仕切るようなことが適してるマネージャー業務は向いていると言えるでしょう。あとはコミュニケーション能力を高めていくことです。

手相 84

# ノーテンキ・パリピ

**向いている仕事**

ダンサー、ミュージシャン、DJ
エンターテイメント業界、接客業、芸人、タレント
人気商売、交際や接待が多い仕事や役職
プロスポーツ選手

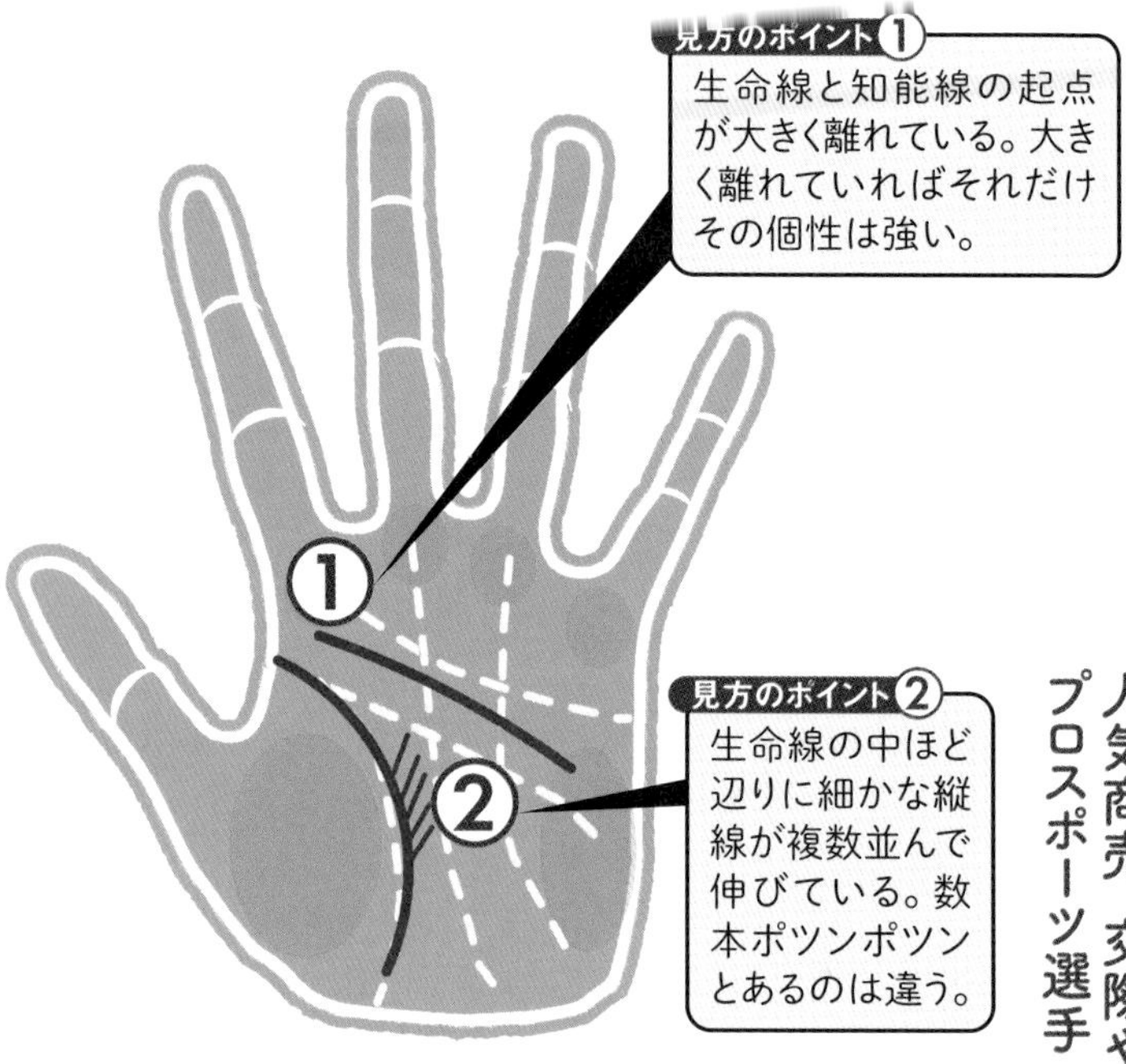
見方のポイント①
生命線と知能線の起点が大きく離れている。大きく離れていればそれだけその個性は強い。
①
見方のポイント②
生命線の中ほど辺りに細かな縦線が複数並んで伸びている。数本ポツンポツンとあるのは違う。
②

**① 生命線と知能線の起点が離れている**

生命線と知能線の起点が離れていると、考え方も行動もどこか常識離れしたところがあり、周囲が驚くようなことを平気で言ったりやったりしてしまう人です。楽しいことでも何でもぶっ飛んだことが好き。窮屈は苦手な人です。

**② 生命線から縦線がたくさん伸びている**

生命線から小さな縦線がニョキニョキ並んで伸びている珍しい相ですが、この相の人はみんなで一緒になって盛り上がるようなことが大好きな人です。食事も遊びも勉強もみんなでやると楽しくなってテンションが上がる人です。

**長所の伸ばし方**

長所は元気で明るいところ。大勢の中での盛り上げ役、また士気を高めるようなムードメーカー的な役割も得意。コミュニケーション能力も高いので、初対面でもすぐに人と打ち解け合うことを求められるような仕事も良いです。

**短所の活かし方**

短所はふざけすぎる点や調子に乗りすぎる点。危機感なくノーテンキな発言や態度をしてしまうところなどです。ただそういう性格でも力があれば何も言われないような実力や成績で評価をしてくれる職種は向いています。

手相 85

# 気が強い・向こう意気の強い負けず嫌い

**向いている仕事**

芸人、タレント、プロスポーツ選手、雀士
プロゲーマー、探偵、起業家、カーレーサー
レースメカニック、騎手、政治家、商社マン、人気商売

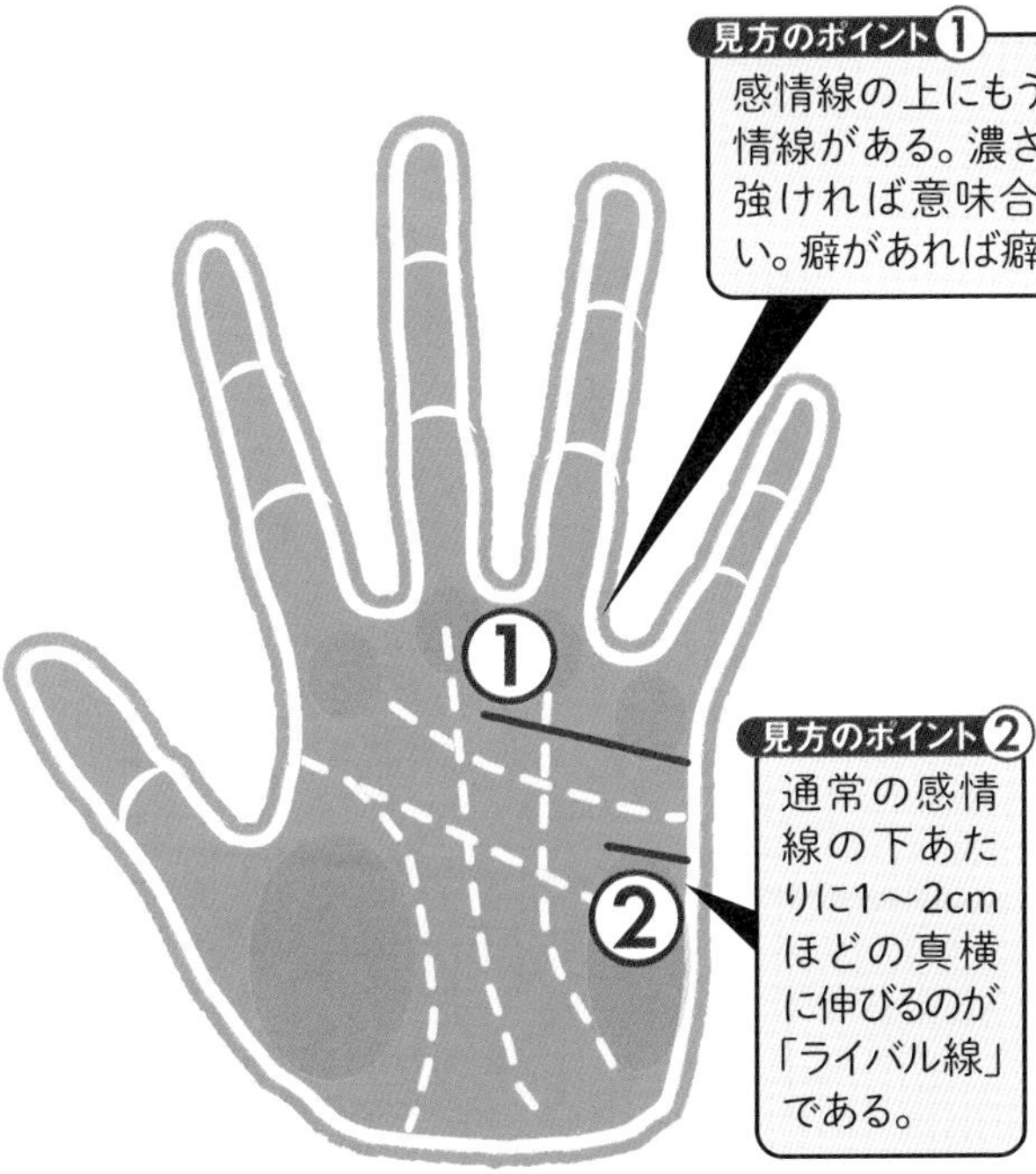
見方のポイント①
感情線の上にもう一本感情線がある。濃さ勢いが強ければ意味合いは強い。癖があれば癖も強い。
①
②
見方のポイント②
通常の感情線の下あたりに1～2cmほどの真横に伸びるのが「ライバル線」である。

**① 二重感情線**

二重感情線の持ち主の人は逆境になるとよけいに燃えてくるタイプです。プレッシャーがあったり、ピンチになればなるほど力が出てきます。また、あえてそういう状況になるように自分で自分を追い込みます。

**② ライバル線**

ライバル線のある人は負けず嫌いで、何かあると対象が外に向き、すぐにライバルを見つけようとします。なかなか負けを認めようとはしませんし、どこまでも相手に食い下がろうとする向こう意気の強い性格の持ち主です。

### 長所の伸ばし方

長所は、これはと思うものには一生懸命に努力ができるところ。ですから努力や経験を積むことで一人前になれるような仕事が向いています。強烈なライバル心を持っているため勝ち負けに拘るジャンルでも力を発揮できます。

### 短所の活かし方

短所は感情的になって見境のない言動をしがちな点です。本来の目的から逸脱してライバルを恨んだり、結果に満足できないことから周囲に八つ当たりして迷惑をかけないようにしましょう。人間性を磨くことが大切です。

手相 86

# やんちゃ・抑制が効かない

**向いている仕事**

鳶、料理人、建築業、解体業、雀士、格闘家、力士、舞台監督、映画監督、カーレーサー、大工、ボディーガード、SP、体力を使う仕事全般

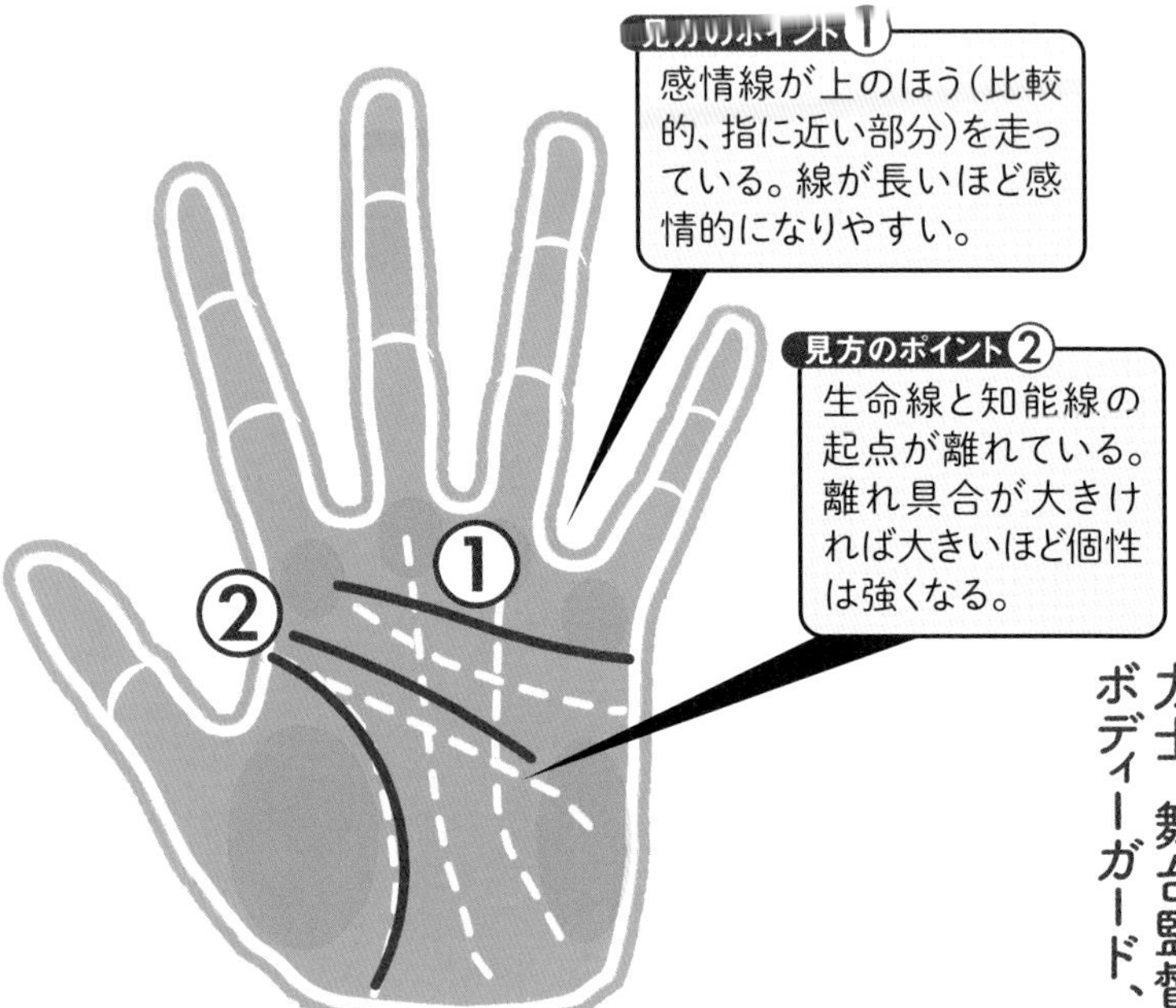

見方のポイント①
感情線が上のほう(比較的、指に近い部分)を走っている。線が長いほど感情的になりやすい。
見方のポイント②
生命線と知能線の起点が離れている。離れ具合が大きければ大きいほど個性は強くなる。
①
②


**① 感情線が上部を走る**

感情線が上部を走る人は、自分の感情を抑えることが難しいタイプで、すぐカッとなったり、言ってしまうとトラブルに発展しやすいような言葉や態度も反射的に言ってしまうところがある人です。素直といえば素直なのですが……。

**② 生命線と知能線の起点の離れ型**

この相の人は自分が正しいと思うことや、フィーリングというものが強くあり、それを相手に合わせることなく前面に押し出していくところが強いです。協調性はあまりなく自由人。周囲から引かれても関係なし。攻撃性の強い人です。

**長所の伸ばし方**

長所はエネルギッシュでパワフルな点。体力を使う仕事や役職、感情を表にむき出しにするようなスポーツ・格闘技系なども相性は良いでしょう。勇気のある人なので世の中や正義のためにその個性を生かしましょう。

**短所の活かし方**

短所は気性の粗さ。感情や気分次第で自分の都合の良いように立ち回るので周囲は困惑します。物事をハッキリさせたがる性格ですから敵も多くなるところもあります。優しさや人間味、責任感を持ち、人格者となりましょう。

手相 87

# 成り上がり・のし上がる

**向いている仕事**

ユーチューバー、芸人、タレント、歌手
ミュージシャン、アーティスト、プロスポーツ選手
経営者、起業家、実業家、料理人、漫画家
IT系、トレーダー、プロゲーマー

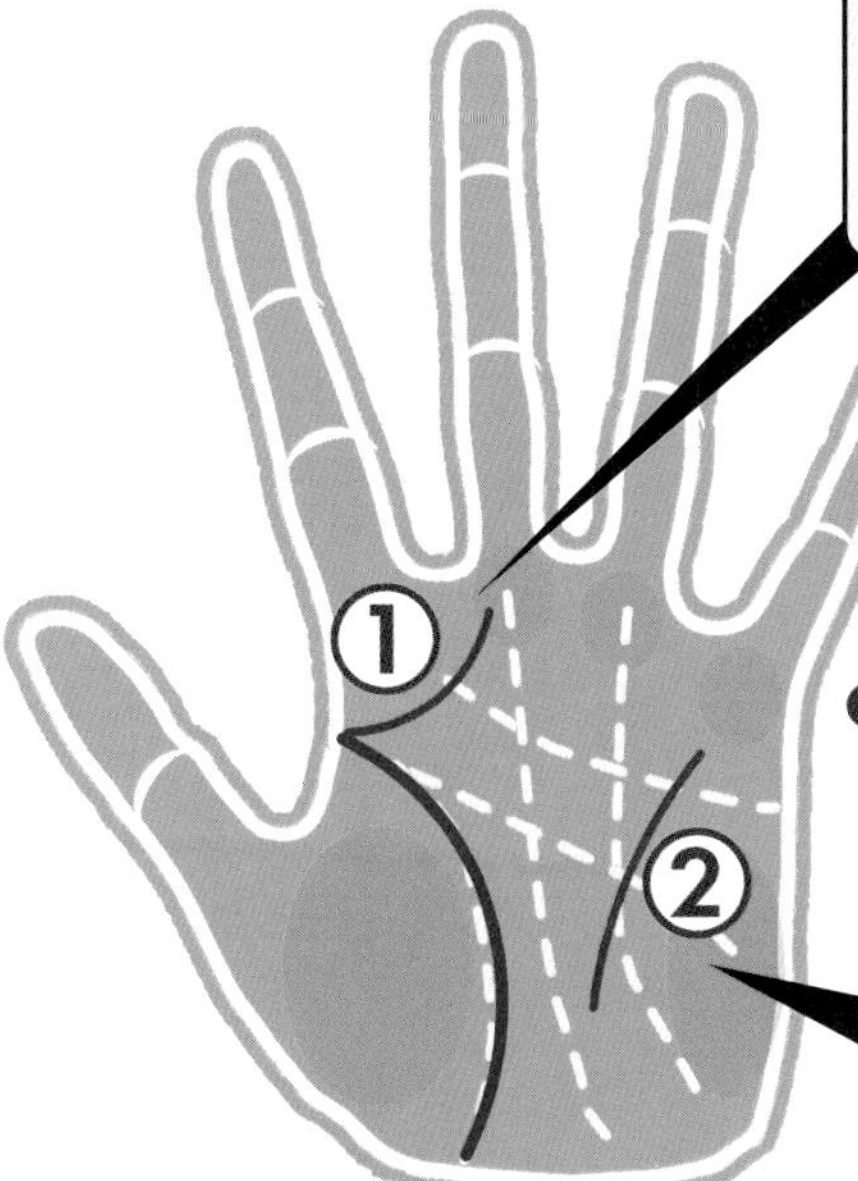


**見方のポイント①**
生命線の付け根付近から中指に向かって弓型に伸びる線を「成り上がり線（千金紋）」と言う。

**見方のポイント②**
手のひらの中央やや下付近より小指のほうに向かって伸びていく線を「事業線」と言う。

**① 成り上がり線**

成り上がり線を持つ人は一代で事業を立ち上げたり、財や名声を手にします。どん底から這い上がったり、ビッグチャンスを掴んで成功したり、それまでには様々な困難がありますが、それを努力や忍耐で乗り越えていく人です。

**② 事業線**

若いうちから立ち上げた事業などが時代の流れと上手くマッチしたり、協力者が現れて成功を収めたりできます。芸術や才能が認められて大金を手にするタイプの人もいます。大きなお金に縁がある人です。

**長所の伸ばし方**

この相の人には運やツキがあります。偶然の巡り合わせ、時代が味方する、突然有名になるなど、そういう追い風と本人の能力が上手くかみ合うと成功を手にします。いずれにせよ日々努力しているものがあるかが大切です。

**短所の活かし方**

若いうちから大金を手にしたがゆえに、まだ人間性が完成しておらず、軽率な言動をしてしまったり、人に騙されたりしやすいというところもあるのでそのあたりは注意が必要です。心から尊敬できる人、相談できる人がいると良いです。

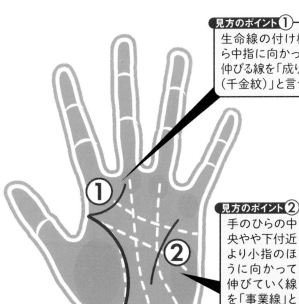

手相 88

# 寂しがり屋・孤独・やせ我慢

**向いている仕事**

保育士、スキューバーダイビングインストラクター
ネイチャーガイド、フラワーコーディネーター
イラストレーター、トリマー、ペットシッター
研究員、学芸員

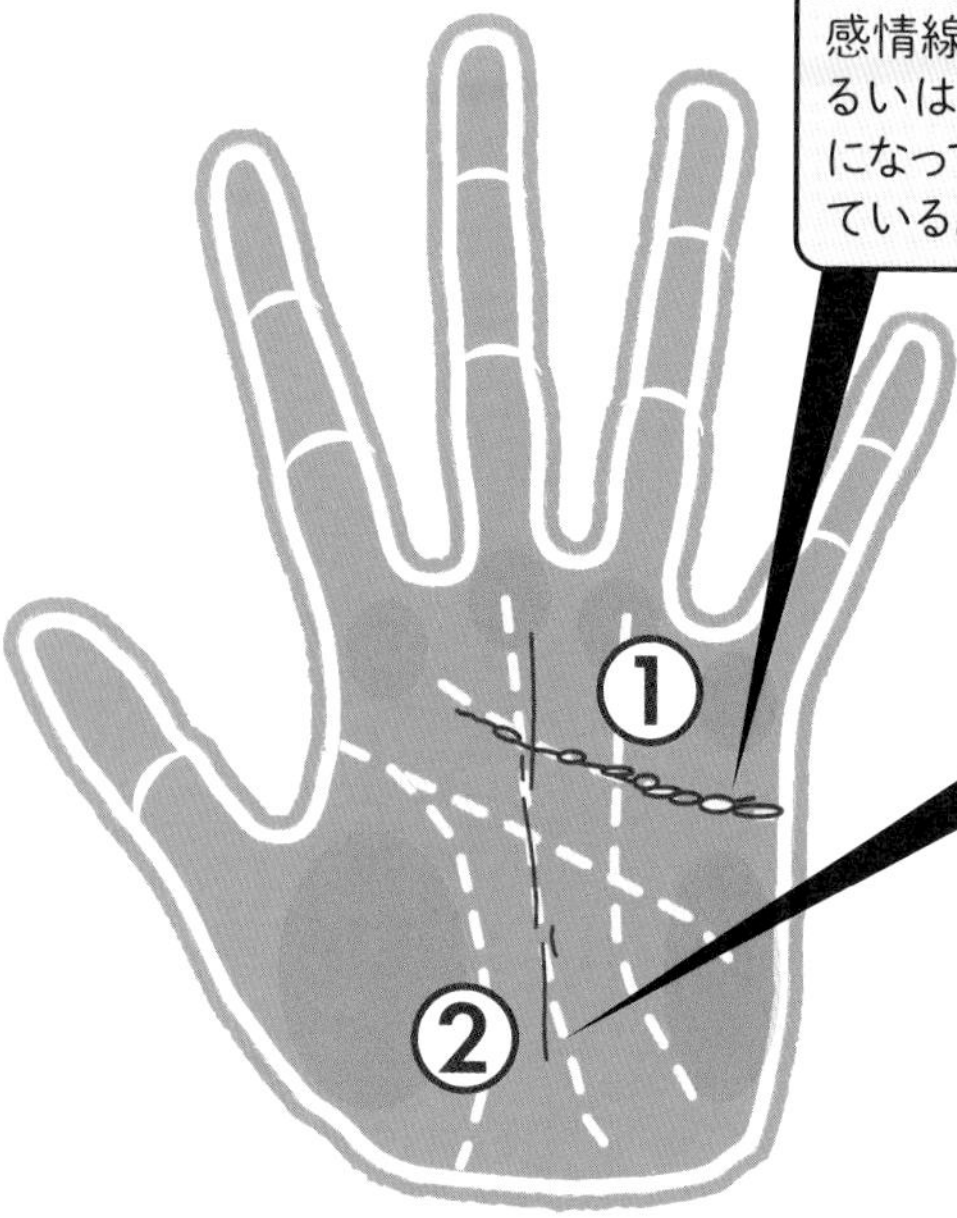


**見方のポイント①**
感情線が数珠繋ぎ状、あるいはツブツブした鎖状になっており、細かに乱れている。

**見方のポイント②**
運命線が真っすぐに伸びているが、線がか細く頼りない。時折途切れているものもある。

**① 感情線が数珠繋ぎ**

多感でセンシティブなところがあります。よく気がつく人で、相手の気持ちに寄り添うことが上手ですが、反面、自分が相手にされていなかったり、好かれてないことなどにも敏感に反応してしまう人です。

**② 運命線が真っすぐだがか細い**

真っすぐな運命線は人に頼らず自分に自信のある性格の人ですが、この線が弱くか細い感じで入っている場合は、自分を信じる力が弱く、やせ我慢をして無理をしているタイプの人です。本当は寂しがり屋です。

**長所の伸ばし方**

性格的に強いものがないので、ギスギスした人間関係の環境や、荒っぽく体を酷使するような仕事は向きません。根がとてもやさしい人ですから、植物や自然、動物などを相手にするような仕事、何かの補助、研究職も向いています。

**短所の活かし方**

寂しがり屋なのに、自分一人で何でも頑張ろうとしたり、突っ張ったりするところがあるので結局何かしようとしてもなかなか上手くいきません。まだまだ自分は未熟と知り、身の丈に合った生き方をすること。人の話はよく聞くことです。

手相
89

# 甘えん坊・依存心が強い・かまってちゃん

**向いている仕事**

モデル、アパレル販売、イベントコンパニオン
バスガイド、ユーチューバー、タレント、声優、作家
トリマー、フラワーショップ店員、アロマセラピスト
流行のお店のスタッフ、接客業

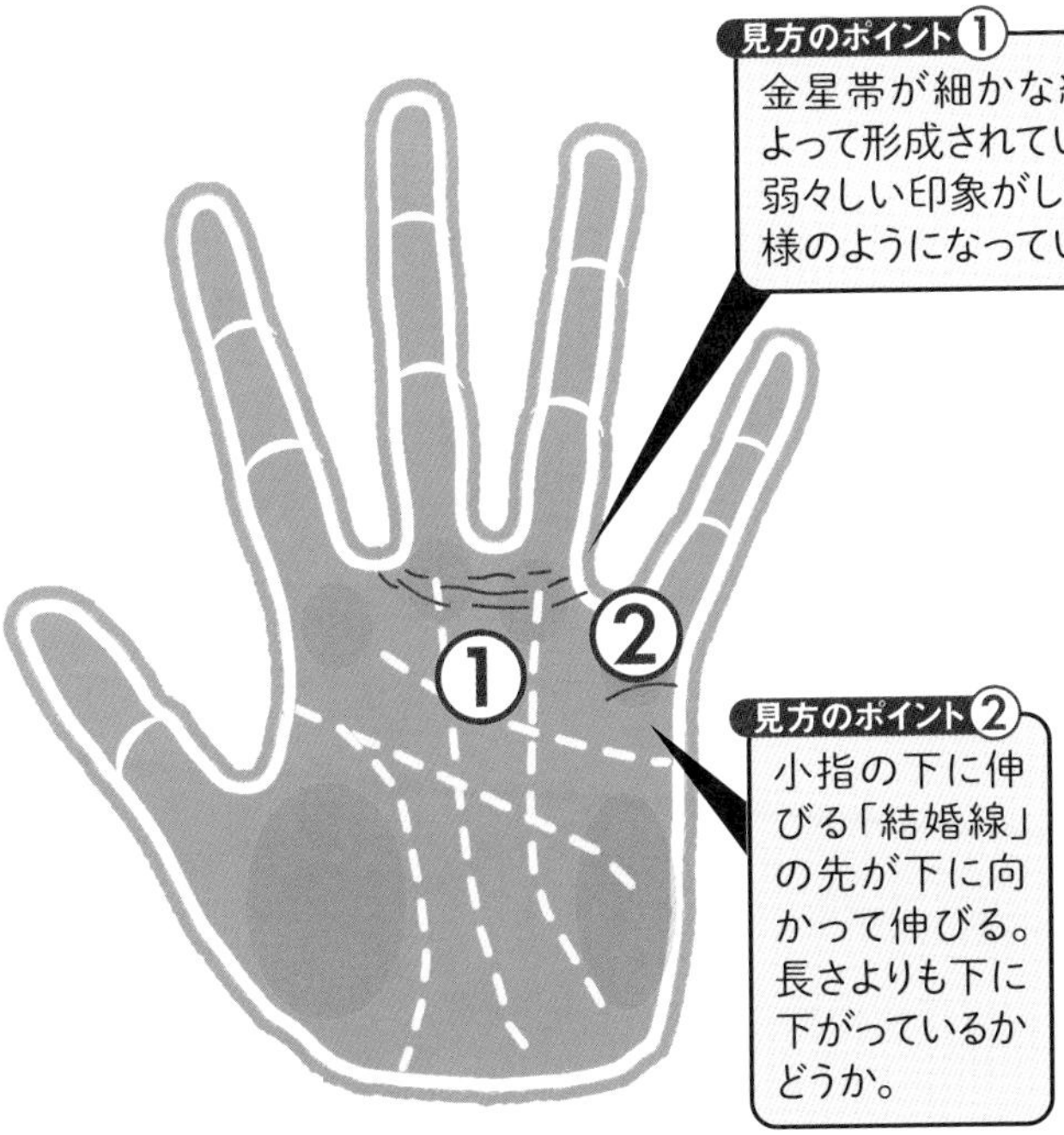

見方のポイント①
金星帯が細かな線によって形成されている。弱々しい印象がして模様のようになっている。
見方のポイント②
小指の下に伸びる「結婚線」の先が下に向かって伸びる。長さよりも下に下がっているかどうか。
①
②


**① 金星帯が複数の弱い線でできている**

金星帯は自分の感性や精神性が見て取れる相ですが、このようなタイプのものは、あいまいでいつまでも結果を出さず、なんとなく自分にとっての居心地の良さだけを求めます。「恋をしている自分」が好きな人です。

**② 結婚線が下向き**

結婚線は結婚後（あるいは同棲レベルの恋人同士になった後）の自分の気持ちが現れる線です。この線が下に向いているということは、想像よりもがっかりすることを意味しますが、それだけ結婚や恋愛を甘く考えるからです。

**長所の伸ばし方**

このタイプは「かわいい」や「おしゃれ」が好きな人なので、人前に出て注目される仕事や役職が向いています。その職種名や肩書自体がなんとなく響きが良く、かっこいいものなどでも、意外に頑張れるところはあります。

**短所の活かし方**

基本的に恋愛体質で、隙あらば何から何まで相手に甘えようとする性格が短所ではありますが、そういうほうが相手からすれば「愛想があって良い！」「応援してあげたい！」と思われるような職種や業務は「はまり役」です。

手相
90

# 奇才・異才

向いている仕事

学者、アーティスト、クリエイター、デザイナー
楽器職人、作曲家、指揮者、演奏家、タレント
トップアスリート、為替ディーラー、カーレーサー
棋士、雀士、その他専門分野の権威

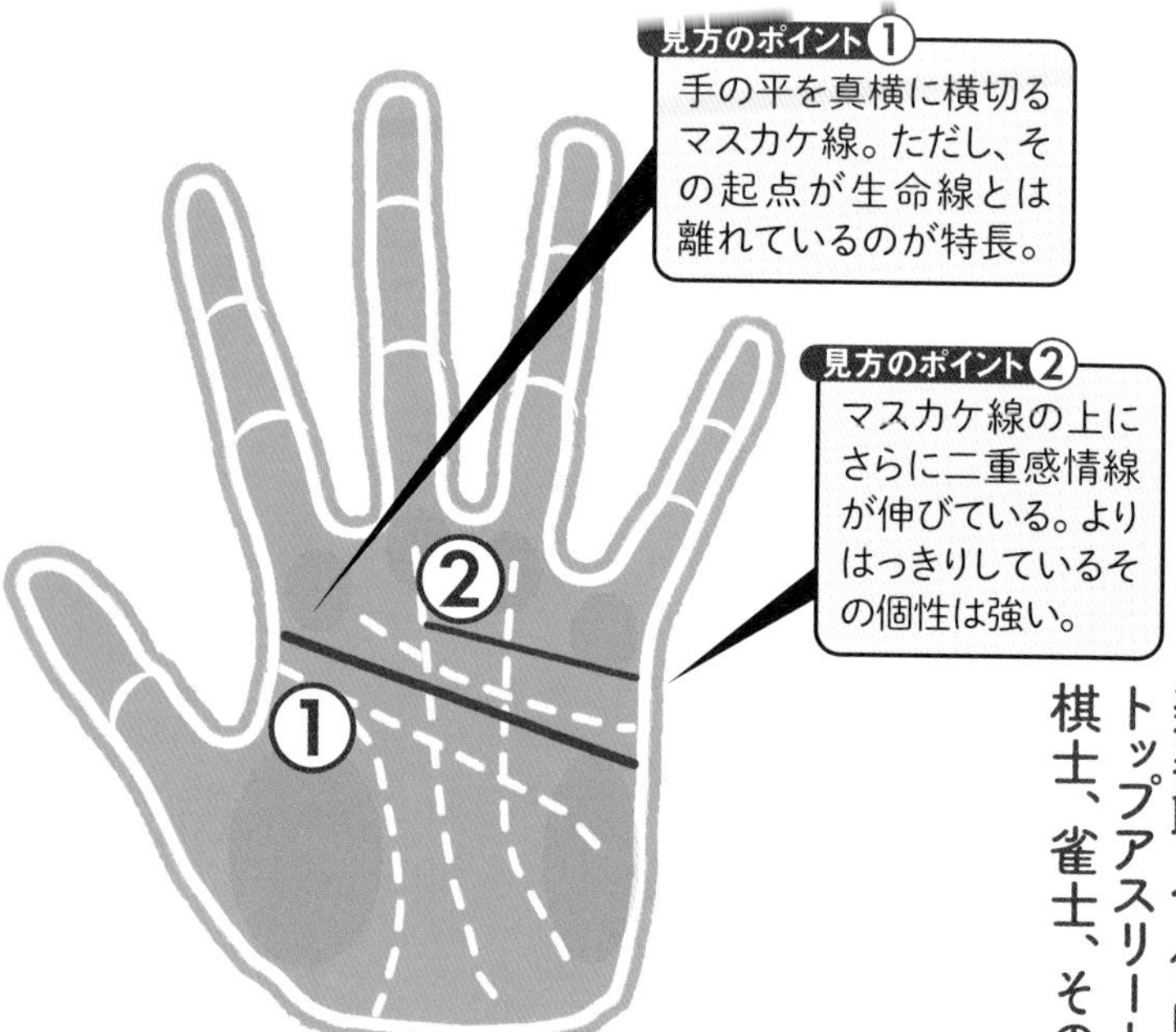

見方のポイント①
手の平を真横に横切るマスカケ線。ただし、その起点が生命線とは離れているのが特長。
見方のポイント②
マスカケ線の上にさらに二重感情線が伸びている。よりはっきりしているその個性は強い。
①
②


**① 離れ型のマスカケ線**

マスカケ線は天才肌の人。元々の才能や個性においてキラリと光るものを持っています。生命線と離れて伸びているのは離れ型の特長を持ちます。周囲の皆をあっと驚かせるような、世にも珍しい、ずば抜けた才能の持ち主です。

**② 二重感情線**

自分の興味の対象にはものすごい集中力を高めて夢中になれる人です。やりだしたら止まらない、考え出したら止まらない……など、時のたつのも忘れ、トコトン頑張れる人。倒れるまで頑張ろうとする人です。

### 長所の伸ばし方

長所はやはり誰にもまねのできない稀な才能です。どのジャンルでも構いませんが、その才能を活かせる仕事や役職が向いています。その道を徹底的に極めるべく、専門機関で学習したり、大きな大会に出て腕を磨きましょう。

### 短所の活かし方

個性が強すぎて、できることとできないことの偏りが大きくなるところがあります。このタイプの人はトコトン物事を追い詰めるため、上手くいかなかったり、激しく対立することが出てくると破壊的な一面も強く出したりします。

手相91

# スピリチュアル・不思議

**向いている仕事**

ヨガインストラクター、美容師、画家、楽器演奏者
インテリアデザイナー、風水師、占い師、タレント
俳優、セラピスト

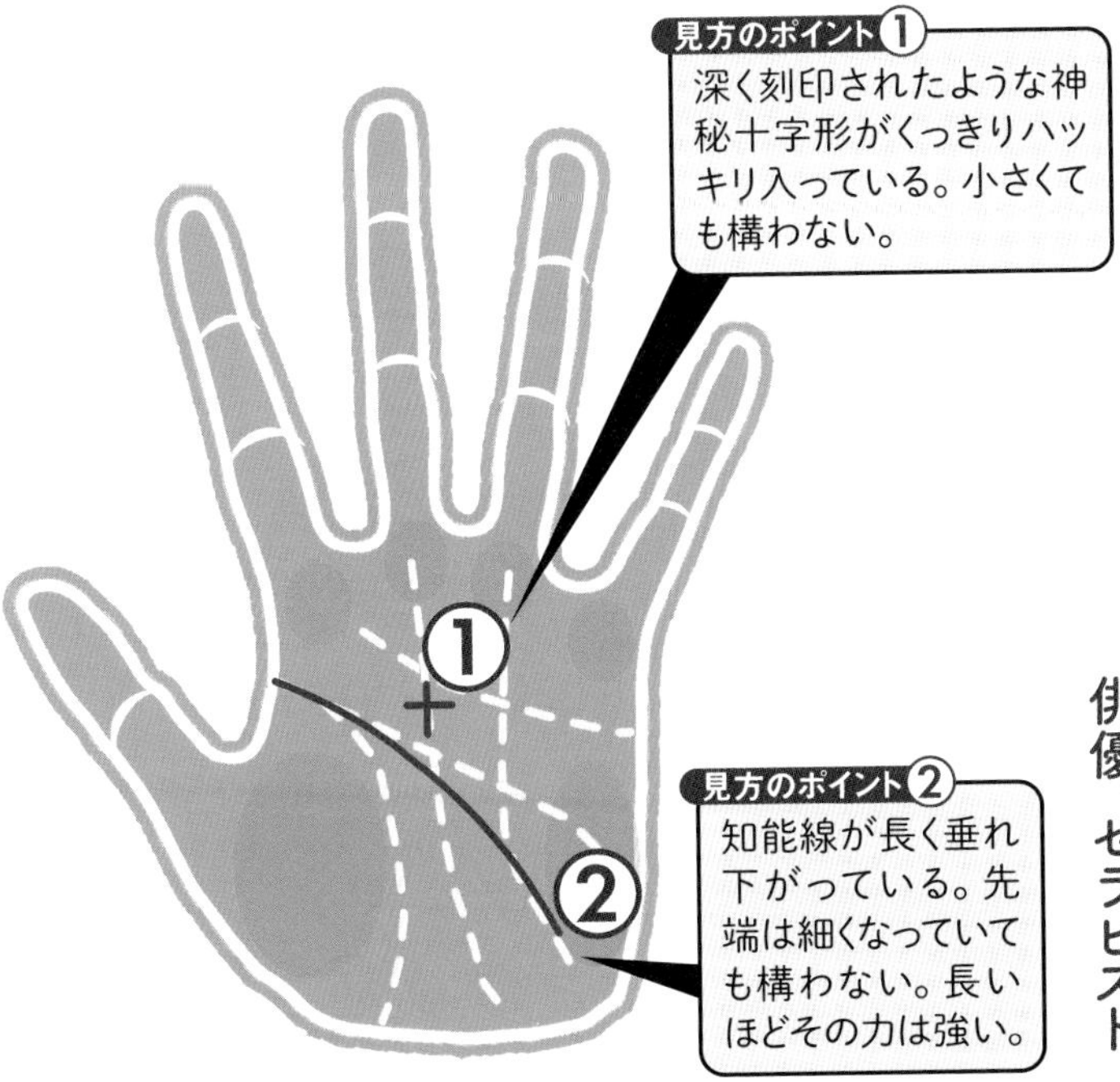

見方のポイント①
深く刻印されたような神秘十字形がくっきりハッキリ入っている。小さくても構わない。
見方のポイント②
知能線が長く垂れ下がっている。先端は細くなっていても構わない。長いほどその力は強い。


**① 刻印されたような神秘十字形**

深く刻印されたような神秘十字形の持ち主はスピリチュアルなセンスを持っている人が多いです。悩みや相談を受けたりすると不思議と解決方法がわかったり、虫の知らせのようなものをキャッチして危険を回避できたりします。

**② 知能線が下に長く垂れ下がる**

知能線が長く垂れ下がるように伸びている人はイメージの世界、想像の世界を膨らませるのが得意ですが、他にも不思議な世界、超能力的な未知の世界とも繋がる才能も持っています。勉強とは違う不思議なことを知っていたりします。

### 長所の伸ばし方

生まれ持った不思議な才能は遺伝系によるものが多いので、家系にも同じ能力を持った人がたいていいます。何かと相談を受ける側になるので、自分も社会に出て人の気持ちをわかるようになっておくのが良いでしょう。

### 短所の活かし方

短所は優しすぎて自分としての意思が弱くなってしまうところ。何でも「いいよ、いいよ」と言ってしまったり、疲れているのに無理して付き合ったりするとやはり後になって大変な思いをします。自分もしっかり守ること。

手相
92

# 早熟・おませ

**向いている仕事**

ダンサー、プロスポーツ選手、ファッション系（デザイナー、コーディネーター、モデル、プロデューサー）
ミュージシャン、クラシック演奏家、プログラマー
起業家、外資系企業

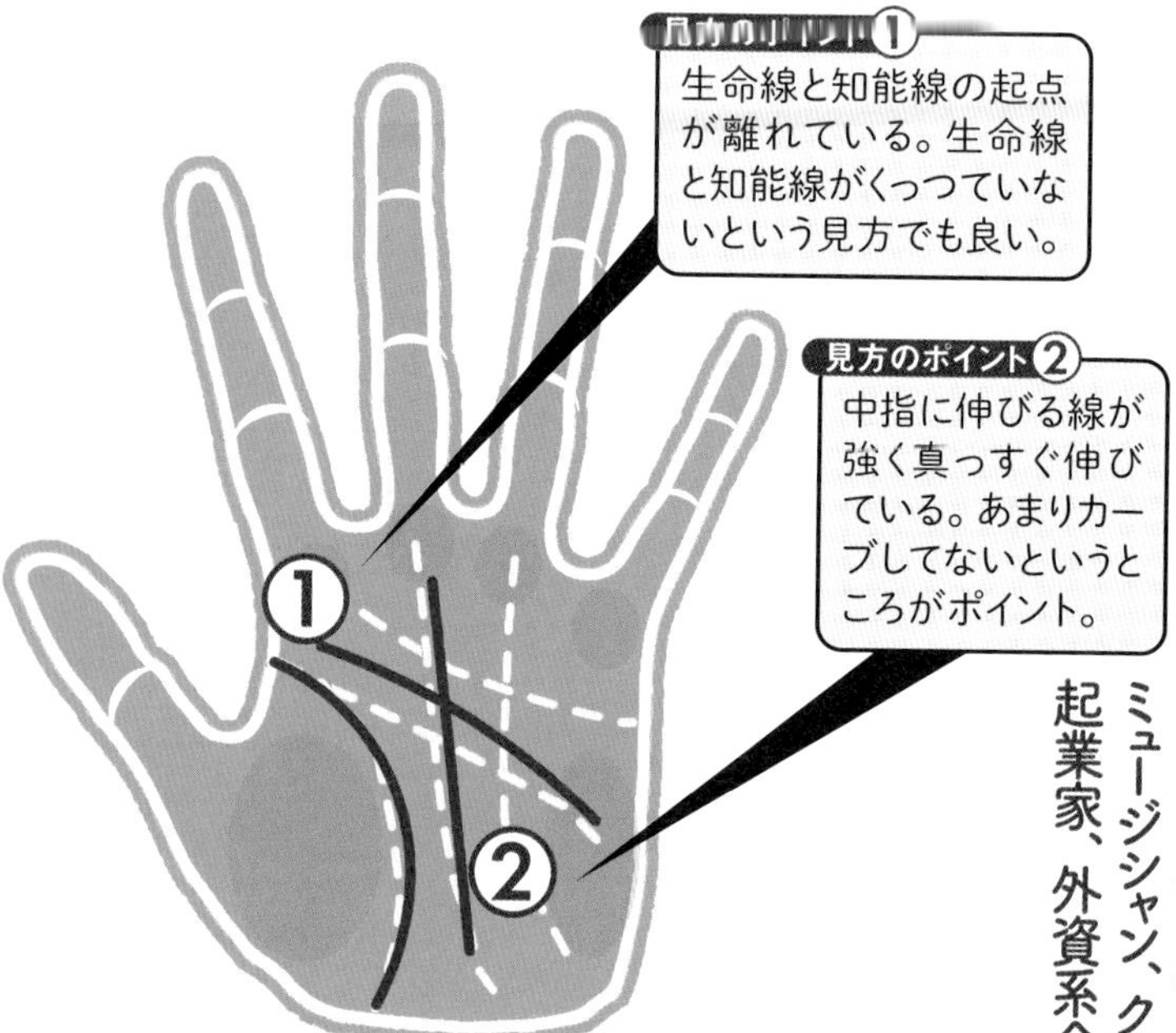

生命線と知能線の起点が離れている。生命線と知能線がくっついていないという見方でも良い。
見方のポイント②
中指に伸びる線が強く真っすぐ伸びている。あまりカーブしてないというところがポイント。
①
②


## ① 生命線と知能線の起点が離れている

生命線と知能線の起点が離れている人は、行動力があり、積極性もあります。好奇心も強く主張も激しいところがあるので、いつまでも子ども扱いされ、制約が多いのは嫌。早く成長して一人前になりたいという気持ちが強いです。

## ② 運命線が強く真っすぐ伸びている

運命線が強く入っている人は自分のこだわりが強い、自分の中にしっかりした考え方がある人です。またカーブせずに真っすぐ中指に伸びている人は、人に甘えるのは苦手。自立したい気持ちも人一倍強い人です。

### 長所の伸ばし方

このタイプの人は、早く社会に出たがったり、大人たちの中にいる時間のほうが好きなので、子どもでも実力が認められればお金が稼げたり、その個性を高く評価してくれるような環境へ進むのが良いでしょう。特技、個性を磨くことです。

### 短所の活かし方

短所は生意気なところや理屈っぽくなるところです。見下した態度を取りがちなところもありますが、そうなると孤立して誰にも相手にされなくなってしまうので謙虚さも身につけるようにしましょう。頼れる存在を目指すのが良いです。

手相 93

# 恋愛・ラブロマンス

**向いている仕事**

スタイリスト、モデル、俳優、受付
アパレルスタッフ、ブティック経営、美容師
ホテルマン、ドアマン、バーテンダー、ホステス
イベントコンパニオン、大使館スタッフ

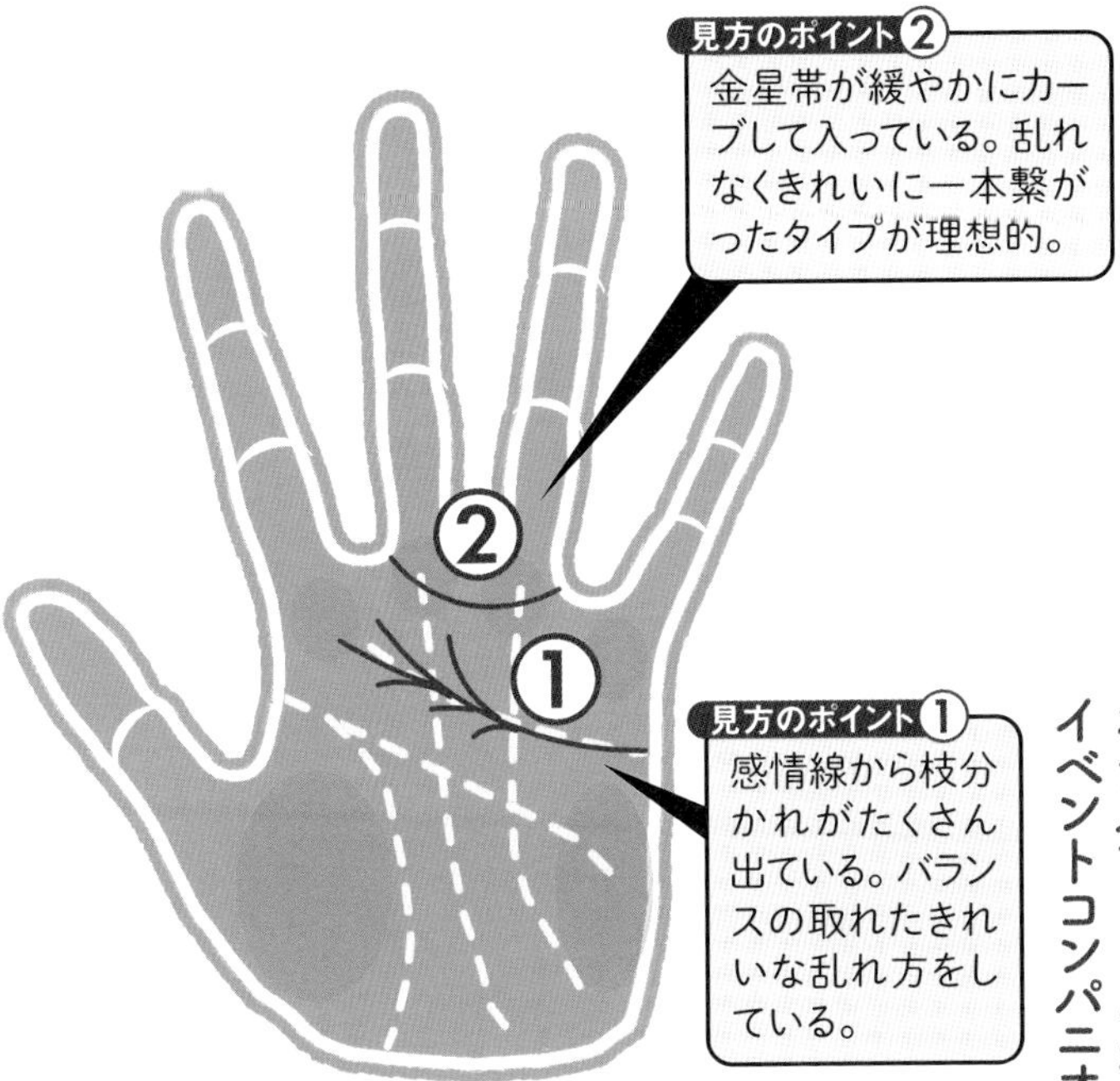
見方のポイント②
金星帯が緩やかにカーブして入っている。乱れなくきれいに一本繋がったタイプが理想的。
②
①
見方のポイント①
感情線から枝分かれがたくさん出ている。バランスの取れたきれいな乱れ方をしている。

**① 感情線がきれいに乱れている**

感情線が乱れた人は喜怒哀楽が激しいですが、乱れ方がきれいでバランスの取れたタイプの人はセンス良くムードがあります。さりげない言葉や態度で気持ちに寄り添ってくれたり、雰囲気作りの上手い人。よくモテます。

**② 美しい金星帯**

物事の捉え方や考え方、また身の振り方や生き様にまで美しさを求める傾向が強い「美意識のとても高いタイプの人」です。恋愛も当然、ロマンチック、ドラマチックなものを求めます。

**長所の伸ばし方**

長所は華のあるところと、オープンな性格。ファッション系の相性は良いですし、社交的な場でもその個性は活かされます。世界の人々の基準から言うと、ロマンティック、ムードがあるのは当たり前。外国人相手のお仕事も良いです。

**短所の活かし方**

短所は惚れ込むと相手を甘やかすところ。嫉妬深くなる一面もありますし、恋愛で上手くいかないとナーバスになりすぎるところもあります。恋愛はあまり追いかけすぎると相手は逃げます。程よいバランス、駆け引きが大事です。

手相 94

# モテない・ウケない

**向いている仕事**

茶道師範、和裁士、調理師、校正者、神職
僧侶、警備員、入国審査官、エンジニア、CAD
能楽師、宮大工、組み立て、梱包、仕分け

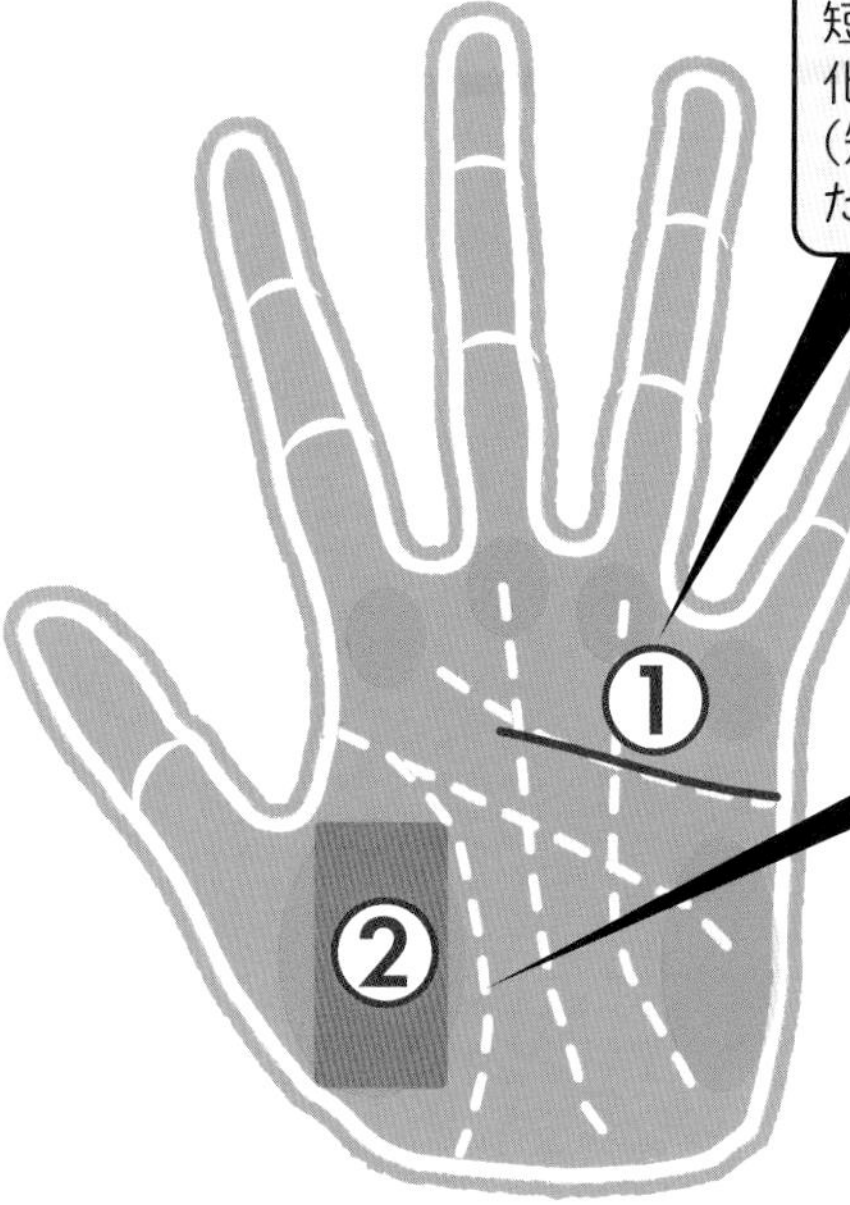


見方のポイント①
短めで何の支線もなく変化に乏しい感情線が下(知能線の近く)を走る。ただ伸びている感じ。

見方のポイント②
金星丘(生命線の内側)に目立つような線がほとんど見当たらず、格子状にもなっていない。

## ① 短めのシンプルな感情線

感情線は感情の出方を表します。この線が味気ない人は感情の起伏がない、短い場合は感情を表に出せない人であり、下を走るのは感情を抑える人で、総合して無感動、無表情の面白みにかける人という存在に位置付けられます。

## ② 金星丘がのっぺりしている

生命線の内側の金星丘は家庭運や愛情を表すエリア。ここがへこんでいたり、何の線もなくのっぺりしているとしたら、それは愛情表現も乏しく、家庭運もない人ということになります。一緒にいても盛り上がりに欠けます。

### 長所の伸ばし方

物静かなタイプの人なので、感情を表に出さず静かにしているほうが向いているような仕事や、威厳を感じられるようなものなどが良いでしょう。一人で黙々と打ち込めるような仕事も向いています。特技、手に職を持つと良いです。

### 短所の活かし方

感情表現が下手なところやいまいち気が利かないのが短所ですが、そういう個性が気にならないぐらいの特技を持ったり、世の中や誰かのために役に立つような仕事や役割をしていくのが良いでしょう。尊敬されればよいのです。

手相 95

# 恋愛問題・異性トラブル

**向いている仕事**

教育関係、医療系、福祉系、プロスポーツ選手、スポーツコーチ、インストラクター、モデル、芸人、タレント、美容師、バーテンダー、ジャーナリスト、飲食店経営、アーティスト、クリエイター

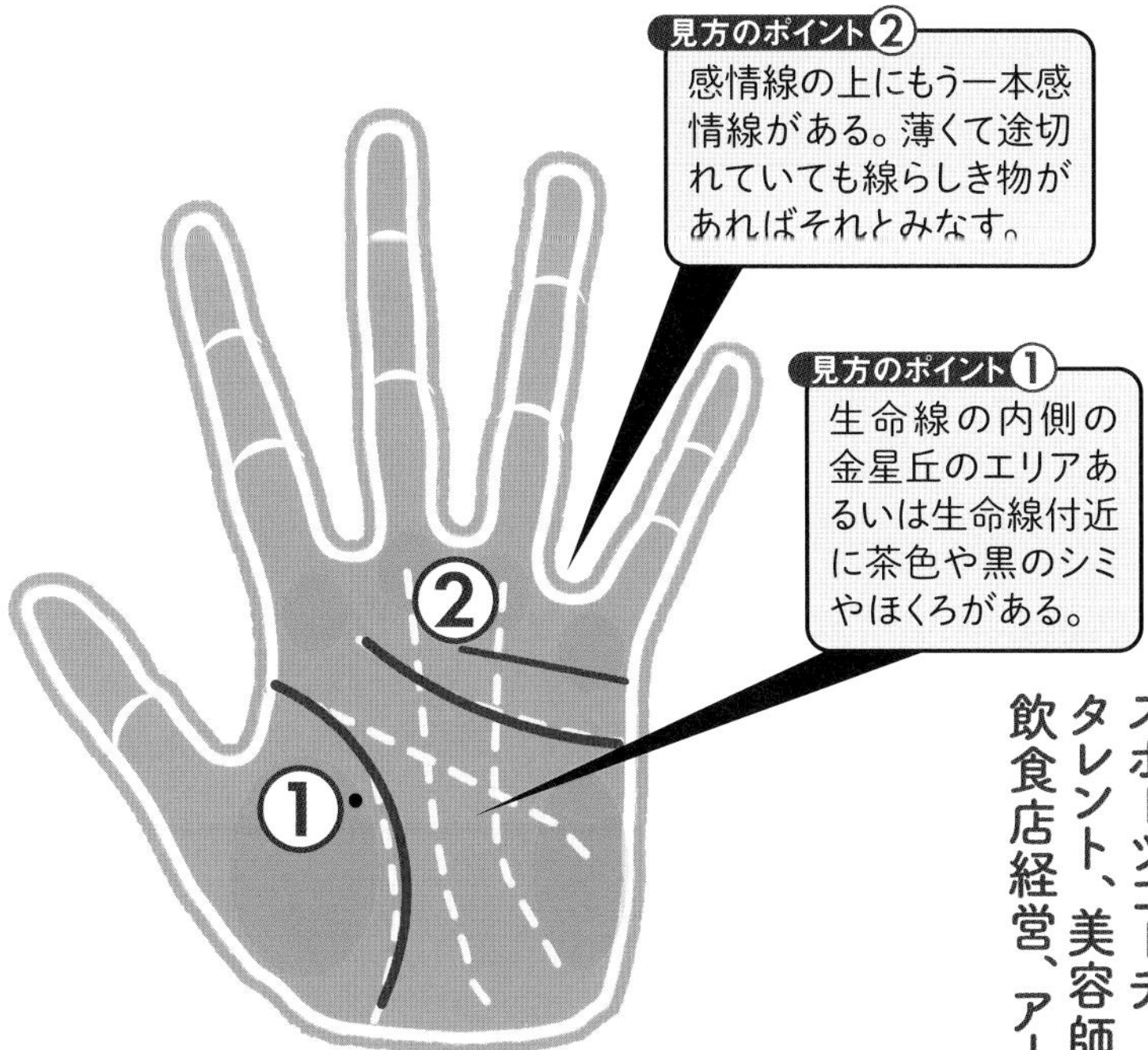

見方のポイント②
感情線の上にもう一本感情線がある。薄くて途切れていても線らしき物があればそれとみなす。
見方のポイント①
生命線の内側の金星丘のエリアあるいは生命線付近に茶色や黒のシミやほくろがある。
②
①


**① 金星丘のほくろ**

金星丘、または生命線付近、あるいは生命線上にほくろやシミがあれば、それは色情（男女間や恋の因縁）のトラブルが起きやすいという印です。なぜかご縁に恵まれない、あるいはストーカー被害などにも遭いやすいので注意。

**② 二重感情線**

二重感情線の人は平凡やありきたりだと退屈してしまうので、それが恋愛面に出ればそこに刺激を求めたり、スリルを求めてしまう傾向があります。二股、三股をかけたり、叶わぬ恋に盲目になり、身を滅ぼすようなパターンも……

**長所の伸ばし方**

まじめな性格です。仕事はしっかりやりますし、逆にハードな内容の仕事もどちらかと言えば率先してやるようなタイプですので、勤勉さを活かせる仕事が良いです。あとは異性を引き付ける魅力もあります。

**短所の活かし方**

短所は自分にストレスをかけすぎるところ。つい無理をして頑張りすぎたりしますが、そのストレスを恋愛や異性への興味で解消しようとしてしまう傾向があります。恋愛をもののように扱うと恨まれます。ご注意を。

# 指の長さや形でも性格がわかる！

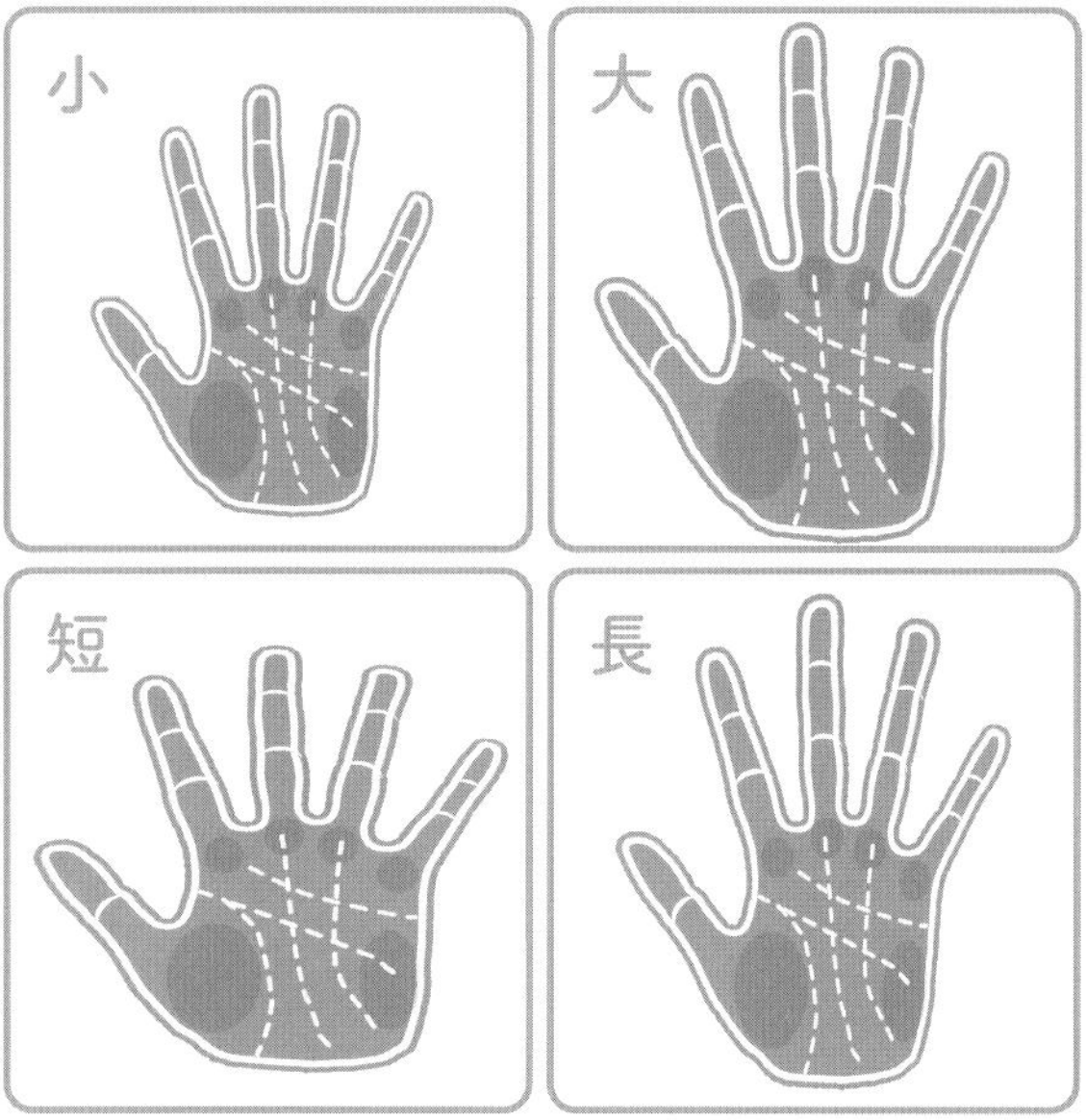


パッと見て「あっ！」と思うものが判断基準！判断に悩むようなものはスルーです。

手相というと、どうしても手のひらの中を見ていきがちですが、実は手そのものの大きさや形であったり、指の長さや形状なども実によく性格を表しています。例えば、手が大きい人は補佐的であったり、逆に小さい人は積極性があったり、指の長い人はロマンチストで、短い人は現実的であったりしますし、指の節がゴツゴツした感じの人は研究熱心だったり、小指の短い人は好き嫌いが激しい……なんて感じなんですね。

こうなってくるといちいち「手相見せてください」なんて言わなくても、何気ないふりしてパッと手を見ていくだけでもその人の大まかな個性や特長なんかが見えてきますが、一見するとそうは見えない人でも実はそうなんだという部分が見えてくることも多いですよ。

# 良くない手相だとしても……

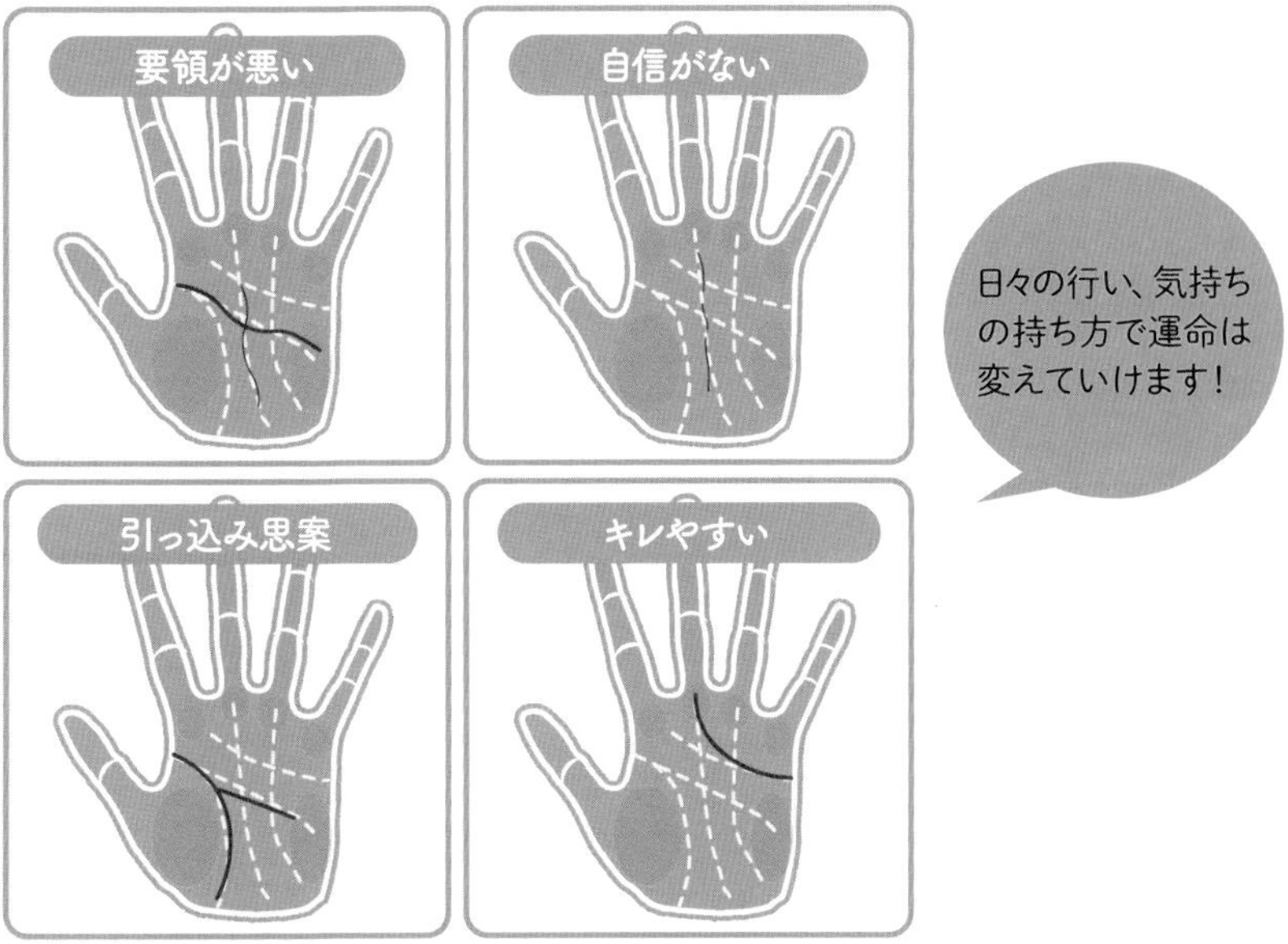
要領が悪い
自信がない
日々の行い、気持ちの持ち方で運命は変えていけます！
引っ込み思案
キレやすい

手相の結果は様々ですが、もし、あまり良くない内容だったとしてもそんなに落ち込む必要はありません。なぜならその内容というのはあくまでも「今のままの状態が続くと」ということであり、その内容を元に弱点や苦手を克服したり、生活習慣や癖を修正していけば運命は変わっていくからです。

逆を言えば、良い手相の持ち主だとしても、そこにあぐらをかき堕落的な生活を続けていれば才能は開花できないということにもなりますが、いずれにせよ手相は振り回されず、そこを受けて活かすものであるという接し方をしてください。自分は悪い手相だからと、人より努力し人格者になった人もいますし、苦手分野は克服すると逆に派手になる、伸びるということもあります。

第4章

# 「心配しちゃう手相」

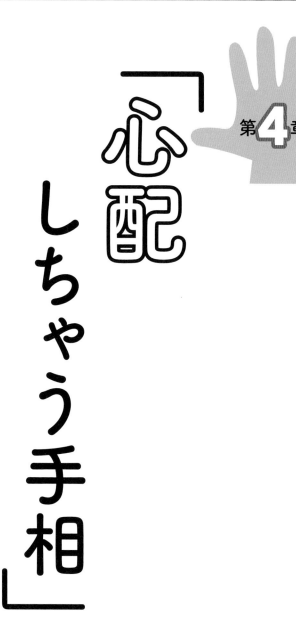

うちの子、ホント心配で心配で……と思わず言いたくなるような個性や性格ですが、逆転の発想でそういう強い癖を持っているからこそできる特技や強さがあります。

まさかの才能を秘めているのが特長。

周囲が上手く見出してあげましょう。

手相96

# 引っ込み思案・慎重・内弁慶

**向いている仕事**

テレビ局、業界大手企業（広告・出版・放送・音楽・ゲーム・スポーツ・金融など）、国家公務員、地方公務員、イラストレーター、研究職、家業を継ぐ、跡取りなど

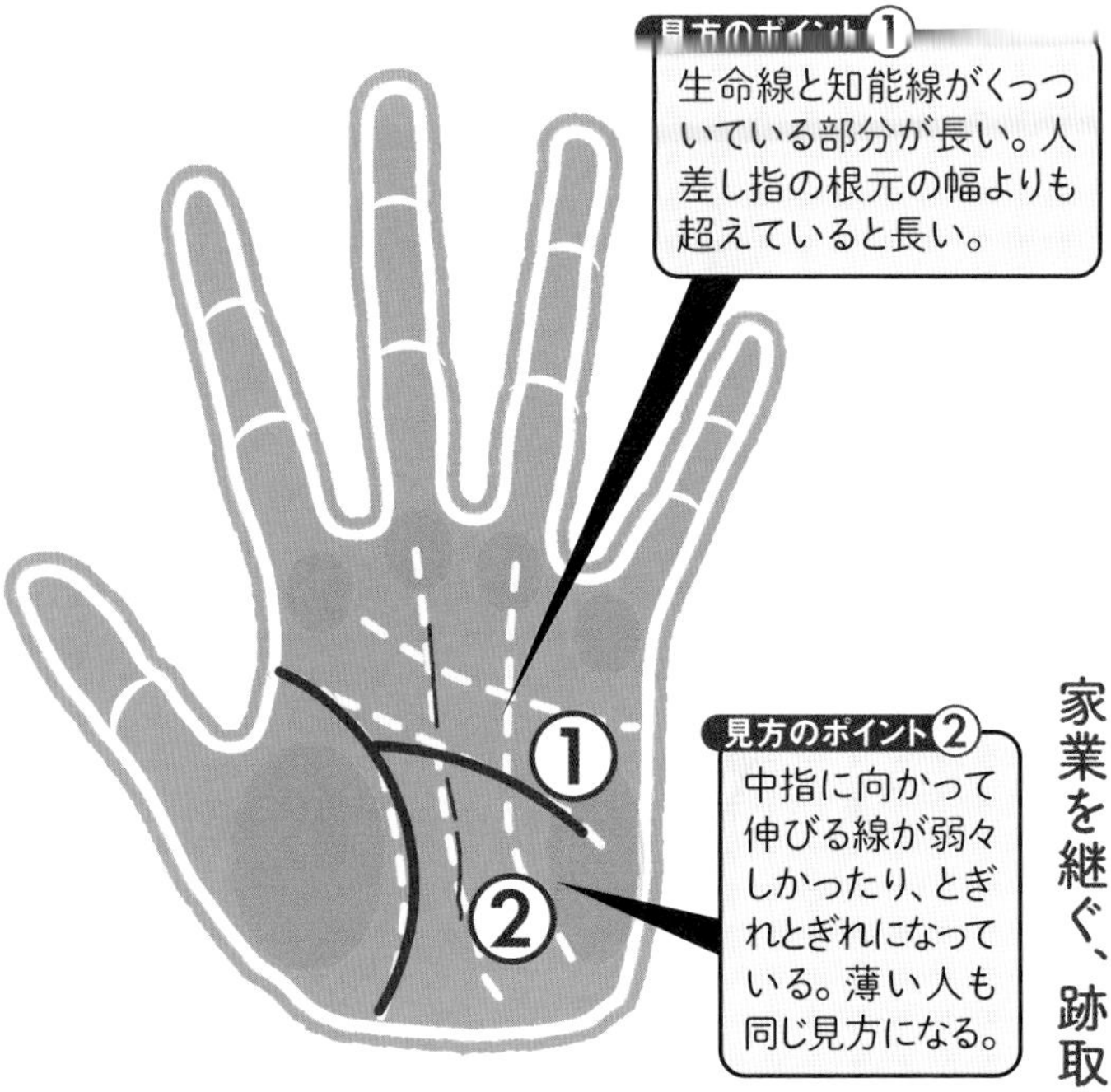

見方のポイント①
生命線と知能線がくっついている部分が長い。人差し指の根元の幅よりも超えていると長い。
①
②
見方のポイント②
中指に向かって伸びる線が弱々しかったり、とぎれとぎれになっている。薄い人も同じ見方になる。


**① 生命線と知能線のくっつきが長い**

親から溺愛を受け、なかなか家を離れられなかったり、学業や研究、研修などの期間が長く、独り立ちするのも遅くなったりする人が多い。性格は慎重で石橋を叩いて渡るようなタイプ。人前に出るのも苦手です。

**② 運命線が弱い**

運命線が弱い人はどこか自分に自信がなく、人に甘えたり、依存傾向がみられるところがあります。知らない人や不慣れな場所では強く出られませんが、相手が知り合いや家の中だと強く出られるという内弁慶なところもあります。

**長所の伸ばし方**

長所は表に出たがらない謙虚なところと、家や一か所にこもって何かを黙々と続けられるところです。基本的にインドア派の人が多いので、屋内でするようなことの専門家、プロフェッショナルを目指すと良いでしょう。

**短所の活かし方**

前に出て目立つことが苦手なので、逆に目立ってはいけないような仕事や役職が向いています。内弁慶なところも、大きな後ろ盾があれば堂々と大きく前に出られるという面があるので大企業勤めや国家公務員なども向いています。

手相 97

# 悲観的・ネガティブ・疑心暗鬼

**向いている仕事**

マネージャー、秘書、栄養士、ピアノ調律師
鳥獣保護員、テクニカルライター、クラシック演奏者
販売スタッフ、カウンセラーや心に関する仕事系など

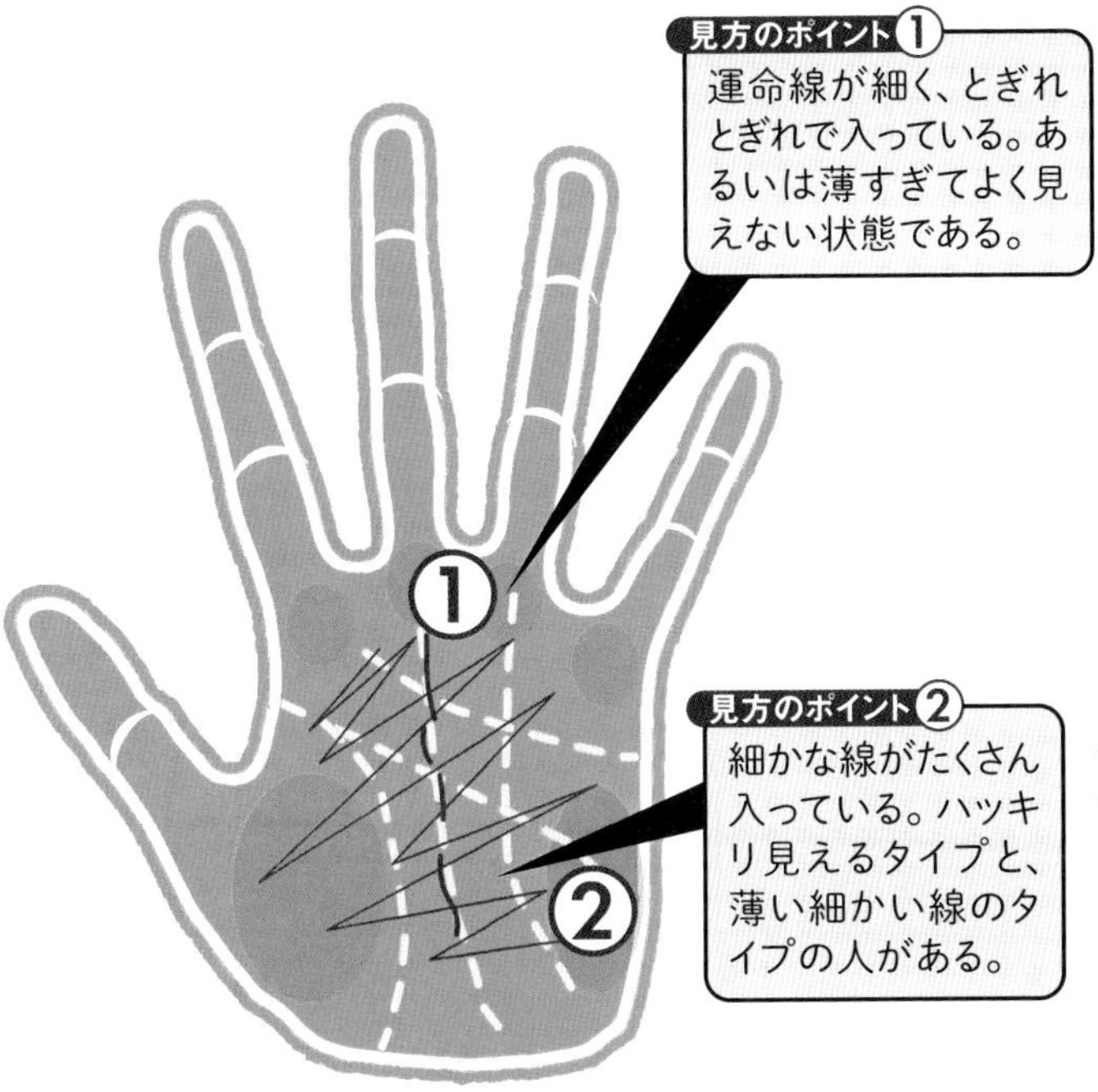

見方のポイント①
運命線が細く、とぎれとぎれで入っている。あるいは薄すぎてよく見えない状態である。
見方のポイント②
細かな線がたくさん入っている。ハッキリ見えるタイプと、薄い細かい線のタイプの人がある。
①
②


## ① 運命線がとぎれとぎれ

運命線は自信の表れ。ここが薄い、とぎれとぎれということは自信がないことを意味します。何かをやろうとしても壁に当たると、すぐくよくよしたり、愚痴を言ったり、何かのせいにしたがります。悲観的なものの見方をするタイプです。

## ② 細かな線がたくさん入っている

たくさんの細かな線が見られる人は神経質でデリケート。ちょっとしたことでもすぐにストレスに感じてしまうので、それが体調に出たり、精神的にも来やすい人が多いです。ただ細かなことにはよく気づくタイプではあります。

### 長所の伸ばし方

細かなことによく気がつく点、些細な異常を見つけたり、細かなずれにも敏感に反応することができるので、精密で完成度の高いものを作り上げたり、そういうパフォーマンスを求められるような仕事は向いています。

### 短所の活かし方

短所は神経質で悲観的、心配性なところですが、そういう性格も、何かの問題点を探る時には重宝します。あとは細かなスケジュールやルールを守らねばならないようなときも、こういうタイプがいると助かる場面が多いです。

## 手相98

# 自己主張が強い・強引・攻撃的

**向いている仕事**

デザイナー、コーディネーター、ファッション関係、ライター、ジャーナリスト、芸人、タレント、弁護士、政治家、外資系企業、マスコミ関連、評論家、営業

**見方のポイント①**

手は小さいが、幼い手とは違う。元気があって主張が激しい印象がある。

①

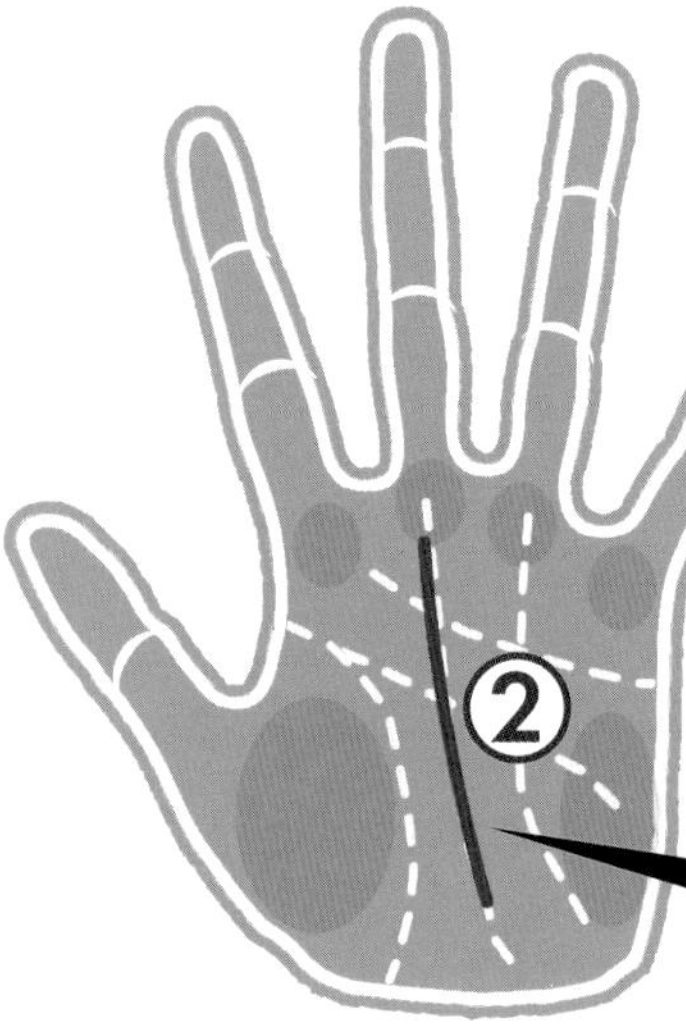


**見方のポイント②**

運命線が強く入っている。一本だけのタイプもあるし、数本あるタイプの人もいる。

### ① 手が小さい

手が小さい人は主張が激しく、物怖じせずどんどん前に攻めていく度胸の良さがあります。意見を交わすような時や、何かを主張するときでも自分の考えは曲げませんし、一度前に出たら後には引かない強気なタイプです。

### ② 運命線が強い

運命線の強い人は我が強く、どこかで常に「自分が一番」「自分のほうが正しい」と思うタイプです。それゆえに少々強引なところがあり、勝手に物事を進めたり、人の意見を聞かないところもあります。力づくで前に進むタイプです。

### 長所の伸ばし方

長所は前に出られる積極性と、自分の信念を絶対に曲げない芯の強さ、自信の強さです。自信を持って物事に臨むと、不思議とイメージは形になるもの。そういう意味で強運の持ち主でもありますが、さて、その運を何に使うかです。

### 短所の活かし方

短所は攻撃性が強いところと、圧が強いところです。ただその性格も自分の我を通すことだけに使うのではなく、困っている人や弱者の味方になって代弁したり、戦う姿勢を見せていくことに使えば、多くの人から評価を受けることになります。

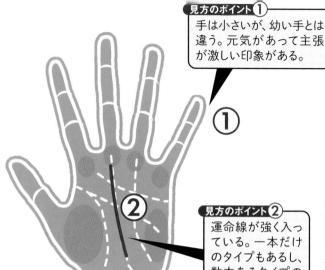

手相 99

# 排他的・閉鎖的・独善的

向いている仕事

職人系、料理人、アーティスト、俳優、脚本家
警備員、セキュリティ関連、学者、専門家
研究職、伝統職

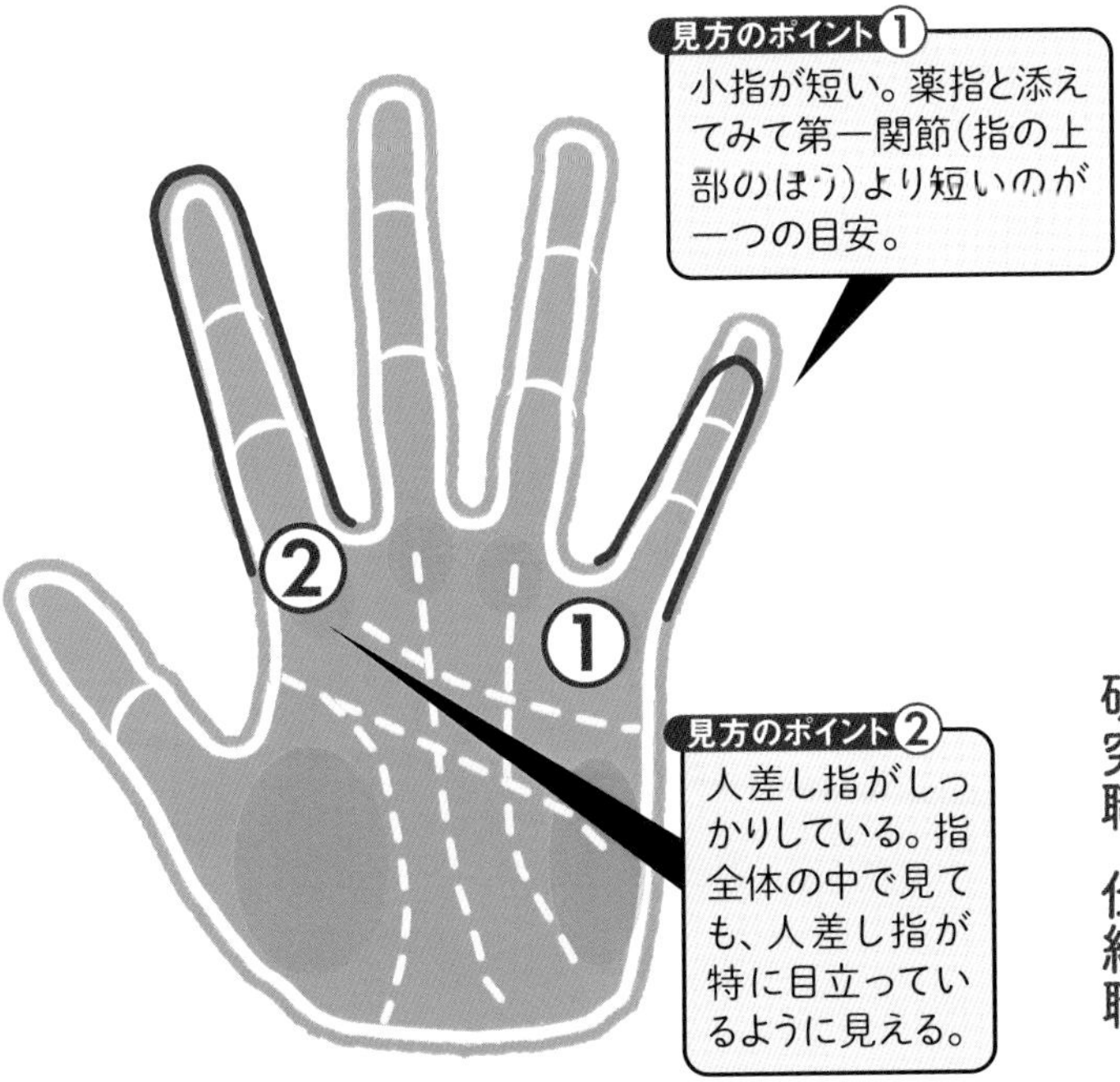

見方のポイント①
小指が短い。薬指と添えてみて第一関節（指の上部のほう）より短いのが一つの目安。
②
①
見方のポイント②
人差し指がしっかりしている。指全体の中で見ても、人差し指が特に目立っているように見える。


## ① 小指が短い

小指の意味合いの中にコミュニケーション能力というものがあります。小指が長ければその能力が高く、短いということであれば、あまり社交的ではないという意味になります。好き嫌いがはっきり分かれるタイプで排他的なところが強いです。

## ② 人差し指がしっかりしている

人差し指は、独立、野心、リーダーシップという意味合いがあります。この指が発達し、しっかりしている人はそれらのエネルギーが強く、皆を引っ張っていく力があります。ただ独善的、独りよがりになりやすいという一面も。

### 長所の伸ばし方

長所は「はまれば強い」というところ。ピッタリの仕事や役職、立場を見つけることができれば、人の好き嫌いがあっても、嫌なものは嫌と言い切っても、それ以上に魅力のほうが勝ります。これだ！ というものを早く見つけることです。

### 短所の活かし方

短所は人間関係でトラブルを起こしやすいところ。どうしても得意なところは強く出てしまいますし、嫌いなものは露骨に態度を出してしまうタイプなので、争いごとが起きやすいです。間にバランスを取ってくれる人を挟みましょう。

手相100

# 反抗的・いじっぱり

**向いている仕事**

予備校・学習塾講師、職人、ユーチューバー
芸人、タレント、俳優、バイヤー、校正者、弁護士
移動販売、審判員、政治家、修理工

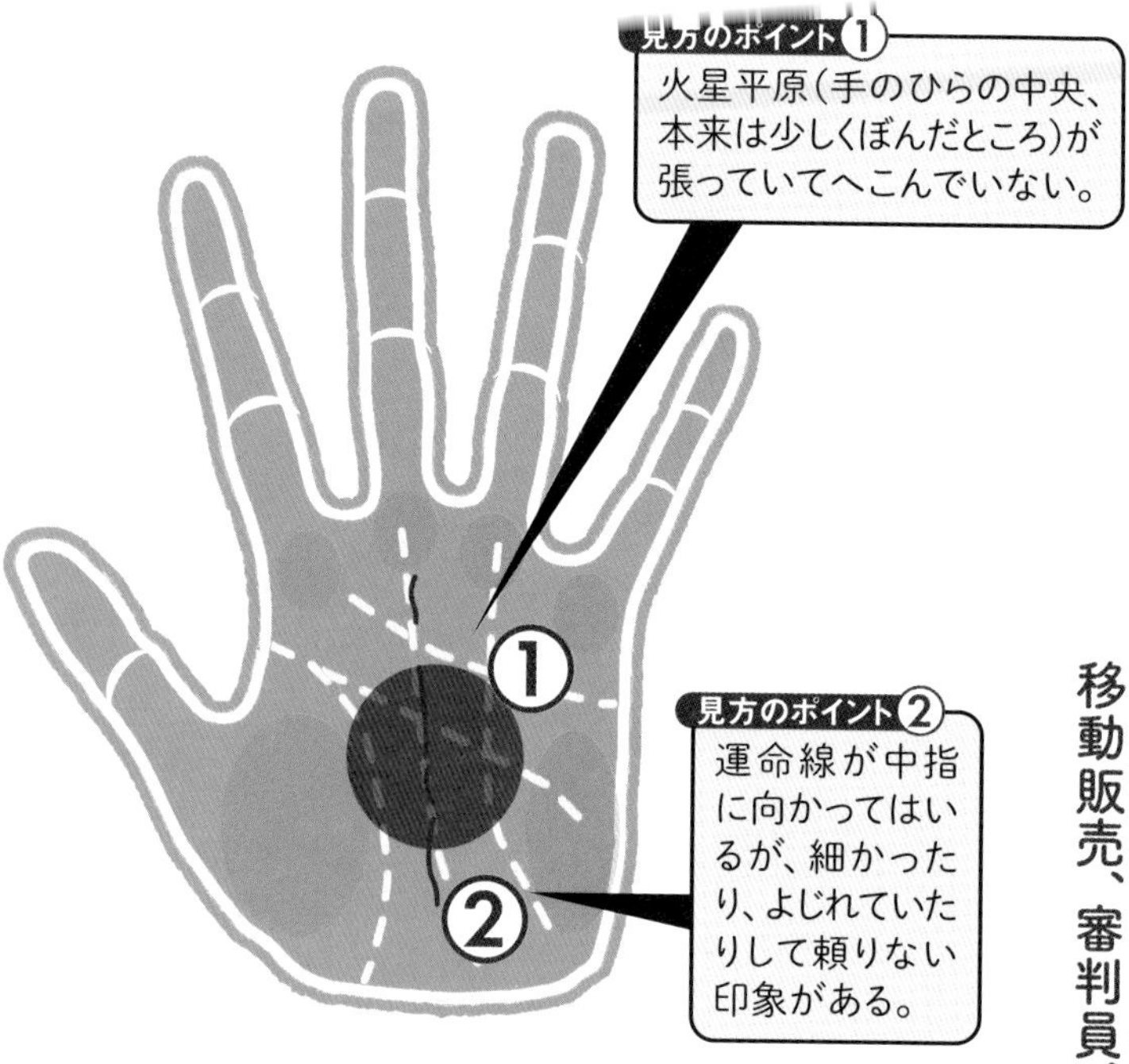

見方のポイント①
火星平原(手のひらの中央、本来は少しくぼんだところ)が張っていてへこんでいない。
①
見方のポイント②
運命線が中指に向かってはいるが、細かったり、よじれていたりして頼りない印象がある。
②


**① 火星平原が張っている**

火星平原は手のひらの中央エリアで、通常は少しくぼんだ形になっているが、ここが張っている人は反発・抵抗のエネルギー強く、何でもすんなり物事を受け入れはせず、納得いかなければ反抗、抵抗を続けるタイプです。

**② 運命線が真っすぐだがいびつ**

運命線が真っすぐなのは我を通す性格を意味しますが、その線が頼りない感じでよじれていたりする場合は意地っ張りな人です。こだわりも強く我を通そうとしますが、結局それで上手くいかないことのほうが多いタイプ。

### 長所の伸ばし方

自分の考えや行動にはプライドがあるほうなので、責任感を求められる仕事や、しっかりとした結果を出さなければならないものが向いています。意地になって何が何でもやってやるという粘り強さが活かせる環境へ進むと良いです。

### 短所の活かし方

何かとムキになってしまうのが短所です。かたくなになりすぎて、上手くいかないとわかっていても我を通そうとします。ただそういう姿自体が本来の目的とは違う形で評価されたり応援されたりすることも。結果オーライも受け入れると良いです。

手相 101

# 気分屋・飽きっぽい

**向いている仕事**

ファッション関係、アニメ関係、新聞記者、レポーター
探偵、鍵師、ユーチューバー、ブロガー、人気商売
接客業、旅行業、移動販売、流行のお店のスタッフ

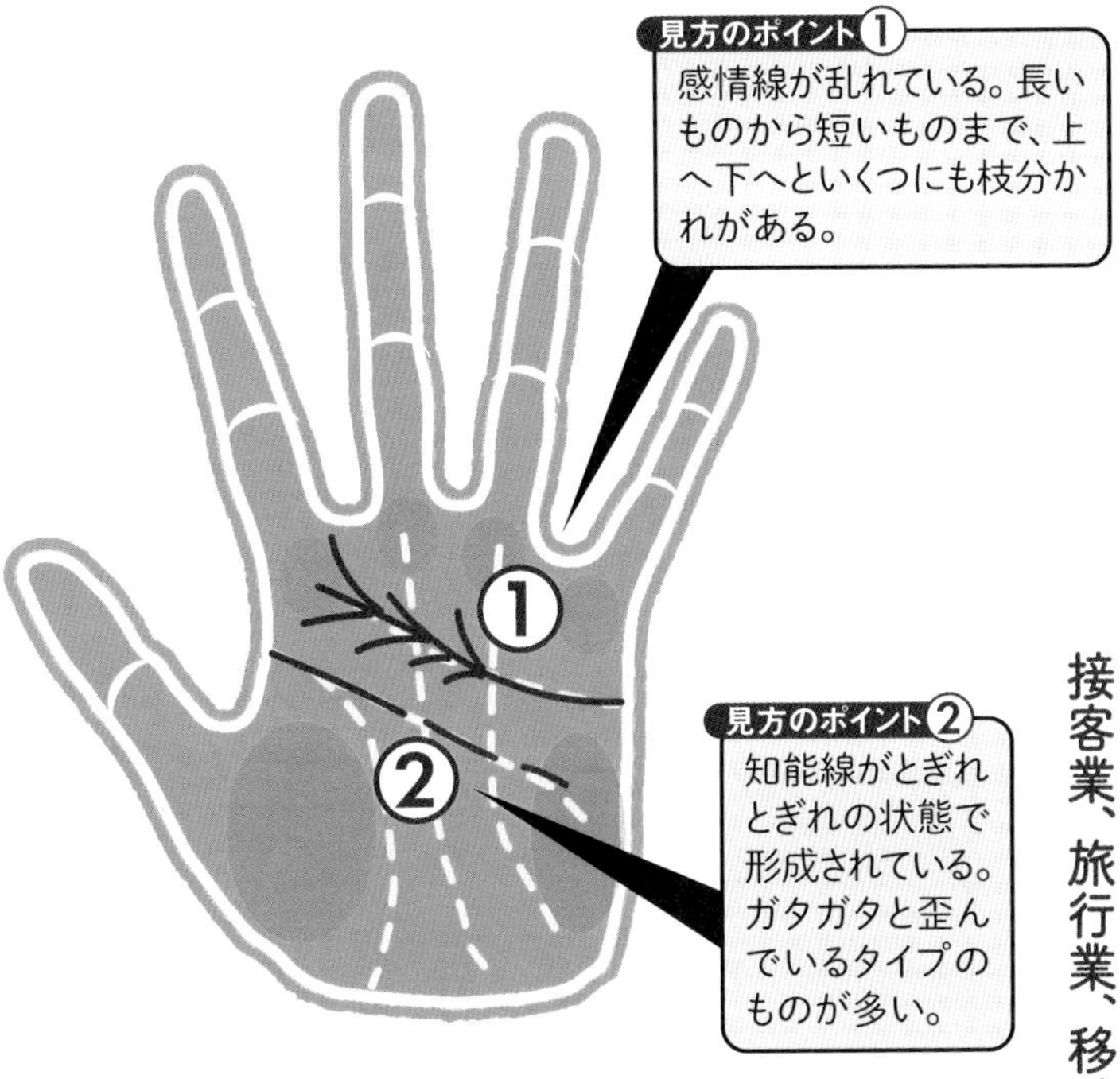
見方のポイント①
感情線が乱れている。長いものから短いものまで、上へ下へといくつにも枝分かれがある。
①
②
見方のポイント②
知能線がとぎれとぎれの状態で形成されている。ガタガタと歪んでいるタイプのものが多い。

## ① 感情線が乱れている

喜怒哀楽の差が激しく、気分屋なところがあります。悲しければ泣き、うれしければ喜び、怒れば荒っぽいですが、それぞれがいつまでもずっと長続きするわけでもなく、事あるごとにコロコロ変わります。

## ② 知能線がとぎれとぎれ

飽きっぽい人で、考え方もあちらこちら節操なく変わるタイプの人が多いです。その時に良いなと思ったことや感心したことも、しばらくするとまた別の話や物ごとに興味がわきます。浮気性の人です。

### 長所の伸ばし方

長所は、面白いことや興味のあることにはパッと飛びつき、夢中になれるところ。何かわかりやすい結果が出るものや、常に新しい情報が出てきたり、更新されていき、変化が目まぐるしいものを相手にする仕事が良いでしょう。

### 短所の活かし方

飽きっぽいところが短所ですが、流行やトレンドというのもコロコロ変わっていくので、そういうものを追いかけていくような仕事が良いでしょう。人の出入りが激しい業界も相性は比較的に良いようです。

手相
**102**

# 短気・激情・カッとなる・キレやすい

**向いている仕事**

スピードを求められる仕事、職人、料理人、コーチ監督、プロスポーツ選手、格闘家、映像・映画制作演出家、政治家、その他プロフェッショナルな仕事

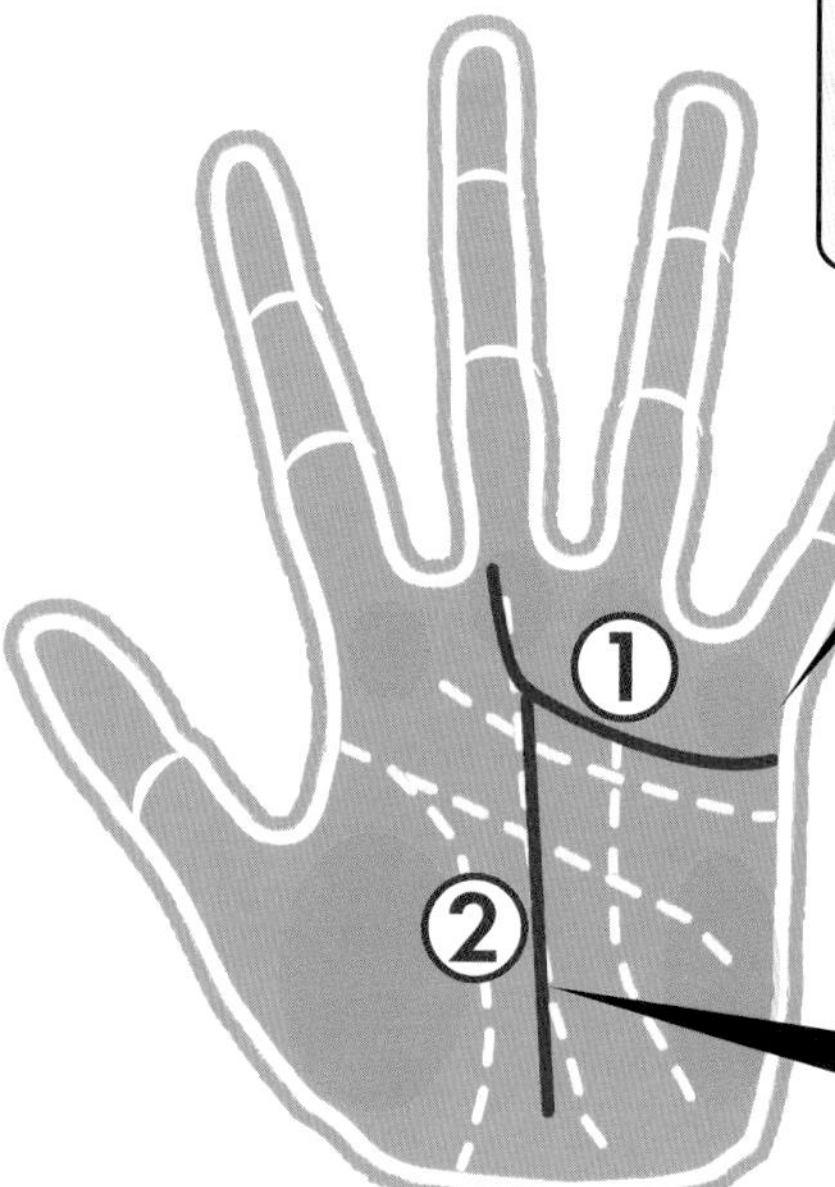


**見方のポイント①**

上部を走る感情線が中指に向かい急カーブしている。人差し指と中指の間に伸びるのはまた別。

**見方のポイント②**

真っすぐ伸びていた運命線が感情線で急にピタッと止まっている。突き抜けていれば問題ない。

### ① 感情線が中指に向かって急カーブしている

感情線が上部を走る人は、気が短く、自分の感情を抑えることが苦手。気に入らないことや不満があると、それが顔や態度、言葉として出てしまう人です。感情線の先が中指に向かう人はカッとなりやすいことを意味します。

### ② 運命線が感情線でストップしている

運命線はその人の運勢、人生ドラマを意味する線ですが、それが感情線で止まるということは、感情の乱れでその流れが止まってしまうことを意味します。一度キレたら、後はどうなろうとかまわないというところまでキレてしまいます。

### 長所の伸ばし方

結果が早く出たり、自分の満足感が得られればそれで納得して機嫌の良い人です。自分のやったことに対する評価、対価が大きく得られるようなものであれば、自ら努力や研究をします。競争社会も向いています。

### 短所の活かし方

短気、激情、キレやすいということは、実はパワフルで強気だという意味にもなります。その力強さは、弱気で、もたもたしていたらダメな状況の人たちに大きな助けをもたらします。単なる性格というより何かのために活かしましょう。

手相 103

# ずるい・あざとい

**向いている仕事**

予備校講師、家庭教師、コーチ、監督
プロスポーツ選手、広告・マスコミ・出版業界
接客業、セールス、ユーチューバー、人気商売
バイヤー、駆け引きやアイデアを活かせる仕事

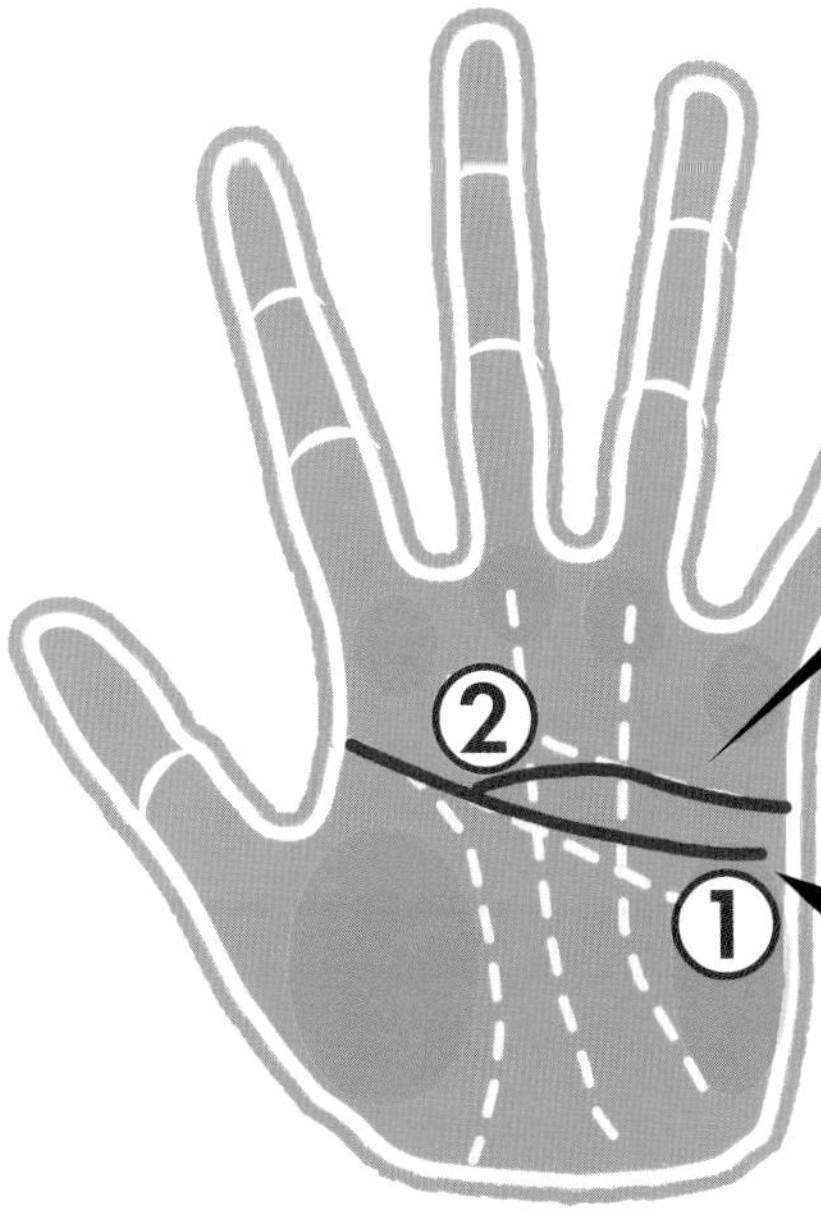


**見方のポイント②**
変形マスカケ線は感情線が知能線とくっ付いている。途中で橋が架かっているタイプもある。

**見方のポイント①**
知能線が真横に伸びている。先端がやや跳ね上がっている感じがするものもある。

## ① 知能線が横に伸びる

知能線が横に伸びるタイプは現実主義な人です。頭が良いタイプの人が多いですが、何かと物事を分析する傾向があり、それを損得勘定で割り切っていく傾向が強いです。相手を見てものの言い方や行動を変えることができます。

## ② 変形マスカケ線

変形マスカケ線の人は考え方も行動も器用なタイプの人が多いです。最終的に目的を達成させるということであれば、そのやり方はどんな方法でも、どんな道をたどってでも達成させられるという自信があります。ずるいこともやろうと思えば上手です。

### 長所の伸ばし方

長所は頭の良さ。優れた分析力から傾向と対策を練るような仕事や役職、また他を出し抜く術、相手の嫌なところや弱点などを突く才能などは、勝負事や結果を求められるジャンルで活かせます。プロフェッショナルを目指しましょう。

### 短所の活かし方

ずるい、あざといという個性ばかりが悪目立ちしてくると周囲から距離を取られ、交友関係の幅が狭くなってしまいます。そうなると孤独になって寂しくなります。ずるさもあざとさも愛嬌の範囲でおさめられるようにしましょう。

手相
104

# 欲張り・貪欲・強欲・金銭欲

向いている仕事

プロスポーツ選手、芸能事務所、トレーダー
ユーチューバー、タレント、ミュージシャン、プロモーター
飲食店経営、不動産経営、自動車販売業
M&Aの専門家、政治家、歩合制の仕事

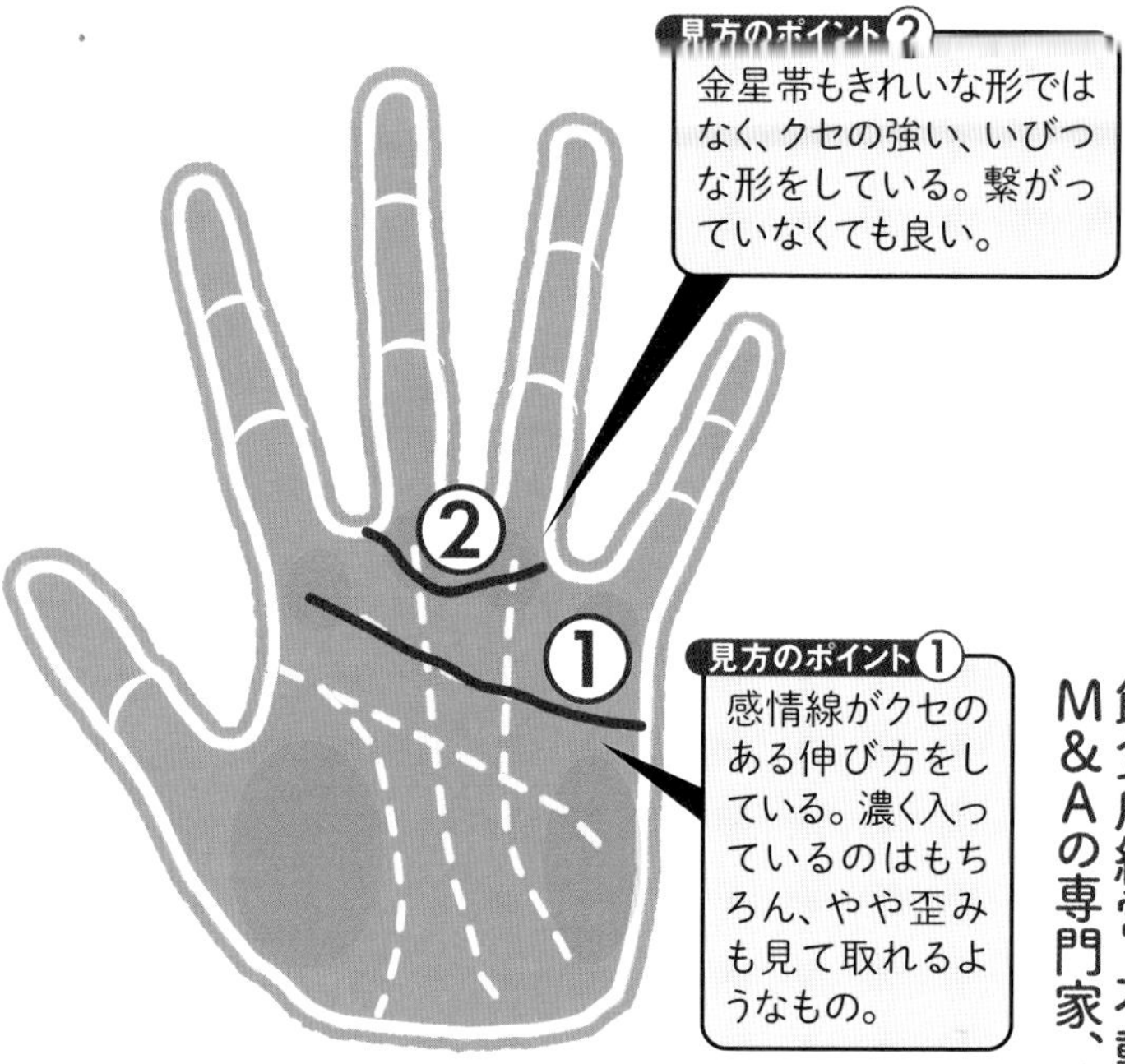

見方のポイント②
金星帯もきれいな形ではなく、クセの強い、いびつな形をしている。繋がっていなくても良い。
②
①
見方のポイント①
感情線がクセのある伸び方をしている。濃く入っているのはもちろん、やや歪みも見て取れるようなもの。


**① 感情線が濃く長い（ややいびつ）**

感情線は情熱の強さを表す線。この線が強いということはそれだけ強い情熱の持ち主ですが、いびつとなってくると、その内容も少しエスカレートしたものになりやすい傾向に。欲求がどこまでも果てしないタイプの人です。

**② 金星帯が悪目立ちしている**

金星帯は感性の高さを表す相であるとともに、探求心、追求心といった「欲し求めるエネルギー」という意味もあります。形状にクセがあり悪目立ちしているようであれば、それは貪欲、強欲という意味合いになってきます。

### 長所の伸ばし方

情熱が強いところは長所であり、熱心に打ち込めるものや、強い気持ちがないとやっていけないような大変な仕事は向いていると言えるでしょう。難しい資格が必要なものや、競争率の激しいものでも貪欲に成功に立ち向かえます。

### 短所の活かし方

執念深さや執着心の強い部分が悪い方面へ出ると、厄介なトラブルが起きやすい人です。あまり強引なことをすると男女間の問題や金銭問題、激しい主張の張り合いなどから裁判沙汰など、面倒なことが起きますので注意しましょう。

手相 105

# 有頂天・得意げ・どや顔

**向いている仕事**

職人、プロスポーツ選手、コーチ、監督
インストラクター、美容師、カメラマン、移動販売
飲食店経営、アーティスト、クリエイター
コンサルタント、占い師、その他専門職

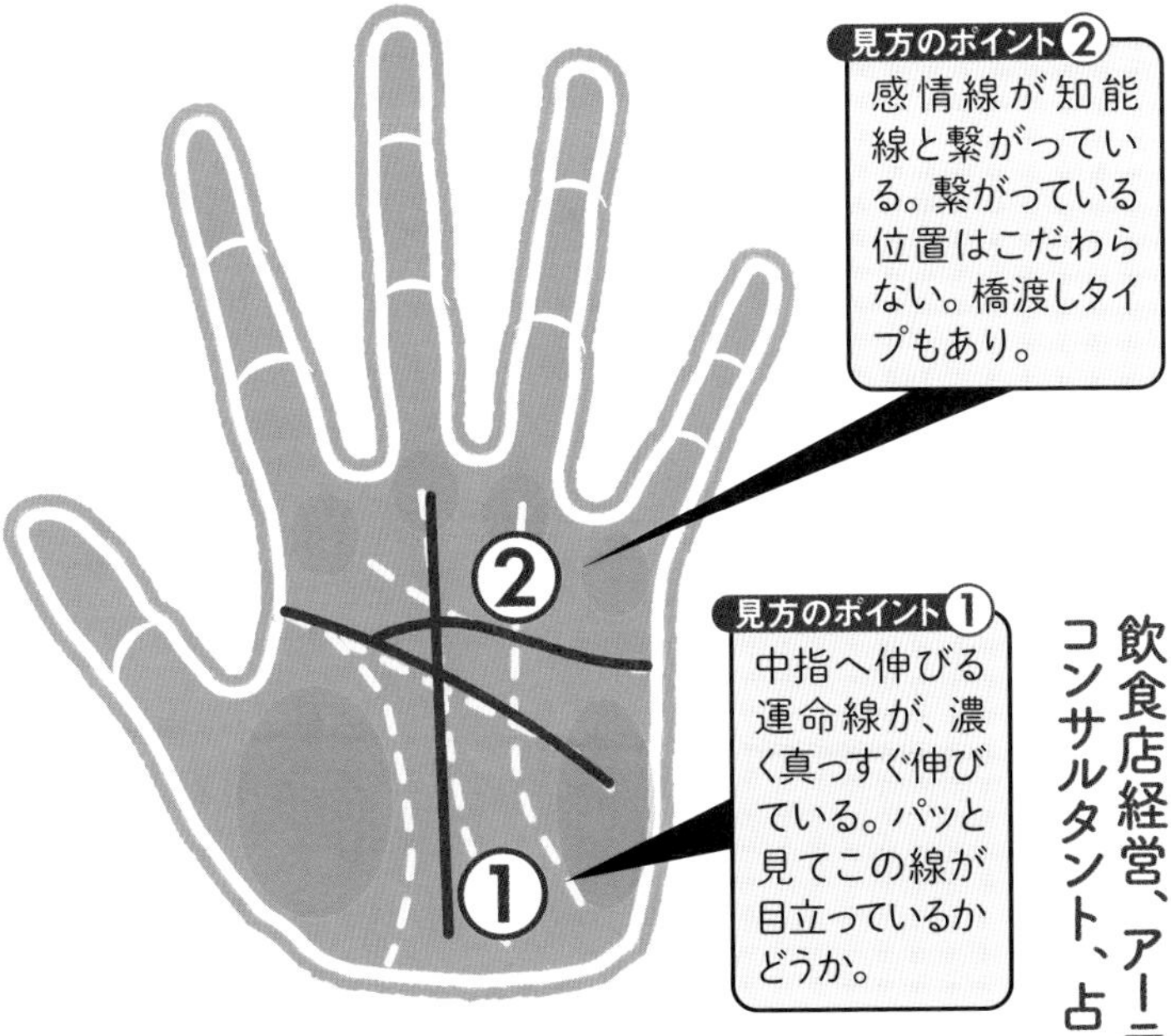

見方のポイント②
感情線が知能線と繋がっている。繋がっている位置はこだわらない。橋渡しタイプもあり。
②
見方のポイント①
中指へ伸びる運命線が、濃く真っすぐ伸びている。パッと見てこの線が目立っているかどうか。
①


**① 運命線が真っすぐ**

運命線が真っすぐな人は自分大好き人間。自分の考え方や生き様に自信を持っているタイプの人です。言ったことが当たったり、結果が上手くいくと自信満々、どうだと言わんばかりの得意顔をしたりします。自分が一番の人です。

**② 変形マスカケ線**

この相の人は柔軟な考え方ができる人であり、生き方も要領のよいところがありますが、ただ一つ「人とは違う何か」を自分の中で感じていないと納得できないところが強いです。自分は人とは違う……本当は相当な自信家タイプなのです。

### 長所の伸ばし方

長所は自分に自信があるところですが、任せられて大きな結果を出すことや、その職業についているだけでも満足感が得られるようなもの、珍しい仕事にはモチベーションが上がるタイプ。自分が納得する道を行けばよいです。

### 短所の活かし方

短所はすぐに有頂天になり舞い上がることと、素直に人に謝りを入れられない、助けを求められない強情なところです。それでも人格者であれば、向こうから上手に手を差し伸べてくれますから、普段から人には親切にしておくことです。

手相
# 106

# 開き直る・ふてぶてしい・逆ギレ

**向いている仕事**

職人、調理師、映像・映画制作、検察官、入国審査官、警備員、建築系、解体業、運送業、流通倉庫スタッフ、農業、漁業、林業、その他専門職

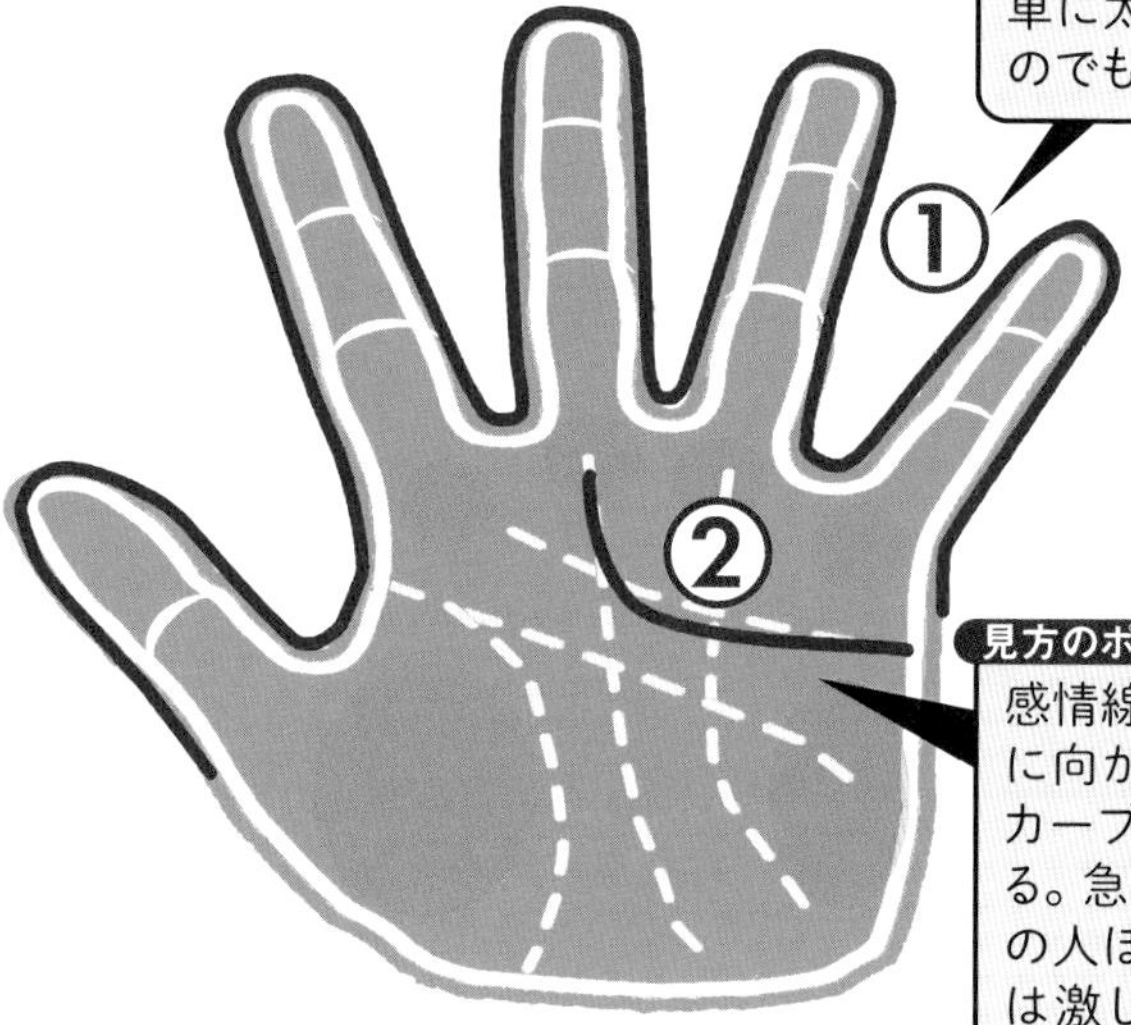


**見方のポイント①**
各指が太くて短め。指のタイプはごつごつしていても、ただ単に太い印象のものでも良い。

**見方のポイント②**
感情線が中指に向かって急カーブしている。急な角度の人ほど落差は激しく豹変する。

### ① 指が太くて短い

指が太くて短い人は、愛想よくふるまうことは苦手なタイプでマイペース。めんどくさがりな面もあり、ふてぶてしい感じや、ぶっきらぼうな感じで物事に応じる傾向が強いです。気分屋なところもあり、怒りっぽい一面も。

### ② 感情線が中指に急カーブしている

感情線が中指に向かって急カーブする人は、その線の形状のごとく、突然スイッチが入ってキレだすところがあります。普段は怒らないように自制している部分が強いため、一度怒らせるとその反動で凄まじく怒るタイプです。

### 長所の伸ばし方

このタイプの人は、人付き合いには癖がありますが、どっしりした安定感があり、仕事はしっかりとやる人ですから、手に職を付ける、資格を取るなどして、好きなジャンルのプロフェッショナルになっていくのが良いでしょう。

### 短所の活かし方

口下手なタイプですから、あまりそういうものを求められない、何かに黙々と向きあうような仕事や、作り上げていくような仕事が良いです。キレたら怖いところも、厳しい人でなければ務まらないような仕事とは相性が良いです。

手相 107

# 無気力・無感動・倦怠

**向いている仕事**

保育士、栄養士、習い事の先生、自然食品健康食品販売、葬祭業、裁縫、ペットシッターイラストレーター、データ入力、梱包、仕分け検品、在宅ワーク

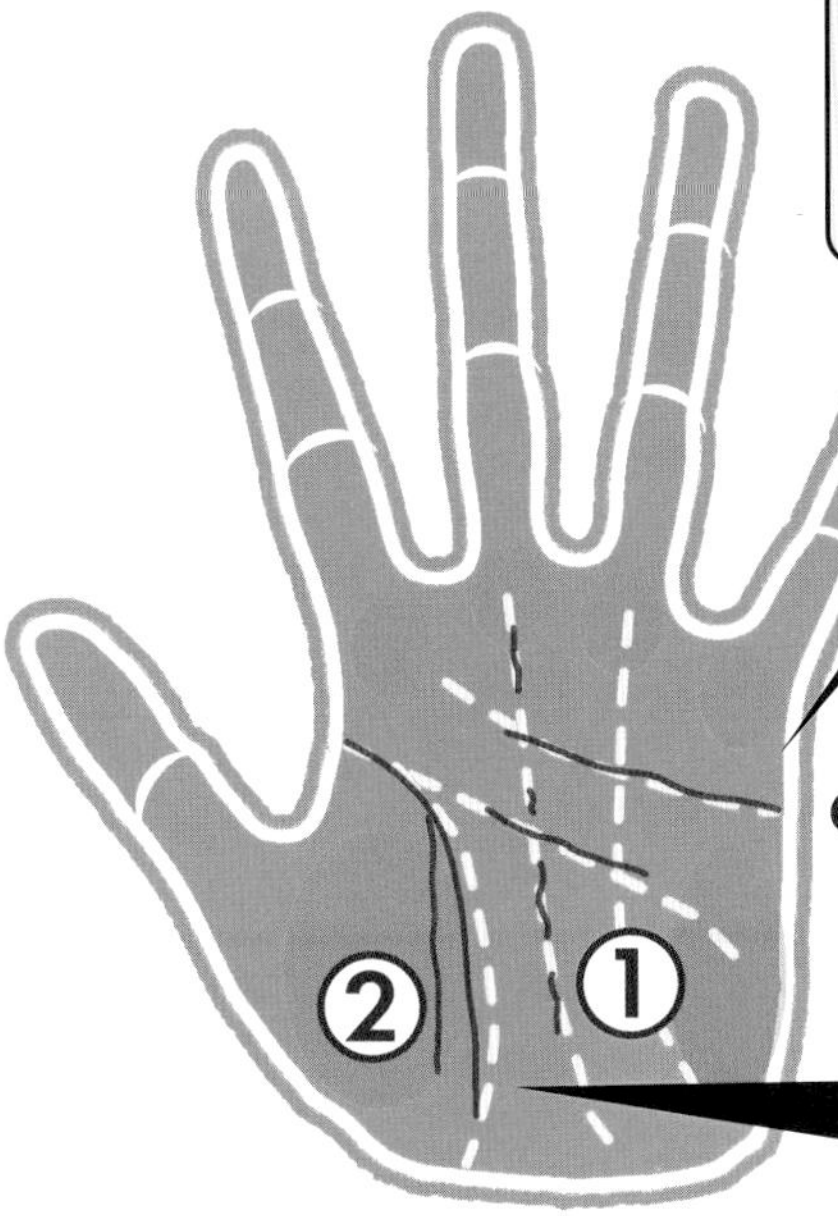


**見方のポイント①**
手相全体が薄くてよく見えない。線も弱々しく途中で切れていたり、あちこちに島も目立つ。

**見方のポイント②**
生命線が貧弱。弱々しく2本、またはそれ以上ある場合もあるが、何とも活力がない印象がある。

## ① 手相が薄い

手相の薄い人は集中力や、やる気がなく、どこか「心ここにあらず」な感じのするタイプが多いです。手相は「実感」というものを感じると強く出てくるものですが、その実感を日々感じられずに生きていると言えるでしょう。

## ② 貧弱な二重生命線

生命線は寿命だけではなく、意思や気力の充実度が出る線でもあります。この生命線が弱々しく2本で一本分というような感じで入っている人がいますが、このタイプは何をしてもすぐ疲れる、あきらめる、という気力の弱い人です。

### 長所の伸ばし方

元気がないタイプなので何かと日々、周囲からサポートしてもらえたりします。それゆえ感謝の気持ちや、愛情深いという面も強く持っている人も多いです。そういう意味では子どもや動物などに関するものなどは相性が良いでしょう。

### 短所の活かし方

体力も気持ち的なものも弱いのが弱点ですが、逆に健康やメンタルへの関心は高め。そういう意味ではその分野には詳しいところがあります。自分を守ろうという意識は高いので仕事も環境も自分の都合や自由がきくものが良いでしょう。

手相
108

# こざかしい・生意気

向いている仕事

インストラクター、デザイナー、コーディネーター
アーティスト、ソムリエ、広告・マスコミ・出版業界
コンサルタント、鑑定士、ユーチューバー、芸人
ライター

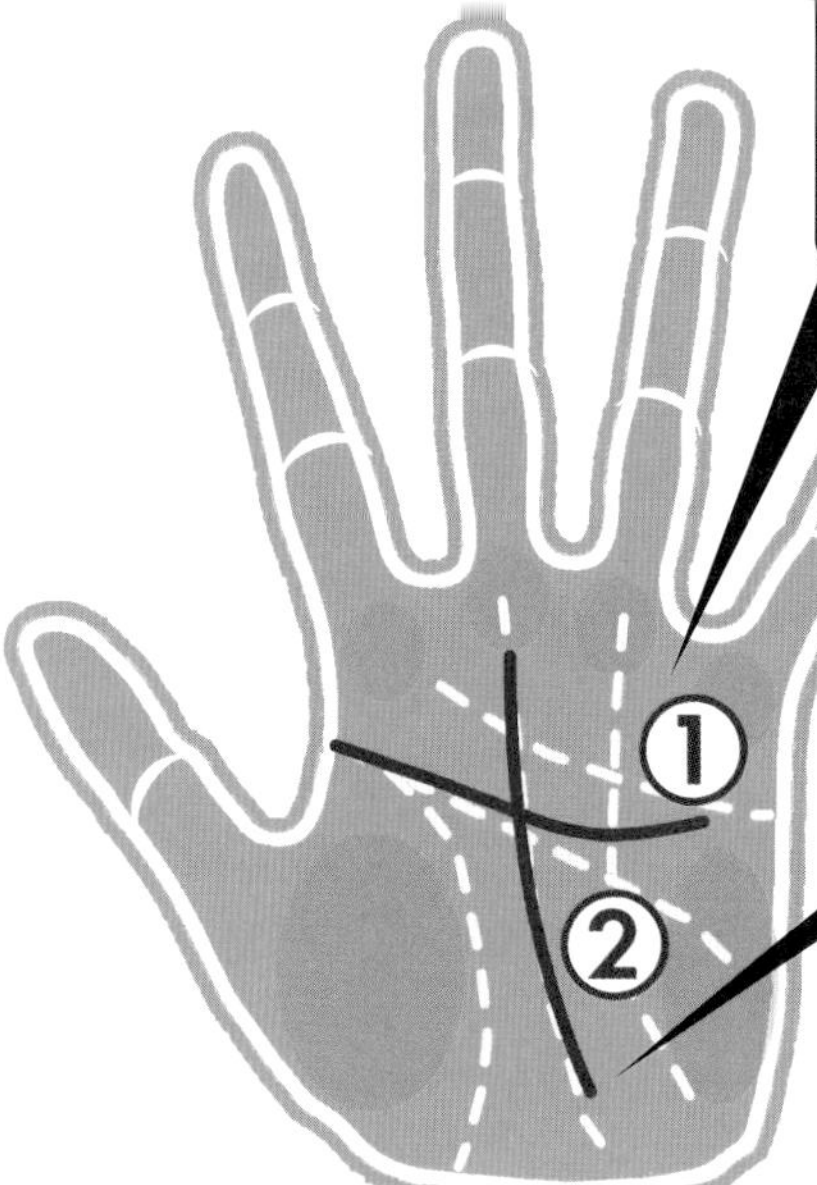


**見方のポイント①**
知能線の先端が下に下がらずに、上にやや跳ね上がるような感じで伸びている。

**見方のポイント②**
運命線が濃くハッキリと入っている。真っすぐでも斜めでも、途切れていても構わない。

**① 知能線が跳ね上がっている**

知能線は物事の考え方やこだわりなどが見て取れますが、性格もよく表れる線です。横に走るのはシビアなものの見方ができる人。跳ね上がるのは商売センス（損得勘定）に長けた人。頭が良くて細かなところをつつくのが上手い人です。

**② 運命線が濃くハッキリと入っている**

運命線の強い人は自分に自信があります。基本的に「自分は間違っていない」というところから物事を考え始めるタイプなので、何かに行き詰まると、自分よりも相手や物事に非があると考えるところが強いです。生意気を言うタイプが多い。

**長所の伸ばし方**

長所は頭の良さ。ちょっと斜めから見たものの捉え方や、裏技などを使うのも得意なので、そういうテクニックやノウハウを教えたり、技術提供できるような仕事も良いでしょう。かっこいい職種、派手な職種も向いています。

**短所の活かし方**

こざかしくて生意気ですが、そういうタイプの人は案外寂しがり屋であったり、疑い深いところもあります。絡んでくれる相手がいないとダメということで、人間関係を大事にしていく必要があります。遅刻やウソはご法度です。

手相 109

# ひきこもり・悩み込む

**向いている仕事**

伝統工芸士、メイクアップアーティスト エステティシャン、ライター、小説家、プログラマー クリエイター、イラストレーター、プロゲーマー、研究職

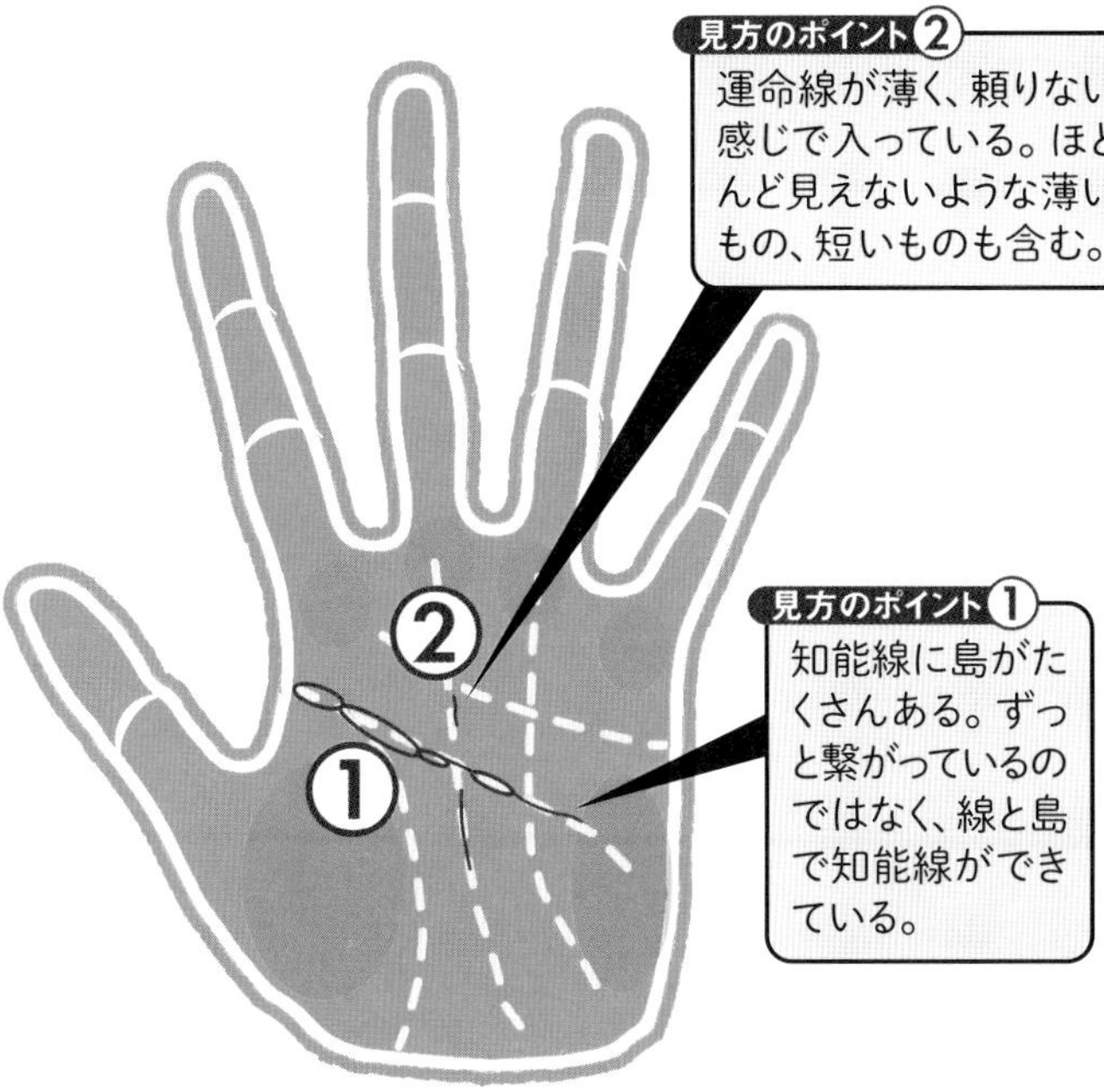

見方のポイント②
運命線が薄く、頼りない感じで入っている。ほとんど見えないような薄いもの、短いものも含む。
②
見方のポイント①
知能線に島がたくさんある。ずっと繋がっているのではなく、線と島で知能線ができている。
①


**① 知能線に島**

知能線に島がたくさんある人は思いつめて考え込みやすいタイプです。知能線の島の期間は大きな悩み事があったり、なかなか結果が出ない時期。家に籠ってふつふつとただ一日が終わることになったり、何かに葛藤する日々にも。

**② 運命線が弱い**

運命線が弱い人は自分に自信が持てません。劣等感が強く、自己肯定力が低いため、周囲とのコミュニケーションを避けたいと思う気持ちが強くあり、ついつい内に引きこもりがちになってしまうタイプです。

### 長所の伸ばし方

このタイプの人は、すぐに悩み込んでしまいますが、それだけあれこれ考えられてしまうということは頭が良かったり、研究熱心なところがあるわけです。部屋にこもって黙々と研究、集中できるタイプの仕事が向いています。

### 短所の活かし方

自分に自信がないというのはそれだけ自分の中の何かにコンプレックスを抱いているということですが、逆に言えば、その面に関しては知識なども豊富ということ。そういう知識を活かすべく何かの専門職に就くのも良いです。

手相 110

# 破天荒・刹那的

**向いている仕事**

職人、技能士、プロスポーツ選手、ダンサー
料理人、消防官、レスキュー隊員、自衛隊、冒険家
映像・映画制作、舞台監督、俳優、アーティスト

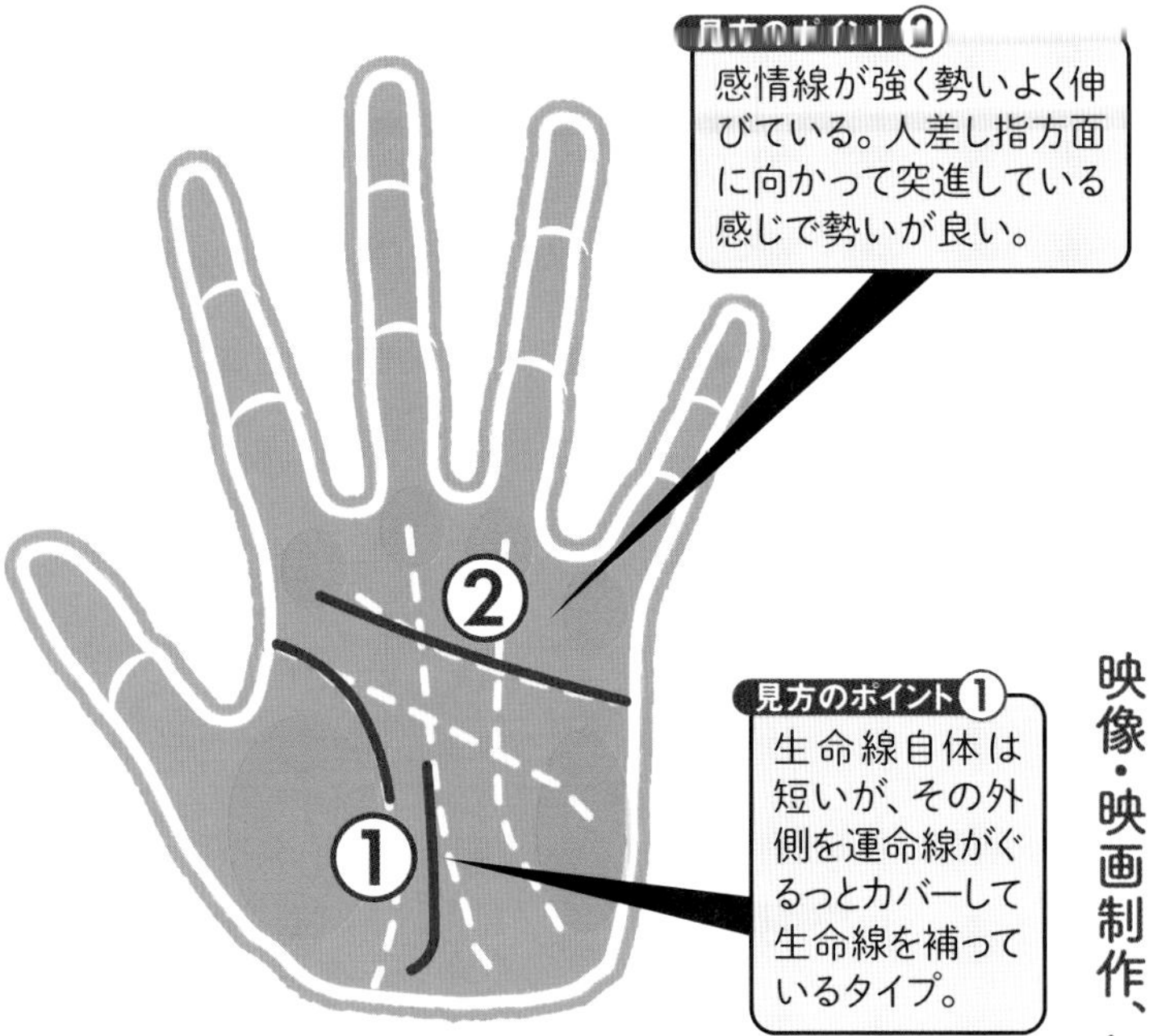
感情線が強く勢いよく伸びている。人差し指方面に向かって突進している感じで勢いが良い。
見方のポイント①
生命線自体は短いが、その外側を運命線がぐるっとカバーして生命線を補っているタイプ。
②
①

## ① 生命線が短い

生命線が短い人は、そのことを寿命と絡めて心配している人がいますが、大抵は生命線の代わりの役目をする運命線が伸びていますので心配には至りません。この相の人は太く短く生きようとする刹那的なタイプです。

## ② 感情線が真っすぐ長い

感情線が人差し指側まで突っ込んでいくように勢いよく伸びる人がいます。感情線は情熱を表す線、この相の人はとても熱いハートの持ち主で、一度熱く燃えたら後先のことは考えず完全燃焼まで一気に加速します。

### 長所の伸ばし方

恐れ知らず、勇気がある人なので、体を張って人の命を救うような仕事や、情熱を持って熱心に向き合うことが重要視されるような仕事などが向いています。「俺がやらねば誰がやる」のヒーロー気質な人です。

### 短所の活かし方

後先考えずに突っ込んでいきます。周囲は心配しますので無茶しすぎないように。自分は相当無茶なタイプと知ることで、逆に健康に気を使ったり、生きる上でも大切な何かを学んでいこうという運命に切り替わります。

手相 111

# とばっちり・災難に遭いやすい

**向いている仕事**

教職、保育士、職人、技能士、プログラマー
介護・看護系、医師、公務員、税理士、行政書士
弁護士、弱者や困っている人をサポートする仕事
国や地域に貢献する仕事

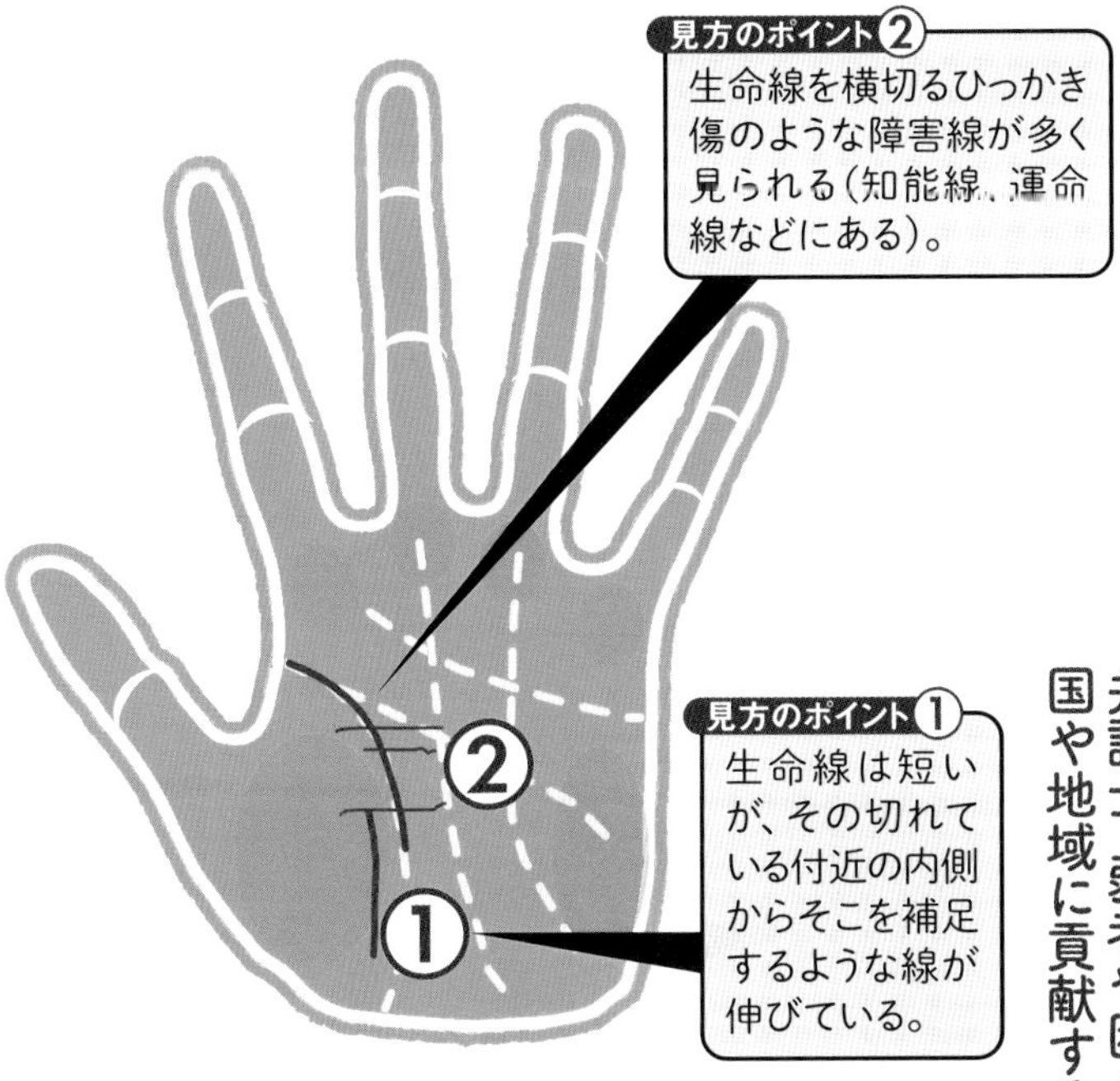

見方のポイント②
生命線を横切るひっかき傷のような障害線が多く見られる（知能線、運命線などにある）。
見方のポイント①
生命線は短いが、その切れている付近の内側からそこを補足するような線が伸びている。
②
①


**① 生命線の内側カバー**

生命線が短く、その内側に補足線が伸びている場合は、災難やトラブルに巻き込まれたり、病気や事故などにも遭いやすいタイプの人です。調子に乗って人の言うことを聞かない、計画性なく軽率な言動をするなどが原因です。

**② 障害線**

障害線は心や体にダメージを受けるという警告の印。それが目立つということはトラブルや病気、けがなどが起きやすいことを意味します。人間関係、生活習慣……どこかでそういういびつが生まれやすいシステムになっています。

**長所の伸ばし方**

このタイプの人は普段は謙虚だったり、責任感があったりして、仕事や勉強などもしっかりやれる人です。災難から身を守るカギは人助け。誰かや何かの助けになるような仕事をすると、その徳がいずれ巡って守ってくれます。

**短所の活かし方**

短所は軽率な一面があるところです。何も考えずに危険な場所に出かけたり、興味本位でリスクのあることに手を出したり、うっかり言ってはいけないようなことを口にしたり……周囲のアドバイスや意見には耳を傾けましょう。

手相 112

# 病弱・虚弱

**向いている仕事**

パソコンを使う仕事全般（プログラマー・データ入力・資料作成）、税理士、行政書士、習い事の先生、自然食品・健康食品販売、裁縫、ライター、イラストレーター、在宅ワーク

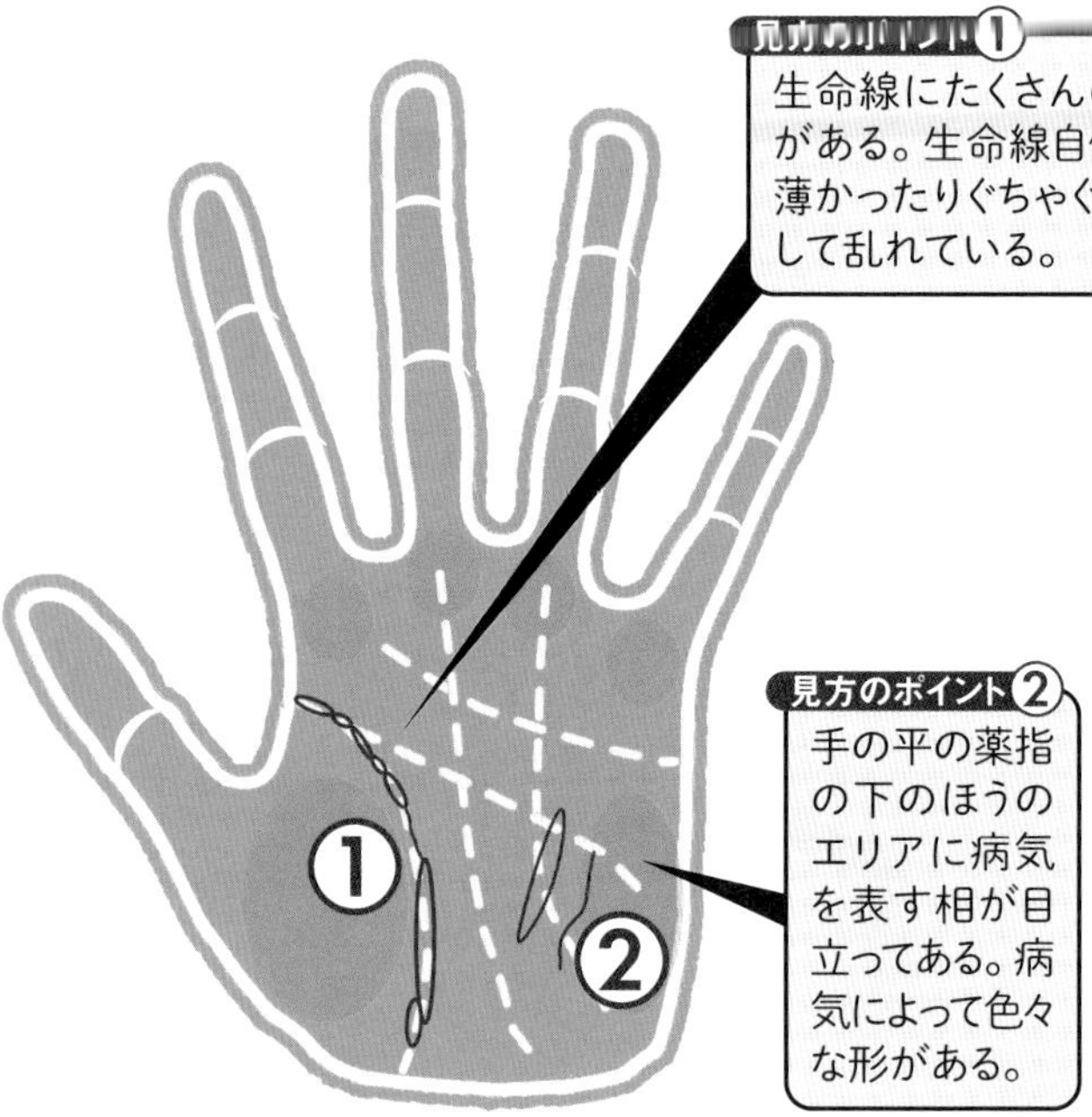

見方のポイント①
生命線にたくさんの島がある。生命線自体が薄かったりぐちゃぐちゃして乱れている。
見方のポイント②
手の平の薬指の下のほうのエリアに病気を表す相が目立ってある。病気によって色々な形がある。
①
②


**① 生命線に島がたくさん**

生命線はその人の体の丈夫さや、健康面なども見て取れます。ここに島が多い人は元々病弱だったり、慢性的な病気を抱えていたり、大きな病気の後遺症があったりなどで体が弱い。また何かをしてもすぐ疲れる虚弱タイプの人です。

**② 病気線**

手相には病気を表す相があります。肝臓や腎臓、胃や腸、循環器系など、それぞれの病気によって相の形状も異なります。病気は遺伝系が多いので、身内で似たような相の持ち主がいたら同じ病気になりやすいので注意しましょう。

### 長所の伸ばし方

体は弱いですが頭は良いところがあります。あまり体力を使わずに室内で熱心に頭を使う系の仕事や、勤務時間も無理なく自分の体調に合わせて決められるようなものが良いでしょう。省エネがカギです。

### 短所の活かし方

体が強いほうではなく、無理も効かないので、やはりどうしても人に甘えてしまうところが強くなりがちです。また心配性、疑心暗鬼な面も。免疫を向上させ、病気も弱気も吹き飛ばせるような、体に良いことを習慣にしていきましょう。

手相 113

# 遊び好き・ギャンブル好き

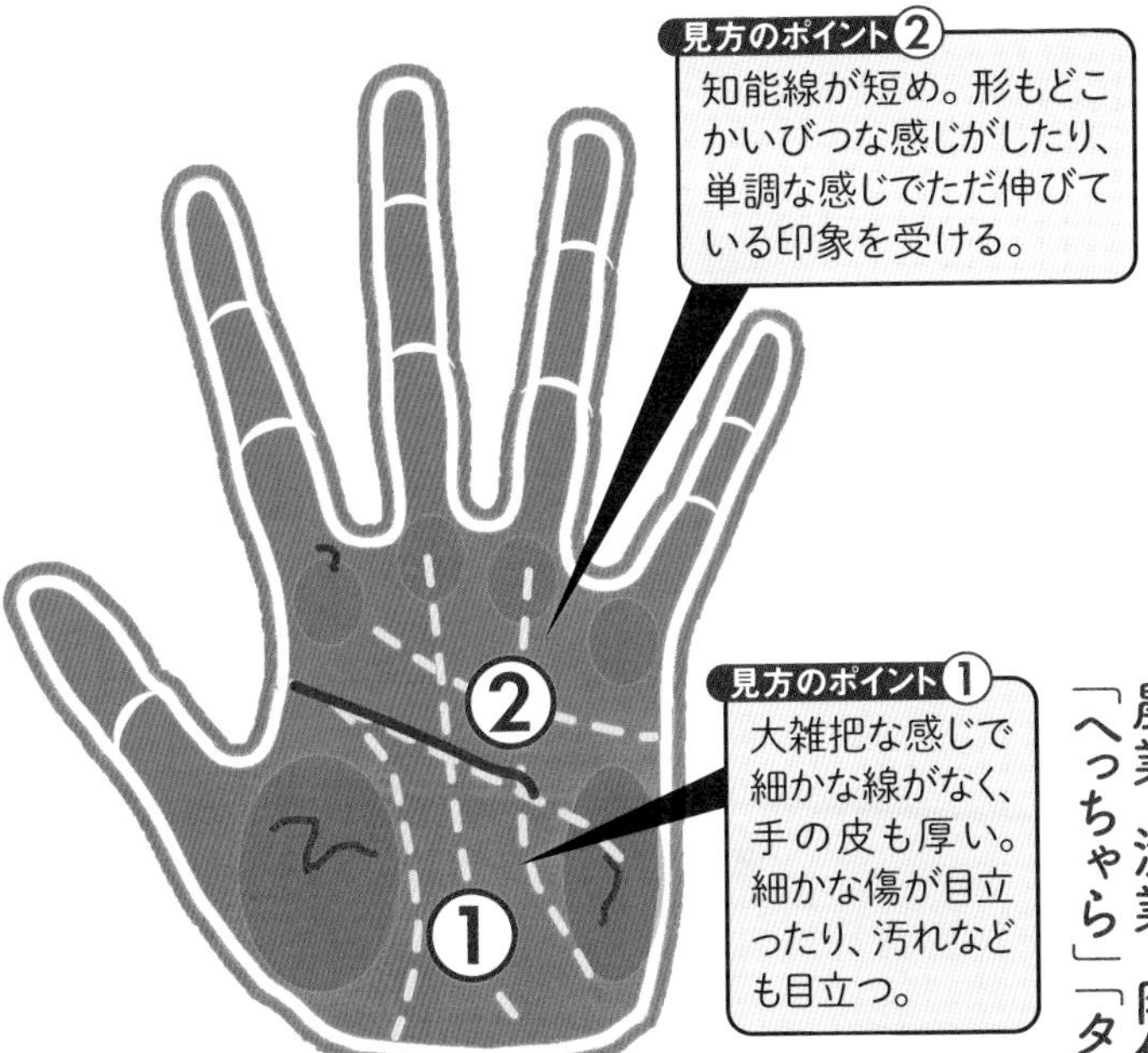
見方のポイント②
知能線が短め。形もどこかいびつな感じがしたり、単調な感じでただ伸びている印象を受ける。
②
見方のポイント①
大雑把な感じで細かな線がなく、手の皮も厚い。細かな傷が目立ったり、汚れなども目立つ。
①

**向いている仕事**

職人、技能士、料理人、調理師、トレーダー
飲食店経営、自動車販売業、不動産業
農業、漁業、肉体労働系
「へっちゃら」「タフ」という性格を活かせる仕事

## ① 細かな線がなくキズや汚れが目立つ

細かな線がなく大雑把な手相は、難しいことは考えず、ただ面白いことがあればいいという享楽的なタイプ。手がいつも汚れていたり、キズが多いタイプは堕落的な一面があります。手の皮の厚い人はへっちゃらな人です。

## ② 知能線が短め

めんどくさいことが大嫌い。楽して大儲けしたい、適当にやってすぐに結果が出せればいいという考え方があります。キレイにカーブしておらずいびつだったり、癖があるのは自分に都合のいい考え方をするタイプ。

### 長所の伸ばし方

このタイプの人は、ごちゃごちゃ考えるよりも、体で覚えることや感覚的に身につけていくテクニックが必要とされるような仕事が向いてます。パッとやって結果が目に見えてわかったり、めどが立つようなものが良いでしょう。

### 短所の活かし方

めんどくさがりで、すぐに飽きてしまいます。どうしても遊び心、快楽を求めるところが強いので、遊びは遊び、仕事は仕事とメリハリをつけていくのが良いでしょう。あとは不摂生に注意。健康にも気を付けることです。

手相 114

# やきもちやき・嫉妬・ジェラシー

**向いている仕事**

ファッションモデル、エステティシャン、美容師
イベントコンパニオン、歌手、アーティストタレント
楽器職人、ピアノ調律師、バレエダンサー
接客業、研究職

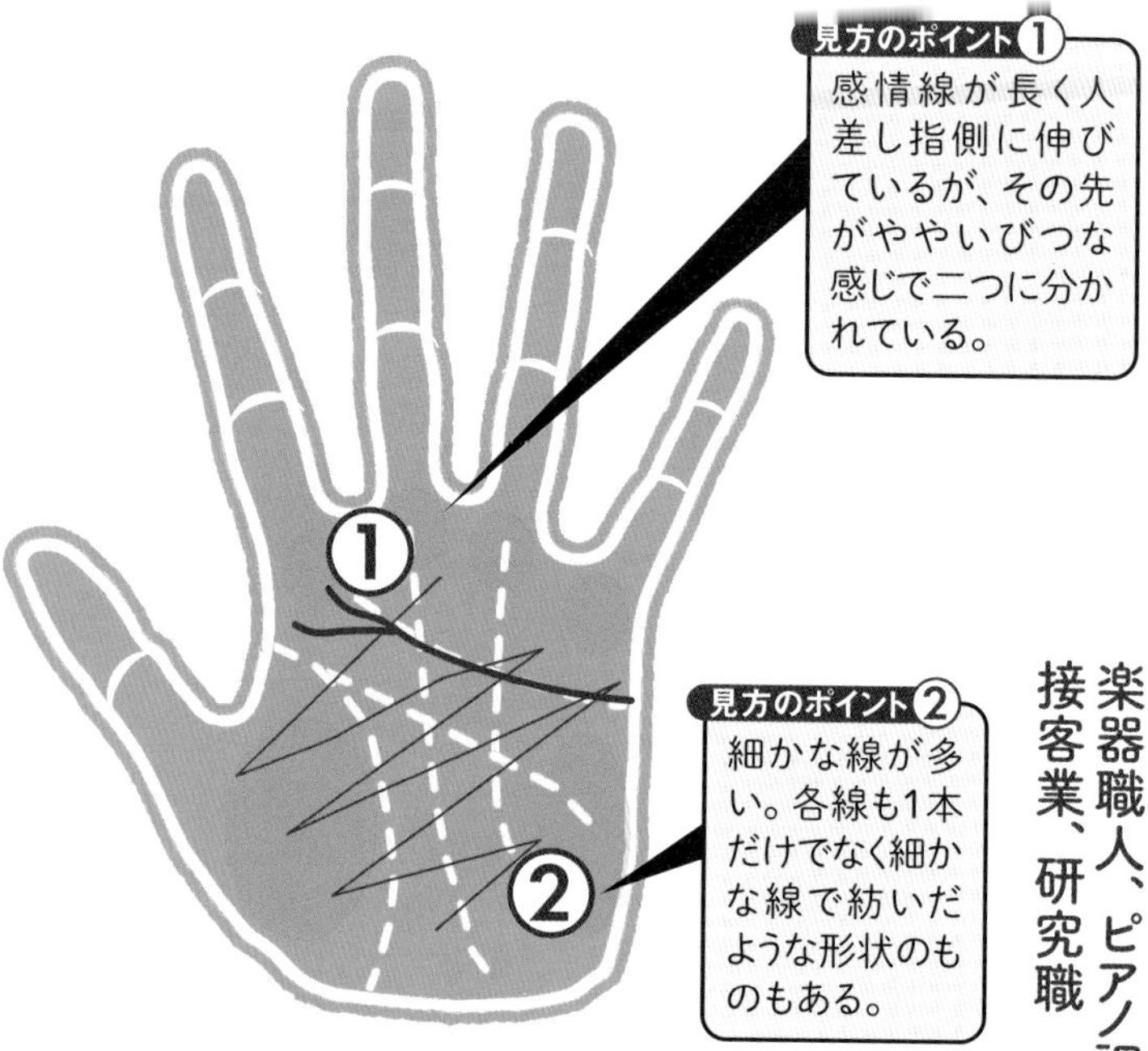

見方のポイント①
感情線が長く人差し指側に伸びているが、その先がややいびつな感じで二つに分かれている。
①
見方のポイント②
細かな線が多い。各線も1本だけでなく細かな線で紡いだような形状のものもある。
②


## ① 感情線の先が二つに割れている

感情線は感情的なものを表しますが、恋愛のタイプも見て取れます。感情線が長い人はずっとその人のことを思い続けることができるタイプですが、先がいびつに二つに分かれているのは執着心が強く、嫉妬深いタイプの人です。

## ② 細かな線がたくさん入っている

たくさんの細かな線が入っている人は神経質です。何かあるともう気になって仕方がありませんが、それは恋愛ごとも同じ。相手のことをあれこれ詮索したり、そこから関連性のある人やモノ全てが気になって仕方がありません。

### 長所の伸ばし方

長所は一途に一つのものを熱心に追い求められることです。興味の対象には細かなことにもよく気がつきますし、よく見てよく聞いていますから、些細な変化も見逃しません。そういうものを求められる仕事は良いでしょう。

### 短所の活かし方

嫉妬心が強いタイプですが、その「私じゃないとダメ」の気持ちがモチベーションとなるような人気商売は相性が良いです。好きな人や興味の対象には付きまとうタイプなので身の回りの世話を焼くような仕事も向いています。

手相 115

# 要領が悪い・非能率 無駄が多い・空回り

**向いている仕事**

予備校・学習塾講師、インストラクター
カウンセラー、美容師、エステティシャン、介護福祉士
テレコミュニケーター、タクシードライバー
流行のお店のスタッフ、契約社員

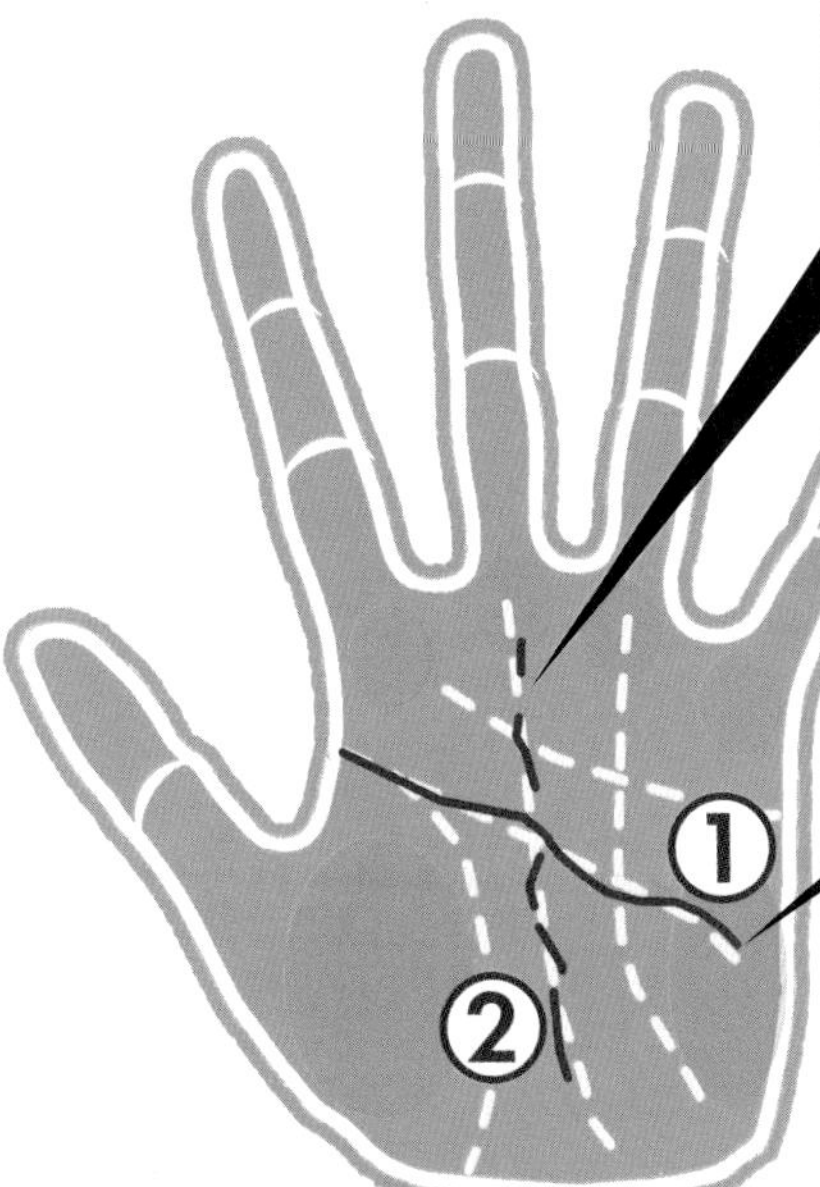


**見方のポイント①**
知能線が蛇行している。局地的に曲がっていたり。全体で波打っているようなタイプもある。

**見方のポイント②**
運命線が貧弱で途切れ途切れだったり、島があったり、途中で切れて隙間が空いていたりする。

### ① 知能線が蛇行している

要領の悪い人。何かをやればやったでそれが毎度裏目に出てしまうことが多いタイプ。どこかで大事な部分を見落としていたり、常識に逆らった自分の都合の良い解釈をする癖があります。

### ② 運命線が貧弱

運勢が弱いことを意味します。結果が出なかったり、突然計画がとん挫したりしてなかなか調子が上がりません。運命線の変化は人生のドラマの変化。付き合う相手や仕事もコロコロ変わりやすい傾向に。

### 長所の伸ばし方

自分のことは要領が悪いですが、人には優しかったり親切なタイプの人が多いです。何かを教えたり、サポートするような仕事も良いでしょう。またフットワークの軽さを生かせるようなものも良いです。

### 短所の活かし方

短所は常に人のことや周りの結果が気になる点。上手くいってる人や良い思いをしている人がいると、すぐにそちらになびいてしまうところです。そういう意味では流行りものや、更新の激しい仕事などにも相性は良いでしょう。

手相 116

# 被害妄想・幻想・幻聴

向いている仕事

小説家、画家、イラストレーター、デザイン関連
アーティスト、クリエイター、俳優
コンテンポラリーダンサー、ミュージシャン、絵本作家

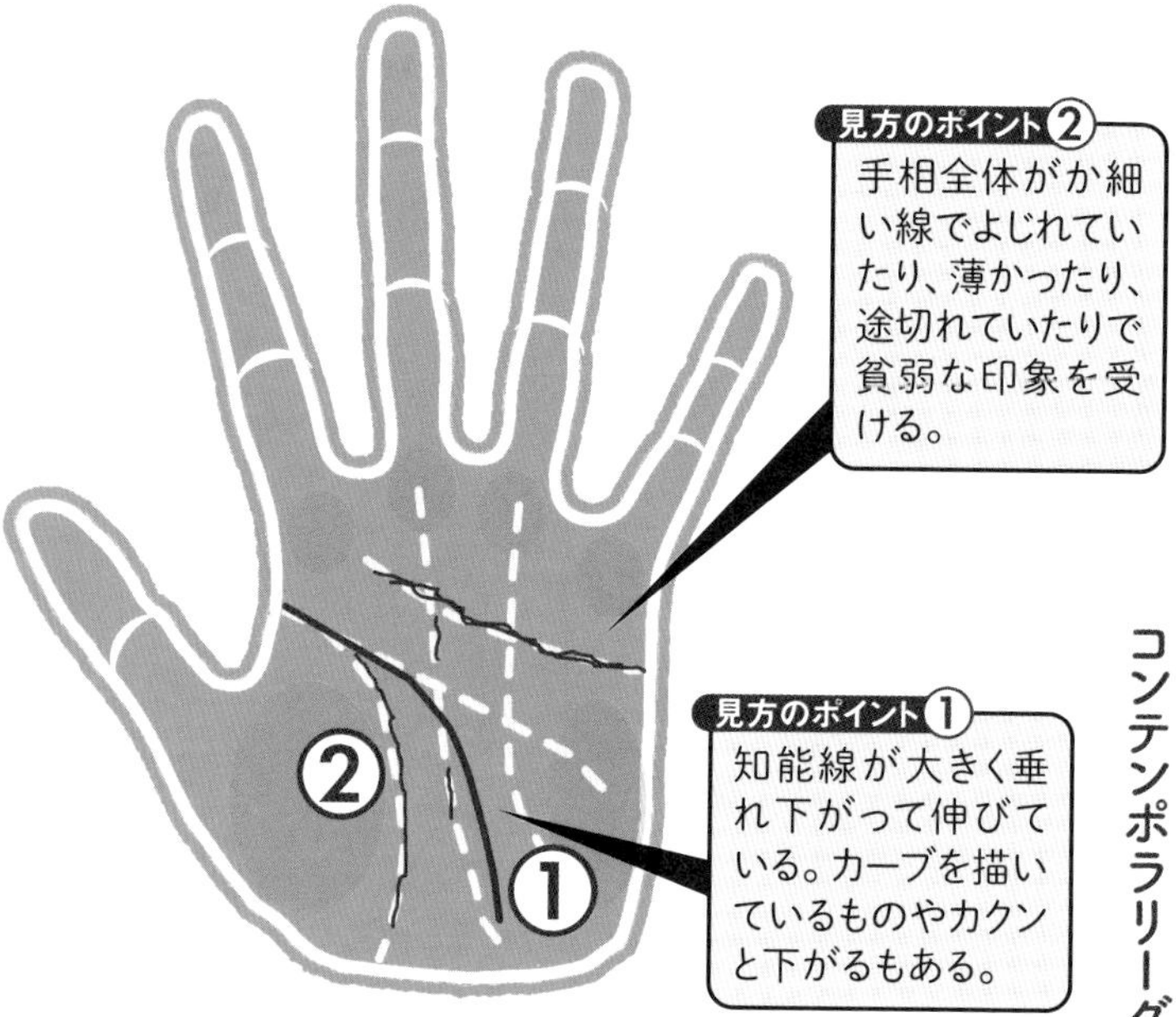
見方のポイント②
手相全体がか細い線でよじれていたり、薄かったり、途切れていたりで貧弱な印象を受ける。
見方のポイント①
知能線が大きく垂れ下がって伸びている。カーブを描いているものやカクンと下がるもある。
②
①

**① 知能線が大きく下に下がる**

知能線が下がるタイプは空想的で創造性が豊かなタイプですが、大きく下にまで下がるような場合は、もっと現実離れした世界観を持った人です。妄想幻想の世界と思考の世界が入り乱れています。

**② 手相全体が貧弱**

手相が貧弱な人は主体性がなく、他力本願で周囲に流されやすく、環境にも左右されやすいです。現実逃避癖もあるので、小説や漫画、ドラマや映画などの世界観を自分の現実の生活にも重ねて空想の世界に生きようとします。

### 長所の伸ばし方

このタイプの人は想像力、芸術性の高さがありますから、モノづくりや何かを表現していくタイプの仕事が向いています。幼いころから専門的な教育を受ける、世界レベルのものに触れられる機会などを増やしていくと良いです。

### 短所の活かし方

短所は人や環境の影響を受けやすいというところと、妄想的になり、人間不信になりやすいところです。そういう意味では自分の世界に没頭できるものが良いですし、影響面で言えば人間性の素晴らしい師に付き、良い影響を受けることです。

手相
117

# けち・シブチン

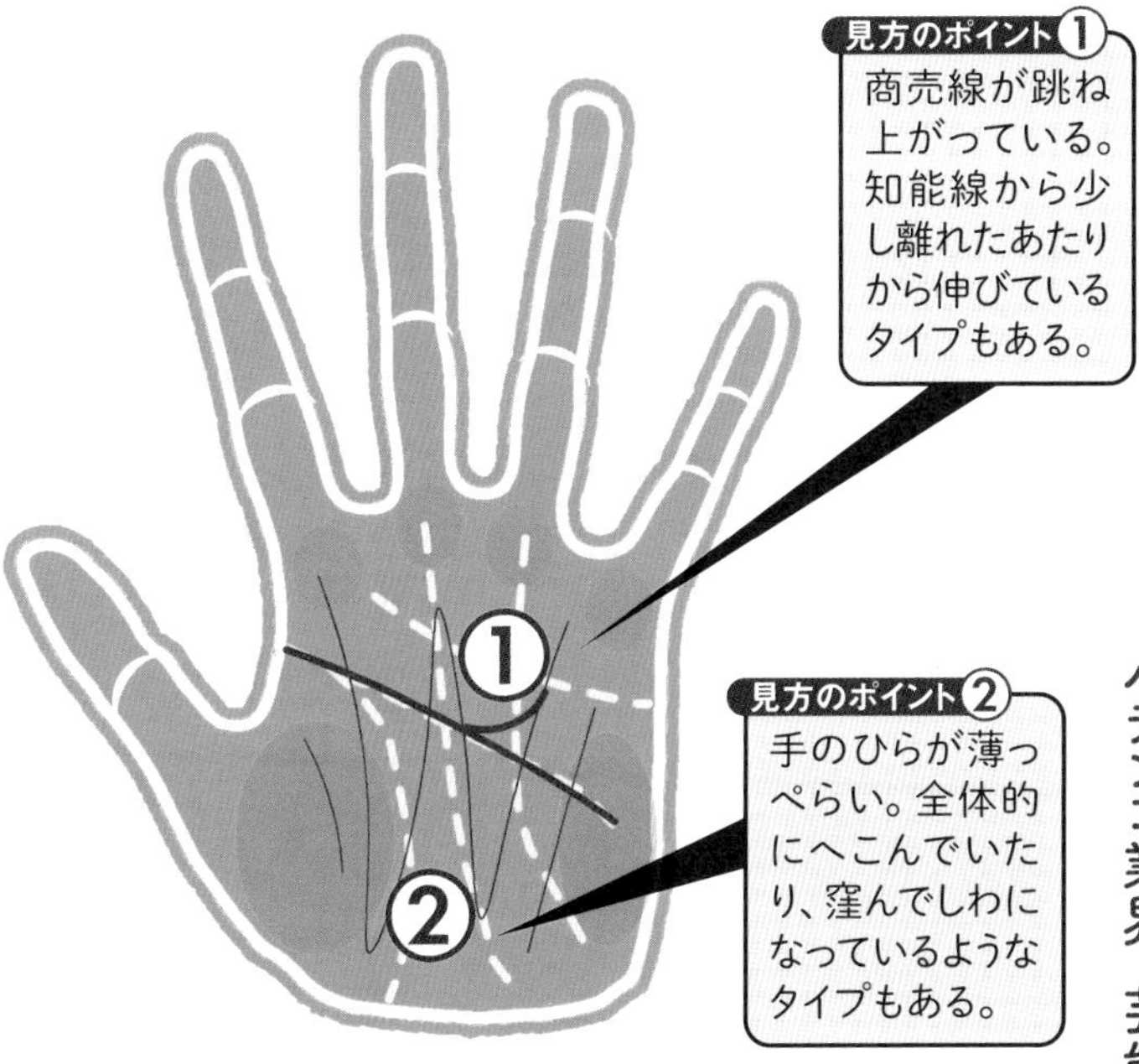

見方のポイント①
商売線が跳ね上がっている。知能線から少し離れたあたりから伸びているタイプもある。
①
②
見方のポイント②
手のひらが薄っぺらい。全体的にへこんでいたり、窪んでしわになっているようなタイプもある。


**向いている仕事**

金融系、バイヤー、代理人、質屋、不動産業
投資家、税理士、会計士、経理事務、コンサルタント
パチンコ業界、芸能事務所、歩合制の仕事

### ① 商売線

商売線がある人は金銭感覚に長け、損得勘定をするのが得意です。性格的にもよほどのメリットが考えられない限り、自分から先に損をするような真似はしないタイプの人です。しっかり者でもあり、ケチな人でもあります。

### ② 手のひらが薄い

手のひらが厚いタイプ、薄いタイプの人がいますが、厚い人は温情的で優しいタイプ。その反対ということで手の薄い人は薄情、非情な面があるということになります。人がどうのというよりも自分のことがまずは大事というタイプです。

### 長所の伸ばし方

長所は情に流されない強い性格と、何と思われようが自分第一で行動できるそつのなさ、そして非情にもハッキリYES、NOを言える正直さです。没頭できるもの、頑張りがそのまま自分の利益に繋がるようなものが良いです。

### 短所の活かし方

自分のことが大事な人ですが、こういうエネルギーの強い人が味方に付いたら、それは大変心強いと周囲は受け止めます。お金のことを任せられたり、自分たちの利益を守るような立場や仕事が向いています。

手相
# 118

# 見栄っ張り・八方美人

向いている仕事

ファッション系、ウェディング系、インテリア系
ジュエリー・アクセサリー販売、受付
エステティシャン、モデル、タレント
イベントコンパニオン、広報、俳優、接客業

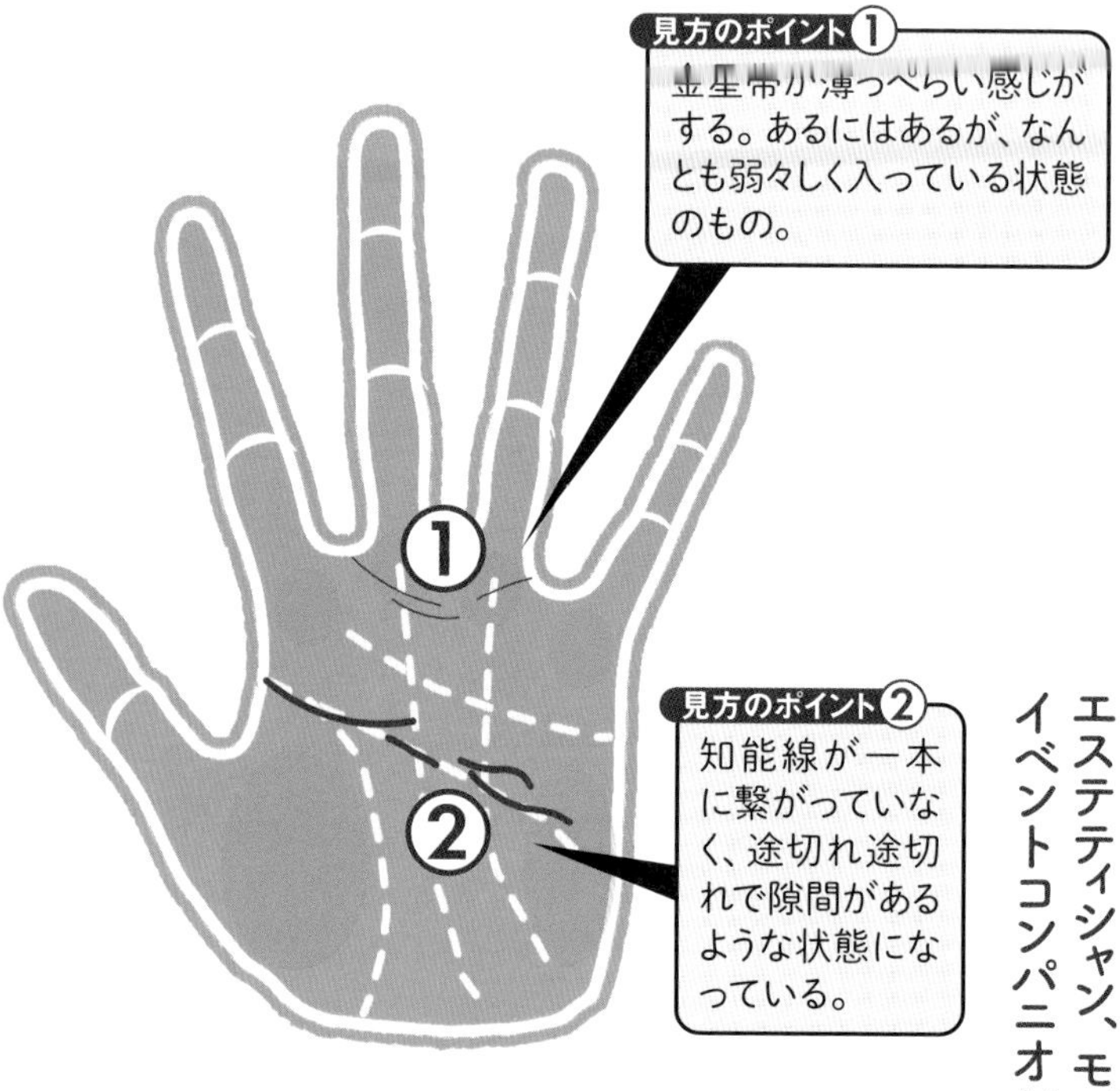
見方のポイント①
金星帯が薄っぺらい感じがする。あるにはあるが、なんとも弱々しく入っている状態のもの。
①
②
見方のポイント②
知能線が一本に繋がっていなく、途切れ途切れで隙間があるような状態になっている。

**① 金星帯が薄っぺらい**

金星帯は精神性（中身）も外見にも美を意識する人に現れる相ですが、この相が薄っぺらい人は、中身が伴っていないタイプです。外側のかっこつけのために見栄を張ったり、誰にでも愛想の良い態度をとってしまうのです。

**② 知能線が途切れ途切れ**

自分の信念が弱く、考え方や言うことがその場や相手によってコロコロ変わるタイプの人です。日和見的なところも強く、つい調子のよいことを言ってしまったり、無理なことでも見栄を張ってしまう面もあります。

**長所の伸ばし方**

長所は人当たりの良さと、見た目の良さ。そういう意味では接客業や美に関する仕事、モデル業も良いです。印象が大事なのでマナーや教養、正しい言葉使いなども身につけておくと良いでしょう。特技もあると良いです。

**短所の活かし方**

短所は中身が薄っぺらいところですが、それならば「差しさわりのない」あるいは「無難な」というところを目指していけば、折り合いを付けつきやすい人としてのニーズがあるのもまた世の中です。薄いからこそ何色にも染まれます。

手相 119

# 奇人・変人・キャラが濃い

**向いている仕事**

予備校講師、学習塾講師、デザイナー
アーティスト、放送作家、CMプランナー
コピーライター、便利屋、芸人、タレント
ユーチューバー、起業家、研究職、専門職

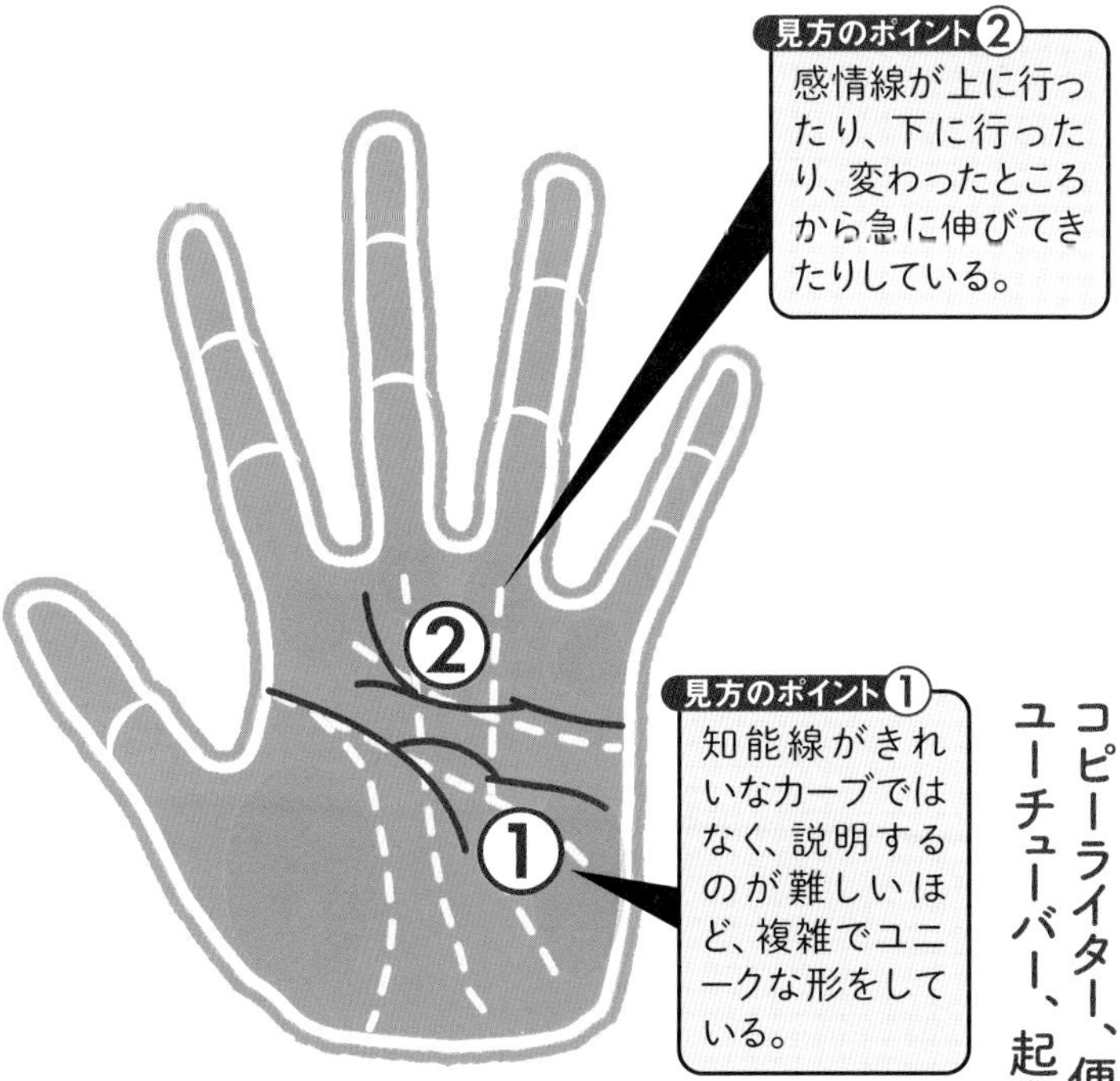

見方のポイント②
感情線が上に行ったり、下に行ったり、変わったところから急に伸びてきたりしている。
②
見方のポイント①
知能線がきれいなカーブではなく、説明するのが難しいほど、複雑でユニークな形をしている。
①


### ① 知能線がユニーク

知能線は物事の考え方、捉え方、解釈の仕方などが見て取れる線ですが、ここが変わっているということは相当ユニークな人ということになります。「普通はそうじゃないでしょ!」というものが、この相の人たちには「普通」なのです。

### ② 感情線がユニーク

感情線はその人の感情の持ち方が現れる線です。ここが変わっているということは、普通の人には想像もできない感受性の持ち主ということになります。愛情を表す線でもありますので、愛情表現もかなり変わったタイプの人です。

### 長所の伸ばし方

長所はオリジナリティ溢れる個性。そこからくるアイデアや芸術的センスは誰にもまねができませんから、それを活かすべく、専門機関などで正しい基本をしっかり学びましょう。基本ができてからが個性の発揮どころです。

### 短所の活かし方

奇人変人、変わった人ということですから、万人受けはしないかもしれませんが、一部の分野においては、その個性がカリスマ性となって影響力のある人物ともなれます。一芸に秀でる、得意なジャンルを極めると良いでしょう。

手相 120

# 多忙・おでかけ

向いている仕事

旅行業、パイロット、航空客室乗務員、タレント
プロスポーツ選手、歌手、ミュージシャン、ローディー
カメラマン、ドライバー、営業、出張の多い仕事

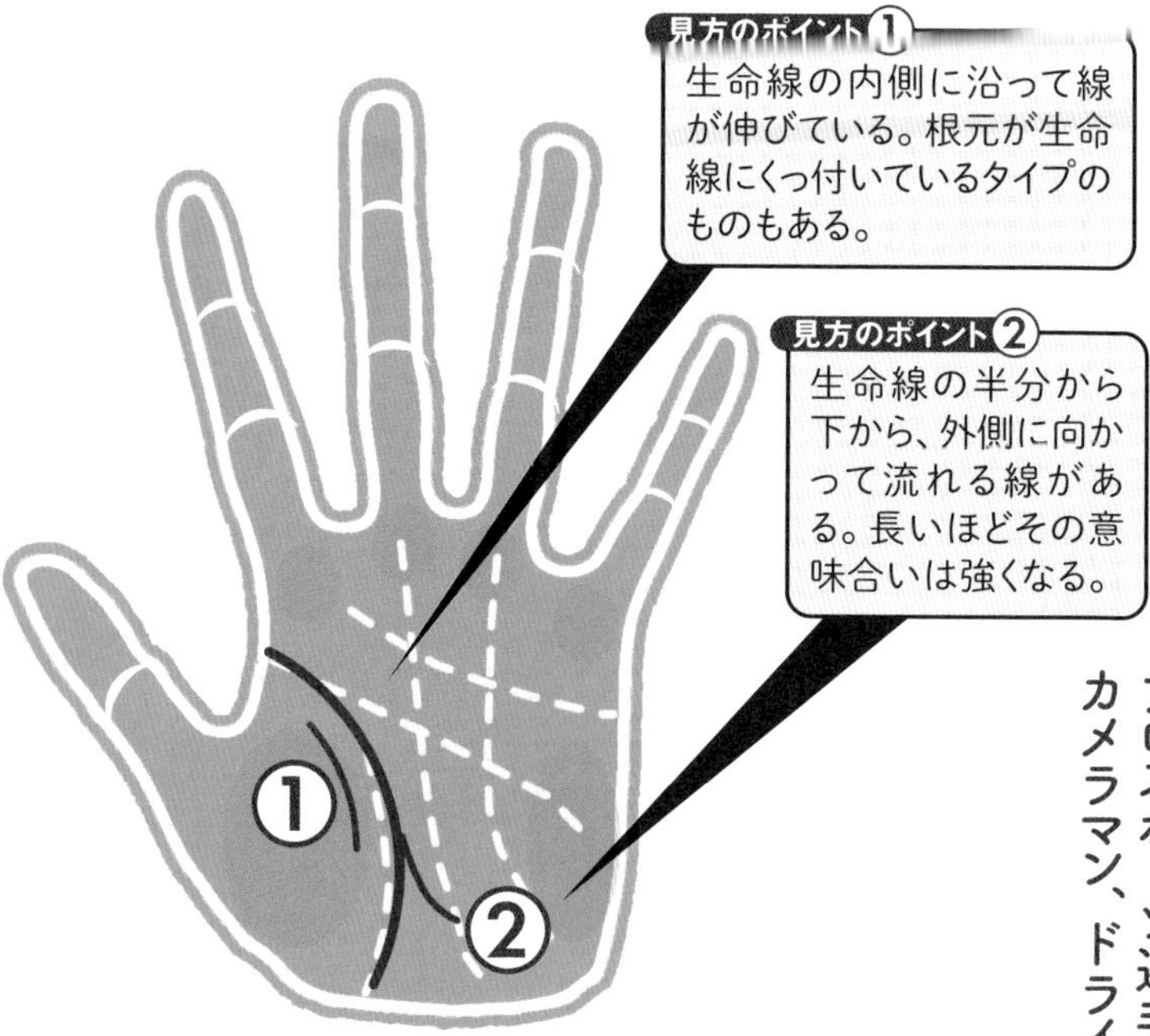

見方のポイント①
生命線の内側に沿って線が伸びている。根元が生命線にくっ付いているタイプのものもある。
見方のポイント②
生命線の半分から下から、外側に向かって流れる線がある。長いほどその意味合いは強くなる。
①
②


**① 生命副線**

生命副線がある期間はとても忙しくタフな生活が続きます。線が長いほど、その期間も長いですが、それだけ元気で丈夫な人でもあります。一人で二人分の活躍をするぐらい忙しい日々を送る可能性が高い人です。

**② 旅行線**

旅行線の伸びている人は、人生において移動が付きまとう人。出張や引っ越し、世界中を駆けずり回ったり、国内を移動する日々が続くような生活になると言われています。将来的に住む家が二つになる可能性も高いです。

### 長所の伸ばし方

長所は適応能力。違う文化の中に入っていてもその中で自分の個性や能力をうまく発揮できる人です。仕事は中途半端に暇よりも、忙しくて毎日が大変というぐらいのほうが、逆に体も頭もさえるタイプでもあります。

### 短所の活かし方

短所は羽目を外し過ぎたり、節度がないところなどです。家から離れた環境で誰にも気兼ねすることなく好きなものばかり食べたり、好き勝手やらかしすぎると、それはいずれ体調面や運命にも影響してきます。節度を守りましょう。

手相 121

# しぶとい・疑い深い

向いている仕事

職人、伝統工芸士、学者、バイヤー、料理人
神職、検察官、鑑定士、警備員、ボディーガード
SP、空港検査員、税務関係、公務員

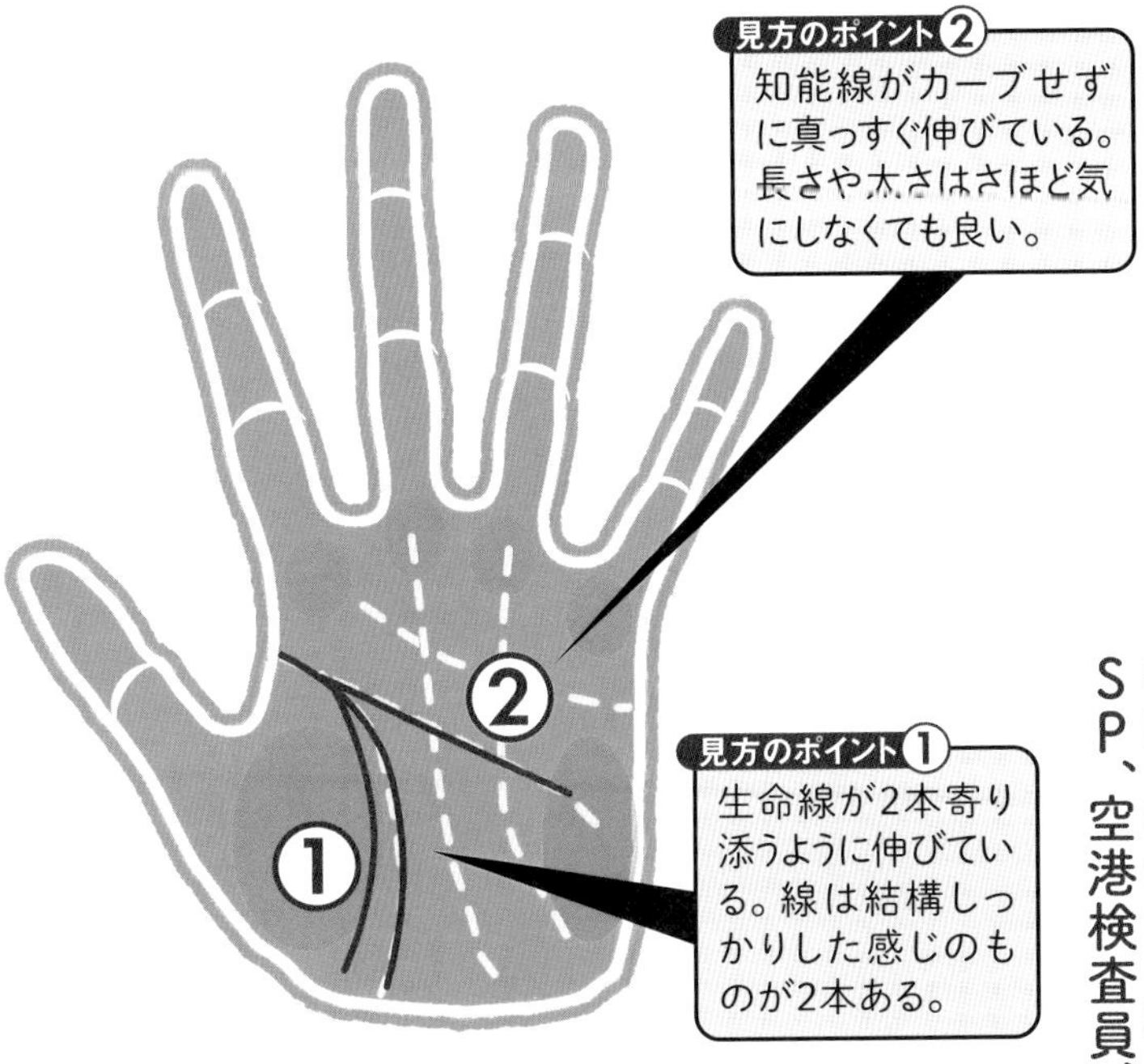

見方のポイント②
知能線がカーブせずに真っすぐ伸びている。長さや太さはさほど気にしなくても良い。
見方のポイント①
生命線が2本寄り添うように伸びている。線は結構しっかりした感じのものが2本ある。
②
①


## ① 二重生命線

しっかりしたタイプの二重生命線の人は、一見すると、か細く、体力的にも弱そうな感じがしますが、実は大変元気でギャップがあります。性格的にも「はい」と言いながらも、なかなか言うとおりにやらないしぶとい人です。

## ② 知能線が真っすぐ

知能線の真っすぐな人は考え方に癖があり、そうと考えたらもう、そうとしか考えられない思い込みの激しいタイプです。何を言っても、どれだけ説明しても疑い深く、自分の意思や考え方を曲げようとしない頑固な人です。

### 長所の伸ばし方

考え方がブレないのが長所。型にはまれば強い人ですから、きっぱりと判断や査定を付けるような仕事が良いでしょう。専門分野に進み、知識や経験を積んでいくのが良いです。言うことが毎回同じような仕事や役回りも良いです。

### 短所の活かし方

物事を決めてかかるのが悪い癖ですが、逆にそう決めきっていかないと効果、成果が上がらないようなジャンルの仕事や役職には大変適した人物です。「最初は絶対に疑ってかかる」というような仕事も向いています。

手相 122

# おっちょこちょい・ドジ

**向いている仕事**

保育士、看護師、介護士、栄養士
イベントコンパニオン、バスガイド、芸人、タレント
保険外交員、整体師、接客業、販売業
習い事の先生、子ども相手の仕事など

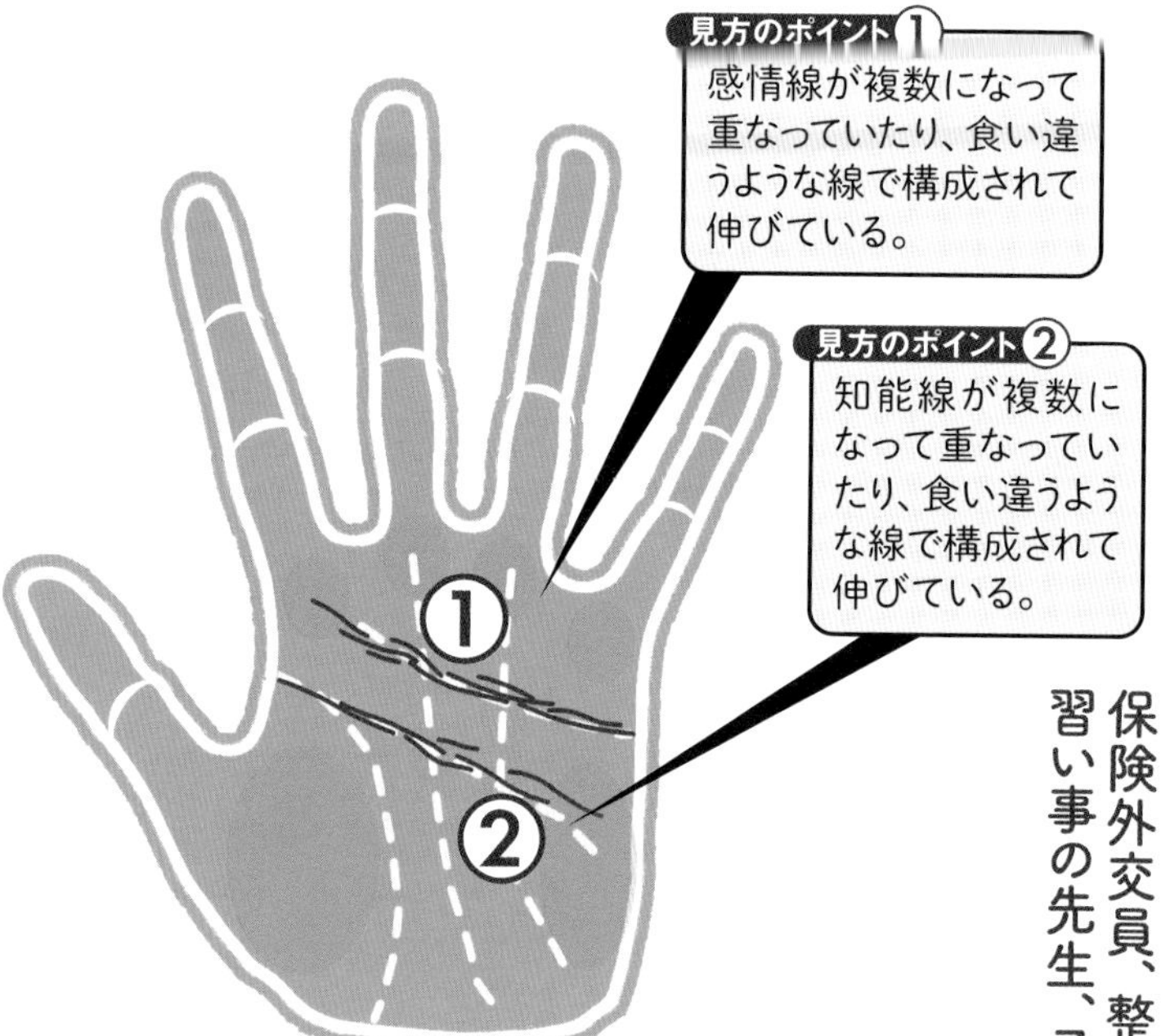

見方のポイント①
感情線が複数になって重なっていたり、食い違うような線で構成されて伸びている。
見方のポイント②
知能線が複数になって重なっていたり、食い違うような線で構成されて伸びている。
①
②


**① 感情線の食い違い型**

感情や気分がよく変化する人です。細かなことに反応しやすいタイプなので、何か良いことと思えばすぐにニコニコしたり、逆に悪いことと思えば機嫌が悪くなったり怖がったりします。あさはかなところがあります。

**② 知能線の食い違い型**

考え方に芯がなくコロコロ変わりやすい一面があります。また、常に目先のことばかり何とかしようとして、あれこれ慌てているので結局気が散って失敗を繰り返すことが多いです。ドジをやらかすタイプ。

**長所の伸ばし方**

いつも自分がドジをして失敗ばかりしているので、そういう経験から落ち込んでいる人を慰めるのが上手かったり、親切なところがあったり、逆に責任感の強さなども持っています。親身になって相手に寄り添える仕事が向いています。

**短所の活かし方**

短所はやはりドジな点ですが、それがユーモアとなる場合もありますし、愛嬌となって周囲を和ませることに繋がれば、それは短所を活かすことにもなります。毎回やってしまうことは仕方ないとして、それを上回る愛嬌を持ちましょう。

手相
123

# マイナス思考・薄幸

向いている仕事

コーディネーター、プログラマー、ゲーム関連
介護系、福祉系、理学療法士、栄養士、調理師
家電販売員、パソコン修理、小説家、脚本家
画家、絵本作家、書道家

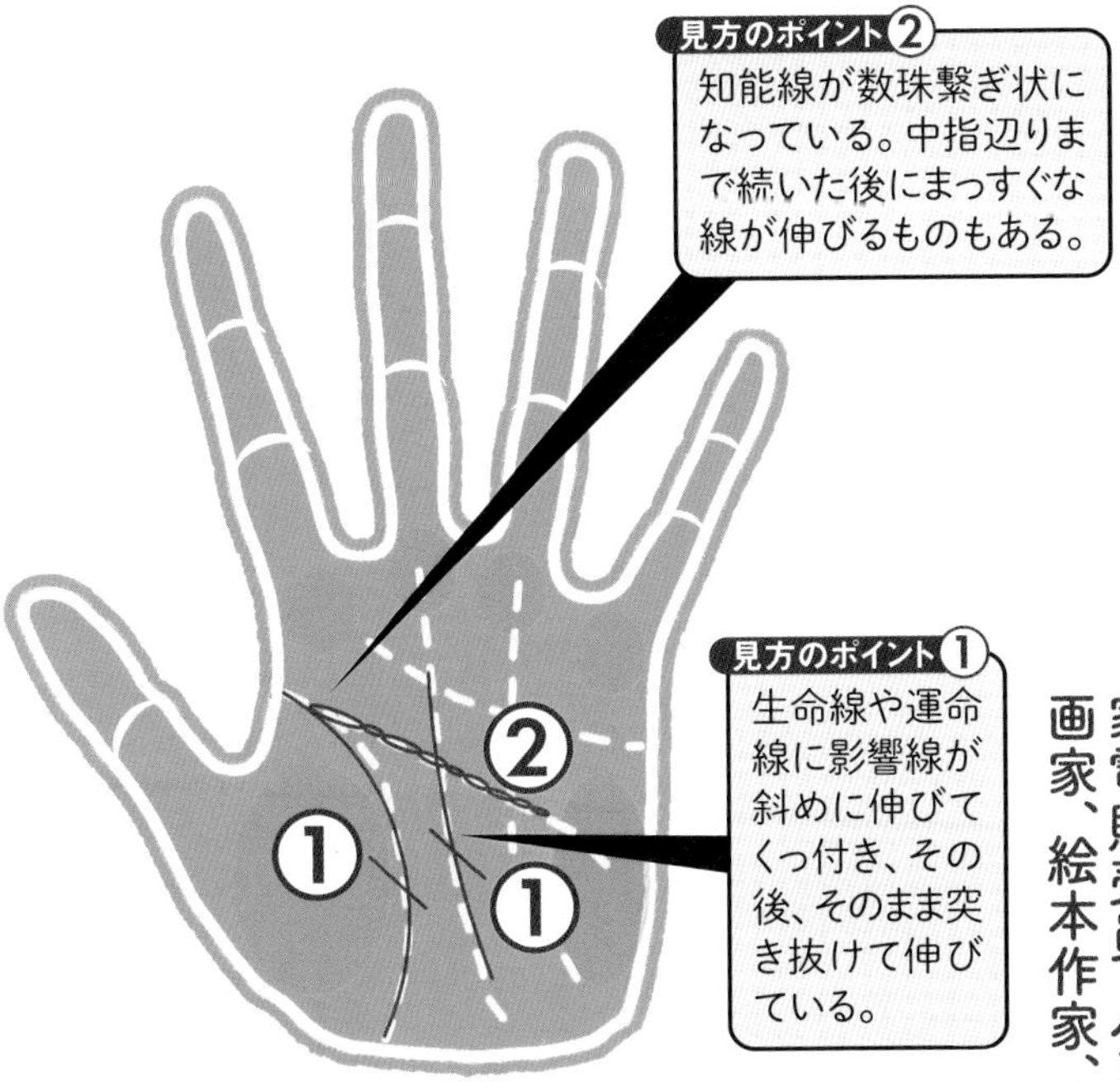

見方のポイント②
知能線が数珠繋ぎ状になっている。中指辺りまで続いた後にまっすぐな線が伸びるものもある。
②
①
①
見方のポイント①
生命線や運命線に影響線が斜めに伸びてくっ付き、その後、そのまま突き抜けて伸びている。


**① 影響線の突き抜け**

影響線の突き抜けは、裏切られたり騙されたりすることを意味する線。まさかと思うような仲の良い相手に突然ケンカを売られたり、疑いをかけられたり、何かと対人関係でトラブルに巻き込まれる可能性が高いことを意味します。

**② 知能線の数珠繋ぎ**

知能線の数珠繋ぎは常にずっと何かを考えている「思考継続の相」。あれこれとりとめのないことを考えていたり、心配ばかりしている人です。一度にいろんなことを考えすぎていたりするので一見、ぼ～としているように見られます。

**長所の伸ばし方**

考える能力や繊細、センシティブな感覚を持ち合わせています。よく考えて原因を突き止めたり、アイデアや方法、プランなどをいくつも考えられます。たくさんの情報の中から何かを提案したり、選択していく仕事も良いです。

**短所の活かし方**

短所は思いつめたり、マイナス思考が強いところですが、グループや集団の中においてはその性格が活かせる立場や役回りというのもあります。自分の良さを引き出してくれる友人や組織などを大切にし、孤立しないように注意します。

全編読み通していただいて、いかがでしたでしょうか。
もちろん個性や性格も手相というもの自体も、
もっともっと複雑で様々な意味合いがあるものなので、
こちらに掲載されている以外のものがありますが、
まずはとっかかりとしてでも読まれていただくと
何かのお役に立つ時が来ると思います。

手相、また占いというものはそこに振り回されるのではなく、
参考にしたり、ポジティブに受け止めて、
何かのヒント、あるいはラッキーのきっかけになれば良い
という類のものです。

みんなで盛り上がるのも良いですし、
一人でじっくり読むのも良いですが、
どうか結果にナーバスにならないように。
良くても悪くても「そこから」が大事なものが
手相であり、占いですから！
素晴らしい未来に向けて本書を大いに活用してください。

**鈴木サトル**
2008年より手相家として活動。これまでに多くの人々に手相鑑定を通じて様々なアドバイスや癒しを与え人々から喜ばれる。国内はもとより海外（ロンドン・ベルリン）での手相鑑定ツアーも開催された。また手相家の他に気功家（呼吸法・健康法指導）、プロの写真家（写真指導・写真集・原稿執筆）としての活動もある。

手相ホームページ
（対面鑑定／ウェブ鑑定）
tesou-ucsc.com

**子どもの手相123**
**鈴木サトル**

発行日　2023年5月5日　初版第一刷発行

著　者　鈴木サトル
発行人　片村昇一
編　集　藤森邦晃
発行所　株式会社日本写真企画
〒104-0032 東京都中央区八丁堀4-10-8
第3SSビル601
TEL 03-3551-2643　FAX 03-3551-2370
デザイン　泉 かほり（オンデザイン）
写　真　島尻るりこ
イラスト　山田奈穂
印刷・製本　シナノ印刷株式会社



ISBN978-4-86562-168-6　C0011　Printed in Japan